Fokus Deutsch

Erfolgreich in Alltag und Beruf B2

Klotz | Merkelbach

Dieses Buch gibt es auch auf
www.scook.de/eb
f333-73-zs5v

 Audios und **interaktive Übungen** verfügbar unter
www.cornelsen.de/webcodes **Code: xiqepa**

Symbole

🔊 Die interaktiven Übungen sowie alle Hörverstehensübungen zum Kurs- und Übungsbuch finden Sie in der PagePlayer-App oder unter www.cornelsen.de/webcodes. Geben Sie hier den Code **xiqepa** ein.

Ich-Text

P Prüfungsaufgabe *Goethe-Zertifikat B2*

Erfolgreich in Alltag und Beruf B 2
Kurs- und Übungsbuch
Deutsch als Fremdsprache

Im Auftrag des Verlages erarbeitet von

Verena Klotz (Einheit 2, 3, 5, 9, 10 und 14 sowie Station 3) und Matthias Merkelbach (Einheit 1, 4, 6, 7, 8, 11, 13 und 15 sowie Stationen 1 und 2)

sowie Eva Enzelberger, Andrea Finster, Jens Magersuppe und Gunther Weimann

Redaktion:	Andrea Finster, Claudia Groß, Ina Jennerjahn, Kathrin Kiesele
Redaktionsleitung:	Gertrud Deutz
Illustrationen:	Andreas Terglane

Umschlaggestaltung, Layout und technische Umsetzung: finedesign Büro für Gestaltung, Berlin

Soweit in diesem Lehrwerk Personen fotografisch abgebildet sind und ihnen von der Redaktion fiktive Namen, Berufe, Dialoge und Ähnliches zugeordnet oder diese Personen in bestimmte Kontexte gesetzt werden, dienen diese Zuordnungen und Darstellungen ausschließlich der Veranschaulichung und dem besseren Verständnis des Inhalts.

www.cornelsen.de

Die Webseiten Dritter, deren Internetadressen in diesem Lehrwerk angegeben sind, wurden vor Drucklegung sorgfältig geprüft. Der Verlag übernimmt keine Gewähr für die Aktualität und den Inhalt dieser Seiten oder solcher, die mit ihnen verlinkt sind.

2. Auflage, 4. Druck 2022

Alle Drucke dieser Auflage sind inhaltlich unverändert und können im Unterricht nebeneinander verwendet werden.

© 2016 Cornelsen Schulverlag GmbH, Berlin
© 2017 Cornelsen Verlag GmbH, Berlin

Das Werk und seine Teile sind urheberrechtlich geschützt. Das Gleiche gilt für das Programm sowie das Begleitmaterial. Jede Nutzung in anderen als den gesetzlich zugelassenen Fällen bedarf der vorherigen schriftlichen Einwilligung des Verlages. Hinweis zu §§ 60 a, 60 b UrhG: Weder das Werk noch seine Teile dürfen ohne eine solche Einwilligung an Schulen oder in Unterrichts- und Lehrmedien (§ 60 b Abs. 3 UrhG) vervielfältigt, insbesondere kopiert oder eingescannt, verbreitet oder in ein Netzwerk eingestellt oder sonst öffentlich zugänglich gemacht oder wiedergegeben werden. Dies gilt auch für Intranets von Schulen.

Druck: Mohn Media Mohndruck, Gütersloh

ISBN: 978-3-06-020991-0

PEFC zertifiziert
Dieses Produkt stammt aus nachhaltig bewirtschafteten Wäldern und kontrollierten Quellen.
www.pefc.de

Fokus Deutsch – Auf einen Blick

Das Lehrwerk Fokus Deutsch – Erfolgreich in Alltag und Beruf B2 richtet sich an Lernende, die die Niveaustufe B1 des Gemeinsamen Europäischen (GER) Referenzrahmens erfolgreich abgeschlossen haben und ihre Deutschkenntnisse auf der Niveaustufe B2 vertiefen und erweitern möchten. Es bereitet gezielt auf das Leben und Arbeiten in den deutschsprachigen Ländern vor. Fokus Deutsch bietet Material für 300–400 Unterrichtseinheiten (inklusive Übungs- und Selbstlernphasen mithilfe des Übungsbuches sowie der interaktiven Übungen in der **PagePlayer-App** oder online).

Das Kurs- und Übungsbuch enthält 15 Einheiten und drei Stationen. Jede Einheit besteht aus acht Seiten für gemeinsames Lernen im Kursraum sowie acht Übungsseiten. Die Übungsbucheinheiten folgen unmittelbar nach jeder Kursbucheinheit und bieten ein umfangreiches Angebot zur Wiederholung, Vertiefung und Festigung. Das Lehrwerk setzt die Kannbeschreibungen des GER um und bereitet auf die Prüfungen *Goethe-Zertifikat B2* und *telc Deutsch B2* vor. Während die Aufgabenformate des Goethe-Zertifikats in die Einheiten integriert sind, werden die Aufgabenformate der Prüfung *telc Deutsch B2* jeweils auf der letzten Seite jeder Übungsbucheinheit trainiert.

In klar gegliederten Übungssequenzen bietet Fokus Deutsch – Erfolgreich in Alltag und Beruf B2 abwechslungsreiche Aufgaben und Übungen zu allen Fertigkeiten (Lesen, Hören, Sprechen, Schreiben). Die sprachlichen Fertigkeiten werden dabei kompetenz- und handlungsorientiert ausgebaut, die Textkompetenz erhöht, grammatisches Wissen systematisch vertieft und Wortschatz niveaugerecht erweitert. Die letzte Seite jeder Einheit, „Kurz und bündig", fasst die wichtigsten Redemittel und grammatischen Strukturen übersichtlich zusammen.

Jede Einheit verknüpft ein allgemeinsprachliches mit einem berufsorientierten Thema. In den Abschnitten A und B stehen allgemeinsprachliche Themen im Vordergrund, im Abschnitt C berufsspezifische. Abschnitt D bietet die Möglichkeit, den Unterricht thematisch zu erweitern. Die Lernenden lernen hier, den kommunikativen Anforderungen einer sich wandelnden Arbeitswelt praxisnah gerecht zu werden, und entwickeln Strategien zur Strukturierung mündlicher und schriftlicher Kommunikation in unterschiedlichen Handlungsfeldern. Die Grammatik wird dabei kontextualisiert eingeführt. Fokus Deutsch – Erfolgreich in Alltag und Beruf B2 sensibilisiert die Lernenden für interkulturelle Unterschiede, um ihre berufliche Handlungskompetenz zu erweitern.

Fokus Deutsch – Erfolgreich in Alltag und Beruf B2 bietet eine neue Dimension des individuellen Lernens. Mit der kostenlosen **PagePlayer-App** können Sie zusätzliche Materialien wie interaktive Übungen und Audios flexibel zu Hause, unterwegs und auch im Kurs mit dem Smartphone oder Tablet direkt aus dem Buch heraus ansehen und anhören.

Unter www.cornelsen.de/webcodes finden Sie außerdem mithilfe des Codes **xiqepa** verschiedene Produkte gratis zum Download: die interaktiven Übungen, die Audio-Dateien (als MP3) sowie die dazugehörigen Transkripte der Hörtexte, die Lösungen zu den Aufgaben im Kurs- und Übungsbuch sowie Modelltests zu den berufsbezogenen Prüfungen *telc Deutsch B1·B2 Beruf* und *telc Deutsch B2+ Beruf*.
Auf www.cornelsen.de/fokus-deutsch/alltag-beruf finden Sie weitere Produkte der Lehrwerksreihe, wie Handreichungen und Audio-CDs.

Viel Spaß und Erfolg beim Deutschlernen mit
Fokus Deutsch – Erfolgreich in Alltag und Beruf B2!

Inhalt

		Themen	Sprachhandlungen
1	Lebenswege	A Neustart in Neustadt B Von Wien hinaus in die Welt C Beim Vorstellungsgespräch D Du oder Sie?	• über einen Ortswechsel/Neuanfang sprechen • Lebenswege und den eigenen Werdegang beschreiben • duzen oder siezen?
2	Lebensräume – Arbeitswelten	A Eindrücke aus Frankfurt B Lebensqualität im Vergleich C Branchen und Berufe D Das neue Großraumbüro	• Fotos und eine Stadt beschreiben • Ergebnisse einer Studie / eines Rankings wiedergeben • über die Berufswünsche und Berufswechsel sprechen • Vor- und Nachteile benennen, Stellung beziehen • eine E-Mail an den Betriebsrat schreiben
3	Lebenszeit	A In der Freizeit B Vereinsleben C Am Arbeitsplatz D Zeit sparen	• über Freizeitaktivitäten und Vereine sprechen • Tätigkeiten und Aufgabenbereiche beschreiben • Anweisungen am Arbeitsplatz geben und verstehen • Textsorten erkennen und beschreiben • eine private E-Mail schreiben
4	Nah und fern	A Auf (Immer-)Wiedersehen B Hin und her C Von Termin zu Termin D Arbeit heute	• über (Fern-)Beziehungen und Konflikte sprechen • Kundengespräche führen, jmdn. beschwichtigen • Gesprächsnotizen verstehen und verfassen • Begriffe erklären • einen Kommentar schreiben
5	Warenwelt	A Einkaufsgewohnheiten B Fairer Handel C Ein Auftrag mit Pannen D Made in Germany	• über Einkaufsgewohnheiten sprechen • über (fairen) Handel sprechen • etwas abwägen, bewerten • seine Meinung äußern (schriftlich) • Geschäftskorrespondez verstehen • eine Reklamation schreiben
Station 1 Die Bewerbungsmappe		• eine Bewerbung richtig gestalten • die Dritte Seite einer Bewerbung erarbeiten • über Motivation, Zielsetzung und Erfolgskriterien im Beruf reflektieren	

Textsorten	Grammatik	Training B2-Prüfungen	Seite
• private E-Mail • Zeitschriftenartikel • Lebenslauf • Bewerbungsgespräch • Beiträge in einem Online-Forum	• Vergangenheitsformen (Wdh.): Perfekt, Präteritum, Plusquamperfekt • Zeitangaben und temporale Konnektoren	• *Goethe-Zertifikat B2:* Sprechen, Teil 1 (S. 16, Aufgabe 3a+b) • *telc Deutsch B2:* Sprachbausteine, Teil 2 (S. 25)	10–17 Übungen 18–25
• Interview • Informationsbroschüre/Prospekt • Sachtext (Studie), Ranking • Porträts • Zeitschriftenartikel	• Adjektivdeklination (Wdh.): bei Genitiv, im Komparativ/Superlativ • Konjunktiv II der Gegenwart (Wdh.)	• *Goethe-Zertifikat B2:* Lesen, Teil 2 (S. 36, Aufgabe 1) • *telc Deutsch B2:* Leseverstehen, Teil 3 (S. 41)	26–33 Übungen 34–41
• Radiosendung • Forumsbeiträge • Sachtext, Prospekt • private E-Mail • Firmensteckbrief, Organigramm • Anrufbeantworter-Nachricht • satirischer Text	• Wortbildung mit Präfixen und Suffixen • Passiv im Präsens, Perfekt, Präteritum und mit Modalverben (Wdh.) • Zustandspassiv und Vorgangspassiv • Passiversatzformen	• *Goethe-Zertifikat B2:* Hören, Teil 1 (S. 47, Aufgabe 3) • *telc Deutsch B2:* Schriftlicher Ausdruck (S. 57)	42–49 Übungen 50–57
• Zeitungsartikel • Umfrage • privates und berufliches Telefonat • Gesprächsnotiz • Zeitschriftenartikel • SMS • Tagebuch • Beiträge in einem Online-Forum	• Verben mit Präpositionen (Wdh.) • Pronominaladverbien • zweiteilige Konnektoren	• *telc Deutsch B2:* Hörverstehen, Teil 1 (S. 73)	58–65 Übungen 66–73
• Radioreportage, Programmankündigung • Zeitschriftenartikel • Werbeanzeige • Anfrage, Angebot, Rechnung • Sachtext • Flyer • Online-Artikel	• Graduierende Adverbien • Relativsätze (Wdh.) • Relativpronomen im Genitiv • Relativpronomen *was* • das Verb *lassen* (Wdh.)	• *Goethe-Zertifikat B2:* Schreiben, Teil 1 (S. 77, Aufgabe 5) • *telc Deutsch B2:* Mündlicher Ausdruck, Teil 2 (S. 89)	74–81 Übungen 80–87

90–93

Inhalt

		Themen	Sprachhandlungen
6	Fremd und vertraut	A Aufbruch in ein neues Leben B Im Wettbewerb um Fachkräfte C Ein Projekt, viele Kulturen D Bitte Abstand halten	· über Auswandern sprechen · über Fachkräftemangel und Willkommenskultur sprechen · über interkulturelle Zusammenarbeit sprechen · Berufe beschreiben
7	Konflikte und Lösungen	A Jetzt reicht es mir! B Ärger im Haus C Konflikte im Team lösen D Reklamationen und Beschwerden	· über Konflikte und Lösungsstrategien sprechen · über Konfliktlösung am Arbeitsplatz sprechen · eine schriftliche Beschwerde verfassen
8	Lebenslanges Lernen	A Stärken und Schwächen B Zum Lernen ist es nie zu spät C Beruflich weiterkommen D Alte Weisheiten	· Charaktereigenschaften beschreiben · über die eigene Entwicklung und Lernerfahrungen sprechen · über Weiterbildung sprechen · Leistungen darstellen, Ziele äußern, etwas einfordern
9	Rechte und Pflichten	A Was man darf und was man muss B Ämter und Behörden C Rechte und Pflichten am Arbeitsplatz D Alles, was recht ist	· über Rechte und Pflichten sprechen · etwas definieren · Behördensprache und Rechtsfragen am Arbeitsplatz verstehen · Probleme schildern, um Rat bitten
10	Das liebe Geld …	A Zufrieden mit dem Gehalt? B Bar oder mit Karte? C In Zahlungsschwierigkeiten geraten D Über Geld spricht man nicht	· über Berufe und Einkommen sprechen · Kontoauszüge und Rechnungen verstehen · über Zahlungsarten sprechen · über Zahlungsschwierigkeiten und Kredite sprechen · einen Standpunkt vortragen
	Station 2 Das Vorstellungsgespräch	· Regeln und Anforderungen für Bewerbungsgespräche kennen · ein Vorstellungsgespräch trainieren	

Textsorten	Grammatik	Training B2-Prüfungen	Seite
• Interviews • Lexikoneintrag • Grafiken • Forumsbeiträge • populärwissenschaftlicher Sachtext • Ratgebertext • Stellenanzeige • Blog	• Modalpartikeln • Nomen und Adjektive mit Präpositionen • (verkürzte) Relativsätze mit *wer, wen, wem*	• *telc Deutsch B2*: Sprachbausteine, Teil 1 (S. 109)	94–101 Übungen 102–109
• populärwissenschaftlicher Sachtext • Beschwerdebrief • berufliche E-Mail • berufliches Teamgespräch • Online-Artikel • Experten-Interview • private E-Mail • Einladung • SMS	• Präpositionen mit Genitiv • Konjunktiv II der Vergangenheit	• *telc Deutsch B2*: Schriftlicher Ausdruck (S. 125)	110–117 Übungen 118–125
• Ratgebertext • Volkshochschulprogramm • Erfahrungsbericht • Mitarbeitergespräch • Sprichwörter • Sachtext • Satire	• Infinitiv mit *zu* (Wdh.) • Infinitivsätze im Perfekt • Finalsätze mit *um … zu, damit* und Nominalisierung mit *zum/zur* (Wdh.), • Finaladverbien *dazu/dafür*	• *Goethe-Zertifikat B2*: Lesen, Teil 1 (S. 128, Aufgabe 1b) • *telc Deutsch B2*: Hörverstehen, Teil 3 (S. 141)	126–133 Übungen 134–141
• Landeskunde-Quiz • Gespräch auf einer Behörde • Ratgeberseite einer Anwaltskanzlei • Experten-Interview • Formular • Organigramm, Stellenanzeigen • Online-Artikel	• *haben* + *zu* + Infinitiv, *sein* + *zu* + Infinitiv • Partizipialattribute	• *telc Deutsch B2*: Leseverstehen, Teil 1 (S. 157)	142–149 Übungen 150–157
• Zeitschriftenartikel • Kontoauszug • Grafik, Statistik • Sachtext • Zeitungsmeldung • Rechnung • Zahlungserinnerung	• doppelte Verneinung • konzessive und konsekutive Verbindungsadverbien	• *telc Deutsch B2*: Sprachbausteine, Teil 1 (S. 173)	158–165 Übungen 166–173

174–177

Inhalt

	Themen	Sprachhandlungen
11 Lebens- und Arbeitsformen	A Heute und damals B Die Patchworkfamilie C Arbeitswelt im Wandel D Sprache im Wandel	• über Lebensformen sprechen • über frühere Zeiten sprechen • einen literarischen Text lesen • eine Grafik beschreiben • über Selbstständigkeit sprechen • über Crowdfunding sprechen
12 Medienwelten	A Online in Alltag und Beruf B Unterwegs in sozialen Medien C Medien im Arbeitsalltag D Last Minute buchen per Smartphone	• über Mediennutzung sprechen • sich bei technischen Problemen verständigen • telefonisch um Rat bitten, nachfragen und reagieren • Meinungsäußerungen wiedergeben und kommentieren
13 Immer unterwegs – Mobilität	A Auf Reisen B Vorbereitung ist alles C Mobile Berufe D Für Mensch und Tier im Einsatz	• über Reisen und Aktivurlaub sprechen • eine Reise planen und Alternativen diskutieren • über Saisonarbeit und mobile Berufe sprechen • in Gesprächen um Aufmerksamkeit bitten
14 Nachhaltig und innovativ	A Mobilität aus der Steckdose B Fit und gesund durch intelligente Technik C Innovative Mitarbeiterführung D Der Retro-Trend	• Produktinformationen verstehen und wiedergeben • über technische Innovationen sprechen • über Zufriedenheit am Arbeitsplatz sprechen
15 Das tue ich für mich	A Hinein ins Vergnügen B Gesundheitscoaching C Gesund am Arbeitsplatz D Firmenlauf in Neustadt	• darüber sprechen, was man für seine Gesundheit tut • über Gesundheitscoaching diskutieren • über betriebliche Gesundheitsförderung sprechen • eine Podiumsdiskussion führen
Station 3 Schreibtraining	• formelhafte Wendungen für geschäftliche E-Mails • Sensibilisierung für Registerfragen • Lernstrategien zum Schreiben entwickeln • Mail an Personalabteilung schreiben und Feedback geben	

Grammatik 262 **Bild- und Textquellen** 273

Textsorten	Grammatik	Training B2-Prüfungen	Seite
• literarischer Text (Romanauszug) • Programmankündigung • Radioreportage, Interview • Beiträge in einem Online-Forum • Grafik, Statistik • Sachtext • Zeitschriftenartikel • Biografie • Radiofeature	• irreale Vergleichssätze	• *telc Deutsch B2:* Mündlicher Ausdruck, Teil 1 (S. 193)	178–185 **Übungen** 186–193
• Grafik, Statistik • Experteninterview • Sachtext • Leserkommentare • telefonische Anfragen bei der Service-Hotline • Firmenwebseite, Interview • Zeitschriftenartikel	• indirekte Rede: Konjunktiv I • subjektiver Gebrauch des Modalverbs *sollen*	• *telc Deutsch B2:* Schriftlicher Ausdruck (S. 209)	194–201 **Übungen** 202–209
• Reiseführer, Routenkarte • Reisetagebuch • Angebot eines Reiseveranstalters • Checkliste, Informationsbroschüre • Zeitschriftenartikel • Interview • Sachtext	• subjektiver Gebrauch der Modalverben *dürfen, können, müssen* • *es* (obligatorisch/fakultativ) • Lokaladverbien (*dorthin, quer, anderswo …,*)	• *Goethe-Zertifikat B2:* Hören, Teil 2 (S. 215, Aufgabe 3a) • *telc Deutsch B2:* Mündlicher Ausdruck, Teil 3 (S. 212, Aufgabe 1b) • Sprachbausteine, Teil 1 (S. 225)	210–217 **Übungen** 218–225
• Informationsbroschüre/Prospekt • Zeitungsartikel • Zeitschriftenartikel • Statements von Führungskräften	• Futur I und Futur II für Vermutungen • Futur I, II und Perfekt für Zukunftsbezug	• *Goethe-Zertifikat B2:* Lesen, Teil 3 (S. 229, Aufgabe 4) Sprechen, Teil 2 (S. 232, Aufgabe 2a-c) • *telc Deutsch B2:* Leseverstehen, Teil 2 (S. 241)	226–233 **Übungen** 234–241
• Radiosendung • Informationsblatt einer Krankenkasse • Experteninterview • Artikel in einer Firmenzeitschrift • Aushang am Schwarzen Brett • Zeitungsartikel	• Präposition mit Genitiv: *dank* • Nebensätze mit *indem, dadurch (…), dass* und *sodass / so … dass*?	• *Goethe-Zertifikat B2:* Lesen, Teil 4 (S. 251, Aufgabe 4a) • *telc Deutsch B2:* Hörverstehen, Teil 2 (S. 257)	242–249 **Übungen** 250–257
		• *Goethe-Zertifikat B2:* Schreiben, Teil 2 (S. 259, Aufgabe 2d)	258–261

1 Lebenswege

A ☐
B ☐
C ☐

1 Der Einzug in die neue Wohnung
2 Das Kennenlernen beim Sport
3 Auf Wohnungssuche
4 Der erste Tag im Kindergarten
5 Der erste Schultag
6 Der erste Tag im Sportstudio

A Neustart in Neustadt

1 Ein Neuanfang. Sehen Sie die Fotos an und lesen Sie die Bildunterschriften. Ordnen Sie zu.

2a Kennenlernen. Hören Sie drei Gespräche. Welches Gespräch passt zu welchem Bild? Ordnen Sie zu.

2b Hören Sie noch einmal und machen Sie Notizen.

Wer?   Wo?   Woher?

Was?/Worüber?   Warum?   Wie lange?

Strategie
W-Fragen helfen beim Hören.
Notieren Sie beim Hören Stichpunkte zu jedem Fragewort.
Ergänzen Sie danach die Informationen.
Hören Sie dazu ein zweites Mal.

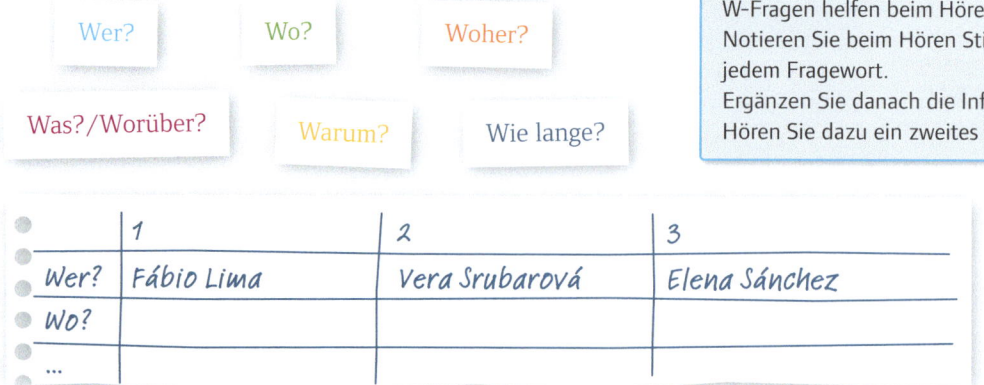

	1	2	3
Wer?	Fábio Lima	Vera Srubarová	Elena Sánchez
Wo?			
...			

3 Sehen Sie die Fotos noch einmal an. Welche Situationen sind typisch für den Neuanfang in einem anderen Land? Tauschen Sie sich aus.

Am Anfang ist die Sprache schwierig.

Sie lernen
- über einen Ortswechsel/Neuanfang sprechen
- Lebenswege und den eigenen Werdegang beschreiben
- duzen oder siezen?
- Vergangenheitsformen (Wdh.): Perfekt, Präteritum, Plusquamperfekt
- Zeitangaben und temporale Konnektoren

4a „Hobbygärtner & Vegetarier". Worum könnte es in der E-Mail gehen? Äußern Sie Vermutungen.

> Wahrscheinlich geht es um …

4b Lesen Sie die E-Mail. Wie fühlt sich Herr Lima in Neustadt? Berichten Sie.

An: kurt.freiberger@breuer-gmbh.br
Von: fabio.lima@breuer-gmbh.de
Betreff: Hobbygärtner und Vegetarier

Lieber Herr Dr. Freiberger,

seit einem Monat wohnen wir nun in einem hübschen Reihenhaus am Rand von Neustadt. Als wir vor fünf Wochen ankamen, haben wir zunächst im Hotel übernachtet. Sie können sich vorstellen, wie wir uns über unser Haus freuen! Laura geht in den Kindergarten, Lucas in die Grundschule. Und seitdem die Kinder
5 am Vormittag beschäftigt sind, lernt meine Frau Maria in der Volkshochschule Deutsch.

Einiges ist hier wirklich anders, als ich es erwartet hatte. Doch nachdem Sie mir das in São Paulo bereits angekündigt hatten, war ich nicht mehr so überrascht. Die Kollegen sind nett, aber es ist tatsächlich nicht leicht, schnell privat mit jemandem in Kontakt zu kommen. Gleich nach Arbeitsschluss wollen die meisten sofort nach Hause zu ihren Familien: essen und dann lesen oder fernsehen.

10 Mein neuer Nachbar, Herr Schmidt, ist Arzt im Krankenhaus. Heute hat er im Garten den Rasen gemäht. Ich habe ihn gefragt, warum er keinen Gärtner anstellt. Er hat erklärt, dass solche Dienstleistungen in Deutschland sehr teuer sind. Und am Wochenende ist er gern draußen, im Garten oder beim Sport. Das hat mich sehr überrascht. Bei uns in Brasilien ist Gartenarbeit kein Hobby!

Außerdem ist mir in den ersten Wochen aufgefallen, dass so viele Kolleginnen und Kollegen in der
15 Kantine kein Fleisch essen. Sie sind Vegetarier. Ich glaube, ich werde auch in der nächsten Zeit noch viele neue Eindrücke sammeln.

Herzliche Grüße

Fábio Lima

4c Lesen Sie die E-Mail noch einmal und markieren Sie die Informationen zu den Fragen 1–4. Beantworten Sie dann die Fragen.

1 Was erfahren Sie über die Ankunft und den Alltag von Familie Lima?
2 Wie beschreibt Herr Lima seine neue Arbeitsstelle?
3 Was schreibt Herr Lima über seinen Nachbarn?
4 Welche neuen Erfahrungen und Beobachtungen hat Herr Lima gemacht? Was hat ihn überrascht?

> Herr Lima war ziemlich erstaunt, dass …

5 Haben Sie an einem neuen Ort auch schon Überraschungen erlebt? Berichten Sie.

6 Und Sie? Interviewen Sie Ihren Partner / Ihre Partnerin und stellen Sie ihn/sie dann vor.

Redemittel

Die erste Zeit in … war schwierig/schön/ überraschend / eine Herausforderung, weil …
Mein erster Tag auf der neuen Arbeitsstelle / an der Uni war …
Ich musste mich an neue Situationen gewöhnen, als … /
Ich musste mich vor allem daran gewöhnen, dass …

Name? Beruf? Familie?

Hobbys? Deutsch: warum und seit wann? kulturelle Überraschungen? …?

1 B Von Wien hinaus in die Welt

1 a Wer könnte das sein? Sehen Sie die Fotos an und äußern Sie Vermutungen.

1 b Sarah Wiener – Ein Porträt. Lesen Sie die Abschnitte und bringen Sie sie in die richtige Reihenfolge.

A ☐

Ende der 70er-Jahre zog Sarah Wiener nach Berlin und <u>arbeitete</u> in einem Künstlerrestaurant ihres Vaters, dem „Exil". Nachdem sie dort ihre Leidenschaft fürs Kochen entdeckt hatte, wechselte sie – inzwischen alleinerziehende Mutter eines Sohnes – als Köchin zu einer Werbeagentur. Ein Regisseur brachte sie damals auf die Idee, für Film- und Fernsehproduktionen zu kochen.

C ☑ 1

Das Porträt der Woche

SARAH WIENER
von Wien hinaus in die Welt

Sarah Wiener ist eine in Deutschland sehr erfolgreiche und populäre Starköchin und Unternehmerin aus Österreich. Ihr Lebensweg weist jedoch viele Umwege und Brüche auf.

E ☐

Also gründete sie im Jahr 1990 das Unternehmen *Sarah Wieners Tracking Catering*. Sie kaufte auf Kredit einen alten Küchenwagen und fuhr zu Dreharbeiten, wo sie Filmcrews versorgen musste. Was anfangs hart war, wurde durch Einsatz und gute Ideen zu einer Erfolgsgeschichte. Sarah Wiener erwarb sich in der Filmbranche einen guten Ruf und wird seitdem auch für Hochzeiten, Vernissagen und Empfänge engagiert.

B ☐

Heute ist die Geschäftsfrau und Köchin Sarah Wiener auch Autorin von Kochbüchern und hat zudem ein Kinderbuch verfasst. Seit 2004 tritt sie im Fernsehen auf, in Kochsendungen und auch als Schauspielerin. Im Jahr 2012 erhielt sie den Fairness-Preis und wurde als „Feinschmeckerin des Jahres" ausgezeichnet. In den letzten Jahren engagierte sich Sarah Wiener verstärkt im Bereich „ökologische Lebensmittel". Sie betreibt heute neben ihren Bio-Restaurants auch eine eigene Brotbäckerei und einen ökologischen Bauernhof. Mit der Sarah Wiener Stiftung engagiert sie sich heute für ein ethisch-ökologisches Ernährungsbewusstsein.

D ☐

1999 eröffnete Sarah Wiener ihr erstes Restaurant in Berlin, das *Speisezimmer*. Danach folgten weitere Restaurants in anderen Städten. 2004 gründete sie die *Sarah Wiener GmbH*, die seitdem in Berlin und Hamburg ansässig ist und neben den Lokalen noch immer einen exquisiten Catering-Service betreibt.

F ☐

Ihre Kindheit verbrachte Sarah Wiener – Jahrgang 1962 – bei ihrer Mutter in Wien. Schon als 17-Jährige reiste sie durch verschiedene Länder Europas, nachdem sie das Internat ohne Abschluss verlassen hatte. Während dieser Zeit hielt sie sich mit Gelegenheitsjobs über Wasser, eine Ausbildung machte sie nicht.

1c Was hat Ihnen beim Ordnen geholfen? Kreuzen Sie an und vergleichen Sie dann im Kurs.

Fotos ☐　　　Jahreszahlen ☐　　　Überschrift ☐
Namen ☐　　　Satzanfänge ☐　　　Zeitangaben (*heute* etc.) ☐

1d Was hat Sarah Wiener (seit) wann gemacht? Berichten Sie.

1962　70er-Jahre　1990　1999　2004　2012　*1962 wurde sie geboren.*

2a Vergangenheitsformen erkennen. Was passierte zuerst, was danach? Lesen Sie den Satz und ergänzen Sie 1 (*zuerst*) und 2 (*danach*). Finden Sie ein weiteres Beispiel im Text und analysieren Sie es wie hier.

Nachdem sie ihre Leidenschaft fürs Kochen entdeckt hatte, wechselte sie als Köchin zu einer Werbeagentur.
☐ Plusquamperfekt im Nebensatz　　　☐ Präteritum im Hauptsatz

2b Das Präteritum. Unterstreichen Sie im Porträt alle Verben im Präteritum und ergänzen Sie die Tabelle.

regelmäßige Verben			unregelmäßige Verben + Verben mit Vokalwechsel		
Infinitiv	Präteritum	Perfekt	Infinitiv	Präteritum	Perfekt
arbeiten	arbeitete	hat gearbeitet	ziehen	zog	ist gezogen

2c Ergänzen Sie in der Regel die richtige Zeitform und notieren Sie jeweils ein Beispiel.

Präteritum • Perfekt • Plusquamperfekt

Regel

Das .... wird vor allem mündlich benutzt. Es wird mit *haben* oder *sein* und dem Partizip II gebildet (z. B.: ....). In schriftlichen Texten wird häufig das .... benutzt (z. B.: ....). Das .... wird benutzt, wenn ein Ereignis vor einem anderen Ereignis in der Vergangenheit stattgefunden hat. Es wird mit dem Partizip II und dem Präteritum von *haben* oder *sein* gebildet (z. B.: ....).

2d Finden Sie im Porträt die Zeitangaben und ordnen Sie sie den Kategorien 1 und 2 zu.

1 ein abgeschlossener Zeitraum in der Vergangenheit
2 ein Zeitraum, der in der Vergangenheit begonnen hat und bis heute andauert

a [1] im Jahr 1990/2012　　c ☐ Ende der 70er Jahre　　e ☐ seit 2004
b ☐ damals　　　　　　　　d ☐ anfangs　　　　　　　　f ☐ seitdem

3 Sarah Wiener – eine besondere Persönlichkeit? Diskutieren Sie.

Sie ist mutig. Sie hat immer wieder etwas Neues angefangen.

Sie ist eine erfolgreiche Geschäftsfrau geworden, obwohl sie …

Linktipp
www.sarahwiener.de

C Beim Vorstellungsgespräch

1 Bewerbungsunterlagen. Lesen Sie Frau Bertanis Lebenslauf und die Checkliste. Ordnen Sie die Angaben zu.

CURRICULUM VITAE

☐ **Rosanna Bertani**

Anschrift: Frankenstraße 43
59229 Neustadt
Telefon: + 49 (0) 172 464 46 73
☐ E-Mail: rosanna.bertani@gmx.de

☐ Geboren am: 27. Juni 1991 in Bari, Italien
Staatsangehörigkeit: Italien
Familienstand: verheiratet, eine Tochter

Berufserfahrung
☐ 03/2015 – 08/2015 Praktikum als Wirtschaftsinformatikerin, Kiesel-Vision Technology GmbH, Neustadt
☐ 10/2012 – 02/2015 Aushilfstätigkeit als Programmierassistentin im Bereich *Programme und Support*, Enzo PC-Solution GmbH, Stuttgart
08/2013 und 08/2014 Betreuerin im „Ferienhort am See", Neustadt

Ausbildung
☐ 10/2010 – 02/2014 Studium der Wirtschaftsinformatik, Hochschule für Technik Stuttgart
☐ Abschluss: *Bachelor of Science* (B.Sc.), Note: 1,3
09/2001 – 06/2010 Franz-Liszt-Gymnasium Neustadt
Abschluss: *Abitur*, Note: 1,7

Checkliste für den Lebenslauf

1 Kontakt und Adresse: seriöse E-Mail-Adresse benutzen
2 persönliche Angaben: Geburtsort und -datum (obligatorisch), Familienstand, Staatsangehörigkeit und Religionszugehörigkeit (fakultativ)
3 Foto: muss nicht mehr sein, kann aber von Vorteil sein
4 Schule, Ausbildung/Studium: wo, wie lange?
5 Abschlussnote: insbesondere eine gute Note angeben 🙂
6 Praktika: vor allem dann angeben, wenn sie zur Stelle passen
7 Aushilfstätigkeiten: auch diese Erfahrungen zählen

2 a Ein Bewerbungsgespräch. Frau Bertani wird aufgefordert: „Erzählen Sie bitte etwas über sich." Worüber könnte sie sprechen? Äußern Sie Vermutungen.

> Sie berichtet vielleicht über ihr Studium.

2 b Was sagt Frau Bertani? Hören Sie und kreuzen Sie an.

		ja	nein
1	Meine Familie kommt aus Italien. Noch bevor ich geboren wurde, zogen meine Eltern nach Deutschland.	☐	☐
2	Ich bin mit Technik aufgewachsen.	☐	☐
3	Sobald ich das Abitur hatte, habe ich mit dem Bachelor-Studium an der Hochschule für Technik in Stuttgart angefangen.	☐	☐
4	Ich wollte Physikerin werden.	☐	☐
5	Während des Studiums habe ich ein Praktikum bei der Firma Enzo PC-Solution gemacht.	☐	☐
6	Ich hatte die Gelegenheit, mit Ihrem Kollegen Herrn Bartel zu sprechen.	☐	☐

3 a Temporale Konnektoren. Lesen Sie die Sätze. Welche Bedeutung passt? Ordnen Sie zu.

> a gleichzeitig / während dieser Zeit • b vorher • c gleich danach • d danach

1. ☐ **Bevor** ich in die Schule kam, zogen meine Eltern nach Deutschland.
2. ☐ **Sobald** ich das Abitur hatte, habe ich mit dem Bachelor-Studium an der Hochschule für Technik in Stuttgart angefangen.
3. ☐ **Solange** ich noch auf der Uni war, habe ich immer mal wieder als Aushilfe gejobbt.
4. ☐ **Nachdem** ich das Studium erfolgreich abgeschlossen hatte, habe ich ein Praktikum gemacht.

3 b Bilden Sie Sätze mit den Konnektoren aus 3a.

1. Ich ging auf die Uni.
2. Ich habe das Examen bestanden.
3. Ich fand meine erste Stelle.
4. Ich heiratete.
5. …

> Solange ich zur Uni ging, wohnte ich in einer Wohngemeinschaft.

> Bevor ich meine erste Stelle fand, …

4 a Ihr Werdegang. Machen Sie Notizen zu den folgenden Punkten.

Schule   Ausbildung   Berufserfahrung   Praktika

Arbeitgeber   Sprachkenntnisse   Familienstand

4 b Arbeiten Sie zu zweit. Berichten Sie über Ihren Werdegang. Benutzen Sie dabei Ihre Notizen aus 4a.

> Was hast du nach der Ausbildung gemacht?

> Nachdem ich meine Ausbildung abgeschlossen hatte, habe ich erst einmal ein Jahr als Krankenpfleger gearbeitet. Und du?

Redemittel

Ich bin von … bis … in … zur Schule gegangen.
Ich habe bei … ein Praktikum (als …) absolviert.
Ich habe eine Ausbildung zum/zur … gemacht / als … gearbeitet.
Ich bin zurzeit arbeitslos / auf Stellensuche.

1 D Du oder Sie?

1 Duzen oder siezen. In welcher Situation duzt man sich? Sehen Sie die Fotos an und äußern Sie Vermutungen.

2 a Hören Sie und ordnen Sie die Dialoge den Fotos zu.

Dialog 1 ☐   Dialog 2 ☐   Dialog 3 ☐   Dialog 4 ☐

2 b Hören Sie noch einmal. Wo und wie wird die Anrede gewechselt? Was hat Sie überrascht? Tauschen Sie sich aus.

> **Redemittel**
>
> Darf ich Ihnen das Du anbieten? / Wollen wir du sagen?
> Wir duzen uns hier eigentlich alle.
> Es macht dir doch nichts aus, dass ich du sage?
> Wir können gern zum Du übergehen.
> Ich schlage vor, dass wir uns duzen.
>
> Sehr gern. Ich heiße …
> Bei uns / In … duzen wir uns sowieso fast immer.

3 a Arbeiten Sie zu zweit. Lesen Sie jeweils einen Text und notieren Sie:
Was ist das Thema? Was für Beispiele fallen Ihnen dazu ein? Was meinen Sie dazu?

Thomas Münzer
Ich habe in meiner Abteilung eine Führungsposition. Wenn ich meinen Mitarbeitern das „Du" anbiete, bin ich ihnen zu nahe. Die Anredeform „Sie" ist Zeichen einer gewissen Distanz. Manche denken, das sei unhöflich oder kühl. Aber das stimmt nicht. Vielmehr ist es so für beide Seiten leichter, sich zu respektieren. Am Arbeitsplatz vermeide ich daher das „Du".

Dr. Veronika Lange:
In meinem Job bin ich manchmal energisch. Umso wichtiger ist das „Du", das Nähe und Vertrautheit schafft. Ich möchte meine Team-Mitglieder nicht wie Fremde anreden. Warum sollen sich Leute, die sich im Studium geduzt haben, am Arbeitsplatz siezen? Ich empfinde das als altmodisch. In vielen Ländern ist man längst von der förmlichen Anrede abgekommen.

3 b Sprechen Sie mit Ihrem/Ihrer Partner/in und informieren Sie ihn/sie über das Thema und den Inhalt des Textes. Nehmen Sie dazu auch kurz Stellung. Sprechen Sie ungefähr 3 Minuten.

4 Wie ist das in Ihrem Land? Wann duzt man sich, wann siezt man sich? Tauschen Sie sich aus.

Kurz und bündig

Kommunikation

über einen Umgebungswechsel sprechen

Mein erster Tag auf der neuen Arbeitsstelle / auf der Universität war … schwierig/schön/überraschend / eine Herausforderung, weil …
Als ich nach … kam, musste ich mich vor allem an … gewöhnen, zum Beispiel als ich in … war.

Lebenswege und den eigenen Werdegang beschreiben

… wurde 1980 in … geboren. Seine/Ihre Kindheit verbrachte er/sie in …
In den 80er-/90er-Jahren Jahren zog er/sie nach … / beendete er/sie seine/ihre Ausbildung als … / eröffnete er/sie ein Geschäft / gründete er/sie ein Unternehmen.
Ich bin von … bis … in die Schule gegangen. Nach dem Abitur habe ich die Fachhochschule / die Universität für … in … besucht und dort … studiert. / Ich habe eine Ausbildung zum/zur … gemacht. / Zurzeit bin ich arbeitslos / auf Stellensuche.

Duzen oder siezen?

- Darf ich Ihnen das Du anbieten?
- Wollen wir Du sagen? Wir duzen uns hier eigentlich alle. / Ich schlage vor, dass wir uns duzen.

- Sehr gern. Ich bin Nikos.
- Oh, gern. Bei uns in … duzen wir uns sowieso fast immer.

Grammatik

Vergangenheitsformen wiederholen: Perfekt, Präteritum, Plusquamperfekt

Das Perfekt benutzt man vor allem in der gesprochenen Sprache sowie in informellen schriftlichen Texten (z. B. E-Mails).
Heute hat mein Nachbar den Rasen gemäht. / Ich bin gern in die Schule gegangen.

Das Präteritum benutzt man vor allem in schriftlichen Texten.
Sie zog nach Berlin und arbeitete dort in einem Künstlerrestaurant.

Das Plusquamperfekt benutzt man, wenn etwas in der Vergangenheit vor etwas anderem passiert ist.
Als 17-Jährige reiste sie durch Europa, nachdem sie das Internat ohne Abschluss verlassen hatte.
Nachdem Sie mir das in São Paulo bereits angekündigt hatten, war ich nicht mehr so überrascht.

In der mündlichen Kommunikation benutzt man im Hauptsatz oft das Perfekt.
Nachdem ich das Studium erfolgreich abgeschlossen hatte, habe ich ein Praktikum gemacht.

Zeitangaben in biografischen Texten

In den frühen (19)80er-Jahren zog sie nach Berlin. / Im Jahr 1990 gründete sie ihr erstes Unternehmen.
Ein Regisseur brachte sie damals auf die Idee, eine Catering-Firma zu gründen.
Was anfangs hart war, wurde schließlich ein Erfolg.
Von 1999 an eröffnete sie Restaurants und spezialisierte sich dabei auf Museumsgastronomie.
Seit 2004 ist die Firma in Berlin und Hamburg ansässig.
Sarah Wiener erwarb sich einen guten Ruf und wird seitdem auch für Empfänge engagiert.

temporale Konnektoren

gleichzeitig: Solange ich noch auf der Schule war, habe ich in den Ferien immer wieder als Aushilfe gejobbt.
vorzeitig: Sobald ich mit der Schule fertig war, habe ich mit einer Ausbildung angefangen.
Nachdem ich das Studium abgeschlossen hatte, reiste ich durch die Welt.
nachzeitig: Bevor ich in die Schule kam, zogen meine Eltern nach Deutschland.

1 Übungen

A Neustart in Neustadt

1 Was gehört zu einem Neuanfang? Sammeln Sie im Text Begriffe und notieren Sie weitere.

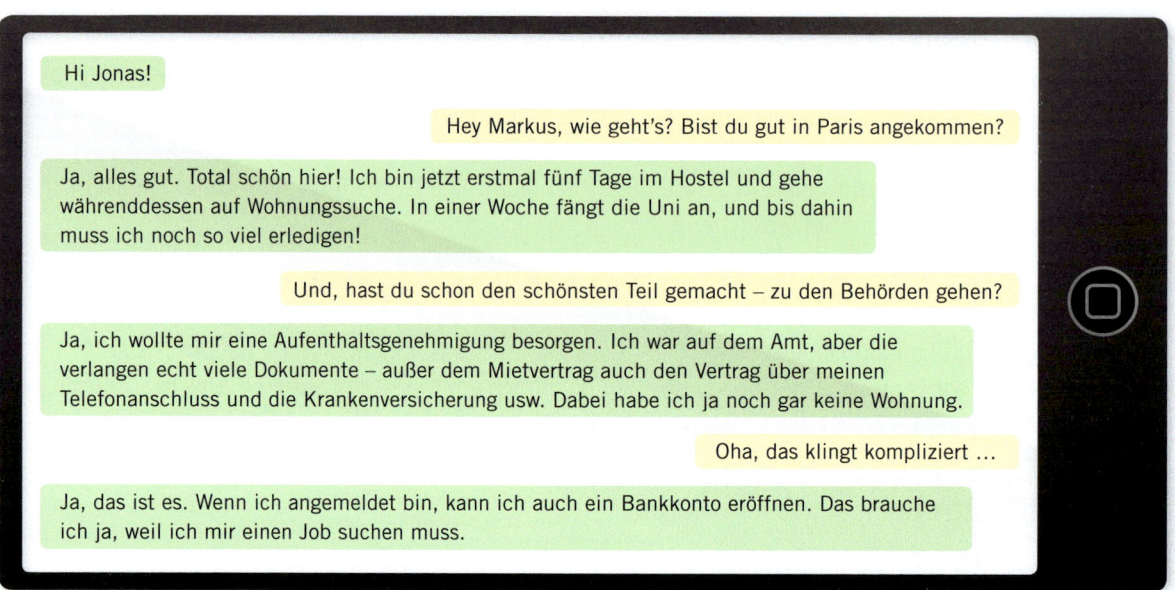

> Hi Jonas!
>
> Hey Markus, wie geht's? Bist du gut in Paris angekommen?
>
> Ja, alles gut. Total schön hier! Ich bin jetzt erstmal fünf Tage im Hostel und gehe währenddessen auf Wohnungssuche. In einer Woche fängt die Uni an, und bis dahin muss ich noch so viel erledigen!
>
> Und, hast du schon den schönsten Teil gemacht – zu den Behörden gehen?
>
> Ja, ich wollte mir eine Aufenthaltsgenehmigung besorgen. Ich war auf dem Amt, aber die verlangen echt viele Dokumente – außer dem Mietvertrag auch den Vertrag über meinen Telefonanschluss und die Krankenversicherung usw. Dabei habe ich ja noch gar keine Wohnung.
>
> Oha, das klingt kompliziert …
>
> Ja, das ist es. Wenn ich angemeldet bin, kann ich auch ein Bankkonto eröffnen. Das brauche ich ja, weil ich mir einen Job suchen muss.

2a Lesen Sie die Fragen und Notizen. Hören Sie dann noch einmal das Gespräch im Kindergarten. Welche Notiz ist richtig (✓), welche falsch (✗)? Korrigieren Sie die falschen Notizen.

1 Wen begrüßt Marion Selig?
2 Was für ein besonderer Tag ist das für Aneta?
3 Wie hat Aneta Deutsch gelernt?
4 Worauf soll Anetas Mutter beim Abholen achten?
5 Wann muss Aneta spätestens kommen, wann muss sie spätestens abgeholt werden?

1. Fr. Srubarová und ihre Tochter Aneta ✓
2. ihr Geburtstag
3. beim Spielen mit den Nachbarskindern
4. auf die Kleidung von Aneta
5. bis 9 Uhr da sein / bis 17 Uhr abholen

2b Lesen Sie die Fragen und hören Sie noch einmal das Gespräch im Fitnessstudio. Machen Sie beim Hören Notizen.

1 Was machen die beiden Frauen?
2 Warum glaubt Franziska, dass Elena aus Spanien kommt?
3 Mit wem geht Franziska normalerweise in das spanische Restaurant?
4 Was schlägt Franziska vor?

3a Nette Worte. Was passt zusammen? Verbinden Sie.

1 Das ist Aneta. Heute ist ihr erster Tag hier.
2 Einen kurzen Moment noch. Ich packe schnell meine Sachen zusammen.
3 Ich habe erst einmal einen Vertrag für zwei Jahre.
4 Wenn Sie wollen, kommen Sie doch vorbei.

a Vielen Dank! Ich komme gern.
b Dann wünsche ich Ihnen viel Erfolg. Und leben Sie sich gut ein!
c Wir haben Sie schon erwartet. Herzlich willkommen!
d Vielen Dank. Ich habe Zeit.

3b Hören Sie und sprechen Sie jeweils die Antwort nach.

4a Angekommen. Lesen Sie die Nachricht. Wem schreibt Lidija und warum?

Von: lidijakondratova@rambler.ru
An: thomasludwig@web.de; jennyk@@gmx.de; karlmueller@mueller.com
Betr. Danke

Liebe Freunde,

ich bin jetzt seit genau einem Monat in Neustadt und möchte einmal ganz herzlich „danke" sagen. Es war einfach toll, wie ihr mich empfangen habt. Wir kannten uns ja nur aus dem Netz,
5 aber ich habe mich sofort wohlgefühlt. In einem anderen Land gleich alles richtig zu machen, ist nicht einfach. Wie ihr wisst, bin ich an einem Samstag angekommen, und schon am Montag ging mein Praktikum los. Es war gut, dass ihr mir am Wochenende die Stadt gezeigt habt. So habe ich auch das etwas komplizierte Busnetz verstanden ... und bin an meinem ersten Arbeitstag nicht zu spät gekommen! Ich war
10 pünktlich, wie es in Deutschland sein soll. Als ich dann das erste Mal Kollegen zum Essen eingeladen habe, habe ich gemerkt, dass ihr Deutschen ja gar nicht sooo pünktlich seid ☺

Überhaupt, das Essen! Seit ich den Wochenmarkt entdeckt habe, macht mir das Einkaufen richtig Freude. Es gibt so viele frische und leckere Sachen, und ich kann (fast) alles kochen, was ich aus Russland kenne. Ich liebe diesen Markt! Hoffentlich sehen wir uns ganz bald
15 wieder – ich freue mich auf die nächsten fünf Monate!

Eure Lidija

4b Unterstreichen Sie die Antworten auf die Fragen in der E-Mail. Schreiben Sie dann kurze Sätze.

1 Wie lange ist Lidija schon in Neustadt?
2 Warum ist sie gekommen?
3 Was hat sie an ihrem ersten Wochenende gemacht?
4 Warum ist sie am ersten Arbeitstag nicht zu spät gekommen?
5 Was macht sie besonders gern?

5a Kennenlernen. Ergänzen Sie die Fragen. Nutzen Sie die Wörter aus dem Schüttelkasten.

1 Seit wann leben Sie ....?
2 Sind Sie allein gekommen oder ....?
3 War es schwierig, ...?
4 Suchen Sie ....? Als was? Oder möchten Sie studieren?
5 Welche ....? Was fanden Sie gut? Was fanden Sie schwierig?

Arbeit • Familie/Partner/in • Erfahrungen (machen) • Deutschland • Wohnung (finden)

5b Schreiben Sie über sich. Wenn Sie in Deutschland leben, beantworten Sie dazu die Fragen aus 5a. Wenn nicht, beantworten Sie die folgenden Fragen.

- Seit wann lernen Sie Deutsch und warum?
- Was sind Sie von Beruf?
- Möchten Sie nach Deutschland kommen? Wann und warum (nicht)?
- Wie stellen Sie sich ein Leben in Deutschland vor? Welche Erwartungen haben Sie?

B Von Wien hinaus in die Welt

1 Lesen Sie noch einmal das Porträt auf S. 12 in der richtigen Reihenfolge. Welche Überschriften passen jeweils zu den Abschnitten 1–6? Kreuzen Sie an: a, b oder c.

1 a ☐ Deutsche Köchin macht in Wien Karriere
   b ☐ Auf Umwegen zum Ruhm
   c ☐ Starköchin wird Unternehmerin

2 a ☐ Lieber Reisen als Abitur
   b ☐ Eine ruhige Kindheit in Wien
   c ☐ Ohne Ausbildung am Rande des Ruins

3 a ☐ Kind statt Karriere
   b ☐ Sarah Wiener wird Filmstar
   c ☐ Im „Exil" die Liebe zum Kochen entdeckt

4 a ☐ Erste Erfolge mit eigenem Catering-Unternehmen
   b ☐ Das erste Catering – ein Kinderspiel
   c ☐ Kredit ermöglicht erstes Restaurant

5 a ☐ Neue Restaurants statt Catering-Service
   b ☐ Sarah Wiener wird Museumsführerin
   c ☐ Das Unternehmen wächst

6 a ☐ Sarah Wiener schreibt einen Koch-Krimi
   b ☐ Sarah Wiener erhält Auszeichnungen
   c ☐ Sarah Wiener möchte ins Fernsehen

2 a Wortverbindungen. Ordnen Sie zu.

1 ein Restaurant   a erwerben
2 seine Leidenschaft   b gründen
3 sich einen Ruf   c verlassen
4 die Kindheit in (Wien)   d bringen
5 ein Unternehmen   e erhalten
6 die Schule ohne Abschluss f entdecken
7 (k)eine Ausbildung   g betreiben
8 einen Preis   h verbringen
9 jmdn. auf eine Idee   i werden
10 zu einer Erfolgsgeschichte j machen

2 b Vergangenheitsformen. Ergänzen Sie die Tabelle mit den Verben aus 2a.

regelmäßige Verben			unregelmäßige Verben + Verben mit Vokalwechsel		
Infinitiv	Präteritum	Perfekt	Infinitiv	Präteritum	Perfekt
gründen			erwerben	erwarb	hat erworben

2 c Schreiben Sie mit Hilfe der Jahreszahlen eine Kurzbiografie über Sarah Wiener. Benutzen Sie dafür auch die Wortverbindungen aus 2a.

1962   70er-Jahre   1990   1999   2004   2012   heute

Sarah Wiener wurde 1962 geboren. In den 70er-Jahren ...

3 Biografische Satzkette. Bilden Sie Sätze mit *nachdem* wie im Beispiel und setzen Sie die Satzkette fort. Achten Sie auf die Vergangenheitsformen.

> ~~Sarah Wiener reiste durch Europa.~~ • ~~Sie zog nach Berlin.~~ • Sie arbeitete im Restaurant ihres Vaters. • Sie wurde Köchin in einer Werbeagentur. • Sie gründete ein Film-Catering-Unternehmen. • Sie eröffnete mehrere Restaurants in Deutschland. • Sie trat im Fernsehen auf. • Sie wurde bekannt.

Nachdem Sarah Wiener durch Europa gereist war, zog sie nach Berlin.
Nachdem sie nach Berlin gezogen war, arbeitete sie im …

4 Tobias Moretti. Lesen Sie die Kurzbiografie des Schauspielers und ergänzen Sie die Zeitangaben.

> damals • 80er-Jahre • im Jahr • nachdem • seitdem

Tobias Moretti (*11. Juli 1959 in Gries am Brenner) ist ein österreichischer Theater- und Filmschauspieler. Sein Geburtsname ist Tobias Bloéb. Moretti ist der Familienname seiner Mutter. Er übernahm ihn 1984.

_____¹ er Abitur gemacht hatte, begann er zunächst ein Musikstudium an der Universität für Musik und darstellende Kunst in Wien. Noch vor Abschluss wechselte er an die Otto-Falckenberg-Schauspielschule in München. Danach spielte er am Bayerischen Staatsschauspiel, wechselte aber _____² 1986 zu den Münchner Kammerspielen.

Ende der _____³ ging Moretti zum Film. Durch die Fernsehkrimiserie „Kommissar Rex" wurde er _____⁴ einem breiten Publikum bekannt und erhielt 2003 und 2004 den TV-Publikumspreis „Romy" als beliebtester Schauspieler. Parallel zur Serie drehte er aber immer wieder auch Filme.

2004 verließ er „Kommissar Rex" und widmet sich _____⁵ verstärkt dem Film. Besondere Aufmerksamkeit erregte 2005 seine Rolle als Adolf Hitler in Heinrich Breloers Fernseh-Doku-Drama „Speer und Er", das vom Leben des Architekten Albert Speer handelt. Als man ihm 2007 noch einmal die Rolle des Adolf Hitler in dem Film „Operation Walküre – Das Stauffenberg Attentat" anbot, lehnte er ab.
Neben seiner Filmtätigkeit spielt er weiterhin Theater an verschiedenen Bühnen des deutschsprachigen Raums.

5 Schreiben Sie die Biografie einer bekannten Persönlichkeit als Satzkette wie in Aufgabe 3.

> Schulabschluss: wann, wo?
>
> Studium an … / Ausbildung als … von … bis …
>
> Heute: wo, was?
>
> Arbeit: bei … (wo zuerst?) / Wechsel nach …
>
> Umzüge: Von … (Ort) nach … gezogen

C Beim Vorstellungsgespräch

1 Lebenslauf. Was passt nicht in die Reihe? Streichen Sie durch.

1 persönliche Angaben: Familienstand – Anschrift – Praktika – Staatsangehörigkeit
2 Ausbildung: Abitur – Ausbildung zur/zum … – Tanzkurs – Studium
3 Kontakt: Anschrift – E-Mail-Adresse – Studienabschluss – Telefonnummer
4 Berufserfahrung: Aushilfsjob – Zeitarbeit bei … – Abitur – Praktikum
5 Abschlüsse: Bachelor – Master – Staatsexamen – Studium

2 Beim Bewerbungsgespräch. Was sagt Frau Bertani zu den folgenden Themen? Markieren Sie im Text.

1 familiärer Hintergrund / Herkunft
2 persönliche Vorlieben und Berufswunsch
3 Wahl des Studienfachs und der Hochschule
4 praktische Erfahrungen während des Studiums / der Ausbildung
5 Anlass für die Bewerbung

Meine Familie kommt aus Bari in Italien. Bevor ich in die Grundschule kam, sind meine Eltern nach Deutschland gezogen. Schon in der Oberstufe des Gymnasiums war für mich die Berufswahl geklärt. Mathematik und Physik waren meine Lieblingsfächer, und ich wollte Softwareentwicklerin werden. Sobald ich dann das Abiturzeugnis in der Hand hatte,
5 habe ich mich an der Hochschule für Technik in Stuttgart eingeschrieben.
Und solange ich noch an der Uni war, habe ich zwischendurch ein paarmal als Programmierassistentin bei der Enzo PC-Solution GmbH gejobbt. Das war eine gute praktische Erfahrung, bei der ich viel gelernt habe. (…) Nachdem ich dann das Studium erfolgreich abgeschlossen hatte, habe ich ein Praktikum in Vollzeit bei der Kiesel-Vision hier in
10 Neustadt begonnen.
Vor drei Monaten habe ich Herrn Bartels telefonisch kontaktiert und ihn wegen der Stelle einer Projektleitung in Ihrem Unternehmen gefragt. Es geht dabei um Projektstrategien und die technische Umsetzung in seiner Abteilung …

3 a Eine etwas andere Lebensgeschichte. Sehen Sie das Foto an.
Was könnte Thema der Lebensgeschichte in 3b sein? Kreuzen Sie an.

1 ☐ Lotto spielen? – Nein danke!
2 ☐ Ein Gewinn hat mein Leben verändert.
3 ☐ Das Glücksspiel in der Krise

3 b Ergänzen Sie die Sätze.

> bevor • damals • nachdem • seit • seitdem • sobald • solange

Heute bin ich selbstständig und habe ....¹ 14 Jahren ein eigenes Restaurant. Aber das war ein langer Weg. ....² ich das Gymnasium nach der 7. Klasse verlassen hatte, machte ich eine Lehre als Koch. Doch ....³ ich sie abschließen konnte, bekam ich Streit mit meinem Chef. Ich wollte nur noch weg! ....⁴ war es für viele junge Leute ganz normal, per Autostopp zu reisen. ....⁵ ich durch Europa reiste, jobbte ich in Restaurants als Küchenhilfe, aber als ich 1991 nach Deutschland zurückkehrte, wusste ich nicht, was ich eigentlich machen wollte. Dann hatte ich Riesenglück: Ich habe im Lotto gewonnen! ....⁶ ich das Geld auf meinem Konto hatte, eröffnete ich mein Traumlokal. ....⁷ arbeite ich viel, aber das Leben macht mir richtig Spaß. Wenn es doch immer so einfach wäre …

22

4a
Lesen Sie den Auszug aus einem Bewerbungsratgeber und ordnen Sie die fehlenden Wörter zu.

1 Interessen   3 Gesprächspartner   5 Erscheinung   7 Gesprächsverlauf
2 Atmosphäre   4 Qualifikation   6 Aufforderung 8 Kompetenzen

Erzählen Sie bitte etwas über sich.

Viele Bewerber/innen hören in den ersten Minuten eines Bewerbungsgesprächs diesen Satz und denken: „Ach, das ist ja locker. Das habe ich mir schwieriger vorgestellt." VORSICHT!

Was sich wie eine [6] zu einem netten Small-Talk anhört, ist tatsächlich der Beginn des offiziellen Teils des Bewerbungsgesprächs. Ihre Antwort ist für den weiteren [ ] entschei-
5 dend. Zwei bis drei Minuten haben Sie fürs „Erzählen" Zeit. Sie sollten sich vorher überlegen, was Ihre [ ] hören wollen und was Sie sagen. Bereiten Sie diesen ersten Teil des Vorstellungsgesprächs zu Hause vor. Eine
10 Personalchefin oder ein Abteilungsleiter interessiert sich für zwei Dinge. Erstens: „Passt der Bewerber zu der Arbeitsstelle?" und zweitens: „Passt er als Person in unser Unternehmen?" Also müssen Sie Ihre Ge-
15 sprächspartner davon überzeugen, dass Sie der bzw. die Richtige sind.

Wichtig sind Ihre [ ] für die Stelle und Ihre fachlichen und sozialen [ ]. Zeigen Sie mit Ihrer Antwort, dass Sie die passende Ausbil-
20 dung haben und für diese Stelle besonders gut geeignet sind. Sie können auch Hobbys und private [ ] nennen, die zeigen, dass Sie ein offener und engagierter Mensch sind. Aber übertreiben Sie nicht. Machen Sie deut-
25 lich, dass Sie motiviert sind, indem Sie zum Beispiel begründen, warum Sie sich für Ihre Ausbildung entschieden haben. Aber bleiben Sie kurz und sachlich, erzählen Sie keine „Romane". Ihre Gesprächspartner achten
30 darauf, was Sie sagen und wie Sie es sagen. Deshalb bemühen Sie sich um eine entspannte Körperhaltung. Vermeiden Sie verschränkte Arme, nervöse Gesten oder das Spielen mit dem Kugelschreiber. Sehen Sie Ihr Ge-
35 genüber an, und auch ein freundliches Lächeln (hin und wieder) fördert eine gute [ ].

Zu guter Letzt: Achten Sie auf eine gepflegte [ ]: Schmutzige Schuhe, auffälliger Schmuck, zu bunte Krawatten und extreme Düfte sind
40 tabu.

4b
Lesen Sie den Text noch einmal. Was sollte man im Vorstellungsgespräch tun, was nicht? Notieren Sie Stichpunkte.

🙂	🙁
– Vorbereitung zu Hause	– zu viele Hobbys nennen

5a
Sehen Sie das Bild an. Was macht dieser Bewerber falsch? Notieren Sie.

– Haare sehen nicht gepflegt aus

5b
Hören Sie das Vorstellungsgespräch und ergänzen Sie Ihre Notizen aus 5a.

1 D Du oder Sie?

1 Hören Sie noch einmal die Dialoge von Aufgabe 2a auf S. 16 und ordnen Sie die Überschriften zu.

a Begegnung auf einem Kongress — Dialog ☐
b Auf dem Elternabend — Dialog ☐
c Ein herzliches Dankeschön — Dialog ☐
d Wir sind hier doch unter uns — Dialog ☐

2 Lesen Sie die Antworten. Hören Sie dann Sätze und sprechen Sie laut eine passende Antwort.

- Oh, stimmt ja. Entschuldigung.
- Sehr gerne. Ich heiße …
- Sehr angenehm. Mein Name ist …
- Na dann. Ich heiße …

3a Anekdoten rund um die Anrede. Lesen Sie die Forumsbeiträge. Wer hat was gesagt? Ordnen Sie zu.

1 „Man ist so jung, wie man sich fühlt, aber das sehen andere manchmal anders."
2 „In der Realität ist es dann doch oft anders, als man denkt."
3 „Das ist die Macht der Gewohnheit."
4 „Diese Firmenphilosophie finde ich etwas seltsam."

www.geschichtenausdemleben.de/forum/ganz_schoen_verzwickt

Thema heute: Sie oder Du? Ganz schön verzwickt …

☐ **Eichhörnchen** 13.07. – 19.20
Am Wochenende waren wir Möbel kaufen. Ich wollte wissen, ob es die Schranktüren auch in einer anderen Farbe gibt. Irgendwann habe ich endlich einen Verkäufer gefunden. Er war sehr nett und konnte mir auch weiterhelfen. Aber er hat mich die ganze Zeit geduzt. Ich dachte: „So jung sehe ich doch gar nicht aus", und fand das sehr seltsam. Hinterher habe ich erfahren, dass das Duzen zur Unternehmenspolitik des Möbelhauses gehört. Na ja, ich weiß nicht.

☐ **Luca** 13.07. – 22:14
Hallo, ich bin Italiener und erst seit ein paar Wochen in Deutschland. Als ich im Supermarkt an der Kasse gewartet habe, rief die Verkäuferin ihre Kollegin: „Frau Krüger, kannst du bitte kommen?" Ich war sehr erstaunt, denn ich hatte gelernt, dass man den Vornamen benutzt, wenn man „du" sagt.

☐ **Anna 10961** 14.07. – 09:25
Ich lebe schon seit 25 Jahren in Berlin-Kreuzberg. Dort gibt es viele Kneipen, und das Publikum ist sehr gemischt. Man trifft viele Studenten, Künstler, aber ebenso „ganz normale", auch ältere Leute. Als ich vor ein paar Tagen am Tresen ein Bier bestellt habe, bin ich das erste Mal in meinem Leben in einer Kreuzberger Kneipe gesiezt worden. Da wusste ich, jetzt gehöre ich eindeutig zu diesen „älteren Leuten". Das war ein harter Tag!

☐ **David** 14.07. – 21:07
Ich komme aus den USA. Mein Deutsch ist ziemlich gut – das sagen zumindest meine Geschäftspartner. Ich betreue für eine große US-amerikanische Firma die deutschen und österreichischen Kunden und spreche Deutsch eigentlich nur bei der Arbeit. Einmal hatte ein Kunde seine vierjährige Nichte bei einem Essen dabei. Sie war sehr süß und wollte genau wissen, was auf der Menükarte stand. Ich habe es ihr erklärt und mich gewundert, dass ihr Onkel immer wieder lachen musste: Ich hatte nicht gemerkt, dass ich die Kleine die ganze Zeit gesiezt habe. Weil ich es so gewohnt bin, auf Deutsch „Sie" zu sagen.

3b Kennen Sie auch eine lustige Geschichte zur Anrede? Schreiben Sie einen Forumsbeitrag.

Prüfungstraining

Sprachbausteine, Teil 2

Lesen Sie den folgenden Text und entscheiden Sie, welches Wort (a–o) in die Lücken 1–10 passt. Sie können jedes Wort im Kasten nur einmal verwenden. Nicht alle Wörter passen in den Text.

Was Bewerber/innen wissen müssen: Chancen und Risiken von Social Media

Welche Rolle spielen Soziale Medien im Bewerbungsverfahren?

Profile bei Social-Media-Angeboten wie Facebook werden bei Personalentscheidungen immer ☐¹. Rund 40 Prozent der Unternehmen gaben im Rahmen einer Studie an, dass sie die Profile von Bewerber/innen überprüfen, bevor sie diese zu einem Bewerbungsgespräch einladen. Jede/r fünfte Bewerber/in bekommt aufgrund eines Social-Media-Profils schon im Vorfeld eine ☐².

Gefahren von sozialen Netzwerken

Für Bewerber/innen heißt dies, dass sie ihre Profile bei sozialen Netzwerken überprüfen und säubern müssen, ☐³ sie sich bewerben. Sie sollten die Zugriffsrechte einschränken, damit Außenstehende möglichst wenig sehen können. Vor allem aber sollten sie darauf achten, dass peinliche ☐⁴ gelöscht werden – besser noch wäre natürlich, erst gar keine einzustellen. Aber auch unter „Freunden" ist Vorsicht angesagt: Unternehmen nutzen häufig ☐⁵ Firmenseiten, sondern betreiben ihren Facebook-Auftritt als Person. Für Bewerber/innen, die „Freunden von Freunden" erlauben, auf private Informationen zuzugreifen, stellen „Firmen-Freunde" ein großes Problem dar, ☐⁶ sie viele Freunde haben und grundsätzlich auch Freundschaftsanfragen von Unbekannten annehmen. Es empfiehlt sich daher, solche Profile zu „entfreunden" oder „Freunde von Freunden" als Privatsphäre-Einstellung nicht zu verwenden.
Man sollte immer im Hinterkopf haben, dass das, was wir heute ins Netz stellen, uns ☐⁷ bei einem potenziellen Arbeitgeber disqualifizieren kann.

Chancen von Social Media-Auftritten

Andererseits können Internetauftritte und Profile bei sozialen Netzwerken ☐⁸ auch helfen, sich positiv darzustellen. Eine „Visitenkarte" im Internet – z. B. ein öffentliches Profil bei einem beruflichen Netzwerk, auf ☐⁹ ein/e Bewerber/in seine/ihre Kenntnisse, Erfahrungen und bisherigen Tätigkeiten präsentiert –, kann den Gesamteindruck positiv beeinflussen und wichtige Informationen über den ☐¹⁰ hinaus vermitteln. Um Firmen auf einen solchen Internetauftritt aufmerksam zu machen, reicht es meistens schon, statt einer gewöhnlichen E-Mail-Adresse die E-Mail-Adresse von der entsprechenden Domain anzugeben. Für das berühmt-berüchtigte Networking sind solche Webvisitenkarten daher besonders geeignet.

a	aber	d	Bewerbung	g	der	j	keine
b	Absage	e	Fotos	h	dem	k	Lebenslauf
c	bevor	f	da	i	leider	l	morgen

m	nachdem
n	Texte
o	wichtiger

> **Tipp**
>
> Bei diesem Aufgabentyp sollen Sie das korrekte Wort finden. Die fehlenden Wörter können aus fast allen Kategorien der Grammatik und Lexik stammen.
>
> → Lesen Sie immer den ganzen Satz und entscheiden Sie zuerst, welche Wortart gebraucht wird (z. B. Nomen, Verb, Artikel, Adjektiv, Präposition, Adverb, Konnektor).
> → Probieren Sie dann alle Optionen dieser Wortart im Satz aus. Wenn Sie unsicher sind oder Ihrer Meinung nach mehrere Optionen möglich wären, lesen Sie den Satz noch einmal aus einer „grammatikalischen Perspektive".
> (Z. B. Welchen Kasus hat das Nomen? Welche Zeitform braucht das Verb?)

2 Lebensräume – Arbeitswelten

1 Skyline von Frankfurt
2 Europäische Zentralbank
3 Museumsufer
5 Römer
6 Palmengarten
7 Frankfurter Börse

A Eindrücke aus Frankfurt

1a Eindrücke von einer Stadt. Sehen Sie die Fotos an. Beschreiben und kommentieren Sie sie.

> Die Architektur wirkt auf mich …

Redemittel
Auf dem Foto ist … zu sehen. / Im Vordergrund/ Hintergrund / in der Mitte befindet sich …
… ist (nicht) gut zu erkennen.
… auf dem Foto erinnert/erinnern mich an …

1b Wie gefällt Ihnen diese Stadt? Tauschen Sie sich aus.

2a Jan Urban ist nach Frankfurt gezogen. Hören Sie das Gespräch. Von welchen Orten auf den Fotos spricht er?

2b Hören Sie noch einmal und ergänzen Sie die Aussagen.

1 Jan ist nach Frankfurt gezogen, weil er …
2 Als er die Stadt zum ersten Mal sah, war er …
3 Am Alltag in Frankfurt gefallen ihm …
4 Er vermisst …

3 Projekt. Welche dieser Veranstaltungen würde Sie interessieren? Arbeiten Sie in Gruppen und recherchieren Sie Informationen. Stellen Sie dann Ihre Veranstaltung im Kurs vor.

Frankfurt Marathon   Rheingauer Weinmarkt   Nacht der Museen   …

Sie lernen
- Fotos und eine Stadt beschreiben
- Ergebnisse einer Studie / eines Rankings wiedergeben
- über Berufswünsche und Berufswechsel sprechen
- Vor- und Nachteile benennen, Stellung nehmen
- Adjektivdeklination: Genitiv (Wdh.), Komparativ/Superlativ
- Konjunktiv II der Gegenwart (Wdh.)

Alte Oper 4

Frankfurt am Main.
Die kleinste Metropole der Welt.

International, vielsprachig und voller Kontraste – so lässt sich die Stadt am Main beschreiben. In dieser der Fläche nach kleinen Stadt leben rund 700.000 Menschen aus mehr als 180 Nationen. Doch hunderttausende Pendler strömen morgens in die Innenstadt und machen Frankfurt tagsüber zur Millionenstadt.

Frankfurt ist Standort eines sehr wichtigen Flughafens: Mit 58 Millionen Passagieren im Jahr ist er der drittgrößte in Europa. Mehr als drei Millionen Menschen besuchen jährlich eines der modernsten Messegelände der Welt, um beispielsweise auf der IAA (Internationale Automobil-Ausstellung), der Buchmesse oder der Musikmesse die neuesten Entwicklungen ihrer Branche zu bestaunen.

Frankfurt gilt als das kontinentale Finanzzentrum Europas, denn hier haben die Europäische Zentralbank, die Bundesbank, die Börse und über 200 Kreditinstitute ihren Sitz. Die Skyline des schicken Bankenzentrums gilt als avantgardistisch und Frankfurt hat ihr den Spitznamen „Mainhattan" zu verdanken. Doch trifft man in den Apfelweinlokalen verschiedener, fast dörflich anmutender Stadtteile auch auf gesellige Gemütlichkeit. Und der Römer, wie die Häuser des kleinen Rathauskomplexes genannt werden, lockt mit dem Charme alter Fachwerkhäuser. Die Frankfurter Oper schließlich gilt als eine der besten Spielstätten weltweit und erfreut sich aufgrund ausgezeichneter Aufführungen seit langem internationaler Berühmtheit.

Frankfurt ist beschaulich und dynamisch, weltoffen und tolerant. In der Stadt der bodenständigen Hessen und smarten Banker werden Traditionen gewahrt und Trends gesetzt. Kommen Sie in die Metropole am Main!

Äppelwoi 8

4a Städte-Info. Lesen Sie den Auszug aus einer Tourismus-Broschüre und erklären Sie den Titel.

4b Notizen machen. Lesen Sie noch einmal und notieren Sie Informationen zu den folgenden Themen.

Einwohner   Kultur   Architektur

Wirtschaft   Verkehr

> **Strategie**
> **Notizen machen**
> Markieren Sie Schlüsselwörter.
> Notieren Sie Stichpunkte, z. B.
> *Einwohner: fast 700.000 / aus 180 …*

5 Markieren Sie in der Broschüre alle Adjektive und unterstreichen Sie die Adjektivendungen im Genitiv.

> **Memo**
> Adjektive im Genitiv enden fast immer auf *-en*.
> Nur vor femininen Nomen ohne Artikel sowie vor Nomen im Plural ohne Artikel enden sie auf *-er*.

6 Und Ihre Lieblingsstadt? Sammeln Sie Adjektive und machen Sie Werbung für Ihre Lieblingsstadt.

> Athen ist eine der ältesten Städte Europas. Die antiken Gebäude und Ruinen sind besonders sehenswert.

B Lebensqualität im Vergleich

1a Städte im Vergleich. Überfliegen Sie den Artikel und geben Sie Informationen wieder, die Sie auf den ersten Blick erfasst haben.

1b Lesen Sie den Artikel gründlich und beantworten Sie die Fragen.

1. Wer hat die Studie durchgeführt?
2. Was wurde in der Vergleichsstudie bewertet?
3. Welche Stadt führt das Ranking an? Warum?
4. Welche Kriterien wurden zugrundegelegt?
5. Für wen ist die Studie nützlich?

Wien ist weltweit die Nummer 1

Sieben europäische Großstädte unter den ersten zehn

Wien ist auch 2015 die Stadt mit der höchsten Lebensqualität weltweit. Mit Zürich (Rang 2) und München (Rang 4), Düsseldorf (Rang 6), Frankfurt (Rang 7), Genf (Rang 8) und Kopenhagen (Rang 9) befinden sich sechs weitere europäische Städte in den Top Ten. Komplettiert wird die Spitzengruppe von Auckland (Rang 3), Vancouver (Rang 5) und Sydney (Rang 10). Das Schlusslicht weltweit bildet Bagdad. Zu diesen Ergebnissen kommt die alljährlich von der Beratungsgesellschaft Mercer durchgeführte weltweite Vergleichsstudie zur Bewertung der Lebensqualität in 230 Großstädten.

Nur minimale Unterschiede unter den Bestplatzierten

„Schaut man sich die bestplatzierten Städte des Rankings genauer an, zeigen sich nur minimale Unterschiede – die Lebensqualität ist hier durchweg sehr hoch", erklärt eine Mercer-Expertin. „Spitzenreiter Wien punktet besonders bei der Verfügbarkeit von geeigneten Mietobjekten für Expatriates*, der Auswahl an Theater- und Musikdarbietungen sowie Restaurants und dem Angebot an internationalen Schulen."

Was zur Lebensqualität beiträgt

[…] Zur Beurteilung der Lebensqualität wurden für jede Stadt 39 Kriterien aus der Sicht von Mitarbeitern herangezogen, die ins Ausland entsandt worden sind. Diese Merkmale schließen u. a. politische, soziale, wirtschaftliche und umweltorientierte Aspekte ein. Hinzu kommen Faktoren wie persönliche Sicherheit und Gesundheit, Bildungs- und Verkehrsangebote sowie andere öffentliche Dienstleistungen. Die Ergebnisse der Studie dienen Regierungen und internationalen Unternehmen als wichtige Informationsquelle und Entscheidungshilfe bei der Entsendung von Mitarbeitern ins Ausland.

*Expatriates: ausländische Fachkräfte

Lebensqualität von Großstädten

Rang	Stadt
1	Wien (Österreich)
2	Zürich (Schweiz)
3	Auckland (Neuseeland)
4	München (Deutschland)
5	Vancouver (Kanada)
6	Düsseldorf (Deutschland)
7	Frankfurt (Deutschland)
8	Genf (Schweiz)
9	Kopenhagen (Dänemark)
10	Sydney (Australien)

Quelle: Mercer Quality of Living Survey 2015

2a Welche Kriterien sind für Sie persönlich sehr/weniger wichtig? Diskutieren Sie.

> Mir sind die wirtschaftlichen Aspekte am wichtigsten.

> Ich halte es für wichtiger, dass es ein breites kulturelles Angebot gibt.

2b Was bedeutet Lebensqualität für Sie? Notieren Sie Ihre Top-5-Kriterien. Vergleichen Sie dann im Kurs.

2c Fassen Sie die Ergebnisse der Studie in einem kurzen Text zusammen.

> **Textbausteine**
>
> **Ergebnisse einer Studie / eines Rankings wiedergeben**
>
> Die Studie von … aus dem Jahr … hat … untersucht. / Die Studie zu dem Thema … wurde von … durchgeführt. Sie kommt zu dem Ergebnis, dass … / … führt das Ranking an. / Unter den ersten fünf/zehn/ … befinden sich … / Auf Rang … folgt … / Auf den Plätzen … folgen … / Das Schlusslicht bildet … / Besonders gut/schlecht schneidet … ab, weil …
> Zur Beurteilung wurden folgende Kriterien/Merkmale/Faktoren herangezogen: … / Die Unterschiede zwischen … sind minimal / (nicht/ziemlich) groß.

3a Komparativ und Superlativ. Ergänzen Sie die Sätze mit den Adjektiven in der richtigen Form. Der Text in 1b hilft.

> ~~attraktiv~~ • gut • teuer • hoch • schlecht • niedrig

1 München ist von allen deutschen Städten *am attraktivsten*.

2 Man wohnt in Düsseldorf ………………………… als zum Beispiel in Frankfurt.

3 Die Lebensqualität in Wien ist weltweit ………………………… .

4 Im internationalen Ranking schneidet Bagdad am ………………………… ab.

5 Die Punktzahl von Genf ist ………………………… als die von Zürich.

6 In Genf sind die Restaurants ………………………… als in Wien.

3b Lesen Sie die Sätze und markieren Sie die Adjektive. Vergleichen Sie mit den Adjektiven in 3a.

1 Die Stadt mit der dritthöchsten Lebensqualität liegt in Neuseeland.
2 Sieben der beliebtesten Städte liegen in Europa.
3 In Nordamerika hat Vancouver den besten Platz.
4 Expats finden in Wien geeignetere Mietobjekte als in anderen Städten.
5 Im Vergleich zu Düsseldorf hat Frankfurt eine geringere Lebensqualität.
6 Genf erhielt eine niedrigere Punktzahl als Zürich.

> **Memo**
>
> Vor einem Nomen werden Adjektive im Komparativ oder Superlativ dekliniert.

4 Städte im Vergleich. Wählen Sie zwei Städte aus, die Sie kennen, und vergleichen Sie sie.

> Ja, aber Berlin hat ein besseres Kulturangebot.

> Frankfurt finde ich attraktiver als Berlin, weil die Stadt kleiner ist.

> Ich denke, man hat in London bessere Arbeitsmöglichkeiten als in Athen.

> **Redemittel**
>
> | | |
> |---|---|
> | Komparativ + *als* | … ist größer/kleiner/ … als …
 … ist eine attraktivere / weniger attraktive Stadt als …
 … hat mehr/weniger Einwohner als …
 … hat eine bessere Infrastruktur / ein breiteres Kulturangebot / eine höhere/niedrigere Lebensqualität als … |
> | *genauso /* (*nicht*) *so +* Adjektiv + *wie* | … ist genauso/so groß/… wie … / Die Architektur in … ist nicht/genauso modern/… wie in… |
> | Superlativ | … hat (von den Städten, die ich kenne,) das beste Kulturangebot / die höchste Einwohnerzahl / … |

5 Und Sie? Wie gefällt Ihnen der Ort, in dem Sie zurzeit leben? Schreiben Sie einen kurzen Text. Berücksichtigen Sie die Kriterien aus dem Ranking.

C Branchen und Berufe

1a Berufe und Branchen. Welcher Beruf passt zu welcher Branche? Ordnen Sie zu.

| 1 Tischler/in | 3 Architekt/in | 5 Rezeptionist/in | 7 Logistiker/in | 9 Programmierer/in |
| 2 Ingenieur/in | 4 Chemiker/in | 6 Altenpfleger/in | 8 Apotheker/in | 10 Bürokaufmann/-frau |

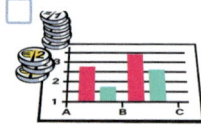

Transportwesen [7]   IT-Berufe   technische Berufe   Handwerk   kaufmännische Berufe

Gesundheitswesen   Tourismus   Baugewerbe   Wissenschaft & Forschung   Sozialwesen

1b Was würden Sie gern machen? Sprechen Sie im Kurs.

| Ich | würde gern | als Lkw-Fahrer/in
in einem technischen/… Beruf
im Transportwesen / im Bereich Tourismus/… | arbeiten. |
| Ich | wäre gern | Erzieher/in/… | |

Memo
Wünsche formuliert man mit dem Konjunktiv II.
Ich wäre/hätte gern …
Ich würde gern + Infinitiv.

1c Konjunktiv II der Gegenwart. Welche Funktion haben die Sätze? Ordnen Sie zu.

1 Ich hätte gern eine gut bezahlte Vollzeitstelle.
2 Du solltest dich öfter bewerben.
3 Könntest du mir bitte helfen?
4 Wenn ich viel Geld hätte, würde ich kündigen.

a irreale Bedingung
b Wunsch
c Ratschlag
d höfliche Bitte

2 Wo würden Sie gern, wo würden Sie auf keinen Fall arbeiten? Tauschen Sie sich aus.

in einer Arztpraxis • in einer Großküche • in einem Einzelbüro • in einer Fabrikhalle •
in einem Kaufhaus • in einem Krankenhaus • in einem Hotel • auf einem Schiff • im Freien

Ein helles Einzelbüro wäre schön, da könnte ich ungestört arbeiten.

In Fabrikhallen ist es oft laut und hektisch. Das könnte ich nicht ertragen.

Ich würde gern am Flughafen arbeiten, da ist immer etwas los.

3 a Etwas Neues wagen. Lesen Sie die Überschriften. Worum könnte es gehen? Äußern Sie Vermutungen.

> Vom Opernhaus in die Luft

> In die Selbstständigkeit

> Vom Wasser aufs Land

3 b Lesen Sie die Texte. Welche Überschriften aus 3a passen? Ordnen Sie zu.

Fritz Klein: Das ist natürlich ein romantisches Klischee – mit der Arzttasche über die Dörfer fahren und Hausbesuche machen. Für Krankheiten und Leiden aller Art zuständig sein. Untersuchungen durchführen, Medikamente verschreiben, zuhören. Der wichtigste Mann im Dorf sein. Ich habe es mir trotzdem sehr genau überlegt, als ich damals meine sichere Stelle im Krankenhaus an den Nagel gehängt habe. Aber ich war so frustriert: Diese sterilen Räume, alles so anonym, ständiger Zeitdruck. Das Betriebsklima war schlecht, alle waren überlastet, besonders die Pfleger. Personal wurde trotzdem abgebaut. Ich wollte Menschen helfen und nicht stundenlang Formulare ausfüllen. Also bin ich als Praktischer Arzt aufs Land gegangen. Romantisch wie in den Fernsehserien ist es nicht, aber ich habe hier den Kontakt zu meinen Patienten, der mir immer wichtig war.

Anja Hentschel: Am Anfang fand ich das super: Auf einem Kreuzfahrtschiff um die Welt reisen. Als Rezeptionistin habe ich auch schnell eine Stelle gefunden, und zwar auf der „Majesta". Zuerst konnte ich vom Leben auf hoher See nicht genug bekommen. Aber nach einiger Zeit merkt man, dass es knochenharte Arbeitsbedingungen sind: ein Vertrag für sechs Wochen mit einer 7-Tage-Woche und einem Arbeitstag à 12 Stunden. Und dann die Räumlichkeiten! Ich musste mir mit einer Kollegin eine Minikabine teilen. Egal, wo man ist, es ist immer eng, und wenn ein Unwetter kommt, schaukelt das Riesenschiff. Manchmal wollte ich einfach aussteigen – aber das geht natürlich nicht. Heute arbeite ich wieder in einem Hotel auf dem Land, habe einen festen Vertrag, eine Wohnung mit 80 Quadratmetern, und wenn ich meine Ruhe haben will, gehe ich in die Berge.

3 c Markieren Sie die Ausdrücke 1–5 im Text und ordnen Sie die passende Bedeutung zu. Welche Ausdrücke sind umgangssprachlich?

1. etw. an den Nagel hängen
2. das Betriebsklima
3. Personal abbauen
4. von etw. nicht genug bekommen können
5. knochenharte Arbeitsbedingungen

a. schwierige Konditionen am Arbeitsplatz
b. mit etw. nicht mehr aufhören wollen
c. die Atmosphäre am Arbeitsplatz
d. Mitarbeiter entlassen
e. etw. nicht mehr machen, es aufgeben

3 d Lesen Sie noch einmal die Texte in 3b und vergleichen Sie: Wie war es vorher, wie ist es heute?

4 Der Traum vom Fliegen. Hören Sie ein Interview und machen Sie Notizen zu den Fragen.

1. Wie kam Hugo Burger auf die Idee, seinen Beruf zu wechseln, und wie konnte er seine Idee verwirklichen?
2. Was hat ihn an seinem alten Beruf gestört, was gefällt ihm an seinem neuen Beruf?

5 Würden Sie Ihren Beruf wechseln? Tauschen Sie sich aus.

D Das neue Großraumbüro

1 Arbeitsorte. Sehen Sie die Bilder an. Wo würden Sie lieber arbeiten? Begründen Sie Ihre Wahl.

2 a Einzelbüro oder Großraumbüro? Lesen Sie den Text und erklären Sie folgende Begriffe aus dem Kontext oder mit Hilfe des Wörterbuches.

1 an Bedeutung gewinnen
2 (die) isolierte Arbeitsweise
3 auf die Probe stellen
4 die Krankheitsrate
5 die Privatsphäre
6 das eigene Reich

Die Bürolandschaft: Segen oder Fluch?

Immer mehr Unternehmen wollen weg vom Einzelbüro und ersetzen es durch eine moderne Bürolandschaft. Doch die Arbeitnehmer beklagen sich über eine Verschlechterung der Arbeitsbedingungen.

Großzügige Büroräume liegen im Trend. Arbeit ist heute zunehmend projektorientiert, der schnelle Austausch von Ideen und Informationen gewinnt ständig an Bedeutung. Deshalb, so die Befürworter der neuen Großraumbüros, soll die isolierte Arbeitsweise im Einzelbüro durch eine flexibel nutzbare „Bürolandschaft" abgelöst werden. Sie bietet neben gemeinsamen Arbeitsflächen auch Ruhezonen und Bereiche für Besprechungen. Viele Arbeitgeber sind überzeugt: Mehr Kommunikation im Unternehmen fördert die Kreativität, und die Mitarbeiter werden innovativer. Außerdem werden Kosten gespart, denn Einzelbüros sind viel teurer als ein großer Raum für alle.

Doch stickige Luft, mangelnder Freiraum und vor allem ein konstanter Lärmpegel stellen die Konzentrationsfähigkeit der Mitarbeiter in einer Bürolandschaft auf eine harte Probe. Im Rahmen einer Studie wurden rund 1.200 Büroangestellte befragt, die das bestätigten. So war ein erstaunliches Ergebnis der Studie z. B., dass die Krankheitsrate immer weiter stieg, je mehr Kollegen sich das gleiche Büro teilten.

Aber nicht nur die Fehlzeiten nehmen zu, sondern auch die Produktivität der Mitarbeiter lässt nach, weil sie teilweise physisch oder psychisch belastet sind. Als Gründe wurden u. a. Reizüberflutung, der Verlust von Privatsphäre und eine generell geringere Zufriedenheit ermittelt.

Es ist psychologisch erwiesen, dass Menschen ihr „eigenes Reich" brauchen – einen Raum, der nur ihnen gehört. Ein Großraumbüro hingegen lässt sich nicht individuell gestalten; viele Mitarbeiter fühlen sich außerdem kontrolliert. Und so relativieren sich die niedrigeren Kosten von Großraumbüros durch die sinkende Produktivität der Angestellten.

Ist die Idee eines Großraumbüros also hinfällig? Wer länger im Berufsleben steht, weiß allerdings, dass es Großraumbüros schon früher gegeben hat. Durchgesetzt haben sie sich damals nicht. Bleibt abzuwarten, was kommt. *aw*

2 b Lesen Sie noch einmal. Notieren Sie in Stichworten Pro- und Kontra-Argumente zum Großraumbüro.

2 c Und Sie? Welche Argumente haben Sie persönlich überzeugt? Diskutieren Sie mit Hilfe der Redemittel.

Redemittel

Für/Gegen eine Bürolandschaft spricht, dass … / Positiv/Negativ daran ist … / Dafür/Dagegen spricht … / Besonders vorteilhaft/nachteilig erscheint mir, dass … / Besonders wichtig finde ich …

Kurz und bündig

Kommunikation

Fotos und Städte beschreiben

Im Vordergrund / Im Hintergrund / In der Mitte befindet / befinden sich … / ist … zu sehen …
… erinnert mich an meine Kindheit / … / Die Architektur der Europäischen Zentralbank wirkt auf mich modern/anonym/… / Bei dem Foto vom Römer denke ich an …

Ergebnisse einer Studie wiedergeben

Die Studie von … aus dem Jahr … hat … untersucht. / Die Studie zu dem Thema … wurde von … durchgeführt. Sie kommt zu dem Ergebnis, dass … / (Die Stadt) … führt das Ranking an. / Unter den ersten … befinden sich … / Auf Rang/Platz … folgt … / Das Schlusslicht bildet … / Besonders gut/schlecht schneidet … ab, weil … Zur Beurteilung wurden folgende Kriterien/Merkmale/… herangezogen: …

über die eigenen Berufswünsche sprechen

Ich würde gern in einem technischen Beruf / im Baugewerbe/… / als … arbeiten. Ich wäre gern …

Vor- und Nachteile benennen, Stellung nehmen

Für/Gegen … spricht, dass … Ein wichtiger Vorteil scheint mir … zu sein.
Besonders positiv/negativ daran ist … / Nachteilig erscheint mir auch …

Grammatik

Adjektivdeklination bei Genitiv

Typ	maskulin	neutrum	feminin	Plural
bestimmter Artikel	des wichtigen Flughafens	des alten Finanzzentrums	der deutschen Metropole	der deutschen Bundesländer
unbestimmter Artikel	eines wichtigen Flughafens	eines alten Finanzzentrums	einer alten Metropole	verschiedener Metropolen
ohne Artikel	– deutschen Weins	– deutschen Biers	– deutscher Milch	– deutscher Weine

Adjektivdeklination mit Komparativ und Superlativ

Vor einem Nomen werden Adjektive im Komparativ und Superlativ dekliniert.
… hat ein attraktiveres Kulturangebot als … / … bietet die beste Lebensqualität weltweit.

Konjunktiv II der Gegenwart

	sein	haben	können	müssen	sollen	*würde* (+ Inf.)
ich	wäre	hätte	könnte	müsste	sollte	würde
du	wärst	hättest	könntest	müsstest	solltest	würdest
er/sie/es	wäre	hätte	könnte	müsste	sollte	würde
wir	wären	hätten	könnten	müssten	sollten	würden
ihr	wärt	hättet	könntet	müsstet	solltet	würdet
sie/Sie	wären	hätten	könnten	müssten	sollten	würden

irreale Bedingung: Wenn es nicht so teuer wäre, könnte ich studieren.
Wunsch: Ich wäre gern Tierarzt.
höfliche Bitte: Würden Sie mir bitte bei der Bewerbung helfen?
Ratschlag: Du solltest dir eine neue Stelle suchen.

2 Übungen

A Eindrücke aus Zürich

1a In einer Stadt. Sammeln Sie Wörter und beschriften Sie das Foto. Arbeiten Sie mit dem Wörterbuch.

die Straßenbeleuchtung

1b Beschreiben Sie das Foto in einem kurzen Text. Verwenden Sie dabei Ihre Wörter aus 1a.

2a Zürich. Lesen Sie die Broschüre und markieren Sie alle Adjektive. Schreiben Sie die Adjektive im Genitiv in eine Tabelle wie auf S. 33.

ZÜRICH – ein einzigartiger Mix

Die grösste[1] Stadt der Schweiz bietet eine einzigartige Mischung aus Natur und Kultur, Genuss und Erlebnis: Über 50 Museen und mehr als 100 Galerien, attraktive Geschäfte,
5 erlesene Restaurants, unzählige Events und grüne Oasen laden zum Besuch ein.

In Zürich reihen sich die Sehenswürdigkeiten aneinander. Zu Fuss kann man an jeder Ecke etwas bestaunen, und die zahlreichen Geschäfte
10 der belebten Bahnhofstrasse ziehen ein internationales Publikum an. Die weltbekannte Shopping-Meile entstand vor rund 150 Jahren nach der Errichtung des grossen Hauptbahnhofs. Auf 1,4 Kilometern verbindet
15 sie den Bahnhof mit dem Zürichsee. Von der Bahnhofstrasse führen der Rennweg und die Augustinergasse, eine der schönsten historischen Gassen Zürichs, in die pittoreske Altstadt.

20 Zürich ist eine Stadt am Wasser: Zu beiden Seiten des breiten Flusses Limmat liegt eine Reihe ehrwürdiger Bauten, z. B. das Rathaus und die Wasserkirche. Die Türme des erhabenen Grossmünsters prägen die Kulisse,
25 und am Ende der Limmat breitet sich der malerische Zürichsee aus. Früher war der See vor allem ein Verkehrs- und Transportweg, heute ist er das Ausflugsziel zahlreicher Gäste. Ein Sommertag auf dem Schiff gehört
30 zweifelsohne zu einem der unvergesslichen Erlebnisse in der Region.

[1] In der Schweiz wird das „ß" nicht verwendet. Man schreibt immer „ss".

2b Lesen Sie den Text noch einmal und erklären Sie die Bedeutung der folgenden Adjektive.

> einzigartig • weltbekannt • erlesen • malerisch • unvergesslich • ehrwürdig

- einzigartig: Das soll ausdrücken, dass keine Stadt so schön ist wie Zürich.
- weltbekannt: Man kennt ...
-
-
-

3 Welche Schlüsselwörter passen zu welcher Aussage? Suchen Sie im Text in 2a und verbinden Sie.

1 weltbekannte Shoppingmeile / verbindet Hauptbahnhof mit Zürichsee
2 reihen sich Sehenswürdigkeiten aneinander / zu Fuß
3 Erlebnismetropole / einzigartige Mischung
4 erhabenes Grossmünster / prägt die Kulisse
5 Stadt am Wasser / Limmat / Ausflugsziel

a Zürich bietet dem Besucher viele unterschiedliche Attraktionen.
b Auf einem Spaziergang durch die Innenstadt gibt es viel zu entdecken.
c Die Bahnhofsstraße ist eine der Hauptachsen, auf der man gut einkaufen kann.
d Die Lage am See lädt zu Spaziergängen und Ausflügen auf dem Wasser ein.
e Der Kirchturm ist weithin sichtbar.

4 Lesen Sie und ergänzen Sie die Adjektive im Genitiv.

1 Beim Besuch der .... (*belebt*) Bahnhofstraße können Sie die Schaufenster der .... (*elegant*) Boutiquen betrachten.

2 Nutzen Sie auch das reichhaltige Angebot .... (*kulinarisch*) Hochgenüsse in einem der .... (*exquisit*) Restaurants, oder entspannen Sie sich in einem der .... (*gemütlich*) Cafés.

3 In den zahlreichen Gassen der .... (*historisch*) Altstadt können Sie den Charme .... (*mittelalterlich*) Zeiten hautnah erleben.

4 Auch in der Stadt wollen Sie nicht auf Natur verzichten? Erleben Sie bei einer sonnigen Bootsfahrt den Reiz des .... (*herrlich*) Zürichsees!

5 Bestaunen Sie auch die kunstvollen neuen Glasfenster des .... (*erhaben*) Grossmünsters.

5 Werbung für Ihre Lieblingsstadt. Schreiben Sie Sätze zu den folgenden Themen. Verwenden Sie Adjektive im Genitiv wie in Aufgabe 4.

Kulinarik   Natur   Sehenswürdigkeiten   Kulturangebot

B Lebensqualität im Vergleich

1 Lesen Sie noch einmal den Text in 1b auf S. 28. Was ist richtig? Kreuzen Sie an.

1 Die Mercer-Studie untersucht die Lebensqualität in 230
 a ☐ europäischen Städten.
 b ☐ Ländern.
 c ☐ Großstädten in aller Welt.

2 Städte in Deutschland, Österreich und der Schweiz
 a ☐ liegen auf den Plätzen 1–5.
 b ☐ belegen fünf Spitzenplätze.
 c ☐ spielen in der Studie keine große Rolle.

3 Die Studie repräsentiert die Sicht
 a ☐ von Menschen, die in den Städten geboren sind.
 b ☐ von Menschen, die aus beruflichen Gründen dort leben.
 c ☐ einer unabhängigen Jury.

4 Entscheidend für das Ergebnis waren
 a ☐ ganz unterschiedliche Kriterien.
 b ☐ der Wohnungsmarkt und die Verkehrsanbindung.
 c ☐ öffentliche Einrichtungen.

5 Die Studie hilft
 a ☐ Regierungen, die Lebensqualität ihrer Städte zu verbessern.
 b ☐ Universitäten und kulturellen Einrichtungen, Geld zu bekommen.
 c ☐ Unternehmen bei der Entscheidung, ob und wohin sie ihre Mitarbeiter ins Ausland schicken.

2 Wortverbindungen. Ordnen Sie zu und überprüfen Sie Ihre Lösung mit dem Text in 1b auf S. 28.

1 zu einem Ergebnis
2 auf dem ersten Platz
3 Kriterien
4 als Entscheidungshilfe
5 das Schlusslicht

a dienen
b kommen
c liegen
d heranziehen
e bilden

3a China – Land der Rekorde. Lesen Sie und ergänzen Sie die passenden Adjektive im Superlativ sowie die Artikel. Die Übersicht in 3b hilft Ihnen. Achten Sie auf den richtigen Kasus.

> groß • viel • lang • schnell • hoch

In der Volksrepublik China leben _____¹ Menschen weltweit, fast 1,4 Milliarden, das sind 19 Prozent der Weltbevölkerung. Zum Vergleich: In Deutschland leben rund 82 Millionen Menschen. Man findet in diesem Land der Rekorde auch _____² Flughafen der Welt, und die U-Bahn mit _____³ Streckennetz weltweit befindet sich in Schanghai. In London brauchte man über 100 Jahre, um auf 400 km Länge zu kommen, in Schanghai schaffte man dies in 15 Jahren. Auch _____⁴ Shopping-Center findet man im „Land des Lächelns", doch fast 90 Prozent der Läden in Dongguan stehen leer. China baut zurzeit _____
⁵ Aufzug der Welt. Voraussichtlich 2016 wird er seinen Betrieb aufnehmen. Mit 1.200 Metern pro Minute soll er den Aufzug des „Taipeh World Financial Center" in Taiwans Hauptstadt, der auf 1.010 Meter pro Minute kommt, auf den zweiten Platz verweisen.

3b Vergleichen Sie Deutschland und China und schreiben Sie Sätze wie im Beispiel. Benutzen Sie Komparative und achten Sie auf die Adjektivendungen.

DEUTSCHLAND
- Einwohner: 81,9 Mio.
- Restaurant auf der Zugspitze (2.962 m): auf 2.600 Metern Höhe
- Streckennetz der Berliner U-Bahn: 146 km
- CentrO Oberhausen: 119.000 m² Einkaufsfläche
- Aufzug im Kollhoff-Tower in Berlin: 520 Meter/Minute

CHINA
- Einwohner: 1.366 Mio. (19 % der Weltbevölkerung)
- Flughafen Daocheng-Yading in Sichuan: auf 4.411 Metern Höhe
- Streckennetz der U-Bahn in Schanghai: 538 km
- Einkaufszentrum in Dongguan: 660.000 m²
- Aufzug in Guangzhou (Eröffnung 2016): 1.200 m/min

Deutschland hat mit knapp 82 Mio. Menschen eine niedrigere Einwohnerzahl als China. In Deutschland gibt es ein Restaurant auf 2.600 Metern Höhe, aber der Flughafen in ...

4 Brot und Reis. Sehen Sie die Grafik an und lesen Sie den Text. Fassen Sie die Ergebnisse der Studie in einem kurzen Text zusammen. Gehen Sie dabei auf folgende Aspekte ein und benutzen Sie die Textbausteine aus Aufgabe 2c auf S. 29.

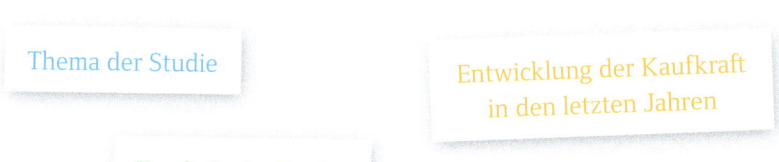

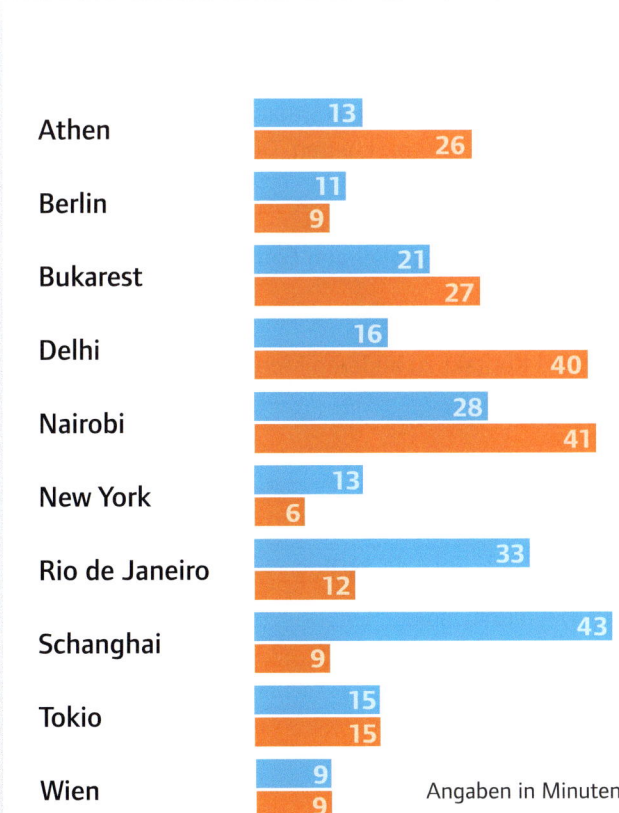

Zahlen aus der UBS-Studie „Kaufkraftvergleich rund um die Welt", 2012

Anhand des durchschnittlichen Nettoarbeitslohns und des Produktpreises wurde ermittelt, wie viele Minuten ein Arbeitnehmer für die Grundnahrungsmittel Brot und Reis arbeiten muss. Die Verfügbarkeit von Reis und Weizen ist regional sehr unterschiedlich. Deshalb gibt es auch innerhalb derselben Stadt zum Teil große Preisunterschiede zwischen Brot und Reis.

Bei der alljährlich durchgeführten Untersuchung wurde außerdem festgestellt, dass die Löhne im globalen Durchschnitt in den letzten Jahren angestiegen sind. Dadurch hat sich die Kaufkraft positiv entwickelt. So betrug 2012 die nötige Arbeitszeit für den Erwerb von einem Kilo Brot im weltweiten Durchschnitt 17 Minuten und für Reis 16 Minuten. 2009 waren es noch 25 Minuten für Brot bzw. 22 Minuten für Reis.

C Branchen und Berufe

1a Sammeln Sie zu jeder Branche drei Berufe. Arbeiten Sie mit dem Wörterbuch.

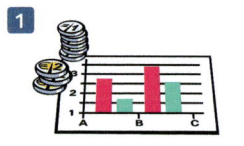  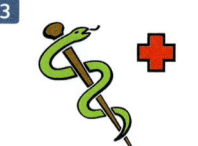  

1. kaufmännische Berufe 2. Handwerk 3. Gesundheitswesen 4. Tourismus 5. Baugewerbe

1b Berufsbilder. Lesen Sie die Beschreibungen und ergänzen Sie die Berufsbezeichnungen.

Sozialarbeiter/in • Lehrer/in • Universitätsprofessor/in • Kraftfahrzeugtechniker/in • Reiseleiter/in

Linktipp
www.berufe-lexikon.de

1
....
Branche: Technik/Handwerk
Ort: Werkstatt
Tätigkeiten: Wartung, Überprüfung der Fahrzeuge für die TÜV-Plakette, Reparaturen, Ölwechsel, Beratung der Kunden

2
....
Branche: Tourismus
Ort: Hotels oder Ressorts weltweit
Tätigkeiten: Betreuung der Gäste, Planung des Veranstaltungsprogramms, Durchführung von Kultur- und Sportveranstaltungen

3
....
Branche: Bildung und Soziales
Ort: Grundschule
Tätigkeiten: Unterrichten (Sachkunde, Mathematik, Sport u. a.), Elternabende durchführen, Schulausflüge organisieren

4
....
Branche: Wissenschaft und Forschung
Ort: Hochschule
Tätigkeiten: Forschung, Planung und Halten von Vorlesungen, Betreuung von Studierenden, Beantragung von Forschungsgeldern

5
....
Branche: Sozialwesen
Ort: Ämter, Schulen, spezielle Einrichtungen
Tätigkeiten: Hilfe und Beratung für Menschen in schwierigen Situationen (Familienprobleme, Suchtkrankheiten, Obdachlosigkeit u. a.)

2a Konjunktiv II. Ergänzen Sie die Sätze mit den Verben in der passenden Form.

1 • (*arbeiten*) _Würdest_ du gern in einem Restaurant _arbeiten_?
  • (*haben*) Ja, dann .... ich viel Kontakt zu anderen Menschen.

2 • (*sein*) .... Sie gern Lehrer/in?
  • (*arbeiten, haben*) Ja, dann .... ich mit Kindern .... und .... oft Ferien.

3 • (*zusammenarbeiten*) Klaus und Ulli, ... ihr gern ....?
  • (*reden*) Nein, wir .... zu viel miteinander ....

4 • (*arbeiten*) Weißt du, ob Pieter gern als Arzt in der Schweiz ....?
  • Ich glaube, er bleibt lieber in England.

5 • (*haben*) .... du gern ein höheres Gehalt?
  • (*müssen, haben*) Ja, aber dann .... ich auch mehr arbeiten und .... weniger Zeit.

2b Modalverben im Konjunktiv II. Ergänzen Sie *sollen* oder *können* in der passenden Form.

● Hallo Lukas. Ich habe gehört, du willst deine Ausbildung abbrechen und studieren? Ich finde, das ....¹ du dir gut überlegen.

● Ich weiß. ....² du morgen vorbeikommen? Ich ....³ deinen Rat brauchen.

● Ja klar. Wir ....⁴ eine Liste mit allen Argumenten für und gegen deinen Plan machen.

● Das ist eine gute Idee. Und meinst du, dein Vater ....⁵ dir sein Auto leihen?

● Warum ....⁶ ich ihn das fragen?

● Wir ....⁷ zur Uni fahren, und ich zeige sie dir.

● Das können wir gern machen. Aber du ....⁸ deine Entscheidung nicht nur vom Gebäude abhängig machen.

● Mensch, Martin, das ist schon klar. Aber ich ....⁹ mich zum Beispiel bei der Studienberatung informieren und mit ein paar Studenten sprechen.

● Gute Idee. Ich hole dich morgen ab.

3a Traumberufe? Könnten Sie sich vorstellen, in diesen Berufen zu arbeiten? Notieren Sie Pro- und Kontra-Argumente zu jedem Beruf.

Kriminalkommissar/in

DJ/DJane

Taxifahrer/in

Richter/in

Lehrer/in

Gärtner/in

Kommissar/in: eher ja, nie langweilig, viel mit Menschen zusammen, das Böse bekämpfen
Richter/in: auf keinen Fall, ...

3b Wählen Sie zwei Berufe aus 3a – einen, den Sie sich gut vorstellen könnten, und einen, in dem Sie nicht gern arbeiten würden. Schreiben Sie Begründungen mit Hilfe Ihrer Notizen aus 3a.

Die Arbeit als Richterin wäre für mich unvorstellbar. Ich könnte es nicht ertragen, dass ... Ich würde nicht gerne ...

4 Schreiben Sie über sich: Mein Traumberuf. Schreiben Sie zu den folgenden Aspekten.

- Branche
- eigene Interessen und Fähigkeiten
- Arbeitsort / Arbeitsplatz
- Arbeitszeiten

2 D Das neue Großraumbüro

1a Lesen Sie noch einmal den Text in 2a auf S. 32 und ordnen Sie den Wörtern die richtige Bedeutung zu.

1. ☐ ein Segen/Fluch sein
2. ☐ im Trend liegen
3. ☐ der/die Befürworter/in
4. ☐ flexibel nutzbar
5. ☐ die Ruhezone
6. ☐ innovativ
7. ☐ der Lärmpegel
8. ☐ die Fehlzeiten
9. ☐ die Reizüberflutung
10. ☐ etw. ermitteln

a. die Intensität des Lärms
b. neu, modern, offen für Neues
c. Überforderung durch zu viele Sinneseindrücke
d. in Mode sein
e. vielseitig, für vieles zu verwenden
f. Zeit, in der jmd. (z. B. wegen Krankheit) abwesend ist
g. Bereich, wo man entspannen kann
h. besonders gut/schlecht für etw. oder jmdn. sein
i. Person, die für eine Sache ist
j. etw. (durch eine Untersuchung) herausfinden

1b Wo stehen diese Informationen? Unterstreichen Sie im Text in 2a auf S. 32 die Aussagen 1–9 und notieren Sie die Zeilen.

1. Es wird immer wichtiger, dass die Angestellten über ihre Projekte reden und ihre Ideen diskutieren. — Z. 3–4
2. Das neue Großraumbüro bietet dafür die geeigneten Räume, und die Chefs hoffen, dass ihre Mitarbeiter so mehr und bessere Ideen haben.
3. Die Unternehmen wollen mit der Umstellung auf eine Bürolandschaft auch Geld sparen.
4. Aber dort ist es oft schwieriger, sich zu konzentrieren, weil es laut und eng ist.
5. Zu der Frage, wie sich die Bürolandschaft auf die Arbeitsbedingungen auswirkt, wurde eine Umfrage durchgeführt.
6. Sie hat ergeben: Wenn mehr Menschen in einem Raum arbeiten, werden sie auch öfter krank.
7. Ein Nachteil des Großraumbüros ist, dass die Mitarbeiter ihren Arbeitsplatz nicht mehr nach ihren persönlichen Vorlieben einrichten können.
8. Die sinkende Produktivität der Mitarbeiter kann dazu führen, dass ein Großraumbüro sogar teurer ist als mehrere Einzelbüros.
9. Für manche Berufe sind Großraumbüros geeignet, für andere eher nicht.

2a Eine Umfrage des Betriebsrats. In der Firma von Michael und Sandra wurden die Einzelbüros durch eine Bürolandschaft ersetzt. Wie finden die beiden das neue Büro? Hören Sie und machen Sie Notizen.

2b Hören Sie noch einmal. Wer sagt was: Sandra (S) oder Michael (M)? Ordnen Sie zu.

1. ☐ gefiel das Einzelbüro, weil man dort besser über längere Zeit konzentriert arbeiten konnte.
2. ☐ gefiel das Einzelbüro, weil man es individuell einrichten konnte.
3. ☐ findet, dass die Gespräche in der Pausenzone oft zu viel Zeit verbrauchen.
4. ☐ lernt in der Pausenzone die Kollegen besser kennen und findet das für die Arbeit nützlich.
5. ☐ findet es gut, dass man jetzt zwischen Einzel- und Teamarbeitsplatz wählen kann.
6. ☐ tauscht sich mit den Kollegen lieber in einer Besprechung als am Schreibtisch aus.

2c In Ihrer Abteilung wird diskutiert, ein Großraumbüro einzurichten. Was halten Sie davon? Schreiben Sie eine E-Mail an den Betriebsrat. Benutzen Sie auch Ihre Argumente aus 2b auf S. 30.

Textbausteine
Ich halte das für eine ausgezeichnete/furchtbare/… Idee, weil … / Außerdem muss man bedenken, dass … / Ich begrüße diese Entscheidung / lehne die Entscheidung ab, weil …

Info
Der Betriebsrat vertritt die Arbeitnehmerinteressen in Unternehmen und nimmt Einfluss auf betriebliche Entscheidungen.

Prüfungstraining

Lesen, Teil 3

Lesen Sie zuerst die fünf Situationen (1–5) und dann die sechs Info-Texte (a–f). Welcher Info-Text passt zu welcher Situation? Sie können jeden Info-Text nur einmal verwenden. Manchmal gibt es keine Lösung. Markieren Sie dann mit x.

1. Sie sind das erste Mal in Wien, gespannt auf die Stadt und wollen auch etwas über die österreichische Küche erfahren. ☐
2. Ihre Frau liebt Indien, Sie lieben Filme und suchen ein nettes Programm fürs Wochenende. ☐
3. Ihre Tochter möchte vor dem Studium erste Arbeitserfahrungen im Bereich Umwelt sammeln. ☐
4. Ihre Nichte möchte nach dem Abitur in Österreich studieren und sucht Informationen. ☐
5. Sie interessieren sich sehr für andere Kulturen, haben aber leider keine Zeit für eine Reise. ☐

a Die VHS Offenburg präsentiert am kommenden Freitag um 19:30 Uhr den 3. Teil der Veranstaltungsreihe „Kulturen Südasiens" mit dem Titel „Indien pur". Nach einem Kurzvortrag von Dr. Chandan Prakash vom India Institut Wien erwartet Sie eine Diskussionsrunde mit Teilnehmern aus Österreich und Indien. Umrahmt wird das Programm von der sehenswerten Fotoausstellung „Vom Fuße des Himalayas bis zu den Stränden Goas" sowie einem reichhaltigen Angebot kulinarischer indischer Köstlichkeiten. Eintritt kostenlos.

b Hurra! Die Schule ist geschafft! Aber die Uni ist nichts für Sie? Keine Sorge, denn es gibt viele verschiedene Wege in den Beruf. Das Bundesministerium für Wissenschaft und Forschung veranstaltet für Schulabsolventen und Absolventinnen eine Informationsveranstaltung zum Thema „Lehrberufe in Österreich – Alternativen zum Studium". Neben Expertenvorträgen gibt es auch eine Berufsmesse, auf der sich Unternehmen aus ganz Österreich vorstellen. Wann? 03.11. um 18:30 Uhr – Wo? Konferenzzentrum Wien. Anmeldung per E-Mail: …

c Schule und dann? Ihr wollt noch nicht sofort studieren oder eine Ausbildung beginnen, sondern erst einmal neue Ideen und wertvolle Erfahrungen für euren weiteren Lebensweg sammeln? Oder seid ihr schon fertig mit dem Studium oder der Ausbildung und wollt noch eine Auszeit nehmen, bevor ihr ins Berufsleben einsteigt? JUNE bietet engagierten jungen Menschen (Höchstalter: 27 Jahre) ein Freiwilliges Ökologisches Jahr mit spannenden Einblicken in Natur und Umweltschutz und einem monatlichen Taschengeld von 250,- €.
Die Tätigkeitsbereiche umfassen Naturschutz, Landwirtschaft, Tierpflege und Umwelterziehung für Kinder und Jugendliche. Interesse?
Mehr Infos unter www.jugend-umwelt-netzwerk.at

d Vom 01.01. bis 31.12. sucht das Bundesumweltamt in Salzburg eine/n Umwelttechniker/in als Schwangerschaftsvertretung für 20 Stunden pro Woche auf Honorarbasis. Wir bieten: angenehme Arbeitsatmosphäre in professionellem Team, flexible Arbeitszeiten, Weiterbildungsmöglichkeiten und Bezahlung nach Tarif. Wir erwarten von Ihnen: abgeschlossenes naturwissenschaftliches Hochschulstudium und Erfahrung im Bereich Umwelttechnik. Idealerweise bringen Sie Flexibilität, Teamfähigkeit und interdisziplinäres Denken mit. Bewerbungen mit Lebenslauf und Referenzen an Frau Dr. Seidel (personal@bua-salzburg.at).

e Wien einmal anders? Egal, ob neu in der Stadt oder einfach nur neugierig: Bei unseren Führungen haben Sie die Möglichkeit, die Donaumetropole einmal aus anderen Perspektiven kennenzulernen. Neben klassischen Führungen im Bus, zu Fuß oder auf dem Fahrrad durch die Innenstadt mit all ihren Sehenswürdigkeiten bieten wir auch Themenspaziergänge mit besonderen Schwerpunkten. Lassen Sie sich zum Beispiel in die Wiener Kunst- und Musikszene, die österreichische Kulinarik oder die Wiener Kaffeehauskultur entführen. Alle Führungen nach Vereinbarung. Mehr Informationen unter …

f Die junge Maya, Tochter einer österreichischen Mutter und eines indischen Vaters, begibt sich auf eine Reise nach Österreich, um dort ihrer verstorbenen Großmutter den letzten Wunsch zu erfüllen. So beginnt die Handlung des mehrfach prämierten „Austro-Bollywood"-Debütfilms des indischen Filmemachers Sandeep Kumar. In der Low Budget-Produktion aus dem Jahr 2014 verbindet er charmant indische Bollywood-Elemente mit einer Spurensuche in Österreich. Im Rahmen des diesjährigen Asien-Filmfestivals zeigt das Wiener Lichtspielhaus den Film noch einmal an diesem Wochenende: Samstag und Sonntag, jeweils 20 Uhr.

3 Lebenszeit

A Wingsuit springen
B Kois züchten
C Geocaching
D Slow Food zubereiten
E Fußball spielen
F Karten spielen

A In der Freizeit

1a Hobbys. Sehen Sie die Fotos an. Wie finden Sie diese Hobbys? Tauschen Sie sich aus.

> **Redemittel**
>
> … finde ich super. / … ist ein schöner Ausgleich. / … macht bestimmt viel Spaß.
> Das ist (sicher) aufregend/cool/reizvoll/beruhigend/interessant/gesellig/…
> Von … habe ich schon einmal gehört. / … kenne ich nicht. Was genau ist das?
> Ich finde … verrückt/verantwortungslos/langweilig/sinnlos / (zu) gefährlich.
> … wäre mir zu anstrengend / zu kostspielig / zu zeitaufwendig.
> Mich reizt/interessiert, / Ich mag nichts/alles, was mit Natur/Sport/… zu tun hat.
> Ich bin (auch) musikbegeistert / technisch (un)begabt / (un)musikalisch / (un)sportlich.

1b Sortieren Sie die Adjektive aus 1a und sammeln Sie weitere.

☺	☹
aufregend	langweilig
reizvoll	uninteressant

> **Memo**
>
> sinnvoll (+) / sinnlos (−)
> musikalisch (+) / unmusikalisch (−)
> Nicht alle Wortpaare funktionieren so.
> Arbeiten Sie mit dem Wörterbuch.

Sie lernen
- über Freizeitaktivitäten und Vereine sprechen
- Tätigkeiten und Aufgabenbereiche beschreiben
- Anweisungen am Arbeitsplatz geben und verstehen
- Textsorten erkennen und beschreiben
- Passiv (Wdh.), Zustandspassiv, Passiversatzformen

2 a Zu welchem Hobby passen diese Aussagen? Ordnen Sie die Fotos aus 1a zu.

1. ☐ Ich schätze regionale Lebensmittel, die traditionell hergestellt werden.
2. ☐ Viele halten mein Hobby für gefährlich, aber auf der Autobahn sterben viel mehr Menschen.
3. ☐ Skat und Doppelkopf mit einem Feierabendbier – ein großer Spaß!
4. ☐ Eine Schatzsuche per GPS ist ein tolles Abenteuer.
5. ☐ Seit ich dieses Hobby habe, esse ich keinen Fisch mehr.
6. ☐ Neben der Fitness ist mir beim Mannschaftssport vor allem das Teamgefühl wichtig.

2 b Eine Radiosendung. Welche Hobbys haben die Personen? Hören Sie und ordnen Sie die Fotos aus 1a zu. Zu einem Hobby gibt es keinen Beitrag.

Jenny Gold, 38   Manfred Koller, 48   Maria Stark, 26   Thomas Polt, 22   Leni Kramer, 63

3 Lesen Sie die Forumsbeiträge und schreiben Sie einen Beitrag zu einem Hobby Ihrer Wahl auf einen Zettel. Verteilen Sie die Zettel dann im Kurs. Lesen Sie die Beiträge einzeln vor und raten Sie, wer welchen Beitrag geschrieben hat.

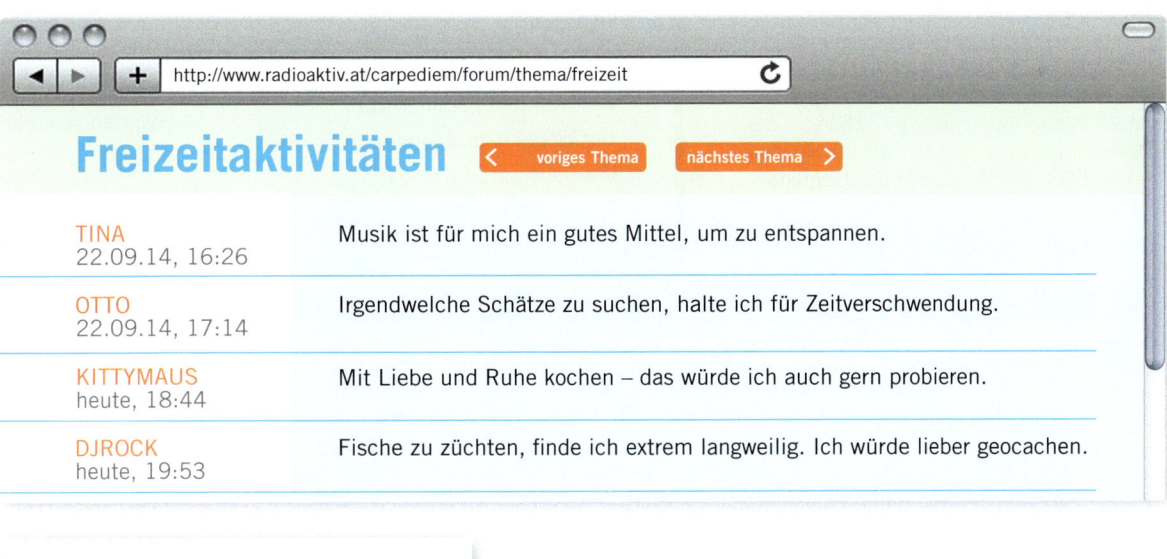

Fußball spielen? – Auf keinen Fall! Ich liege lieber auf dem Sofa und sehe fern.

Okay, die Person mag Fußball nicht. Das ist sicher Pablo.

4 Was ist Ihnen bei der Wahl eines Hobbys wichtig? Tauschen Sie sich aus.

Mir ist es wichtig, Neues zu erleben und meinen Horizont zu erweitern.

Ich habe einen stressigen Job. Deshalb brauche ich ein Hobby, bei dem ich …

3 B Vereinsleben

1 Dreimal Verein. Überfliegen Sie die Texte und ordnen Sie die Textsorten zu. Sammeln Sie typische Merkmale für die Textsorten.

1 ☐ persönliches Schreiben   2 ☐ Prospekt   3 ☐ Lexikoneintrag

---

A http://www.vereine.to

Unter einem **Verein** versteht man einen auf Dauer angelegten Zusammenschluss von Personen, die sich einen gemeinsamen Namen geben. Die Mitglieder können frei ein- oder austreten, und sie verfolgen einen Zweck, der – je nach Verein – sehr unterschiedlich sein kann. Am häufigsten sind Sportvereine, ihr Sportprogramm ist bezahlbar, auch wenn das Einkommen gering ist.
5 Vereine werden auch gegründet, weil die Mitglieder sich sozial für ihre Mitmenschen oder für den Umwelt- oder Tierschutz ehrenamtlich engagieren wollen. Oder die Mitglieder finden selbst Hilfe, wie z.B. in diversen Selbsthilfegruppen.

10 Möchte man einen eingetragenen Verein (e.V.) gründen, so ist er beim jeweiligen Amtsgericht zu registrieren. Voraussetzung ist, dass es mindestens sieben Mitglieder gibt und dass eine Satzung verabschiedet wurde. Eingetragene
15 Vereine sind rechtsfähig, d.h. sie können Eigentum erwerben, Verträge abschließen, als Kläger auftreten, aber auch für einen Schaden haften. Beim zuständigen Finanzamt kann sich ein Verein als gemeinnützig anerkennen lassen.
20 Dieser Status der „Gemeinnützigkeit" hat den Vorteil, dass keine Steuern zu zahlen sind, wenn der Verein Einnahmen hat.

Zu den ältesten deutschen Vereinen werden die Turnvereine gezählt. Sie verfolgten nicht
25 nur sportliche, sondern auch religiöse und patriotische Ziele. „Frisch, fromm, fröhlich, frei" hieß die Devise des Turnvereins, der vom „Turnvater" Friedrich Ludwig Jahn 1811 in der Nähe Berlins ins Leben gerufen wurde. Heute gibt
30 es ungefähr 500.000 Vereine in Deutschland.

ÜBER UNS

In unserem Verein „**Bücherwürmer**" werden Kinder gefördert, die aus sozial schwierigen Verhältnissen
5 kommen und Sprachdefizite haben. Es ist uns ein Anliegen, diesen Buben und Mädchen die Welt des Lesens zu erschließen. In unseren
10 Vereinslokalen erleben die Vier- bis Zwölfjährigen oft zum ersten Mal eine vorgelesene Geschichte oder ein Märchen. Durch regelmäßiges Vorlesen,
15 Zuhören und Erzählen kann der Wortschatz spielerisch erweitert werden, und die Konzentrationsfähigkeit lässt sich deutlich verbessern.
20 Wollen Sie sich sozial engagieren, lesen Sie gern vor? Wir suchen Freiwillige für unseren Verein „**Bücherwürmer**". Vorlesen ist erlernbar, und
25 unsere Vorleser/innen werden in speziellen Seminaren auf ihre Aufgabe vorbereitet. Nehmen Sie mit uns Kontakt auf! Wir würden uns sehr
30 freuen, Sie in unserem engagierten Team begrüßen zu dürfen!

Schreiben Sie uns:
info@buecherwuermer.de **B**

C Betreff: Alles klar?

Lieber Sergej,

wie geht's dir denn so? Jetzt sind schon vier Monate seit unserem „Deutschkurs für medizinisches Fachpersonal" vergangen. Das war eine lustige Zeit in Jena!

Hier in Fulda war dann alles ganz anders. Nach einem Kurzurlaub bei meiner Familie in Griechenland bin ich hier
5 erst einmal in ein tiefes Loch gefallen. Mir hat die Sonne gefehlt, das Meer und das Essen. Aber jetzt geht's mir schon viel besser. Die Klinik hier ist wirklich toll, und meine Kolleginnen und Kollegen sind echt nett. An meinem Geburtstag bin ich auf der Station mit einem Blumenstrauß überrascht worden. Und mein Deutsch? Naja, die Sprache ist nicht so leicht zu lernen, aber es wird jeden Tag besser.

Wie ist es denn bei dir so? Arbeitest du noch in der Notaufnahme? Hast du dich schon eingelebt, Freunde
10 gefunden? Ich bin in den Chorverein des Krankenhauses eingetreten. Super, sag ich dir! Wir singen auch manchmal bei Veranstaltungen, das muss terminlich mit den Diensten dann immer genau geplant werden. Möchtest du nicht einmal zu einem Konzert kommen? Zum Beispiel in zwei Wochen? Das wäre toll!

LG

Dáfni

2a Wortverbindungen. Ordnen Sie zu. Die Texte in Aufgabe 1 helfen.

1. in einen Verein
2. an einer Veranstaltung
3. einen bestimmten Zweck
4. sich sozial
5. die Grundlage
6. Kontakt
7. ins Leben

a bilden
b aufnehmen
c engagieren
d verfolgen
e rufen
f teilnehmen
g eintreten

2b Lesen Sie die Texte in Aufgabe 1 gründlich und sammeln Sie Informationen zu folgenden Punkten.

Rechtliche Grundlagen	Aktivitäten
Zusammenschluss v. Personen, die einen bestimmten Zweck verfolgen	Sport, …

2c Arbeiten Sie zu zweit. Formulieren Sie Fragen mit Hilfe Ihrer Notizen aus 2b. Fragen und antworten Sie abwechselnd.

> Wo wird ein neuer Verein eingetragen?

> Beim Amtsgericht.

3a Passivsätze. Lesen Sie die Sätze und ordnen Sie die Formen zu. Markieren Sie dann alle weiteren Passivsätze in den Texten in Aufgabe 1 und analysieren Sie die Form.

1. Im Verein „Bücherwürmer" werden Kinder gefördert.
2. Der Alpenverein wurde 1862 ins Leben gerufen.
3. Ich bin mit einem Blumenstrauß überrascht worden.
4. Das muss alles immer genau geplant werden.

a Passiv Präteritum
b Passiv mit Modalverb
c Passiv Präsens
d Passiv Perfekt

3b Passiversatzformen. Lesen Sie die Regel und formulieren Sie die Sätze mit einer passenden Ersatzform.

Regel

Passivsätze mit Modalverb können auch anders formuliert werden.
1 Vorlesen kann (leicht) erlernt werden.
= Vorlesen ist (leicht) erlernbar.   (sein + Adjektiv auf Endung -bar)
= Vorlesen ist (leicht) zu erlernen.   (sein + zu + Infinitiv)
= Vorlesen lässt sich (leicht) erlernen.   (lassen + sich + Infinitiv)

2 Die Gründung eines Vereins muss beim Amtsgericht registriert werden.
= Die Gründung eines Vereins ist dem Amtsgericht zu melden.   (sein + zu + Infinitiv)

1. Das Vereinsvermögen muss im Sinne des Vereinszwecks verwendet werden.
2. Die Konzentrationsfähigkeit kann deutlich verbessert werden.
3. Deutsch kann nicht so leicht gelernt werden.
4. Der Dienstplan kann nicht verändert werden.

4 Projekt. Recherchieren Sie einen Verein in Deutschland oder in Ihrem Land und stellen Sie ihn vor.

Name und Ort | Mitgliederzahl | Ziele und Aktivitäten | Gründung (Geschichte)

> Der Verein, den ich euch heute vorstellen möchte, heißt …

C Am Arbeitsplatz

1 a Lesen Sie den Firmensteckbrief und markieren Sie die zusammengesetzten Wörter.

Die ZollerVIT GmbH in Konstanz begann im Jahr 1980 unter der Leitung des **Firmengründers** Joseph Zoller mit der Entwicklung und Herstellung von Vitamintabletten. Seit 2004 führt Dr. Maria Haupt-Zoller das forschungsaktive Traditionsunternehmen, das eine reiche Produktpalette an Nahrungsergänzungsmitteln nach eigenen Rezepturen bietet.
Mitarbeiter/innen: 66, **Jahresumsatz**: 21,3 Mio. EUR

1 b Komposita. Lesen Sie die Beispiele. Welches Wort bestimmt die Wortart und (bei Nomen) den Artikel?

- <u>der</u> Firmengründer (Nomen) → die Firma + <u>der</u> Gründer (Nomen + Nomen)
- forschungs<u>aktiv</u> (Adjektiv) → die Forschung + <u>aktiv</u> (Nomen + Adjektiv)

2 Lesen Sie das Organigramm. Ordnen Sie die Tätigkeiten den unterstrichenen Abteilungen zu und ergänzen Sie die Artikel. Vergleichen Sie dann im Kurs.

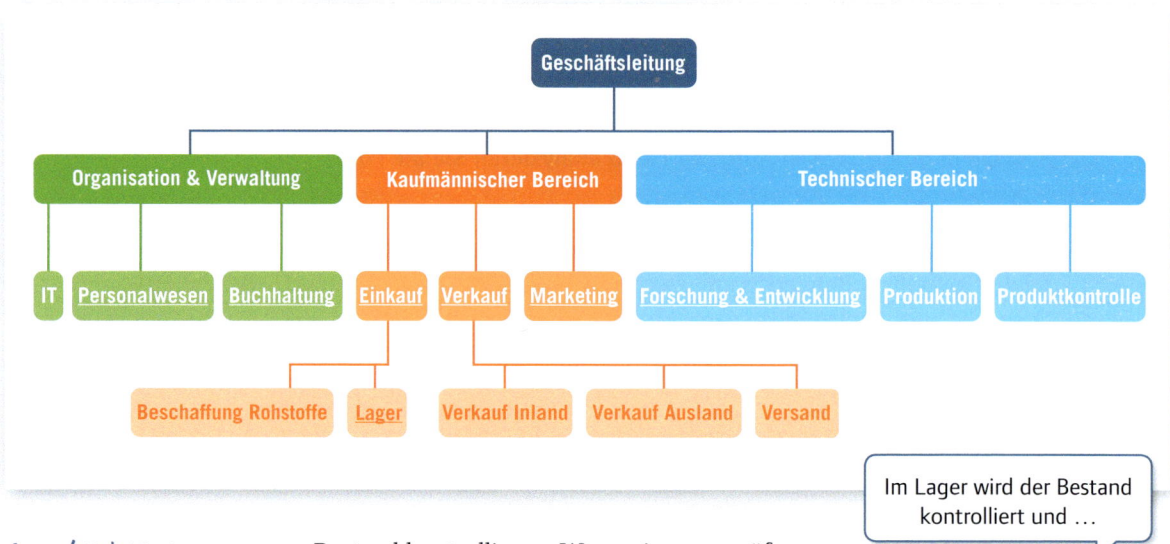

> Im Lager wird der Bestand kontrolliert und …

1. <u>das Lager</u> : Bestand kontrollieren, Wareneingangsprüfung durchführen, Rohstoffe sortieren und lagern

2. .... : Angebote einholen und vergleichen, Rohstoffe bestellen, Liefertermin überwachen, Rechnungen prüfen

3. .... : Anfragen beantworten, Angebote erstellen, Bestellungen entgegennehmen und ans Lager weitergeben, Rechnungen und Frachtdokumente erstellen, Zollformalitäten abwickeln

4. .... : Löhne und Gehälter buchen, Lieferanten bezahlen, Mahnungen schreiben, Daten für die Bilanz sowie für die Gewinn- und Verlustrechnung vorbereiten

5. .... : Werbekampagnen entwickeln, Marktforschung betreiben, Konsumenten befragen, Homepage und Social-Media-Auftritt betreuen

6. .... : Gehaltsabrechnungen erstellen, Reisekostenabrechnung prüfen, neue Mitarbeiter einstellen, Weiterbildungen organisieren

7. .... : Forschung betreiben, neue Produkte entwickeln

3 Frau Hanselmann hat ihrer Urlaubsvertretung eine Nachricht hinterlassen. Was soll Frau Berger erledigen? Hören Sie die Nachricht und korrigieren Sie die falschen oder ergänzen Sie die fehlenden Informationen.

Termin	Schriftstück	Adressat	Produkt	Menge / Preis
Montag	~~Lieferschein~~ 1 Angebot	Apotheke Maxmann	Vitafit 2	300 Schachteln à 19,90 EUR
Mittwoch	3	Firma Natural Life	Magnesium-tabletten	200,00 kg
Donnerstag	4	Drogeriekette Maier	Multikomplex	5

4a Frau Berger ist aktiv. Schreiben Sie Passivsätze wie im Beispiel.

Montag: Frau Berger unterschreibt und verschickt das Angebot.
Das Angebot wird (von Frau Berger) unterschrieben und verschickt.   (*Passiv: Vorgang/Prozess*)

Dienstag: Frau Berger hat das Angebot schon unterschrieben und verschickt.
Das Angebot ist schon unterschrieben und verschickt.   (*Passiv: Zustand/Ergebnis*)   *Erledigt!* ☺

1 *Mittwoch*: Frau Berger prüft die Zollpapiere.
Donnerstag: Frau Berger hat die Zollpapiere schon geprüft.

Mittwoch: Die Zollpapiere werden …

2 *Donnerstag*: Frau Berger schreibt die Rechnung für die Drogeriekette Maier.
Freitag: Frau Berger hat die Rechnung für die Drogeriekette Maier schon geschrieben.

4b Vorgangspassiv und Zustandstandspassiv. Lesen Sie die Regel und ergänzen Sie *sein* oder *werden*.

> **Regel**
> Das Passiv mit …………………… + Partizip II drückt einen Vorgang aus (etwas passiert). Das Ergebnis dieses Vorgangs ist ein (neuer) Zustand (etwas ist schon passiert). Dieser Zustand wird durch das Passiv mit …………………… + Partizip II ausgedrückt.

5 Sie fahren in Urlaub und erklären Ihrer Vertretung in der Personalabteilung, was sie tun soll. Arbeiten Sie zu zweit. Sprechen Sie abwechselnd.

- Angebote für neuen Drucker einholen
- Bestellungen entgegennehmen
- Rechnungen erstellen
- Mahnungen schreiben
- Kundenanfragen beantworten

> Herr Mayer, die Angebote für den neuen Drucker müssen noch eingeholt werden.

> Erledigt. Die Angebote sind schon eingeholt.

6 Und Sie? Sprechen Sie über Ihren aktuellen Beruf oder Ihren Wunschberuf. Wofür sind Sie zuständig? Welche Aufgaben haben Sie? Machen Sie Notizen und berichten Sie dann im Kurs.

> **Redemittel**
> Ich bin zuständig/verantwortlich für … / Meine Aufgabe ist … / Mein Aufgabengebiet umfasst …
> Ich schreibe/prüfe/baue/repariere …
> Ich muss täglich/wöchentlich/monatlich …

D Zeit sparen

1 Eine bekanntes Sprichwort sagt: „Zeit ist Geld". Welche Tipps kennen Sie, um am Arbeitsplatz Zeit zu sparen? Arbeiten Sie zu zweit. Lesen Sie die Tipps und sammeln Sie weitere.

> Setzen Sie Prioritäten.
> Es kostet viel Zeit, E-Mails immer sofort zu lesen. Vermeiden Sie diese Arbeitsunterbrechungen und öffnen Sie Ihren Posteingang nur zweimal am Tag zu festen Zeiten.
> …

2 a Lesen Sie den Text. Welchen Tipp finden Sie spontan am lustigsten? Gibt es einen Lieblingstipp im Kurs? Stimmen Sie ab.

Wir leben in hektischen Zeiten: Vorschläge, wie Sie ihr Leben *noch* schneller machen können

Bonus-Tipp: Verschwenden Sie keine Zeit mit Überschriften!

(1) Hängen Sie sich Ihren Fahrschein in einer durchsichtigen Plastikhülle um den Hals. (2) Tragen Sie Socken statt Kniestrümpfe. (3) Übernehmen Sie im Fitness-Studio an den Geräten unbesehen die Einstellungen Ihres Vorgängers. (4) Von Kindern lernen: Wenn Sie vom Sofa zum Regal wollen, rennen Sie. (5) Schnallen Sie sich nicht vorm Losfahren, sondern erst an der nächsten roten Ampel an. Machen Sie sowieso schon? Prima, weiter so. […] (6) Gehen Sie dazu über, nur noch einsilbige Wörter zu verwenden. Sagen Sie nicht: „Danke, ich mache mir wenig aus frittiertem Seelachsfilet", sondern: „Ich und Fisch im Teig? Ach, nein." (7) Behalten Sie immer Ihren Schal an. (8) Bestellen Sie Döner, Burger oder Pommes immer „mit alles" um Nachfragen zu vermeiden. (9) Postieren Sie sich beim Museumsbesuch so, dass Sie zwei Bilder gleichzeitig betrachten können. […] (10) Rufen Sie nur noch Menschen an, deren Nummer Sie als Kurzwahl gespeichert haben. (11) Von Kindern lernen: Werfen Sie Ihren Mantel nach dem Ausziehen unter die Garderobe, statt ihn aufzuhängen. […]

Text von: Till Raether und Johannes Waechter, gekürzt

2 b Woran erkennt man, dass der Text eine Satire ist? Lesen Sie den Text noch einmal und entscheiden Sie, welche Eigenschaften zutreffen oder nicht.

		ja	nein
1	Der Text ist ein journalistischer Beitrag, z. B. in einem Magazin.	☐	☐
2	Er gibt nützliche Ratschläge.	☐	☐
3	Er macht sich über ein aktuelles gesellschaftliches oder politisches Thema lustig.	☐	☐
4	Er hat einen „lockeren" und unterhaltsamen Schreibstil.	☐	☐
5	Er nimmt sachlich zum Thema Stellung.	☐	☐
6	Er hat eine Überschrift, die einen zum Schmunzeln bringt.	☐	☐
7	Der Text lebt von der Übertreibung.	☐	☐

3 Ist Zeit sparen auch in Ihrer Heimat ein Thema? Inwiefern? Tauschen Sie sich aus.

> Bei uns geht es eher ruhig zu. Hektik ist kein Thema.

Kurz und bündig

Kommunikation

über Freizeitaktivitäten und Vereine sprechen

Wingsuit springen / … finde ich (zu) gefährlich/spannend/verantwortungslos. / … macht bestimmt Spaß.
Das würde ich auch gern einmal ausprobieren/machen. / Das wäre nichts für mich.
Mich reizt/interessiert alles, was mit Sport/Technik/Musik/… zu tun hat.
… kenne ich nicht. Was genau ist das? / Von … habe ich schon einmal / noch nie gehört.
Ich bin / wäre gern in einem …verein. Die Mitglieder engagieren sich für …

Tätigkeiten und Aufgabenbereiche beschreiben

Ich bin zuständig/verantwortlich für … / Meine Aufgabe ist … / Mein Aufgabengebiet umfasst … /
Ich baue/produziere/repariere … / Ich muss täglich/wöchentlich/monatlich …

Anweisungen am Arbeitsplatz geben und verstehen

- Herr/Frau … , die Angebote für den neuen Drucker müssen noch eingeholt werden.
- Ist schon erledigt. Die Angebote sind schon eingeholt.

Grammatik

Wortbildung durch Präfixe und Suffixe

sinnvoll – sinnlos   musikalisch – unmusikalisch

das Passiv

Passiv Präsens:	Sie wird an ihrem Geburtstag mit einem Blumenstrauß überrascht.
Passiv Präteritum:	Sie wurde gestern von ihren Kollegen mit einem Blumenstraß überrascht.
Passiv Perfekt:	Sie ist an ihrem Geburtstag mit einem Blumenstraß überrascht worden.
Passiv mit Modalverb:	Die Gründung eines Vereins muss beim Amtsgericht registriert werden.

Passiversatzformen

Passivsätze mit Modalverb können mit Ersatzformen formuliert werden.

	Vorlesen kann erlernt werden.
sein + Adjektiv auf *-bar*:	Vorlesen ist erlernbar.
sein + *zu* + Infinitiv:	Vorlesen ist zu erlernen.
lassen + *sich* + Infinitiv:	Vorlesen lässt sich erlernen.
	Die Vereinsgründung muss gemeldet werden.
sein + *zu* + Infinitiv:	Die Vereinsgründung ist zu melden.

Vorgangspassiv und Zustandspassiv

Das Passiv mit *werden* + Partizip II drückt einen Vorgang aus. Das Ergebnis dieses Vorgangs ist ein (neuer) Zustand. Dieser Zustand wird durch das Passiv mit *sein* + Partizip II ausgedrückt..

Der Vertrag wird unterschrieben.

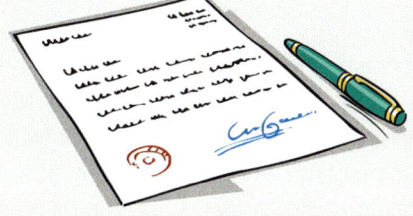

Der Vertrag ist unterschrieben.

3 Übungen

A In der Freizeit

1a Lesen Sie die Überschriften und sehen Sie die Fotos an. Worum könnte es gehen? Kreuzen Sie an.

a ☐ Theateraufführungen   b ☐ Rollenspiele   c ☐ Fantasyromane

Welt der Spiele, Ausgabe 3, 2016

In meiner Freizeit bin ich ein anderer

In andere Zeiten einzutauchen oder sich in die Rolle einer Fantasiefigur zu versetzen – das macht den Reiz der beliebten Fantasy-Spiele aus. Es gibt Rollenspiele als Brettspiel, als Software für Computer oder Spielkonsole oder online. Doch vielen Anhängern genügt es nicht, am Tisch oder an der Konsole zu sitzen. Sie treffen sich auf einem sogenannten LARP und schlüpfen selbst in die Rolle ihrer Figur.

Es geht um die kindliche Freude am Spiel

LARP ist die Abkürzung für *Live Action Role Playing*, also Liverollenspiel. Eigentlich ist es eine Art „Räuber und Gendarm" für Erwachsene. Wohl jeder hat sich als Kind einmal verkleidet und mit Freunden draußen die Abenteuer aus Büchern oder dem Fernsehen nachgespielt. Genau darum geht es bei einem LARP. Man schlüpft in die Rolle einer anderen Person und versetzt sich gemeinsam mit anderen Spielern in eine Fantasiewelt, um dort Abenteuer zu erleben. Dabei tragen die Rollenspieler aufwendige selbst gemachte oder gekaufte Kostüme („Gewandungen"), und statt im Garten wird z. B. auf einer echten Burg gespielt. An so einem LARP machen oft weit über 100 Leute mit. Viele Liverollenspiele dauern mehrere Tage.

Für ein Wochenende Ritter oder Prinzessin sein

Die meisten Liverollenspiele spielen in einer mittelalterlichen Fantasy-Welt im Stil von Tolkiens „Der Herr der Ringe", also mit Rittern, Königen, Prinzessinnen, Magiern, Hexen, Elfen, Zwergen und vielen mehr. Liverollenspiele, die in anderen Genres spielen (z. B. Cyberpunk oder Vampire), sind eher die Ausnahme.

Zwar gibt es auf den meisten Liverollenspielen auch ein von der Spielleitung vorgegebenes Ziel (zum Beispiel muss eine Prinzessin aus den Händen einer Räuberbande befreit werden), aber ob sich die einzelnen Spieler auch um dieses Ziel kümmern, kann jeder selbst entscheiden. So geht es vor allem darum, eine schöne Zeit in einer Welt voller Rätsel und Abenteuer zu verbringen und dort zusammen mit den anderen Spielern viel Spaß zu haben. Denn wer auf einem LARP eine schöne Zeit hatte, der ist auf jeden Fall ein Sieger oder eine Siegerin, wie auch immer das Rollenspiel am Ende ausgegangen ist.

1b Lesen Sie den Text und überprüfen Sie Ihre Lösung in 1a. Entscheiden Sie dann, ob die Aussagen im Text stehen oder nicht. Kreuzen Sie an.

		ja	nein
1	Fantasy-Spiele sind als Brettspiel am beliebtesten.	☐	☐
2	Bei einem Liverollenspiel sind echte Menschen die Spielfiguren.	☐	☐
3	Die Kostüme und der Spielort sind sehr wichtig.	☐	☐
4	Die meisten Liverollenspiele werden nachts gespielt.	☐	☐
5	Vampire sind das beliebteste Genre bei Rollenspielen.	☐	☐
6	Das Wichtigste bei einem Rollenspiel ist das Lösen der Aufgabe.	☐	☐

50

1c Und Sie? Könnten Sie sich vorstellen, an einem Live-Rollenspiel teilzunehmen? Schreiben Sie mit Hilfe der Redemittel auf S. 42 einen Text.

2 Nomen und Adjektive. Ergänzen Sie die passenden Adjektive. Überprüfen Sie dann Ihre Lösung in 1a auf S. 42.

1 der Aufwand   *aufwendig*
2 die Technik   ....
3 die Langeweile   ....
4 die Geselligkeit   ....
5 die Aufregung   ....
6 die Gefahr   ....
7 die Anstrengung   ....
8 der Sinn   ....
9 die Verantwortung   ....
10 der Sport   ....
11 die Musik   ....
12 der Reiz   ....
13 die Begabung   ....
14 die Beruhigung   ....

3a Ausgefallene Hobbys. Hören Sie noch einmal die Radiosendung von S. 43 und kreuzen Sie an.

	richtig	falsch
1 Auch in ihrem Beruf ist Maria Stark viel an der frischen Luft.	☐	☐
2 Manfred Koller hat früher als Pilot gearbeitet.	☐	☐
3 Die Idee zu ihrem Hobby hat Jenny Gold von einer Geschäftsreise mitgebracht.	☐	☐
4 Thomas Polt hat schon als Kind Geocaching gemacht.	☐	☐
5 In ihrem ersten Slow-Food-Kurs hat Leni Kramer Käse hergestellt.	☐	☐

3b Was passt zusammen? Verbinden Sie. Überprüfen Sie dann Ihre Lösung mit Hilfe des Hörtextes in 3a.

1 etw. für sich   a bekommen
2 zur Sache   b entdecken
3 sich in etw.   c suchen/finden
4 einen Schatz   d träumen
5 von etw.   e kommen
6 neue Ideen   f verlieben

4 Im Chor singen. Zu diesem Hobby gab es in der Radiosendung keinen Beitrag. Stellen Sie sich vor, Sie wären Mitglied in einem Chor. Schreiben Sie einen fiktiven Beitrag für die Radiosendung.

> Da haben wir jetzt noch einen Anrufer in der Leitung. Was machen Sie in Ihrer Freizeit? Und warum?

Guten Tag, mein Name ist ... In meiner Freizeit singe ich in ...

5 Schreiben Sie über sich: Welchen Hobbys gehen Sie nach? Warum haben Sie diese/keine Hobbys?

- Was ist Ihnen in Ihrer Freizeit wichtig?
- Wie viel Zeit verbringen Sie mit Ihrem Hobby?
- Was gefällt Ihnen an Ihrem Hobby oder warum üben Sie kein Hobby aus?

B Vereinsleben

1a Textsorten. Ordnen Sie die folgenden Kriterien den drei Textsorten zu.

A Lexikoneintrag   **B** Prospekt   **C** persönliches Schreiben

1. ☐ findet man in einem (elektronischen oder gedruckten) Nachschlagewerk
2. ☐ informiert zum Beispiel über eine Organisation oder eine Veranstaltung
3. ☐ stellt die Tätigkeiten einer Organisation dar
4. ☐ beginnt mit einer Anrede und endet mit einer Grußformel
5. ☐ ist neutral, darf keine persönliche Meinung widergeben
6. ☐ enthält Angaben zur Kontaktaufnahme: Name des/der Ansprechpartners/in, Adresse usw.
7. ☐ beginnt oft mit einer kurzen Begriffsdefinition
8. ☐ erklärt die historische Entwicklung eines Begriffs
9. ☐ spricht den Adressaten direkt an, je nach Grad der Vertrautheit mit „du" oder „Sie"
10. ☐ handelt oft von persönlichen Erlebnissen, dem eigenen Tun und Befinden
11. ☐ erläutert Unterbegriffe in nachfolgenden Absätzen
12. ☐ ist grafisch gestaltet und trägt oft ein Logo

1b Wählen Sie einen der Texte auf S. 44 aus und notieren Sie drei Beispiele für die Kriterien in 1a. Ordnen Sie zu.

> Text C:
> Lieber Sergej (4)

2 Was passt nicht? Streichen Sie durch.

1. einen Verein   gründen – versuchen – registrieren
2. einem Verein   angehören – beitreten – bezahlen
3. aus einem Verein   austreten – ausgeschlossen werden – verabschieden
4. in einen Verein   erwerben – gehen – eintreten
5. sich in einem Verein   sozial engagieren – anmelden – Sport treiben

3a Vor dem Vereinsfest. Was muss getan werden? Schreiben Sie Sätze im Aktiv und im Passiv.

> Einladungen verschicken • ein Buffet aufbauen • die Räume dekorieren • eine Band engagieren • Getränke kaufen • ~~Spenden sammeln~~

> Man muss Spenden sammeln.
> – Spenden müssen gesammelt werden.

3b Nach dem Vereinsfest. Beantworten Sie die Fragen im Passiv Perfekt.

1 • Sind die Räume wieder sauber? • Ja, sie sind geputzt worden. (putzen)
2 • Ist das große Fenster noch offen? • Nein, _____ (schließen)
3 • Sind noch viele Getränke da? • Nein, alles _____ (trinken)
4 • Ist das Geschirr wieder sauber? • Ja, _____ (abspülen)
5 • Hat die Band ihre Gage bekommen? • Ja, _____ (bezahlen)
6 • Waren viele Leute da? • Ja, über 100 _____ (einladen)

3c Die Geschichte des Alpenvereins. Ergänzen Sie die passenden Verben im Passiv Präteritum.

Der Oesterreichische Alpenverein (OeAV)* wurde 1862 von drei Studenten gegründet ¹. Sie _____ dabei von ihrem Professor Eduard Fenzl _____ ². Fenzl _____ auf der Gründungsversammlung am 19. November auch zum ersten Vorstand des OeAV _____ ³. Der OeAV und der Deutsche Alpenverein _____ 1873 zum Deutschen und Oesterreichischen Alpenverein (DuOeAV) _____ ⁴. Heute sieht man kritisch auf die nationalistische und antisemitische Ausrichtung des DuOeAV vor und während des Zweiten Weltkrieges. Schon 1907 _____ die Mitgliedschaft allen Juden _____ ⁵. Im März 1938 _____ alle alpinen Vereine von den Nationalsozialisten _____ ⁶, d. h. der herrschenden NS-Ideologie angepasst, und der DuOeAV wurde zum Deutschen Alpenverein (DAV). 1951 _____ der Oesterreichische Alpenverein (OeAV) neu _____ ⁷. Er ist heute laut Satzung unpolitisch und überkonfessionell.

> wählen • gründen (2x) • gleichschalten • unterstützen • zusammenschließen • verbieten

*seit 2014: Österreichischer Alpenverein (ÖAV)

4 Passiversatzformen. Schreiben Sie die Sätze im Passiv mit *können* oder *müssen*.

1 Die Begeisterung der Kinder lässt sich leicht wecken.
2 Das Projekt ist ohne Spenden nicht finanzierbar.
3 Bei Aufnahme in den Verein ist ein Formular auszufüllen.
4 Die Vereinsfeiern sind problemlos zu organisieren.
5 Die Mitgliedsbeiträge sind jährlich zu bezahlen.

5 Projekt. Recherchieren Sie Informationen über einen Verein oder eine Organisation Ihrer Wahl und schreiben Sie einen Prospekt. Berücksichtigen Sie dabei die folgenden Punkte.

- Name und Ort
- Gründung/Geschichte
- Angebote und Aktivitäten
- Aufgaben und Ziele
- Mitgliederzahl
- Mitgliedsbeiträge

C Am Arbeitsplatz

1 Rund um die Firma. Lösen Sie das Kreuzworträtsel. Das Organigramm in 2a hilft.

waagerecht:
2 Für die … von Papier braucht man Holz.
3 Der Bereich … und Entwicklung ist wichtig für den Fortschritt.
4 Wir importieren unsere … aus dem Ausland.
5 Der … führt regelmäßige Kontrollen an der Grenze durch.
7 Frau Mayer leitet die … und macht die Abrechnungen.
10 Die Buchhaltung gehört zur …
11 Der … der Ware ist pünktlich erledigt worden.
12 Der … ist Teil des kaufmännischen Bereichs.
13 Dieses Jahr hat die Firma eine hervorragende ….
14 Im … werden Angebote erstellt und Bestellungen entgegengenommen.

senkrecht:
1 Das … muss geräumt werden.
2 Ich arbeite im … und bin für die Weiterbildung der Mitarbeiter verantwortlich.
6 Ist das schon von der Geschäfts… unterschrieben worden?
8 Anderes Wort für Firma: …
9 Das … hat eine tolle neue Werbekampagne gestartet.

2a Ein Organigramm. Anna Markovich stellt Sarita Ratana, einer neuen Mitarbeiterin aus Thailand, das Unternehmen vor. Über welche Abteilungen spricht sie? Hören Sie und markieren Sie in der Grafik.

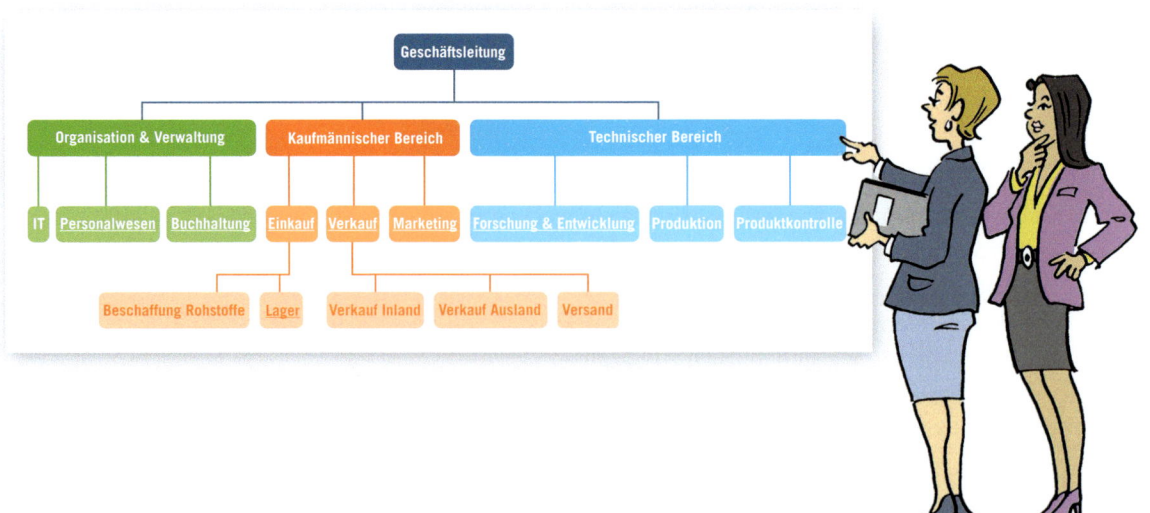

2b Welche Aufgaben wird Frau Ratana übernehmen? Hören Sie noch einmal und notieren Sie.

– Zollbestimmungen recherchieren

2c Hören Sie noch einmal und kreuzen Sie an.

1. Sarita Ratana kommt zu spät, weil
   a ☐ der Flug Verspätung hatte.
   b ☐ sie den Flieger verpasst hat.
   c ☐ sie am falschen Schalter war.

2. Herr Königstein vom Verkauf
   a ☐ ist Experte für die Region Ostasien.
   b ☐ soll Frau Ratana einarbeiten.
   c ☐ soll ihr die Zollformalitäten erklären.

3. In Thailand
   a ☐ gibt es keine Nahrungsergänzungsmittel.
   b ☐ kann man Tumol® schon kaufen.
   c ☐ ist Tumol® noch nicht erhältlich.

4. Im Lager werden
   a ☐ die Rechnungen geschrieben.
   b ☐ die Waren zum Versand gepackt.
   c ☐ die Bestellungen elektronisch bearbeitet.

5. Frau Ratana soll Herrn Göbel kennenlernen, da
   a ☐ eine neue Software angeschafft wurde.
   b ☐ das Computersystem veraltet ist.
   c ☐ die IT-Kollegen besonders nett sind.

6. Frau Ratana soll noch zur Personalabteilung gehen, um
   a ☐ ihren Arbeitsvertrag zu unterschreiben.
   b ☐ Herrn Dr. Dorn kennenzulernen.
   c ☐ ihren Firmenausweis abzuholen.

3 Vorgangspassiv und Zustandspassiv. Schreiben Sie Satzpaare wie im Beispiel.

1 Auto reparieren

2 Bestellung verschicken

Das Auto muss noch reparieret werden. *Das Auto ist schon repariert.*

3 Kunden informieren

4 Rechnung bezahlen

4 Neu an der Schule / im Büro / auf der Baustelle. Berichten Sie einem Freund / einer Freundin von Ihren Aufgaben im neuen Job. Schreiben Sie entweder die E-Mail an Ruth zu Ende oder eine E-Mail Ihrer Wahl. Die Redemittel aus Aufgabe 6 auf S. 47 helfen.

Von: emma.marl@mogy.de
An: ruthmoser@gmx.de

Liebe Ruth,

wie Du weißt, leite ich ja jetzt seit einem Monat das Sekretariat des Mozart-Gymnasiums. Die Schule ist ziemlich groß, 850 Schüler, und entsprechend sind meine Aufgaben sehr vielfältig.

In meine Zuständigkeit fällt zum Beispiel …

3 D Zeit sparen

1a Wortfeld „Zeit". Arbeiten Sie mit dem Wörterbuch und ergänzen Sie die Artikel.

1 .... Zeitplanung   3 .... Zeitfenster   7 .... Zeitraum

2 .... Zeitgefühl   4 .... Zeitfresser

5 .... Zeitmangel   6 .... Zeitdruck

1b Was passt? Lesen Sie und ergänzen Sie mit den Wörtern aus 1a.

1 Die IT-Kollegen leiden unter chronischem *Zeitmangel* ....

2 Für dieses Projekt brauchen wir eine sehr gute ....

3 Denn das .... bis zur Fertigstellung ist sehr klein.

4 Wir müssen unnötige .... vermeiden.

5 Oh je, ich werde unter .... immer so nervös.

6 In welchem .... muss das Projekt abgeschlossen sein? – In drei Monaten.

7 Ich weiß nie, wie spät es ist. Ich habe gar kein ....

2a Zeitfresser. Lesen Sie die Probleme und die Lösungsvorschläge und ordnen Sie zu.

1 ☐ planloses Arbeiten ohne Prioritäten
2 ☐ Ablenkung (Internetsurfen)
3 ☐ häufige Unterbrechungen (Telefon)
4 ☐ E-Mails beantworten müssen
5 ☐ mangelnde oder schlechte Zeitplanung
6 ☐ Unordnung, fehlender Überblick
7 ☐ (unnötige) Besprechungen
8 ☐ „Aufschieberitis" (Unangenehmes liegen lassen)

> **aufschieben** 1 durch Schieben öffnen / zurückschieben (z. B. eine Tür) 2 etw. auf einen *späteren Zeitpunkt verschieben* / nicht sofort erledigen (z. B. eine Aufgabe)

a nicht alle Nachrichten sofort lesen, sondern feste Zeiten für das Postfach einplanen, sich aus unnötigen Verteilern streichen lassen, private Kommunikation* unterlassen

b feste Telefontermine oder einen Rückruf vereinbaren, in sehr stressigen Phasen Anrufer auf die Voice-Mailbox sprechen lassen oder Anrufe an die Sekretärin weiterleiten

c ungeliebte, aber wichtige Aufgaben zuerst angehen

d nicht an mehreren Aufgaben gleichzeitig arbeiten, sondern Schwerpunkte setzen: Was ist am wichtigsten?

e sich einen realistischen Überblick über die eigenen zeitlichen Kapazitäten verschaffen und mit dem Chef / der Chefin absprechen; ggf. Tagesplan erstellen

f Social-Media-Plattformen, Nachrichtenseiten usw. nicht während der Arbeitszeit besuchen*

g Ablagesystem einrichten, Aufgabenliste erstellen, Schreibtisch v. a. für aktuelle Projekte nutzen und am Ende des Arbeitstags aufräumen

h sich von Sitzungen abmelden, die für die eigene Arbeit irrelevant sind

* In vielen Firmen sowieso nicht erlaubt

2b Haben Sie weitere Lösungsvorschläge? Ergänzen Sie die Liste.

Prüfungstraining

Schriftlicher Ausdruck

Wählen Sie zuerst zwischen Aufgabe A oder Aufgabe B. Entscheiden Sie schnell, denn die Zeit ist begrenzt auf 30 Minuten!

Aufgabe A: Bitte um Informationen

Sie haben die Broschüre des Vereins „Bücherwürmer" (in Aufgabe 1, auf S. 44) gelesen und möchten sich in dem Verein als Vorleser/in engagieren.

Schreiben Sie eine E-Mail an den Verein und bitten Sie um weitere Informationen.

Behandeln Sie darin entweder
a) mindestens drei der folgenden Punkte
oder
b) mindestens zwei der folgenden Punkte und einen weiteren Aspekt Ihrer Wahl.

- Stellen Sie sich kurz vor und nennen Sie den Grund Ihrer E-Mail.
- Erklären Sie, warum Sie sich als Vorleser/in engagieren wollen.
- Beschreiben Sie, welche bisherigen Erfahrungen Sie mit einem Ehrenamt gemacht haben.
- Bitten Sie um weitere Informationen, wie die Seminare für Vorleser/innen ablaufen (Kosten? Dauer?).

Schreiben Sie mindestens 150 Wörter.

Aufgabe B: Informationen geben

Sie arbeiten in Ihrer Abteilung „Verkauf" mit einer neuen Kollegin – Frau Dana – zusammen und sind von Ihrer/Ihrem Vorgesetzten gebeten worden, ihr die wichtigsten Informationen über die Firma und die Stelle zu geben. (Sehen Sie sich dazu das Organigramm in Aufgabe 2, auf S. 46 an.)

Schreiben Sie eine E-Mail an die Kollegin.

Behandeln Sie darin entweder
a) mindestens drei der folgenden Punkte
oder
b) mindestens zwei der folgenden Punkte und einen weiteren Aspekt Ihrer Wahl.

- Begrüßen Sie die Kollegin in der Firma und drücken Sie Ihre Freude über die Zusammenarbeit aus.
- Beschreiben Sie, was die Tätigkeitsbereiche der Kollegin sind.
- Erklären Sie, mit welchen Abteilungen sie zu tun haben wird.
- Beschreiben Sie Ihre eigene Position im Unternehmen und bieten Sie der Kollegin Ihre Hilfe an.

Schreiben Sie mindestens 150 Wörter.

> **Strategie**
>
> Überlegen Sie zuerst, ob Ihnen zu allen vier Punkten etwas einfällt und machen Sie Notizen. Wenn Sie zu zwei Punkten nichts oder nur wenig sagen können, überlegen Sie, was Ihnen alternativ zum Thema einfällt. Sie müssen zu mindestens drei Punkten etwas schreiben. Bringen Sie Ihre Punkte dann in eine passende Reihenfolge.
>
> Lesen Sie den einleitenden Text genau und achten Sie auf den Zweck Ihres Schreibens (z.B. um Informationen bitten). In der Prüfung wird bewertet, ob Sie der Textsorte angemessen schreiben und alle Aspekte berücksichtigt haben.
>
> Verknüpfen Sie Ihre Punkte sinnvoll und überlegen Sie sich auch eine passende Einleitung und einen Schlusssatz. Vergessen Sie nicht das Datum, ggf. den Betreff sowie die Anrede und Schlussformel.
>
> Nehmen Sie sich am Ende ca. fünf Minuten Zeit, um Ihren Text nochmals gründlich zu lesen, um unnötige Fehler zu vermeiden.

4 Nah und fern

Felix Bauer und Cécile Perrin sind Studenten. Sie haben sich in Berlin kennengelernt, als Cécile dort für ein Jahr ein Praktikum gemacht hat. Jetzt lebt die Germanistin wieder in Paris und macht ihren Master. Das Paar sieht sich alle zwei Monate in Paris oder Berlin. „Wir wollen so oft wie möglich zusammen sein. Aber trotz der Billigflüge geht das häufige Reisen ins Geld. In einem Jahr haben wir beide den Abschluss. Dann wollen wir auf jeden Fall zusammenziehen – ob in Frankreich oder in Deutschland, wissen wir noch nicht."

Maria und Christoph Aichl sind seit vier Jahren ein Paar. Christoph arbeitet in Hamburg für den Norddeutschen Rundfunk, seine Frau Maria ist Ingenieurin in Düsseldorf. Die Wochenenden verbringen sie in Hamburg, denn beide lieben das Wasser - und ihre Arbeit. Maria will aber nicht nach Hamburg ziehen, Christoph nicht nach Düsseldorf.
„Wir sind glücklich", sagt Christoph, „beruflich und privat. Jedes Wiedersehen ist etwas Besonderes und keine Routine. Deshalb wollen wir nichts daran ändern."

A Auf (Immer-)Wiedersehen!

1a Fernbeziehungen. Sehen Sie die Bilder an und überfliegen Sie die Texte. Woran denken Sie beim Thema „Fernbeziehungen"? Sammeln Sie Begriffe und tauschen Sie sich aus.

> Mir fällt dabei sofort das Wort „Sehnsucht" ein.

> Ich denke, Fernbeziehungen sind kompliziert, können aber auch Vorteile haben.

1b Lesen Sie die Texte jetzt genau. Wie leben die beiden Paare? Berichten Sie.

2 Wählen Sie ein Paar aus und stellen Sie sich vor, wie dessen Woche aussieht. Machen Sie Notizen und erzählen Sie.

Sie lernen
- über (Fern-)Beziehungen und Konflikte sprechen
- Kundengespräche führen, jmdn. beschwichtigen
- Gesprächsnotizen verstehen und verfassen
- Verben mit Präpositionen (Wdh.), Pronominaladverbien (*worauf, darauf, …*)
- zweiteilige Konnektoren

3 a Fernbeziehungen – besser als ihr Ruf? Lesen Sie den Zeitungsartikel und notieren Sie Informationen zu den folgenden Punkten.

1 Gründe für die Fernbeziehung   2 Schwierigkeiten   3 Vorteile

Jahr um Jahr viele Kilometer
Fernbeziehungen sind stabiler, als man denkt

Es gibt keine Statistiken, aber Experten schätzen, dass etwa acht Prozent aller Paare in Deutschland in einer Fernbeziehung leben. Der häufigste Grund für die räumliche Trennung ist die Arbeit oder der Studienplatz. Eine Beziehung auf Distanz schafft natürlich Probleme: Die Paare können zwar telefonieren, chatten, simsen*, aber die Nähe fehlt trotzdem. Zwei Haushalte und die regelmäßigen Reisen verursachen erhebliche Kosten. Andererseits gibt es auch Vorteile: Der Zwang zu Absprachen ist wie ein Training für eine funktionierende Kommunikation. Ohne Vertrauen geht nichts – das festigt die Bindung. Zudem hält die Freude auf das nächste Treffen die Gefühle lebendig. Trotzdem wollen die meisten Paare früher oder später zusammenleben.

Im Durchschnitt dauert eine Fernbeziehung drei Jahre, dann ziehen die Paare entweder zusammen oder sie trennen sich. Hat ein Paar diese Zeit überstanden, ist die Beziehung danach umso stabiler, behaupten Soziologen. Eine amerikanische Langzeitstudie hat zudem gezeigt, dass Fernbeziehungen nicht schneller enden als „normale" Beziehungen.

simsen: ugs. für „eine SMS schreiben"

3 b Vergleichen Sie die Aussagen des Artikels mit denen der Paare aus Aufgabe 1. Welche Aussagen bestätigt der Artikel?

4 Eine Umfrage zu Fernbeziehungen. Lesen Sie und kreuzen Sie die Zahlen an, die Sie für richtig halten. Vergleichen Sie Ihr Ergebnis dann mit der Lösung. Was hat Sie überrascht?

1 Wie viele Deutsche würden für ihre berufliche Karriere auch eine Fernbeziehung führen?
   a 97 %   b 67 %   c 25 %   d 8 %

2 Wie viele aus dieser Gruppe hätten kein Problem damit, vom Partner getrennt zu leben?
   a 75 %   b 67 %   c 52 %   d 14 %

3 Wie viele Deutsche halten eine Fernbeziehung für ideal, weil man den Alltag nicht teilen muss?
   a 43 %   b 28 %   c 17 %   d 3 %

4 Wie vielen wäre es wichtig, die Dauer der Fernbeziehung zu begrenzen?
   a 90 %   b 74 %   c 65 %   d 35 %

Auflösung: 1a, 2d, 3c, 4b

Es hat mich überrascht, dass …   Ich finde es bemerkenswert, dass …

5 Wie denken Sie über Fernbeziehungen? Diskutieren Sie im Kurs.

4 B Hin und her

1a Unterwegs. Sehen Sie die Fotos an. Worüber könnte das Paar sprechen? Äußern Sie Vermutungen.

Katharina und Martin Fechter sind seit sechs Jahren verheiratet und leben mit ihrem siebenjährigen Sohn Benjamin in Hamm. Martin Fechter ist als Außendienst-Mitarbeiter beruflich die ganze Woche unterwegs. Seine Frau ist deshalb viel allein.

1b Hören Sie das Telefonat. Warum ist Katharina unzufrieden? Berichten Sie.

1c Hören Sie noch einmal. Welche Aussagen sind richtig? Kreuzen Sie an.

1. ☐ Martin Fechter steht im Stau und denkt an einen gemütlichen Abend mit seiner Familie.
2. ☐ Katharina Fechter hat keine Zeit, sie muss sich um Benjamins Hausaufgaben kümmern.
3. ☐ Das Paar spricht oft über seine Alltagsprobleme.
4. ☐ Katharina Fechter hat das Gefühl, dass sie sich auf die Unterstützung ihres Mannes nicht immer verlassen kann, weil er zu selten zu Hause ist.
5. ☐ Martin Fechter hat seinen Chef noch nicht auf das Problem hingewiesen.
6. ☐ Katharina Fechter hat sich an das Alleinsein gewöhnt.

1d Was denken Sie über die Situation? Welche Lösung könnte es geben? Diskutieren Sie.

> Ich kann die Frau verstehen. Sie muss alles allein machen.

> Ja, schon, aber für ihn ist es auch schwierig. Er …

2a Verben mit Präpositionen. Lesen Sie die Aussagen in 1c noch einmal und ergänzen Sie.

1. *an* etw./jmdn. denken
2. .... etw./jmdn. reden
3. jmdn. .... etw. hinweisen
4. sich .... etw. gewöhnen
5. sich .... etw./jmdn. verlassen (*können*)
6. sich .... etw./jmdn. kümmern

2b Pronominaladverbien. Formulieren Sie Fragen wie im Beispiel.

> Woran denkt Martin?

1. Martin Fechter denkt an seinen freien Abend.
2. Katharina Fechter und die Leute vom Elternverein reden über das Schulfest.
3. Katharina Fechter kümmert sich oft allein um den Haushalt.
4. Sie kann sich auf die Unterstützung ihres Mannes nicht verlassen.
5. Sie hat sich an das Alleinsein gewöhnt.

Memo
wo (+r) + Präposition:
wofür, woran, worüber, …

3a Worauf? Auf wen? Lesen Sie die Dialoge und ergänzen Sie die Regel.

- Worauf kannst du dich immer verlassen?
- Auf wen kannst du dich immer verlassen?
- Ich kann mich immer auf die Unterstützung meiner Familie verlassen.
- Ich kann mich immer auf meine beste Freundin verlassen.
- Es ist schön, dass du dich darauf verlassen kannst.
- Es ist schön, dass du dich auf sie verlassen kannst.

Regel

Nach einem Verb mit Präposition folgt immer ein ……………… (*Ich warte auf den Bus*.).
Dieses Objekt kann durch ein Pronominaladverb ersetzt werden (*Worauf wartest du? / Ich warte auch darauf*.) Das Pronominaladverb bildet man mit *wo* (+*r*) + Präposition und *da* (+*r*) + Präposition.
Wenn das Objekt eine ……………… ist, benutzt man ein Pronominaladverb. Wenn das Objekt eine
……………… ist, benutzt man stattdessen die Konstruktion Präposition + *wen*/*wem* (*Auf wen wartest du?*) bzw. Präposition + *ihm*/*ihn*/*ihr*/*sie*/… (*Auf ihn* warte ich auch schon lange.).

- Person
- Sache
- Objekt

3b Und Sie? Interviewen Sie sich gegenseitig. Formulieren Sie abwechselnd Fragen und Antworten mit den folgenden Verben. Beachten Sie die Strukturen aus 3a.

sich ärgern über (+ Akk.) • sich verlassen (können) auf (+ Akk.) • sich kümmern um (+ Akk.) •
sich gewöhnen an (+ Akk.) • sich fürchten vor (+ Dat.) • sich aufregen über (+ Akk.) •
träumen von (+ Dat.) • sich freuen auf (+ Akk.) • sich freuen über (+ Akk.)

- Worüber regst du dich auf?
- Ich rege mich über die hohen Preise auf. Und du?
- Darüber rege ich mich auch auf.

4 Beruf und Familie. Wählen Sie eine Situation und schreiben Sie eine E-Mail dazu.

Situation 1
Katharina Fechter schreibt ihrer besten Freundin und beklagt sich über ihre Situation.

Situation 2
Martin Fechter schildert seinem Chef das Problem und bittet um Versetzung in den Innendienst.

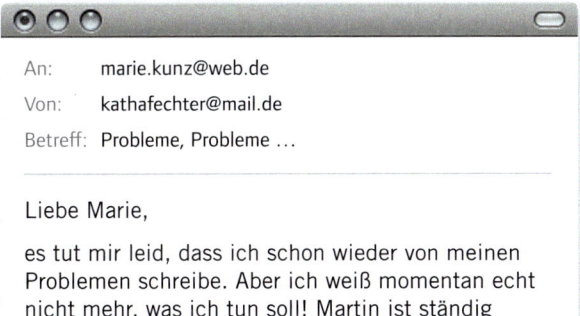

An: marie.kunz@web.de
Von: kathafechter@mail.de
Betreff: Probleme, Probleme …

Liebe Marie,

es tut mir leid, dass ich schon wieder von meinen Problemen schreibe. Aber ich weiß momentan echt nicht mehr, was ich tun soll! Martin ist ständig unterwegs …

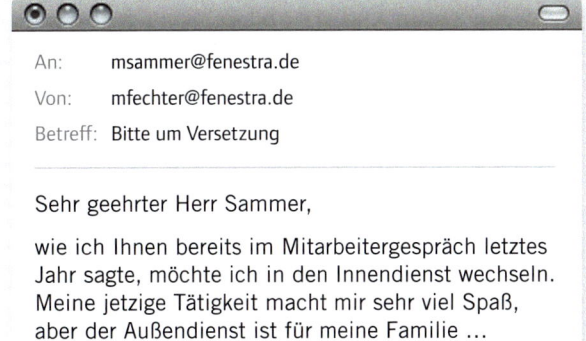

An: msammer@fenestra.de
Von: mfechter@fenestra.de
Betreff: Bitte um Versetzung

Sehr geehrter Herr Sammer,

wie ich Ihnen bereits im Mitarbeitergespräch letztes Jahr sagte, möchte ich in den Innendienst wechseln. Meine jetzige Tätigkeit macht mir sehr viel Spaß, aber der Außendienst ist für meine Familie …

Memo

persönlich:	Liebe/r … / Liebe Grüße / Viele Grüße / Schöne Grüße
halbformell:	Guten Tag / Mit herzlichen Grüßen / Mit besten Grüßen / Herzliche Grüße
formell:	Sehr geehrte/r Herr/Frau … / Mit freundlichen Grüßen

C Von Termin zu Termin

1 Im Außendienst. Lesen Sie die E-Mail und sehen Sie die Fotos an. Wer sind Ramira Demel und Dr. Regner? In welchem Verhältnis stehen Sie zu Martin Fechter? Äußern Sie Vermutungen.

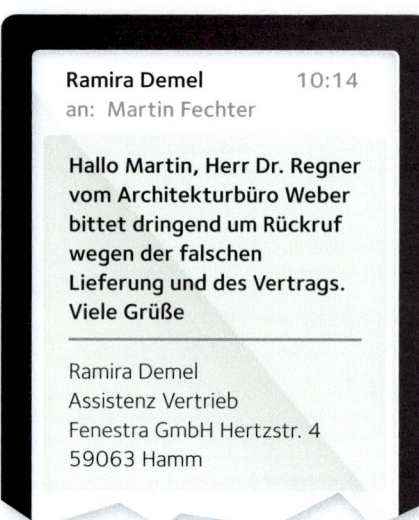

Ramira Demel 10:14
an: Martin Fechter

Hallo Martin, Herr Dr. Regner vom Architekturbüro Weber bittet dringend um Rückruf wegen der falschen Lieferung und des Vertrags. Viele Grüße

Ramira Demel
Assistenz Vertrieb
Fenestra GmbH Hertzstr. 4
59063 Hamm

2 a Eine Gesprächsnotiz. Martin Fechter hat nach dem Telefonat mit Herrn Dr. Regner eine Notiz gemacht. Welche Zusammenfassung ist richtig? Hören Sie und kreuzen Sie an.

1 ☐ Dr. Regner von „Weber" entschuldigt sich für die falsche Lieferung und hofft, dass wir den geplanten Vertrag nicht platzen lassen. Ich konnte ihn beruhigen.

2 ☐ Ich konnte Dr. Regners Bedenken wegen der falschen Lieferung letzte Woche zerstreuen; wir treffen uns übermorgen zur Unterzeichnung des Vertrags.

2 b Hören Sie das Telefonat noch einmal und ordnen Sie die Redemittel zu: Was sagt Dr. Regner (R) was antwortet Martin Fechter (F)?

> **Redemittel**
>
> ☐ Ist die Sache inzwischen geklärt? Wie ist der Stand der Dinge? / ☐ Ich freue mich, dass das Problem gelöst ist. / ☐ Sie können sich voll und ganz auf uns verlassen. / ☐ Schön, dass Sie zurückrufen. / ☐ Sie müssen weder finanzielle noch terminliche Probleme befürchten. / ☐ Unsere Firma arbeitet in der Regel nicht nur pünktlich, sondern auch absolut zuverlässig. / ☐ Ich verstehe zwar Ihre Bedenken, aber ich kann Sie beruhigen.

2 c Arbeiten Sie zu zweit und schreiben Sie mit Hilfe der Redemittel aus 2b einen Dialog zu folgender Situation.

Sie haben bei der Firma „Tür und Tor" zehn Türrahmen bestellt. Dabei war ein Rabatt von 10 % auf den Rechnungspreis vereinbart worden. Auf der Rechnung fehlt der Rabatt. Auf Ihre E-Mails haben Sie keine Antwort erhalten, telefonisch war bis heute niemand erreichbar. *Beschweren Sie sich und fordern Sie den Rabatt.*

Sie arbeiten bei „Tür und Tor" im Verkauf und vertreten eine kranke Kollegin. Von den bisherigen E-Mails und Anrufen wussten Sie nichts, da Sie erst seit heute für den Kunden zuständig sind. Selbstverständlich bleibt der Rabatt bestehen. *Erklären Sie die Situation und beschwichtigen Sie den Kunden.*

3a Zweiteilige Konnektoren. Lesen Sie die Regel und markieren Sie die Konnektoren in zwei Farben.

> **Regel**
>
> Zweiteilige Konnektoren verbinden Sätze oder Satzteile. Verbinden sie Sätze, ist ihre Position im Satz unterschiedlich. Während der zweite Konnektor immer vor dem finiten Verb steht (d. h. auf Position 0 oder 1), ist der erste Konnektor häufig flexibel. Meist steht er nach dem finiten Verb (d. h. im Mittelfeld). Ausnahme: *Je* steht immer auf Position 1.
> *Ich verstehe zwar Ihre Bedenken, aber ich kann Sie beruhigen.*
> *Zwar verstehe ich Ihre Bedenken, aber ich kann Sie beruhigen.*

1. **Entweder** einigen wir uns **oder** der Vertrag kommt nicht zustande.
2. Einerseits schätze ich Ihren Service, andererseits darf so etwas wirklich nicht passieren.
3. Sie müssen weder finanzielle noch terminliche Probleme befürchten.
4. Unsere Firma arbeitet in der Regel nicht nur pünktlich, sondern auch absolut zuverlässig.
5. Je mehr wir miteinander kommunizieren, desto weniger Missverständnisse können entstehen.
6. Das geht ja sowohl per Mail als auch telefonisch.

> **Memo**
>
> *Je … desto …* erfordert immer den Komparativ.

3b Eine Umfrage unter Außendienstmitarbeitern. Lesen Sie Martin Fechters Antwort und ergänzen Sie die Konnektoren aus 3a. Manchmal gibt es mehrere Möglichkeiten.

Eigentlich arbeite ich gern im Außendienst – **nicht nur** weil man dort gut verdient, **sondern auch**[1], weil man direkten Kontakt zu den Kunden hat. Ich kenne .... die rein beruflichen Bedürfnisse meiner Kunden ....[2] ihre besonderen Eigenheiten. Das schafft Vertrauen und ist der schönste Lohn. Als ich neu in der Firma war, saß ich im Büro und war frustriert. Ich hatte .... Abwechslung ....[3] interessante Gespräche mit Kunden. Deshalb bin ich in den Außendienst gegangen. Heute habe ich eine Familie und mein Leben hat sich verändert. .... gefällt mir das Reisen, ...[4] möchte ich als Vater mehr zu Hause sein. .... länger ich unterwegs bin ....[5] mehr leidet das Privatleben. Wenn mir mein Sohn am Telefon sagt ‚Papa, du bist nie zu Hause', tut das weh. Viele alltägliche Dinge lassen sich .... übers Telefon regeln, ...[6] Wichtiges muss man persönlich besprechen. Im nächsten Jahr möchte ich .... im Innendienst unserer Firma arbeiten ....[7] ich muss mich beruflich ganz neu orientieren.

4 Welche Vor- und welche Nachteile nennt Martin Fechter zur Arbeit im Außendienst?
Lesen Sie noch einmal seine Antwort in 3b, sammeln Sie Argumente und ergänzen Sie weitere.

pro	kontra
gutes Gehalt	

5 Können Sie sich eine Reisetätigkeit vorstellen? Warum (nicht)? Diskutieren Sie.

> Ich finde es gut, wenn man nicht immer im Büro sitzt.

> Aber das viele Reisen ist auch sehr anstrengend.

D Arbeit heute

1 Sehen Sie das Foto an. Welche Assoziationen haben Sie dazu? Tauschen Sie sich aus.

2a Lesen Sie den Artikel und finden Sie eine passende Überschrift.

Brücke über den Yangtse in Chongqing (China)

Heute hier, morgen dort. Vor noch nicht allzu langer Zeit legte der Mensch im Jahr höchstens 1000 Kilometer zurück – heute sind es im Schnitt 10.000 Kilometer

Flugzeug, Bahn und vor allem das Auto sind Lebensräume geworden. Ein heute 70-Jähriger hat im Schnitt vier Jahre seines Lebens im Stau gestanden. Nicht nur Urlaub und Freizeit
5 sind für uns Anlässe, auf Reisen zu gehen. Dass viele Menschen am Sonntagabend zu einem weit entfernt liegenden Arbeitsort pendeln und erst am Freitag an ihren Wohnort zurückkommen, ist ein Stück Normalität geworden.

Trendforscher behaupten, dass es in Zukunft einen festen Arbeitsplatz gar nicht mehr geben wird. Neue Bürolandschaften bieten Arbeitsstationen an, die nicht personengebunden sind
10 und an denen jeder in der Firma sein Notebook anschließen kann. Oder man arbeitet im Home-Office oder von unterwegs. Notebook und Smartphone sind ständige Begleiter im Zug, Flugzeug oder Hotel. In manchen europäischen Ländern haben bereits 40 Prozent der Firmen auf mobiles Arbeiten umgestellt. Da ist die Zukunft schon angekommen.

Viele Menschen genießen das flexible und selbstbestimmte Arbeiten. Natürlich müssen auch
15 sie sich mit ihren Kollegen abstimmen. Aber sie fühlen sich oft unabhängiger und nicht als Teil einer täglichen Routine im Unternehmen. Ihre Aufgaben sind vielfältig und ihre Arbeitsorte wechseln. Aber Reisen kostet Zeit und ist ein Stressfaktor. Neben der Überlastung durch zu viele Arbeitsaufgaben und ständige Erreichbarkeit sind fehlende Sozialkontakte ein Problem. Wer viel unterwegs ist, kann nicht so leicht einen stabilen Freundeskreis
20 aufbauen. Für die Familie kann das Home-Office ein Segen sein, für den Arbeitnehmer das Fehlen eines klar abgegrenzten „Feierabends" aber auch Gift. In vielen Branchen steigen die Krankheitsraten durch Burnout und andere Erschöpfungssyndrome signifikant.

Ein Arbeitsplatz, der mit Reisetätigkeit und Selbstorganisation verbunden ist, ist für manche ein Traumjob, für andere bedeutet er Stress und permanente Überforderung.

2b Welche Veränderungen der Arbeitswelt beschreibt der Artikel? Arbeiten Sie zu zweit. Sammeln Sie Begriffe und erklären Sie sie.

- Arbeitsstation, Home-Office, ...
- unterwegs online arbeiten, ...

> Home-Office bedeutet, dass man zu Hause ...

3 Schreiben Sie einen Text zum Thema „Mobiler Arbeitsplatz". Gehen Sie dabei auf folgende Aspekte ein.

- Vorteile
- Nachteile
- mögliche Konsequenzen für mobile Arbeitnehmer/innen
- persönliche Erfahrungen oder Beispiele

Kurz und bündig

Kommunikation

über (Fern-)Beziehungen und Konflikte sprechen

Wir/Sie haben uns/sich vor … Jahren/Monaten in … kennengelernt. / Wir/Sie leben seit … zusammen. / Wir/Sie sehen uns/sich jedes Wochenende / alle zwei Monate / … / Wir/Sie wollen irgendwann/bald / in … Jahren zusammenziehen.
Eine Beziehung auf Distanz schafft Probleme / ist stabiler, als man denkt. / Jedes Wiedersehen ist etwas Besonderes. / Fernbeziehungen haben auch Vorteile, zum Beispiel … / Ich kann seinen/ihren Ärger schon verstehen. Er/Sie ist zu selten zu Hause. / Für ihn/sie/… ist es auch schwierig, weil … / Man muss sich auf den anderen verlassen können / miteinander über … reden.

Kundengespräche führen, jemanden beschwichtigen

- Ist die Sache inzwischen geklärt? Wie ist der Stand der Dinge?
- Kann ich mich wirklich darauf verlassen?

- Ja, die Sache ist geklärt. Sie müssen keine weiteren Probleme befürchten. Bitte entschuldigen Sie die Unannehmlichkeiten.
- Ich verstehe Ihre Bedenken, aber ich kann Sie beruhigen. Wir arbeiten absolut zuverlässig.

Grammatik

Verben mit Präpositionen

denken an (+ Akk.) • reden über (+ Akk.) • sich kümmern um (+ Akk.) • jmdn. hinweisen auf (+ Akk.) sich ärgern über (+ Akk.) • sich beschweren über (+ Akk.) • …

Kannst du bitte an den Anzug denken? / Wir müssen noch über das Schulfest reden. / Kannst du dich am Wochenende um Benjamin kümmern? / Ich habe meinen Chef auf das Problem hingewiesen.

Pronominaladverbien

Verben mit Präpositionen haben immer ein Objekt. Pronominaladverbien können dieses Objekt ersetzen. Sie werden mit *wo* (+r) + Präposition bzw. *da* (+r) plus Präposition gebildet.

- Woran hast du dich noch nicht gewöhnt?
- Daran kann ich mich auch nicht gewöhnen.

- An die kalten Winter in Deutschland.

- Worüber reden wir denn die ganze Zeit?

- Über die Arbeit. Darüber müssen wir immer wieder reden.

Wenn das Objekt eine Person ist, benutzt man keine Pronominaladverbien.

- Worauf kannst du dich verlassen?
- Auf wen kannst du dich verlassen?

- Auf die Unterstützung von Martin.
- Auf Martin. Auf ihn kann ich mich immer verlassen.

Zweiteilige Konnektoren

Aufzählung:	Ich kenne nicht nur die Bedürfnisse meiner Kunden, sondern auch ihre persönlichen Eigenheiten. / Sie können mich sowohl per E-Mail als auch telefonisch erreichen.
Aufzählung negativ:	Früher hatte ich weder Abwechslung noch interessante Gespräche mit Kunden.
Gegensatz:	Einerseits reise ich gern, andererseits möchte ich bei meiner Familie zu Hause sein.
Alternative:	Entweder ich wechsele in den Innendienst oder ich suche mir einen neuen Job.
Einschränkung:	Vieles lässt sich zwar am Telefon regeln, aber Wichtiges muss man persönlich besprechen.
Komparation	Je länger ich unterwegs bin, desto mehr leidet das Privatleben.

4 Übungen

A Auf (Immer-)Wiedersehen

1 a Ein Beziehungsratgeber. Lesen Sie den Text und sammeln Sie Begriffe zum Wortfeld Beziehung.

jammern, das Wehklagen
das Vertrauen, Vertrauen haben

Sieben goldene Regeln zum Führen einer Fernbeziehung

 Die Situation akzeptieren
Jammern Sie nicht – machen Sie lieber das Beste aus der Situation. Schließlich gibt es in der Regel gute Gründe für Ihre Lage, wie zum Beispiel die Karriere.
5 Ständiges Wehklagen belastet jede Beziehung.

 Vertrauen haben
Ohne gegenseitiges Vertrauen ist eine Beziehung zum Scheitern verurteilt. Eifersucht, Kontrollanrufe und die immer wiederkehrende Frage „Was machst du gerade?
10 Und mit wem?" sind Gift für eine Fernbeziehung. Statt ständig an die abwesende „bessere Hälfte" zu denken, sollten Sie auch in der Woche etwas für Ihr Sozialleben tun: Pflegen Sie Ihre Freundschaften, unternehmen Sie etwas – und erzählen Sie Ihrem Partner davon.

15   *Die Vorteile sehen*
Kein Streit um die Fernbedienung oder um herumliegende Socken, mehr Zeit für Freunde und den Lieblingssport, ohne schlechtes Gewissen Überstunden machen ... Machen Sie sich diese und andere Vorteile
20 bewusst.

 Nähe schaffen
Es hört sich vielleicht paradox an, aber gerade in einer Distanzbeziehung ist Nähe wichtig. Achten Sie darauf, dass Sie sich regelmäßig austauschen. Etablieren Sie
25 feste Rituale, z. B. ein feierliches „Date" am Bildschirm jeden Mittwochabend. Um Vertrautheit aufzubauen, ist es wesentlich, dass Sie am Leben des Anderen teilhaben. Deswegen sind auch Gespräche über alltägliche „Banalitäten" wichtig – spontane Kurznachrichten
30 über das gerade Erlebte. Und auch wenn es schwerfällt: Lernen Sie, Gefühle auch über Telefon oder E-Mail auszudrücken.

 Probleme klären
Die meisten Paare in einer Fernbeziehung neigen
35 dazu, ihre Probleme unter den Teppich zu kehren. Man will nicht am Telefon streiten, und die gemeinsame Zeit scheint zu kostbar, um über Konflikte zu reden. Doch das rächt sich früher oder später. Sprechen Sie deshalb Probleme offen an – auch am Telefon.
40 Reden Sie auch über Geld – häufiges Reisen ist teuer. Überlegen Sie zum Beispiel, die Reisekosten zu teilen, wenn einer viel öfter unterwegs ist.

 Feste Termine vereinbaren
Versuchen Sie vor jedem Abschied, das nächste
45 Wiedersehen zu planen. Es ist leichter, die Trennung zu überbrücken, wenn man sich auf den nächsten Begrüßungskuss freuen kann. Seien Sie verlässlich: Das Absagen eines Treffens sollte die absolute Ausnahme bleiben.

50   *Pläne für die Zukunft machen*
Nicht nur der nächste Urlaub oder die gemeinsame Silvesterparty, sondern auch weiterreichende Pläne für die Zukunft stärken das Zusammengehörigkeitsgefühl. Wollen Sie – irgendwann – zusammenziehen,
55 Kinder haben? Reden Sie darüber! Legen Sie nach Möglichkeit gemeinsam einen Zeitrahmen für die Dauer der Fernbeziehung fest. Denn ist ein Ende in Sicht, ist das Durchhalten viel leichter.

1b Markieren Sie die Ausdrücke 1–10 im Text in 1a. Ordnen Sie dann die richtige Bedeutung zu.

1 das Beste aus etw. machen
2 etw. ist zum Scheitern verurteilt
3 etw. ist Gift für etw./jmdn.
4 Freundschaften pflegen
5 sich etw. bewusst machen
6 Probleme unter den Teppich kehren
7 etw. rächt sich
8 etw. ist die absolute Ausnahme
9 das Zusammengehörigkeitsgefühl stärken
10 einen Zeitrahmen festlegen

a sich um seine persönlichen Kontakte kümmern
b nicht über schwierige Dinge reden
c etw. passiert nur ganz selten
d sich etw. verdeutlichen
e etw. kann nicht funktionieren
f ein zeitliches Ende von etw. ausmachen
g etw. tut jmdm./etw. gar nicht gut
h etw. hat negative Konsequenzen
i die Beziehung/Gemeinschaft festigen
j sich auf die positiven Aspekte von etw. konzentrieren

> **Strategie**
>
> **So verbessern Sie Ihren Stil:**
> Legen Sie sich eine Lernkartei mit feststehenden Ausdrücken an und notieren Sie Beispielsätze dazu. Lernen Sie die Ausdrücke regelmäßig wie Vokabeln.

1c Lesen Sie noch einmal die sieben goldenen Regeln in 1a. Welche Regel passt zu welcher Aussage? Ordnen Sie zu.

a ☐ Man sollte Konflikte ansprechen und Diskussionen nicht aufschieben.
b ☐ Es hilft, sich die positiven Aspekte einer Fernbeziehung bewusst zu machen.
c [1] Statt die Fernbeziehung zu bedauern, sollte man sie als Teil seines Lebens annehmen.
d ☐ Man sollte nicht so viel Angst vor Untreue haben, sondern die Zeit der Trennung für sich nutzen.
e ☐ Man sollte seine Gefühle offen zeigen und dem anderen regelmäßig von sich erzählen.
f ☐ Wichtig ist, dass man sich eine gemeinsame Perspektive aufbaut.
g ☐ Verbindlichkeit stärkt das Vertrauen: Feste Verabredungen sind wichtig.

2 Schreiben Sie zu jeder Regel aus 1a einen kurzen Kommentar.

> **Textbausteine**
>
> Die erste/zweite/dritte/.../siebte Regel halte ich für Blödsinn / einen Widerspruch zu … / viel zu kompliziert / nicht machbar / sehr empfehlenswert / absolut richtig.
> Regel Nr. … finde ich (sehr / überhaupt nicht) sinnvoll, weil …
> Regel Nr. … klingt gut, aber ich glaube, sie ist nicht realistisch. Denn …
> Regel Nr. … kann ich nur bestätigen, denn …

3 Schreiben Sie über sich: Ich kann mir eine Fernbeziehung gut / gar nicht vorstellen, weil … Schreiben Sie zu den folgenden Aspekten.

- persönliche Erwartungen an eine Beziehung
- Vorteile bzw. Nachteile einer Fernbeziehung
- eigene Erfahrungen oder die von Freunden/Verwandten

B Hin und her

1a Freundinnen. Hören Sie das Telefongespräch. Worum geht es?

1. ☐ Mara sucht jemanden, der sich um Klara kümmern kann.
2. ☐ Die Freundinnen möchten sich unbedingt wiedersehen.

1b Hören Sie noch einmal und ergänzen Sie: Mara (M) oder Elli (E)?

1. .... möchte nach Wien fahren.
2. .... bedauert ihre Freundin.
3. .... hat eine sportliche Tochter.
4. .... hat zwei Söhne.
5. .... schlägt einen Kompromiss vor.

2 Lesen Sie das Gespräch und ergänzen Sie die fehlenden Pronominaladverbien. Hören Sie anschließend noch einmal zur Kontrolle.

> darum • darauf (4x) • daran • ~~daraus~~ • davon • darüber • worauf • dafür

Mara: Hallo Elli! Ich habe schlechte Nachrichten. Mein Besuch bei dir in Wien – *daraus*¹ wird leider nichts.

Elli: Oh nein! Warum denn? Ich hab mich so ....² gefreut!

Mara: Ich mich auch. Es ist wirklich schade. Aber ich muss in Köln bleiben. Klara hat sich beim Hockeyspielen ein Bein gebrochen, und Franz musste spontan auf eine Dienstreise nach Frankreich.

Elli: Ach je, das tut mir leid! Deine Tochter lässt echt nichts aus. Hatte sie nicht erst letztes Jahr einen Skiunfall?

Mara: Erinner mich bloß nicht ....³. Das war vielleicht eine Geschichte! Sie muss echt besser aufpassen. Aber ....⁴ will sie natürlich nichts hören.

Elli: Das passt ja bestens zusammen – der Mann außer Haus und die Tochter krank. Sag, kommt ihr denn alleine klar, ihr beiden?

Mara: Ja, das geht schon. Klara braucht erst einmal Krücken, ...⁵ werde ich mich morgen kümmern.

Elli: Hm … Du, ich hätte da eine Idee … Ich hatte ja mit Anton ....⁶ gesprochen, dass ich wenig Zeit haben werde, wenn du zu Besuch kommst. Ich denke, er und die beiden Jungen können auch einmal ein Wochenende ....⁷ verzichten, von mir umsorgt zu werden, oder?

Mara: ....⁸ willst du hinaus?

Elli: Wir können die Reise einfach umdrehen, und ich komme zu dir nach Köln.

Mara: Das würdest du machen? Aber das wäre total langweilig für dich, ich kann ja kaum etwas mit dir unternehmen.

Elli: Das ist doch egal. Hauptsache, wir sehen uns und können ausführlich quatschen. Außerdem komme ich so wieder einmal nach Köln, ...⁹ freue ich mich auch.

Mara: Du bist ein Engel! Egal, was passiert, ich kann mich immer ....¹⁰ verlassen, dass du für mich da bist. ....¹¹ bin ich dir so dankbar.

Elli: Das ist doch selbstverständlich.

Mara: Dann bis nächste Woche bei uns in Köln! Ich freue mich!

Elli: Ich mich auch. Und gute Besserung für Klara!

3a Verben mit Präpositionen. Ergänzen Sie die passenden Präpositionen und den Kasus. Arbeiten Sie mit dem Wörterbuch.

1 sich vorbereiten *auf (+Akk.)*
2 sich fürchten ....
3 sich gewöhnen ....
4 sich erkundigen .... / ....

5 (jmdn.) fragen ....
6 sich Gedanken machen ....
7 Angst haben ....
8 nachdenken ....

3b Ergänzen Sie die Dialoge mit den passenden Präpositionen und Pronominaladverbien.

1 • Hast du dich schon .... die Prüfung vorbereitet? • .... welche Prüfung?
   • Am Freitag haben wir doch eine mündliche Prüfung. • .... muss ich mich nicht vorbereiten. Ich kann alles.

2 • .... musst du dich zu Hause kümmern? • Ich kümmere mich .... die Wäsche, den Einkauf und das Auto. • Um das Auto? .... kümmert sich bei uns mein Sohn.

3 • .... fürchtest du dich? • ...., dass ich meine Arbeit nicht schaffe.
   • .... habe ich mich schon gewöhnt.

4 • .... wem kann ich mich .... den Kursterminen erkundigen?
   • Entschuldigung, ... willst du dich erkundigen? • .... den Terminen für die Deutschkurse. • Ach so, ... musst du im Sekretariat fragen.

5 • .... freust du dich diese Woche? • Ich freue mich .... Samstag.
   • Warum? • Ich freue mich ...., dass Lisa endlich kommt.

6 • Oje, ich mache mir Gedanken .... die Prüfung nächste Woche. Ich habe wirklich ein bisschen Angst .... • Ach komm, mach dir nicht so viele Gedanken .... Denk lieber .... nach, was du in den Ferien machen willst.

4 Personen und Sachen. Ergänzen Sie die richtigen Präpositionen, Personalpronomen und Pronominaladverbien.

1 • Erinnerst du dich noch .... unseren ersten Deutschkurs?
   • Klar, ... erinnere ich mich sehr gut.
   • .... genau?
   • Na, z. B. .... unseren Lehrer, Herrn Beck.
   • Oh. .... erinnere ich mich auch sehr gut.

2 • Kümmerst du dich bitte .... den Hund, wenn ich im Urlaub bin?
   • Ja, ich kümmere mich gern .... • Kann ich mich .... verlassen?
   • .... ? • Na, ..., dass du den Hund regelmäßig fütterst.
   • Natürlich! Ich halte meine Versprechen immer. Du kannst dich .... verlassen.

> **Memo**
> Tiere werden sprachlich oft wie Personen behandelt.
> *Erinnerst du dich an die Katze unserer Nachbarn? –*
> *Ja, ich erinnere mich gut an sie.*

C Von Termin zu Termin

1 Kurznachrichten. Worum geht es? Lesen Sie und ordnen Sie zu.

A: Hallo Martin, schaffst du es trotz Stau bis 14 Uhr nach Bonn? Oder soll ich bei Weber anrufen? LG Ramira

B: Hallo Martin, du musst unbedingt Hrn. Arslan v. Bartsch anrufen. Die Schließstücke sind immer noch nicht da. LG Ramira

C: Hallo Martin, was hast du mit der Fa. Klinge vereinbart? Rabatt? Wenn ja, wie viel? LG Ramira

1 ☐ Lieferverzögerung   2 ☐ Rechnungsausstellung   3 ☐ Terminverschiebung

2a Eine Reklamation. Ordnen Sie den Dialog.

a ☐ Ja, das tut mir leid. Er hat einen Termin. Kann ich ihm etwas ausrichten?

b ☐ Hm, Moment, Herr Arslan, ich schaue einmal nach den Aufträgen. Ja, hier, Sie haben am 11. August acht Schließstücke bestellt, richtig?

c ☐ Arslan hier, von der Firma Bartsch. Hören Sie, können Sie mich mit Herrn Fechter verbinden? Ich erreiche ihn nicht.

d ☐ Nein, das nützt mir nichts. Ich wäre Ihnen aber sehr dankbar, wenn die Lieferung morgen per Eilsendung an uns ginge. Wegen der Kosten möchte ich auf jeden Fall noch einmal mit Herrn Fechter reden. Das ist alles sehr ärgerlich.

e ☐ Genau … und heute ist schon der 19.

f ☐ 1 Fenestra GmbH, Ramira Demel. Guten Tag, was kann ich für Sie tun?

g ☐ Oh ja, das können Sie. Wir warten jetzt schon seit drei Tagen auf die bestellten Schließstücke für die Sicherheitsschlösser. Herr Fechter hatte uns eine Lieferung bis zum 16. August zugesagt. Wir brauchen sie dringend, sonst können die Fenster nicht montiert werden.

h ☐ Natürlich. Wir bedauern die Verzögerung sehr. Herr Fechter wird Sie so schnell wie möglich zurückrufen.

i ☐ Ja, oh ich sehe gerade, es waren nur noch sechs Stück im Lager. Deshalb ist die ganze Lieferung nicht rausgegangen. Oh je, das tut mir leid. Morgen wird unser Lager aufgefüllt, dann können wir alle acht liefern. Oder soll ich veranlassen, dass die sechs Schließstücke noch heute rausgehen?

2b Hören Sie das Gespräch und überprüfen Sie Ihre Lösung in 2a.

2c Hören Sie noch einmal und verfassen Sie eine Gesprächsnotiz wie in 2a auf S. 62.

3a Tagebuch einer Außendienstmitarbeiterin. In welcher Branche arbeitet Frau Langer?

Montag
Schon um 6:30 Uhr auf der Autobahn. Wollte Stau vermeiden und pünktlich um 8 Uhr in Bielefeld sein. Hat leider nicht geklappt: Unfall, 1 Stunde Vollsperrung und ich mittendrin. Um kurz nach 9 Uhr endlich am Lager angekommen. Der neue Musterkoffer ist wirklich schön. Dann vier Boutiquen in ganz Ostwestfalen abgeklappert. 1 neuer Kunde – immerhin, er nimmt die ganze Frühjahrskollektion ins Sortiment.

Dienstag
Heute erst um 8 Uhr los, 4 Stunden bis Braunschweig – okay. Ganz neues Vertriebsgebiet. Nette Kunden, bis auf eine: Frau Holt hat Haare auf den Zähnen, sie ist aber wichtig, weil sie viel einkauft. Meckert an allem rum: Farben, Stoffe, … und es kann ihr nie schnell genug gehen. Und was wir ihr alles schenken sollen! Sie wollte doch tatsächlich ein komplettes Verkaufsregal haben!
Dann Übernachtung in billiger Pension, Zimmer war laut und dunkel, aber das Frühstück war fantastisch.

Mittwoch
Habe mich heute besonders schön gemacht für die Neukunden-Werbung um 10 Uhr mit Herrn Kamp von „Micki-Mode". Wäre fantastisch, wenn diese Kette unsere Kinderkollektion aufnehmen würde! Gespräch lief gut, ihm gefallen besonders unsere neuen T-Shirts und Pullover. Aber er will den Preis noch weiter drücken. Muss mit der Geschäftsführung sprechen. Wenn alles gut geht, sehen wir uns am Freitag zur Vertragsunterzeichnung wieder …

3b Lesen Sie die Texte in 3a noch einmal und ergänzen Sie die passenden Konnektoren.

einerseits – andererseits • weder – noch • nicht nur – sondern auch • zwar – aber • entweder – oder • sowohl – als auch

1 Frau Langer ist .... sehr früh losgefahren, ... wegen eines Unfalls trotzdem zu spät gekommen.

2 Sie muss morgens .... früh losfahren, ... sie steht im Stau.

3 Im Anschluss hat sie .... den neuen Musterkoffer abgeholt, ... vier Boutiquen besucht.

4 Frau Holt ist .... eine gute Kundin, ... ist sie sehr anspruchsvoll.

5 Das Pensionszimmer war .... hell .... ruhig. Aber das Frühstück war fantastisch.

6 Herrn Kamp gefallen .... die T-Shirts .... die Pullover.

4 Bilden Sie Sätze mit *je ... desto ...* wie im Beispiel.

1 Man viele Aufträge einholen / Provision hoch sein
2 Lieferung schnell ankommen / Kunden zufrieden sein
3 Handy alt sein / es oft nicht funktionieren
4 Qualität der Ware gut sein / Preis hoch sein
5 Man viel reisen / wenig Zeit für Familie haben

1 Je mehr Aufträge man einholt, desto höher ist die Provision.

5 Schreiben Sie einen Tagebucheintrag wie in 3a zu einem Beruf Ihrer Wahl.

D Arbeit heute

1 a Geschichten aus dem Berufsleben. Lesen Sie und beantworten Sie zu jedem Beitrag die Fragen.

1 Als was und für wen arbeitet die Person?
2 Wo ist der Arbeitsplatz, von dem die Person erzählt?
3 Was findet die Person besonders gut oder schlecht?

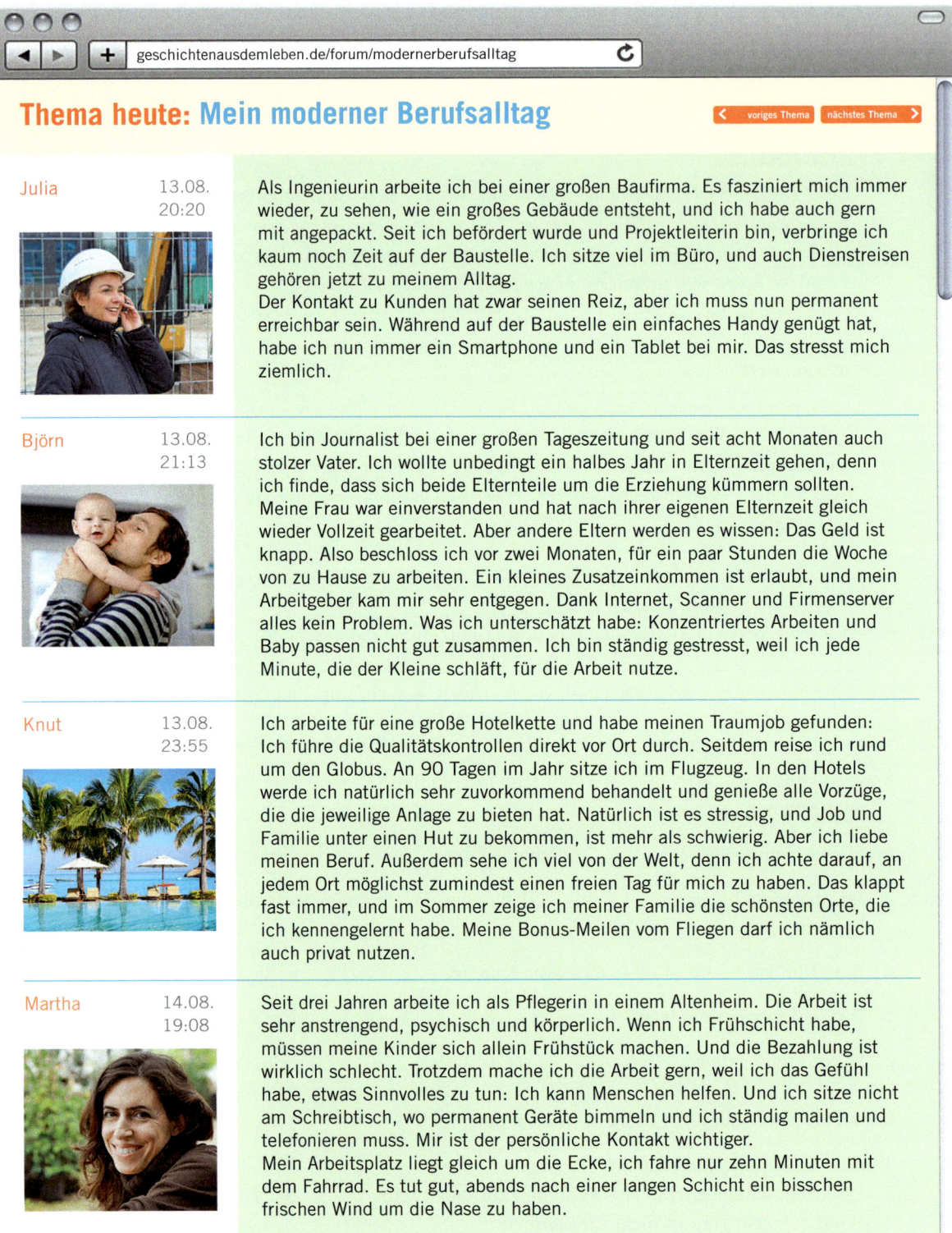

geschichtenausdemleben.de/forum/modernerberufsalltag

Thema heute: Mein moderner Berufsalltag

Julia — 13.08. 20:20

Als Ingenieurin arbeite ich bei einer großen Baufirma. Es fasziniert mich immer wieder, zu sehen, wie ein großes Gebäude entsteht, und ich habe auch gern mit angepackt. Seit ich befördert wurde und Projektleiterin bin, verbringe ich kaum noch Zeit auf der Baustelle. Ich sitze viel im Büro, und auch Dienstreisen gehören jetzt zu meinem Alltag.
Der Kontakt zu Kunden hat zwar seinen Reiz, aber ich muss nun permanent erreichbar sein. Während auf der Baustelle ein einfaches Handy genügt hat, habe ich nun immer ein Smartphone und ein Tablet bei mir. Das stresst mich ziemlich.

Björn — 13.08. 21:13

Ich bin Journalist bei einer großen Tageszeitung und seit acht Monaten auch stolzer Vater. Ich wollte unbedingt ein halbes Jahr in Elternzeit gehen, denn ich finde, dass sich beide Elternteile um die Erziehung kümmern sollten. Meine Frau war einverstanden und hat nach ihrer eigenen Elternzeit gleich wieder Vollzeit gearbeitet. Aber andere Eltern werden es wissen: Das Geld ist knapp. Also beschloss ich vor zwei Monaten, für ein paar Stunden die Woche von zu Hause zu arbeiten. Ein kleines Zusatzeinkommen ist erlaubt, und mein Arbeitgeber kam mir sehr entgegen. Dank Internet, Scanner und Firmenserver alles kein Problem. Was ich unterschätzt habe: Konzentriertes Arbeiten und Baby passen nicht gut zusammen. Ich bin ständig gestresst, weil ich jede Minute, die der Kleine schläft, für die Arbeit nutze.

Knut — 13.08. 23:55

Ich arbeite für eine große Hotelkette und habe meinen Traumjob gefunden: Ich führe die Qualitätskontrollen direkt vor Ort durch. Seitdem reise ich rund um den Globus. An 90 Tagen im Jahr sitze ich im Flugzeug. In den Hotels werde ich natürlich sehr zuvorkommend behandelt und genieße alle Vorzüge, die die jeweilige Anlage zu bieten hat. Natürlich ist es stressig, und Job und Familie unter einen Hut zu bekommen, ist mehr als schwierig. Aber ich liebe meinen Beruf. Außerdem sehe ich viel von der Welt, denn ich achte darauf, an jedem Ort möglichst zumindest einen freien Tag für mich zu haben. Das klappt fast immer, und im Sommer zeige ich meiner Familie die schönsten Orte, die ich kennengelernt habe. Meine Bonus-Meilen vom Fliegen darf ich nämlich auch privat nutzen.

Martha — 14.08. 19:08

Seit drei Jahren arbeite ich als Pflegerin in einem Altenheim. Die Arbeit ist sehr anstrengend, psychisch und körperlich. Wenn ich Frühschicht habe, müssen meine Kinder sich allein Frühstück machen. Und die Bezahlung ist wirklich schlecht. Trotzdem mache ich die Arbeit gern, weil ich das Gefühl habe, etwas Sinnvolles zu tun: Ich kann Menschen helfen. Und ich sitze nicht am Schreibtisch, wo permanent Geräte bimmeln und ich ständig mailen und telefonieren muss. Mir ist der persönliche Kontakt wichtiger.
Mein Arbeitsplatz liegt gleich um die Ecke, ich fahre nur zehn Minuten mit dem Fahrrad. Es tut gut, abends nach einer langen Schicht ein bisschen frischen Wind um die Nase zu haben.

1 b Wählen Sie eine Person aus 1a und schreiben Sie, ob Sie sich deren Arbeit vorstellen können. Begründen Sie Ihre Meinung.

Prüfungstraining

Hörverstehen, Teil 1

🔊 Ü11 Sie hören eine Nachrichtensendung mit sechs Meldungen. Dazu sollen Sie fünf Aufgaben lösen. Sie hören die Nachrichtensendung nur einmal. Entscheiden Sie beim Hören, ob die Aussagen richtig oder falsch sind.

Markieren Sie PLUS (+) für richtig und MINUS (–) für falsch.

Lesen Sie jetzt die Aufgaben. Sie haben dazu 30 Sekunden Zeit.

1. ☐ München wurde wieder zur Stadt mit der höchsten Lebensqualität in Deutschland gewählt.
2. ☐ Am Wochenende diskutierten in Frankfurt Manager darüber, was Unternehmen tun müssen, um zukünftig weiterhin erfolgreich zu sein.
3. ☐ Nach Worten des Ministers fördert mobiles Arbeiten das Wirtschaftswachstum und die Produktivität.
4. ☐ Da es im Sommer in Katar zu heiß ist, sind die europäischen Fußballclubs mit der Entscheidung der Fifa, die WM 2022 im Winter austragen zu lassen, zufrieden.
5. ☐ Das Wetter bleibt in den nächsten Tagen kühl und unbeständig.

Strategie

In diesem Prüfungsteil hören Sie Rundfunk-Nachrichten. Sie hören sechs Meldungen zu unterschiedlichen Themen. Wie in einer echten Radiosendung hören Sie sie nur einmal.

→ Lesen Sie vor dem Hören die fünf Aussagen genau durch. Sie haben dafür nur eine halbe Minute Zeit.
→ Unterstreichen Sie dabei Schlüsselwörter und aktivieren Sie Ihr Wissen zu den Themen, die Sie hören werden.
→ Achten Sie beim Hören auf leicht verständliche Wörter und Internationalismen, also Wörter, die in mehreren Sprachen mit gleicher oder ähnlicher Bedeutung vorhanden sind.
→ Versuchen Sie, unbekannte Wörter aus dem Zusammenhang zu erraten.
→ Aufbau und Stil einer Nachrichtenmeldung kennen Sie aus Ihrer Muttersprache: Die Meldung ist knapp und sachlich, die Sprache formell (im Deutschen z. B. oft indirekte Rede). Stimmen Sie sich vor dem Hören darauf ein und lassen Sie sich nicht von komplexeren grammatikalischen Strukturen ablenken.
→ Achten Sie auch auf die Stimme des Sprechers: Wichtiges oder Überraschendes wird in Nachrichten oft betont.

Weitere Tipps zum Trainieren Ihres Hörverstehens:
→ Hören Sie deutschsprachige Radio- und Fernsehsendungen, z. B. über Internetradio. Einige Radiosender (z. B. die *Deutsche Welle*) bieten für Deutschlerner/innen langsam gesprochene Nachrichten und Transkripte zu den Nachrichten an. Lesen Sie die Transkripte bei komplizierteren Hörtexten mit.
→ Laden Sie sich Podcasts herunter und hören Sie diese beim Spazierengehen, beim Sport etc. Dadurch wird es Ihnen einerseits immer leichter fallen, gesprochene Texte zu verstehen, und andererseits können Sie so auch neue Wörter zu verschiedenen Themen lernen.
→ Die Transkriptionen zu den Hörtexten zu Fokus Deutsch – Erfolgreich in Alltag und Beruf finden Sie hier: www.cornelsen.de/webcodes (Code: xiqepa)

5 Warenwelt

A Einkaufsgewohnheiten

1 Wo kaufen Sie ein? Was besorgen Sie wo und warum?

> Ich achte aufs Geld. Daher kaufe ich meine Lebensmittel meistens im Discounter.

> Sonntags, oder wenn ich etwas vergessen habe, gehe ich schnell zur Tankstelle gegenüber.

> Meine Schuhe kaufe ich nur noch online.

2a Internet oder Einzelhandel? Sehen Sie sich die Statistik an und beantworten Sie die Fragen.

1. Was wurde hier wahrscheinlich untersucht?
2. Wann und wo wurde die Umfrage durchgeführt?
3. Bei welchen Produkten gibt es eine klare Tendenz?
4. Was überrascht Sie? Was finden Sie nachvollziehbar?

2b Entspricht die Statistik auch Ihrem eigenen Kaufverhalten? Welche Unterschiede gibt es? Was für Einkaufsgewohnheiten gibt es in Ihrer Heimat? Berichten Sie.

Sie lernen
- über Einkaufsgewohnheiten sprechen
- Geschäftskorrespondenz – Auftragsabwicklung
- etwas kommentieren
- Graduierende Adverbien
- Relativsätze (Wdh.), Relativpronomen im Genitiv, das Relativpronomen *was*

3 a Eine Radioreportage. Lesen Sie die Programmankündigungen. Hören Sie dann den Beginn der Sendung. Welche Ankündigung passt? Kreuzen Sie an.

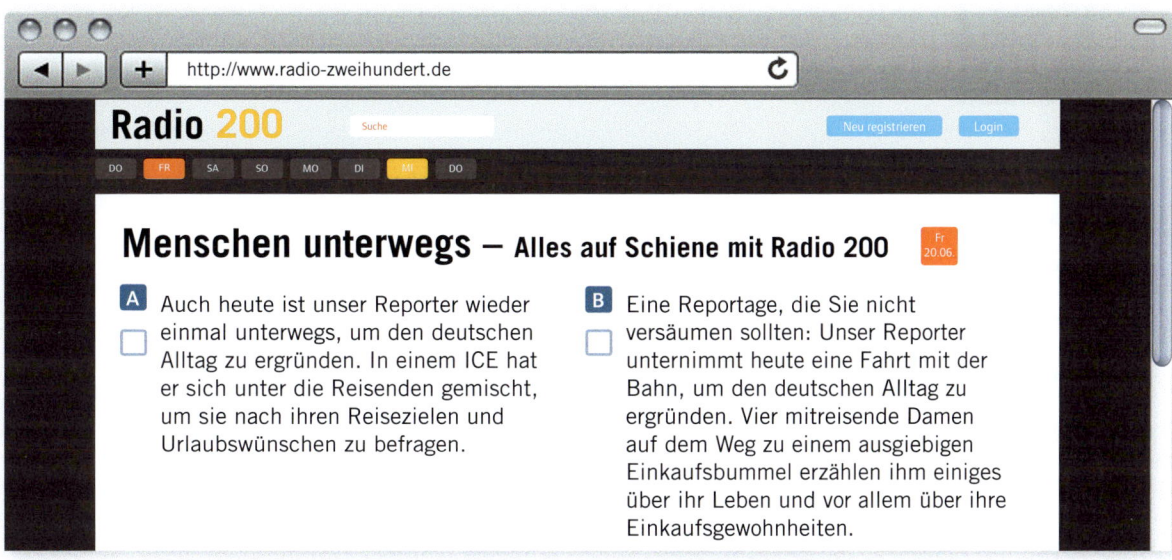

3 b Hören Sie nun die ganze Sendung und machen Sie Notizen zu den Einkaufsgewohnheiten der Frauen.

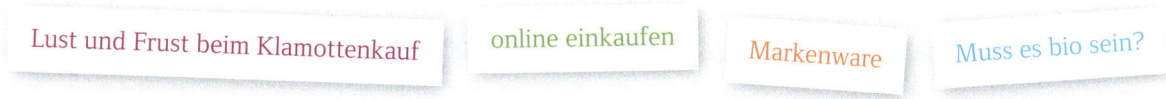

Lust und Frust beim Klamottenkauf — online einkaufen — Markenware — Muss es bio sein?

4 Echt schlau und richtig professionell! Hören Sie und markieren Sie die graduierenden Adverbien.

1 Das war echt schlau, dass du reserviert hast!
2 Schon auf den ersten Blick sieht man, dass ganz unterschiedliche Menschen unterwegs sind.
3 Seitdem wir auf dem Land wohnen, bin ich ziemlich isoliert von den Freuden der Großstadt.
4 Die haben einen immer richtig gut beraten.
5 Er sagt, das wäre total unökologisch.
6 Das finde ich absolut nachvollziehbar.
7 Wir wohnen aber mittlerweile relativ weit auseinander.
8 Bei meinen Arbeitszeiten ist entspanntes Shoppen in der Woche für mich kaum machbar.
9 Aber ich kauf immer auf dem Markt. Da ist alles absolut frisch.
10 Oh, echt super!

Regel

Graduierende Adverbien können Bedeutungen verstärken oder abschwächen. Sie stehen meist vor Adjektiven oder Adverbien und selten vor Verben. Graduierende Adverbien können betont werden.

schwach — — — — — — — — — — — — — — — — — stark

kaum — ziemlich/relativ/ganz — richtig/sehr/echt — absolut/völlig/total

5 Wie hat sich Ihr Einkaufsverhalten in den letzten Jahren geändert? Tauschen Sie sich aus.

Ich gehe nur noch relativ selten einkaufen. Im Internet ist es meistens billiger.

B Fairer Handel

1 a Fairtrade. Was fällt Ihnen zu diesem Begriff ein? Sammeln Sie Assoziationen.

1 b Was haben die folgenden Begriffe mit Fairtrade zu tun? Hören Sie und schreiben Sie Sätze.

das Siegel • der Mindestpreis •
die langfristigen Verträge • einen Vorschuss
bekommen • Einhaltung von Richtlinien

• Am Siegel erkennt man,
• dass ein Produkt …

2 a Der Handel mit Schnittblumen. Lesen Sie den Artikel. Wo stehen die folgenden Informationen? Notieren Sie die Zeilen zu den Aussagen 1–6.

1 Schnittblumen werden erst in die Niederlande geflogen, dann kommen sie nach Deutschland. ....

2 Der Transport von Schnittblumen ist gut organisiert. ....

3 Es gibt Probleme beim Umweltschutz und bei den Arbeitsbedingungen. ....

4 Das Fairtrade-Siegel bei Schnittblumen garantiert, dass diese fair angebaut wurden. ....

5 Der faire Handel nimmt zu. ....

6 Ohne schlechtes Gewissen ist die Freude an frischen Blumen größer. ....

Alles grün im Blumenstrauß?

Für rund drei Milliarden Euro werden Schnittblumen jährlich in Deutschland verkauft. Der Löwenanteil stammt aus Importen. […] Die Niederlande sind das Zentrum des
5 weltweiten Blumenhandels, rund 85 Prozent aller Schnittblumen in Deutschland kommen von dort. Die Produzenten sitzen aber meist in Kenia, Ecuador, Kolumbien und Thailand, also Ländern, in denen die Blumen in unbeheizten
10 Gewächshäusern angebaut werden können […]. Bis Rosen dann im deutschen Handel stehen, vergehen kaum drei Tage, so ausgeklügelt ist mittlerweile die Logistik.
  Aus gutem Grund fragt man sich beim Kauf
15 von schönen Schnittblumensträußen: Geht es bei dieser industriellen Produktionsweise […] immer mit rechten Dingen zu? Dazu muss man unterscheiden zwischen einer ökologischen, fairen Produktion auf der einen Seite
20 und der konventionellen Produktion auf der anderen Seite. Hier wurden vermehrt ein viel zu hoher Einsatz von Dünge- und Pflanzenschutzmitteln, ganz schlechte Lebens- und Arbeitsbedingungen für die Beschäftigten, viel zu
25 niedrige Löhne und völlig unzureichende Schutzmaßnahmen für die Arbeiter auf den Feldern beim Einsatz von Pestiziden kritisiert. Hinzu kommt noch eine übermäßige Inanspruchnahme begrenzter Ressourcen – etwas,
30 was vor allem den Wasserverbrauch betrifft.
  Wie aber kann der Verbraucher erkennen, ob er mit gutem Gewissen Blumen kaufen kann? Mittlerweile gibt es Siegel, die die Umweltverträglichkeit und/oder das Einhalten sozialer
35 Standards garantieren. Das bekannteste hierzulande ist das Fairtrade-Siegel, das auch Blumen tragen, die in Supermärkten angeboten werden. Die erfreuliche Nachricht: Im fairen Handel gibt es große Zuwachsraten, so z. B. bei
40 Rosen, bei denen der Anteil an fair gehandelten Blumen mittlerweile 20 Prozent ausmacht – Tendenz steigend. […]
  Letztlich muss man sich als Verbraucher fragen, ob es überhaupt sinnvoll ist, ganzjährig
45 frische Schnittblumen zu kaufen. Aber natürlich haben wir nicht alle im Frühjahr und Sommer Geburtstag, wenn die heimische Freiland-Produktion den Markt gut versorgen kann. […] Mit Blumen aus zertifizierter Herstellung ist
50 die Freude an ihnen aber auf jeden Fall nachhaltiger.

von Thomas Götemann

2 b Was halten Sie von dem Trend, fair gehandelte Blumen zu kaufen? Tauschen Sie sich aus.

3a Wiederholung Relativsätze. Lesen und analysieren Sie die Sätze wie im Beispiel.

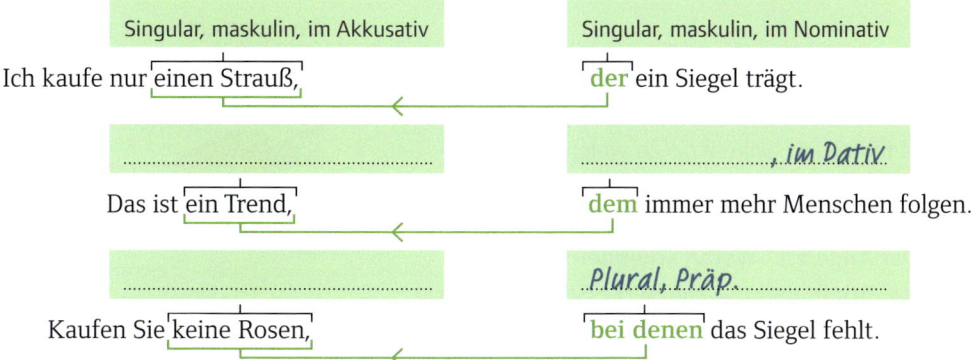

	Singular, maskulin, im Akkusativ	Singular, maskulin, im Nominativ
	Ich kaufe nur einen Strauß,	der ein Siegel trägt.
	....	..............., im Dativ
	Das ist ein Trend,	dem immer mehr Menschen folgen.
	....	Plural, Präp.
	Kaufen Sie keine Rosen,	bei denen das Siegel fehlt.

3b Ergänzen Sie die Regel.

Verb • Bezugswort im Hauptsatz • Präpostion

Regel

Genus und Numerus des Relativpronomens richten sich nach dem ....

Der Kasus hängt vom .... oder von der ....

im Nebensatz ab.

4a Relativsätze im Genitiv. Verbinden Sie die Sätze wie in den Beispielen.

Beispiele:
Die Freundin bekommt frische Blumen. Ihr Geburtstag / Der Geburtstag der Freundin liegt im Sommer.
→ Die Freundin, deren Geburtstag im Sommer liegt, bekommt frische Blumen.
Der Strauß war teuer. Auf seinen Preis / Auf den Preis des Straußes habe ich nicht geachtet.
→ Der Strauß, auf dessen Preis ich nicht geachtet habe, war teuer.

1 Tobias schreibt ein Referat. Seine Noten werden immer besser.

2 Das Siegel ist auf vielen Produkten. Sein Bekanntheitsgrad wird immer größer.

3 Markenprodukte sind teurer. Ihre Qualität ist oft besser.

4 Mir schmeckt die Schokolade besser. Ich achte auf ihre Produktionsbedingungen.

Memo

Relativpronomen im Genitiv:
der/das/sein → dessen
die/ihr → deren

4b Suchen Sie weitere Relativsätze im Text und analysieren Sie sie wie in 3a.

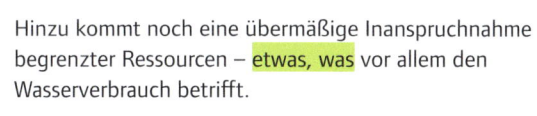

Hinzu kommt noch eine übermäßige Inanspruchnahme begrenzter Ressourcen – etwas, was vor allem den Wasserverbrauch betrifft.

Memo

Das Relativpronomen *was* steht nach *etwas*, *alles*, *nichts* und *das* + Superlativ.

5 Schreiben Sie als Reaktion auf den Artikel auf S. 76 an die Redaktion. Schreiben Sie, …

… ob Sie von den Fakten und Zahlen des Artikels überrascht waren.

… ob und warum Sie beim Kauf von Blumen (nicht) auf das Siegel achten würden.

… ob es in Ihrer Heimat auch fair gehandelte Produkte gibt.

… was Sie von Fairtrade halten.

5 C Ein Auftrag mit Pannen

1a Werbegeschenke. Lesen Sie die Anzeige. Welche Produkte werden hier angeboten? Tauschen Sie sich aus.

🔊 16 **1b** Hören Sie das Gespräch und beantworten Sie die Fragen.

1. Was für ein Unternehmen ist die Thaisen KG?
2. Was soll Frau Kant bestellen? Zu welchem Anlass?
3. Bis wann muss das Produkt geliefert werden? Warum?

2a Anfrage oder Angebot? Woran erkennen Sie das? Lesen Sie die Briefe und markieren Sie Schlüsselwörter.

FINKE-WERBUNG

Werbeartikel bedrucken ist ganz einfach!

ab 0,99 €

> Bedruckte Werbeartikel schon ab Kleinstmengen
> Gebührenfreie Beratung
> Einfach Logo senden – wir erledigen den Rest
> Schnelle Musterlieferung

www.finke-werbegeschenke.de

A

Thaisen KG   Hauptstr. 3
Ihr Partner für Computersicherheit   45129 Essen

Anfrage: 500 USB-Sticks   07.04.2016

Sehr geehrte Damen, sehr geehrte Herren,

die Thaisen KG ist ein mittelständisches Unternehmen aus dem Bereich Computersicherheit. Wir haben am 15. Mai einen wichtigen Messeauftritt. Als Werbegeschenk würden wir gern USB-Sticks mit unserem Logo fertigen lassen. Wir bitten um ein Angebot über 500 Stück. Ihrer Antwort sehen wir mit Interesse entgegen.

Mit freundlichen Grüßen

> **Memo**
> *lassen* + Infinitiv kann ausdrücken, dass man dafür sorgt, dass eine andere Person etwas tut.
> *Die Firma Wieser lässt USB-Sticks drucken.*
> *Frau Kant, lassen Sie sich bitte Angebote unterbreiten.*

B

Finke Werbegeschenke GmbH   Hauptstr. 7 · 15345 Prädikow

Ihre Anfrage v. 07.04.2015   10.04.2016

Sehr geehrte Frau Kant,

wir danken für Ihre freundliche Anfrage vom 07.04.2015.
Gerne unterbreiten wir Ihnen folgendes Angebot: 500 USB-Sticks mit Firmenlogo à 4,45 EUR, Gesamtpreis: 2.225 EUR. Ab 1.000 Stück gewähren wir einen Mengenrabatt von 3,5 %. Unsere Lieferzeit beträgt fünf Wochen ab Eingang der Bestellung. Unsere Preise verstehen sich ohne MwSt. Zahlbar innerhalb 21 Tagen abzüglich 2 % Skonto.

Mit freundlichen Grüßen

> MwSt. = die Mehrwertsteuer: In Deutschland beträgt sie 19 %.

C

Hacherl KG, Schleyerstr. 7, 39624 Meßdorf

Sehr geehrte Frau Kant,   13.04.2016

wir danken Ihnen für Ihre Anfrage vom 07.04. und erlauben uns, Ihnen folgendes Angebot zu unterbreiten: USB-Stick mit Firmenlogo: 4,95 EUR (exklusive Mehrwertsteuer). Ab 200 Stück: 3 % Mengenrabatt. Die Lieferung erfolgt zwei Wochen nach Auftragserteilung. Zahlbar innerhalb von 30 Tagen ohne Abzug. Bei Zahlung innerhalb von 14 Tagen gewähren wir 2 % Skonto.
Über eine Auftragserteilung würden wir uns freuen.

Mit freundlichen Grüßen

> **der** oder **das Skonto**: Rabatt für schnelle Zahlung

> **netto**: nach Abzug der Steuern oder Kosten; hier: Preis ohne Skonto

2b Lesen Sie noch einmal. Für welches Angebot sollte sich Herr Freise entscheiden? Begründen Sie.

2c Markieren Sie in den Briefen in 2a die folgenden Wortverbindungen und ordnen Sie zu.

1. ☐ einen Auftrag
2. ☐ ein Angebot
3. ☐ einen Rabatt / einen Skonto
4. ☐ einer Antwort

a entgegensehen
b unterbreiten
c erteilen
d gewähren

3 Die Bestellung. Lesen Sie die Fragen und hören Sie ein weiteres Gespräch zwischen Frau Kant und Herrn Freise. Machen Sie beim Hören Notizen und vergleichen Sie mit Ihrer Lösung in 2b.

1. Warum ist der Preis der USB-Sticks bei dieser Messeplanung besonders wichtig?
2. Welche Firma bietet die USB-Sticks günstiger an?
3. Bei welcher Firma sollen die Sticks gekauft werden? Warum?

4 Eine Rechnung. Lesen Sie die Rechnung und notieren Sie zu jedem Begriff die passenden Zahlen.

1. der Nettobetrag ....
2. die Mehrwertsteuer ....
3. der Gesamtbetrag ....
4. die Rechnungsnummer ....
5. das Rechnungsdatum ....

Hacherl KG, Schleyerstr. 7, 39624 Meßdorf

Rechnung Nr. USB-1002   04.05.2016

für die mit Ihrem Firmenlogo versehenen USB-Sticks erlauben wir uns, Ihnen folgenden Betrag in Rechnung zu stellen. Bei Zahlung innerhalb von zwei Wochen nach Eingang der Rechnung gewähren wir einen Skonto von 2 % auf den gesamten Rechnungsbetrag.

500 x 4,80 €	2.400,75 €
zuzüglich 19% Mehrwertsteuer	456,14 €
Gesamtbetrag	**2.856,89 €**

Wir danken für den Auftrag.

5a Eine Reklamation. Hören Sie und kreuzen Sie an.

	richtig	falsch
1 Herr Freise möchte das Skonto in Anspruch nehmen.	☐	☐
2 Die Rechnung stimmt nicht.	☐	☐
3 Die Lieferung ist fehlerhaft und Firma Wieser lässt sie zurückgehen.	☐	☐
4 Herr Freise möchte einen Preisnachlass bekommen.	☐	☐

5b Etwas reklamieren. Schreiben Sie mit Hilfe der Textbausteine eine Reklamation für die Firma Wieser. Denken Sie auch an Datum, Anrede, Betreffzeile und Gruß.

Textbausteine	
Einleitung	Vielen Dank für die pünktliche/schnelle/zuverlässige Lieferung.
Wareneingangsprüfung /Problemschilderung	Leider ist die Sendung unvollständig eingetroffen. / Leider mussten wir feststellen, dass der Firmenname falsch geschrieben wurde / dass die Farbe der USB-Sticks falsch ist. / Leider wurde die Lieferfrist nicht eingehalten.
Konsequenzen	Wir bitten um Lieferung des einwandfreien Produkts bis zum … / um einen angemessenen Preisnachlass. / Daher sehen wir uns gezwungen, vom Kauf zurückzutreten. / Daher möchten wir vom Kauf zurücktreten.
Schlusssatz	Wir hoffen auf eine zufriedenstellende Lösung und sehen Ihrer baldigen Antwort entgegen.

D Made in Germany

1 Welche Rolle spielt bei Ihnen oder in Ihrem Land das Label *Made in Germany*?

2 Arbeiten Sie zu zweit. Jede/r markiert zuerst seine/ihre Antworten im Text. Dann fragen und antworten Sie im Wechsel.

1. Wann und warum wurde das Kennzeichnen der Herkunft Gesetz? Wer initiierte das?
2. Warum kaufen viele Deutsche bevorzugt inländische Erzeugnisse?
3. Was spricht dagegen, dass Deutsche nur deutsche Produkte kaufen?
4. Wann darf ein Produkt das Siegel tragen?

1. Wie hat sich die Bedeutung des Siegels gewandelt?
2. Warum halten viele das Label für einen Etikettenschwindel?
3. Was spricht gegen eine Produktion ausschließlich in Deutschland?
4. Welche neue Regelung wird in Brüssel diskutiert?

Made in Germany – ein Siegel im Wandel der Zeiten

Nicht nur in Deutschland, sondern weltweit achten Konsumenten heute beim Kauf von Waren auf das Siegel. Es steht für gute Ingenieure, höchste technische Standards, für Erfindergeist und
5 Zuverlässigkeit. Allerdings war das nicht immer so: Im 19. Jahrhundert hatte das Label die Funktion, Käufer vor schlechten Erzeugnissen aus Deutschland zu schützen. Zu Beginn der Industrialisierung waren deutsche Produkte wie Messer
10 und Scheren im Vergleich zu den britischen von so schlechter Qualität, dass man in Großbritannien forderte, die Herkunft eines jeden Produktes offenzulegen. 1887 wurde daher das britische Handelsmarkengesetz verabschiedet, das besagt,
15 dass das Herkunftsland eines Produkts gekennzeichnet werden muss. Es dauerte aber nicht lange, bis die deutschen Erzeugnisse aufholten und mit den britischen konkurrieren konnten. So änderte sich die Bedeutung des Siegels – „Made
20 in Germany" stand fortan für gute Qualität.
Die Meinungen unter den Verbrauchern in Deutschland hinsichtlich der Herkunftsbezeichnungen gehen heute auseinander: Die einen schätzen das Siegel, weil sie gerne inländische
25 Waren kaufen, um die einheimische Wirtschaft zu stärken und Arbeitsplätze im Land zu erhalten. Andere Konsumenten hierzulande hinterfragen das Etikett. Sie halten es für eine Mogelpackung, denn schließlich weiß jeder, dass ein
30 deutsches Auto oder ein Markenturnschuh nicht von Anfang bis Ende in Deutschland gefertigt wird. Experten raten beiden Gruppen zur Umsicht. Den einen halten sie entgegen, dass Deutschland als Exportnation selbst davon profitiert, dass weltweit
35 nicht nur Erzeugnisse aus heimischer Produktion gekauft werden und es nur recht und billig ist, wenn deutsche Produkte im Wettbewerb mit importierten Waren stehen. Denen, die das Siegel für unehrlich halten, entgegnen die Fachleute, dass
40 aufgrund der hohen Lohnkosten in Deutschland die Produktion ins Ausland verlagert werden muss, sonst könnten sich nur noch ganz wenige Menschen hierzulande ein deutsches Auto oder einen Turnschuh leisten. Die Verwendung des Labels ist
45 überdies genau geregelt: Wenn Produkte in Deutschland entwickelt, ihre wesentlichen Bestandteile in Deutschland gefertigt wurden und außerdem die Endmontage hier vonstatten geht, dürfen sie das Siegel tragen.
50 Die EU will allerdings diese Regelungen ändern: Künftig soll jeder Hersteller genau belegen, aus welchen Komponenten ein Produkt besteht, und die Komponente mit dem höchsten Wert bestimmt dann auch die Herkunftsbezeichnung. Da-
55 mit würden wohl manche deutsche Produkte das begehrte Label verlieren und auf alle Hersteller käme unendlich viel Bürokratie zu.

3 Welche anderen Siegel kennen und schätzen Sie? Welche sind in Ihrem Land bekannt oder besonders wichtig? Wofür stehen diese Siegel? Recherchieren Sie.

Kurz und bündig

Kommunikation

über Einkaufsgewohnheiten sprechen

… kaufe ich häufig/selten/nie online. / Lebensmittel kaufe ich immer auf dem Markt / im Discounter /…
Ich kaufe gern in Fachgeschäften ein, weil man dort besser beraten wird / weil die Auswahl größer ist.
Besonders wichtig sind für mich der Preis / das Sortiment / die Erreichbarkeit / die Öffnungszeiten / die Parkmöglichkeiten / … / Ich habe gern alles an einem Ort, deshalb …

etwas kommentieren

Es ist (nicht) sehr wichtig, dass … / Das sehe ich auch/nicht so. Man darf nicht vergessen, dass …
Ich bin ganz anderer / der gleichen Meinung, denn … / Ein wichtiges Argument ist für mich, dass …

Geschäftskorrespondenz verstehen

Hiermit unterbreiten wir Ihnen folgendes Angebot: … / Die Lieferung erfolgt zwei Wochen nach Auftragserteilung / wird Ihnen in Rechnung gestellt.
Ab … Stück gewähren wir einen Mengenrabatt von … / Bei Zahlung innerhalb von 14 Tagen gewähren wir 2 % Skonto.
Leider muss ich die Lieferung aufgrund von … reklamieren. / Leider wurde die Lieferfrist nicht eingehalten, deshalb … / Leider mussten wir feststellen, dass die Lieferung fehlerhaft/unvollständig/… ist. Wir sehen uns daher gezwungen, … / Wir bitten daher um … / Wir möchten deshalb vom Kauf zurücktreten.

Grammatik

Graduierende Adverbien

Graduierende Adverbien können Bedeutungen verstärken oder abschwächen.

Auf dem Markt ist alles absolut frisch. / Bio-Produkte finde ich echt gut. / Die Boutique ist ziemlich teuer.

Relativsätze und Relativpronomen

Das Relativpronomen richtet sich in Genus und Numerus nach dem Nomen im Hauptsatz. Der Kasus hängt vom Verb oder der Präposition im Nebensatz ab. Das Relativpronomen im Genitiv bezieht sich auf ein Genitivattribut oder auf ein Possessivpronomen.

Nominativ:	Ich kaufe nur Käse, der mit dem Siegel gekennzeichnet ist.
Akkusativ:	Der Kaffee, den ich am liebsten trinke, kommt aus Guatemala.
Dativ:	Das ist ein Trend, dem immer mehr Menschen folgen.
mit Präp. (Dativ):	Im Supermarkt gibt es Regale, in denen man Bio-Produkte findet.
Genitiv:	Die Bäuerin, deren Hof in der Nähe liegt, verkauft frisches Obst und Gemüse.

Der Genitiv des Relativpronomens kann ein Possessivpronomen ersetzen:
Der Freund bekommt Blumen. **Sein** Geburtstag liegt im Sommer.
Der Freund, dessen Geburtstag im Sommer liegt, bekommt Blumen.

Relativpronomen *was*

Das Relativpronomen *was* steht nach Indefinita (*etwas, alles, nichts*, …) und nach *das* + Superlativ.

In diesem Geschäft gibt es alles, was man braucht.
Das ist das Beste, was ich jemals gegessen habe.

5 Übungen

A Einkaufsgewohnheiten

1a Im Einkaufszentrum. Wo ist was? Lesen Sie und ordnen Sie die passenden Fotos zu.

Unsere Geschäfte im Einkaufszentrum Königspassage

A Erdgeschoss Süd: ....
Zeit zum Entspannen. Verwöhnen Sie Ihre Sinne mit unseren außergewöhnlichen Seifen und Schaumbädern. Diese Woche im Angebot: Zitrone und Zimt. Für die anschließende Körperpflege können Sie bei uns exklusive Körperlotionen sowie eine große Auswahl hochwertiger Gesichts- und Augencremes erwerben.

B Erdgeschoss West: ....
Bei uns finden Sie Briefmarken, Fahrscheine und eine große Auswahl an Tabakwaren. Außerdem halten wir ein breites Angebot an Zeitschriften sowie internationalen Tages- und Wochenzeitungen für Sie bereit. Und vergessen Sie nicht, Ihren Lottoschein abzugeben. Viel Glück!

C 1. Obergeschoss West: ....
Ob Geburtstag, Weihnachten, Taufe oder andere schöne Anlässe – hier finden Sie immer das passende Geschenk für die lieben Kleinen. Jeden Monat präsentieren wir eine aktuelle Sonderfläche: Kuscheltiere, Gesellschaftsspiele, Modelleisenbahnen oder auch Kinderkleidung. Kommen Sie vorbei!

D 2. Obergeschoss: ....
Haushaltsgeräte, Unterhaltungselektronik und Produkte rund um die Telekommunikation vom Tablet bis zum Smartphone – wir bieten Ihnen auf zwei Etagen ein riesiges Angebot. Unsere kompetenten Mitarbeiterinnen und Mitarbeiter beraten Sie gern zu allen technischen Neuheiten und unseren flexiblen Finanzierungsmodellen. So macht Shopping Spaß!

E Untergeschoss: _Discounter_

Zeitschriftenladen

Spielwarenladen

Drogerie

Elektromarkt

1b Im Untergeschoss des Einkaufszentrums gibt es einen Discounter. Schreiben Sie für den Prospekt in 1a einen Text. Benutzen Sie die folgenden Wörter.

> Hausmarken • Sonderangebote •
> aktuell • Fleisch • niedrige Preise •
> neu im Sortiment • Bioprodukte

Discounter

2a Käufertypen. Lesen sie die Beschreibungen und hören sie dann die Aussagen von Max, Mascha und Eugen. Wer verkörpert welchen Käufertypen? Notieren Sie die Namen.

Schnäppchenjäger/in [1]

Billig, billiger, am billigsten – der oder die Schnäppchenjäger/in entwickelt einen richtigen Ehrgeiz, so wenig wie möglich für ein Produkt zu bezahlen. Er oder sie investiert viel Zeit in das Vergleichen von Preisen und die genaue Kalkulation der Kosten. Wenn der Preis so wichtig ist, steht die Qualität häufig nicht im Vordergrund.

impulsive/r Käufer/in [2]

Für ihn oder sie ist Einkaufen ein Vergnügen. Häufig kauft dieser Typ ganz spontan das, was ihm gerade gefällt. Auf den Preis oder die Qualität achtet der impulsive Käufer weniger. Bei diesem Käufertyp steht die Lust am Einkaufen im Vordergrund. Das birgt leider ein gewisses Suchtpotenzial, da sich der Käufer / die Käuferin durch das Einkaufen Befriedigung verschafft – das Produkt ist da schon fast egal.

überlegte/r Käufer/in [3]

Er oder sie plant den Einkauf und geht selten ohne Einkaufszettel aus dem Haus. Den überlegten Käufer sieht man im Supermarkt oft die Liste der Inhaltsstoffe auf der Verpackung lesen – Qualität ist ihm/ihr wichtig. Aber auch der Preis spielt eine Rolle, denn dieser Käufertyp hat sein Budget im Blick und kauft nur, was ihm vernünftig erscheint. Spontane Kaufentscheidungen sind nicht seine Sache.

2b Lesen Sie noch einmal und markieren Sie die Antworten in den Texten in 2a.

1. Warum kann Einkaufen süchtig machen?
2. Welcher Käufertyp achtet nicht so sehr auf die Qualität?
3. Für welchen Käufertypen ist der Preis das wichtigste Kriterium?
4. Welcher Käufertyp legt Wert auf hochwertige Produkte?
5. Für welchen Käufertypen spielt Spaß am Kaufen eine Rolle?

3 Graduierende Adverbien. Was bedeuten die Sätze? Kreuzen Sie an.

1. Qualität ist mir *absolut* wichtig.
   - a ☐ Qualität ist mir nicht so wichtig.
   - b ☐ Qualität ist mir äußerst wichtig.

2. Ich gehe *richtig* oft einkaufen.
   - a ☐ Ich gehe ab und zu einkaufen.
   - b ☐ Ich gehe sehr oft einkaufen.

3. Ich bin *total* spontan und kaufe, was mir gefällt.
   - a ☐ Ich bin sehr spontan.
   - b ☐ Ich bin ein bisschen spontan.

4. Er kauft Sachen, die er *echt* nicht braucht.
   - a ☐ … Sachen, die er gar nicht braucht.
   - b ☐ … Sachen, die nicht so nötig sind.

5. Einkaufen finde ich *ziemlich* nervig.
   - a ☐ Einkaufen finde ich nicht so toll.
   - b ☐ Einkaufen finde ich furchtbar.

6. Alles ist *relativ* günstig und es geht schnell.
   - a ☐ Es ist sehr billig und geht schnell.
   - b ☐ Es ist nicht so teuer und geht schnell.

4 Schreiben Sie über sich: Mein Einkaufsverhalten.

- Was für ein Einkaufstyp sind Sie? Gehen Sie gern einkaufen?
- Worauf achten Sie beim Einkaufen? (Preis, Qualität etc.)
- Kaufen Sie lieber online oder im Geschäft ein? Warum?

B Fairer Handel

1 Auf dem Flohmarkt. Lesen Sie den Flyer und korrigieren Sie dann die Aussagen 1–5.

Neuer Flohmarkt am Florentiner Platz

Auf unserem neuen Flohmarkt finden Sie jeden zweiten Sonntag im Monat hochwertige Gebrauchsgegenstände – von gut erhaltenen Laptops bis zu antikem Mobiliar. Qualität ist uns wichtig – Ramsch finden Sie woanders.

Die Freude am Verhandeln soll aber natürlich erhalten bleiben – Feilschen ist also ausdrücklich erlaubt!

Für das leibliche Wohl ist auch gesorgt: An zahlreichen Ständen können Sie frisch gepresste Obstsäfte aus der Region oder fair gehandelten Kaffee genießen. Für den großen und den kleinen Hunger gibt es vegetarische Leckerbissen vom Grill!

1 Der Flohmarkt findet alle sieben Tage statt.
2 Die Verkaufsgegenstände sind alle gebraucht.
3 Einige Artikel sind in einem schlechten Zustand.
4 Die Preise stehen fest.
5 An den Essensständen kann man Grillwürstchen kaufen.

2a Relativsätze. Schreiben Sie Relativsätze mit dem passenden Relativpronomen im Nominativ, Akkusativ oder Dativ. Unterstreichen Sie als Hilfe zuerst die Bezugswörter in den Sätzen wie im Beispiel.

1 Ich habe auf dem Flohmarkt <u>einen Teddy</u> gekauft.
   a Ich mache meiner Enkelin <u>mit ihm</u> eine Freude.
   b Meine Frau fand <u>ihn</u> so süß.
   c Schon letzte Woche war <u>er</u> im Verkaufsstand.

2 Ab 9:00 Uhr können Flohmarktbesucher kommen.
   a Sie wollen Schnäppchen finden.
   b 25 Stände sind für sie geöffnet.
   c Stöbern und Verhandeln macht ihnen Spaß.

3 Ist die neue Vase nicht schön?
   a Anja hat sie mir geschenkt.
   b Die Tischdecke passt perfekt zu ihr.
   c Sie steht auf dem Wohnzimmertisch.

4 Hast du das Mädchen gesehen?
   a Ich habe dir von ihm erzählt.
   b Es war gestern auf dem Flohmarkt.
   c Wir haben es nach seinem Namen gefragt.

> 1a Ich habe auf dem Flohmarkt einen Teddy gekauft, mit dem ich meiner Enkelin eine Freude mache.

2b Das Relativpronomen *was*. Ergänzen Sie die Relativsätze wie im Beispiel.

1 Das Thema Fairtrade ist etwas, … (*Es interessiert viele Menschen.*)
2 Auf dem Flohmarkt findet man vieles, … (*Das wäre woanders teurer.*)
3 Diese Uhr ist das Teuerste, … (*Das gibt es auf dem Flohmarkt.*)
4 Leider gibt es in diesem Geschäft nichts, … (*Das könnte ich gebrauchen.*)

> 1 Das Thema „Fairtrade" ist etwas, was viele Menschen interessiert.

3 Das Online-Portal „City" empfiehlt. Lesen Sie den Artikel und ergänzen Sie die passenden Relativpronomen.

dessen • was • dem • die • deren • dessen • die

„Fair-Stand" – Einkaufen mit Verstand

In unserem letzten Beitrag berichteten wir über den neuen Flohmarkt am Florentiner Platz. Heute geht es um einen ganz besonderen Flohmarkt namens „Fair-Stand". Es handelt sich dabei um ein Projekt, **dessen**¹ Erlös zu 50 % an Hilfsorganisationen in Ländern der sogenannten Dritten Welt geht. Es besteht die Möglichkeit, einen Fair-Stand anzumieten, an **dem**² zwischen 08:00 und 16:00 Uhr gut erhaltene Gebrauchsgegenstände, Spielwaren und Kleidung „fair-kauft" werden können.

Der Organisator, Herr Brehm, erklärt, dass zum Beispiel die Altkleidersammlung keine Alternative ist. Dieses Konzept, **dessen**³ Grundgedanke gut sein mag, bringt den ärmeren Ländern teilweise mehr Schaden als Nutzen. Die Kleidung, **die**⁴ hier gespendet wird, wird dort oft verkauft und nicht den Menschen, **die**⁵ sowieso schon zu wenig haben, kostenlos zur Verfügung gestellt. Damit ist nichts erreicht, **was**⁶ den Leuten helfen könnte. Im Gegenteil: Die wiederverkauften Kleiderspenden ruinieren den heimischen Textilmarkt jener Staaten, **deren**⁷ Wirtschaftssystem Unterstützung brauchen würde.

Der nächste „Fair-Stand"-Flohmarkt findet am 25.2. auf dem Arnimplatz statt.

4a Schreiben Sie Relativsätze mit dem passenden Relativpronomen im Genitiv.

1 Er verschenkt zu Geburtstagen auch Schokolade. Ihr Preis ist ein bisschen höher.
2 Anja trinkt gern Kaffee aus Kenia. Sein Geschmack ist außergewöhnlich fein.
3 Mein neues T-Shirt gefällt mir sehr gut. Sein Stoff ist mit Eulen bedruckt.

4b Wer ist das? Schreiben Sie ein Rätsel zu einer berühmten Person. Benutzen Sie dabei Relativsätze wie im Beispiel.

- Er war ein Mann, *der* viele Dramen und Gedichte geschrieben hat.
- Der Mann, *dessen* Werke in viele Sprachen übersetzt wurde, wurde 1749 geboren.
- Seine Literatur, *die* häufig in der Schule gelesen wird, beschäftigt sich auch oft mit dem Thema Liebe.
- Sein bekanntestes Drama, *dessen* Hauptfigur einen Bund mit dem Teufel schließt, heißt „Faust".

Lösung: Johann Wolfgang von Goethe

5a Ein Leserbrief. Ordnen Sie die Textbausteine den Kategorien a–e zu.

a Einleitung
b eigene Meinung ausdrücken
c Beispiele nennen
d Pro und Kontra benennen
e Schluss

Textbausteine

1 Einerseits …, andererseits … / 2 Zusammenfassend möchte ich sagen, … / 3 Ich bin der Meinung/Ansicht, dass … / 4 Abschließend bleibt zu sagen, dass … / 5 Ihren Artikel „…" habe ich mit großem Interesse gelesen. / 6 Als Beispiel möchte ich … nennen. / 7 Dafür/Dagegen spricht … / 8 Im Folgenden werde ich dies mit einem Beispiel verdeutlichen: … / 9 Ich vertrete die Auffassung, dass …

5b Was halten Sie von dem „Fair-Stand"-Flohmarkt? Lesen Sie den Artikel in Aufgabe 3 noch einmal und schreiben Sie mit Hilfe der Textbausteine in 5a einen Leserbrief.

C Ein Auftrag mit Pannen

1a Im Geschäftsalltag. Ergänzen Sie die Sätze. Die Briefe auf S. 78 helfen.

> Bestellung • Werbegeschenk • Unternehmen • Auftrag • Angebot • Lieferung

1. „Lux Magica" ist ein ...., das Glühbirnen herstellt.
2. Von der Apotheke habe ich einen Kalender als .... bekommen.
3. Die .... erfolgt innerhalb von drei Tagen nach Zahlungseingang.
4. Kommen Sie in unserer Filiale vorbei und wir unterbreiten Ihnen gern ein ....
5. Wenn Sie uns Ihren .... noch heute erteilen, bekommen Sie 5 % Rabatt auf alle Artikel.
6. Die .... habe ich letzte Woche aufgegeben, aber die Ware ist noch nicht angekommen.

1b Alena ist Lehrling in einem Baumarkt. Ihre Geschäftsbriefe sind noch etwas unbeholfen. Helfen Sie ihr und schreiben Sie die Sätze mit den passenden Formulierungen um.

> in Rechnung stellen • einen Rabatt von … % gewähren •
> die Lieferung erfolgt frei Haus • ein Angebot unterbreiten

1. Wir liefern Ihre Ware nach Hause. Das kostet nichts.
2. Wir können Ihnen Folgendes anbieten: …
3. Wenn Sie zehn gleiche Artikel kaufen, müssen sie 5 % weniger bezahlen.
4. Wir liefern Ihnen die Ware auch per Express. Das müssen wir aber extra berechnen.

2a Verschiedene Bedeutungen des Verbs *lassen*. Ordnen Sie die Beispielsätze zu.

1. etwas erlauben/zulassen
2. etwas nicht verändern
3. etwas beauftragen/veranlassen

a. ☐ Lassen Sie sich von der Qualität unserer Produkte überzeugen.
b. ☐ Du solltest dir die Haare schneiden lassen.
c. ☐ Der Chef ließ die Mitarbeiter/innen früher gehen.
d. ☐ Anna lässt ihre Sachen überall liegen. Sie muss nachher endlich Ordnung machen.
e. ☐ Sie leisten hervorragende Arbeit. Wenn Sie so weitermachen, lassen wir Sie nicht mehr gehen.
f. ☐ Ich habe mir verschiedene Angebote unterbreiten lassen.

> **Memo**
> Das Verb *lassen* hat verschiedene Bedeutungen:
> – etw. erlauben/zulassen:
>   *Er lässt mich das neue Auto fahren.*
> – etw. beauftragen/veranlassen:
>   *Wir lassen USB-Sticks anfertigen.*
> – etwas nicht verändern:
>   *Ich lasse die Bestellung jetzt so.*

2b Ordnen Sie den Sätzen die Kategorien aus 2a zu. Schreiben Sie dann die Sätze neu mit *lassen*.

1. Das Fenster ist offen. Ich mache es nicht zu.
2. Er veranlasst, dass der Computer repariert wird.
3. Sebastian erlaubt seinem Sohn, länger fernzusehen.
4. Klara erlaubt, dass ihre Tochter allein auf den Spielplatz geht.

> *1 Ich lasse das Fenster offen. (Kategorie 2)*

> **Memo**
> Das Verb *lassen* braucht normalerweise ein Akkusativobjekt und einen Infinitiv ohne *zu*.
> *Sie lässt ihn Fragen stellen.*
> (Sie erlaubt *ihm*, Fragen *zu stellen*.)

3a Eine Reklamation im Technikmarkt. Lesen Sie und ergänzen Sie das Telefonat.

> Können Sie mir das Problem näher beschreiben? • Könnte jemand gegen 17:00 Uhr vorbeikommen? •
> Kann ich sonst noch etwas für Sie tun? • Gern geschehen. • Wie kann ich Ihnen helfen? •
> Aber leider scheinen zwei Geräte kaputt zu sein. • Sie haben mir sehr geholfen. Vielen Dank. •
> Können Sie mir bitte das Modell nennen? • Gut, wir schicken den Reparaturservice vorbei.

Verkäuferin: Technikmarkt Selbert. Guten Tag, Sie sprechen mit Frau Huss.

1 ....

Kunde: Guten Tag, hier spricht Andreas Meiser vom Sportstudio „Fühl dich fit". Wir haben letzte Woche zehn Fernseher für die Eröffnung unserer Filiale in der Wilhelmstraße bei Ihnen gekauft. Sport auf dem Laufband und dabei fernsehen wird ja immer beliebter. 2

Verkäuferin: Ah, ich verstehe. 3

Kunde: Wenn ich einschalte, kommt zwar ein Bild, aber nach ein paar Minuten ist der Bildschirm schwarz.

Verkäuferin: 4

Kunde: Ja, klar. Die sind alle vom gleichen Modell: Merkur TS 205.

Verkäuferin: Haben Sie kontrolliert, ob das Kabel auch richtig in der Antennenbuchse, also dem Anschluss für das Antennenkabel, steckt?

Kunde: Sicher! Da ist alles in Ordnung.

Verkäuferin: 5
Bitte legen Sie die Garantieunterlagen bereit. Wann würde es Ihnen denn passen?

Kunde: 6
Wissen Sie, wir eröffnen in zwei Tagen. Deshalb ist es wichtig, dass wir das Problem bis dahin lösen.

Verkäuferin: Moment, lassen Sie mich kurz nachschauen. Ja, am späten Nachmittag passt es.

.... 7

Kunde: Nein, nein. .... 8 Auf Wiederhören.

Verkäuferin: .... 9 Auf Wiederhören.

3b Hören Sie jetzt das Gespräch und überprüfen Sie Ihre Lösung in 3a.
Ü13

4 Sie arbeiten im Sportstudio „Fühl dich fit". Verfassen Sie eine schriftliche Reklamation. Die Textbausteine auf S. 79 helfen.

Der Technikmarkt Selbert hat entgegen der Abmachung den Reparaturservice nicht geschickt. Da die Eröffnung bereits in zwei Tagen ist, haben Sie einen Wartungsdienst gerufen. Das hat 112,30 € gekostet. Tatsächlich sind die beiden Fernseher defekt geliefert worden und müssen ersetzt werden. Das Ganze ist für Sie natürlich sehr ärgerlich, und Sie überlegen, die Bestellung zu stornieren.	- Erklären Sie den Vorgang und was für Sie ärgerlich ist. - Verlangen Sie den Austausch der defekten Geräte und die Kostenübernahme für den Reparaturdienst. - Kündigen Sie andernfalls den Rücktritt vom Kaufvertrag an. - Vergessen Sie nicht Datum, Anrede, Betreff und Grußformel.

D Made in Germany

1 *Share Economy* oder *KoKonsum* – ein Zukunftsmodell? Lesen Sie den Text und beantworten Sie die Fragen.

1. Warum teilen viele Menschen, was sie haben?
2. Welche Angebote kann man dazu im Internet finden?
3. Warum haben manche Menschen Bedenken bezüglich der *Share Economy*?

Teilen statt kaufen

Konsumieren? Ja. Aber kaufen? Nein! Wichtiger als Eigentum und Statussymbole ist vielen Menschen inzwischen das Prinzip der Nachhaltigkeit. Es geht darum, nicht mehr zu verbrauchen, als neu entstehen (z. B. nachwachsen) kann. Also teilen sie das, was sie besitzen, mit anderen. Und natürlich geht es auch ums Sparen.

Die sogenannte *Share Economy*, auf Deutsch auch *KoKonsum*, ist ein Trend, der aus den USA herüberschwappt. Der Ansatz ist einfach: leihen statt kaufen, nutzen statt besitzen. Jeder, der mitmacht, bietet Sachen oder Dienste, die er teilen, verleihen oder zur Verfügung stellen möchte, auf bestimmten Online-Plattformen an.

Am häufigsten gibt es *Share Economy* in den Bereichen Mobilität, Unterkunft und Kleidung. Bekannte Plattformen sind z. B. „Couchsurfing", „Kleiderkreisel" und „Mitfahrgelegenheit". Beim „Couchsurfing", das es weltweit gibt, bietet man einen freien Übernachtungsplatz an, der von jedem Mitglied der Community kostenfrei genutzt werden kann. So hat man nicht nur eine kostenlose Übernachtungsmöglichkeit, sondern auch die Gelegenheit, in fremden Ländern Leute kennenzulernen und im besten Fall Freundschaften zu schließen.

Hotels sind von dieser Idee natürlich wenig begeistert; sie klagen über ausbleibende Kunden und hohe Verluste.

Die Idee der Mitfahrgelegenheit gab es auch schon vor dem Internetzeitalter: Wer eine bestimmte Strecke mit dem Auto fährt, stellt die freien Plätze zur Verfügung. Das Benzingeld wird geteilt, weitere Kosten fallen nicht an.

Manchmal wird nicht nur geteilt, sondern auch verschenkt, so z. B. beim „Kleiderkreisel", einem Online-Portal, bei dem man Kleidung, die einem nicht mehr passt oder gefällt, sowohl verkaufen, tauschen als auch verschenken kann.

Es gibt natürlich auch Leute, die von der Idee des KoKonsums nicht begeistert sind. Sie wollen nicht gebrauchte Kleidung von Unbekannten tragen, alte Bücher lesen, womöglich im Auto eines Kettenrauchers mitgenommen werden. Und auch Angst kann dabei sein: Bei wem übernachte ich da? Wer nimmt mich im Auto mit, ist das vielleicht gefährlich?

Studien haben ergeben, dass *Share Economy* in Deutschland noch nicht sehr verbreitet ist. Die Zukunft wird zeigen, ob sich das ändert.

2 Hören Sie, was Christoph und Tanja über ihre Erfahrungen mit „Couchsurfing" und Mitfahrportalen berichten. Wer sagt was: Christoph (C) oder Tanja (T)? Kreuzen Sie an.

		C	T
1	Reisen über Mitfahrportale ist nicht teuer.	☐	☐
2	Ich höre gern die Erzählungen von anderen Reisenden.	☐	☐
3	Ordnung und Sauberkeit sind wichtig.	☐	☐
4	Manchmal habe ich keine Lust auf ein Gespräch.	☐	☐

3 Können Sie sich vorstellen, bei „Couchsurfing" oder einem anderen KoKonsum-Angebot mitzumachen, oder haben Sie es schon probiert? Warum (nicht)? Schreiben Sie einen kurzen Text.

Prüfungstraining

Sprechen, Teil 2: Diskussion

Lesen Sie folgenden Text aus einer Zeitschrift. Diskutieren Sie mit Ihrem Partner oder Ihrer Partnerin über den Inhalt des Textes. Bringen Sie Ihre Erfahrungen ein und äußern Sie Ihre Meinung. Begründen Sie Ihre Argumente. Sprechen Sie über mögliche Lösungen.

Ist in Bio wirklich Bio?

Sich gesund ernähren und der Umwelt nicht schaden – Wer möchte das nicht? Die Frage ist nur, wie man das erreicht. Immer mehr Verbraucher setzen auf Bio-Produkte, und die wachsende Anzahl von Bio-Supermärkten scheint ihrem Vertrauen auf die gute Qualität der Marke „Bio" recht zu geben.

Umso interessanter ist, was neueste Studien ergeben haben: Bio-Produkte sind zwar 30–40 % teurer als herkömmliche Lebensmittel, aber im Durchschnitt nicht unbedingt gesünder; sie enthalten genauso viele Bakterien und Keime. Sollte man dann nicht gleich völlig resigniert auf den teuren Spaß verzichten?

Keinesfalls. Denn Bio-Produkte enthalten nachweislich weniger Schadstoffe (Pestizide). Die Tierhaltung und Produktion auf Öko-Höfen ist im Vergleich zu konventionellen landwirtschaftlichen Betrieben nachhaltiger und umweltschonender. Die Tiere werden nicht in zu engen Ställen gehalten, und ihrem Futter werden keine Hormone beigemischt. Denn „bio" steht für „biologisch", d.h. naturbelassen und ohne chemische Zusatzstoffe. Häufig wird auch der Ausdruck „öko" verwendet. Das kommt von „ökologisch" und bedeutet, dass die Produkte unter umweltschonenden Bedingungen hergestellt wurden.

Beim Einkaufen stellt sich nun noch die Frage, ob denn die Bio-Ware beim Discounter qualitativ genauso hochwertig ist wie die vom Öko-Supermarkt oder Bioladen? Leider nein. Discounter erfüllen nur die Minimalanforderungen und versuchen, die Preise besonders niedrig zu halten. 30 % Preisunterschied sind keine Seltenheit, darunter leidet natürlich die Qualität.

Die Entscheidung, welche Produkte man nun aus welchem Grund bevorzugt, bleibt letztlich, wie schon vor diesen Studien, den Konsumenten überlassen.

Strategie

→ Geben Sie zunächst den Inhalt des Texts wieder, bevor Sie Ihre eigene Meinung äußern.
→ Gehen Sie auf Ihr Gegenüber ein, nehmen Sie Bezug auf seine/ihre Argumente.

Redemittel

den Inhalt wiedergeben	Der Titel des Textes ist … / In diesem Text geht es um das Thema … Ich finde besonders interessant/seltsam/…, dass … / Mich hat überrascht, dass …
seine Meinung äußern	Meiner Meinung nach … / Meines Erachtens … / Ich finde / bin der Ansicht, dass … / Ich finde interessant/seltsam/…, dass … / Mich hat überrascht/verwundert, dass …
sich auf den Partner beziehen	Was denken Sie darüber / über …? / Was ist Ihre Meinung dazu? / In diesem Punkt würde ich Ihnen zustimmen/widersprechen. / Ich teile Ihre Meinung/Ansicht vollkommen / leider überhaupt nicht. / Wie Sie eben selbst/richtig gesagt haben, …
Erfahrungen einbringen	Also, ich persönlich habe schon immer / noch nie … / Der Artikel erinnert mich an eine Situation, als … / Das erinnert mich daran, wie …
eine Lösung anbieten	Am wichtigsten ist/wäre, dass … / Letztendlich sollte man …

Station 1: Die Bewerbungsmappe

A Das Anschreiben: Inhalt und Form

1a Hören Sie das Gespräch von Martin Torini mit Freunden und notieren Sie die Bestandteile einer Bewerbungsmappe.

1b Hören Sie den zweiten Teil des Gesprächs. Worauf sollte Herr Torini bei seiner Bewerbung besonders achten? Kreuzen Sie an.

- ☐ Rechtschreibung
- ☐ Sprache und Schreibstil
- ☐ Sauberkeit
- ☐ Übersichtlichkeit
- ☐ Layout und Design
- ☐ einfache Mappe
- ☐ Kürze
- ☐ Fotografie
- ☐ Vollständigkeit

2a Überfliegen Sie das Bewerbungsanschreiben von Martin Torini. Wie ist der erste Eindruck? Was gefällt Ihnen (nicht)?

Martin Torini
Sattlergasse 17 · 99423 Weimar · martin-torini@blackmail.com

Werbeagentur Bodden & Boote
Frau Dr. Görtelmann
Werftplatz 30-32, Geb. 7c
18057 Rostock

Bewerbung als Berater Marketing   Weimar, den 24.03.2016

Sehr geehrte Frau Dr. Görtelmann,

vielen Dank für das überaus nette Telefonat am gestrigen Nachmittag. Wie besprochen sende ich Ihnen in der Anlage meine Bewerbung für die bei Ihnen ausgeschriebene Stelle eines Beraters Content Marketing.

In meiner Funktion als Mediengestalter für Bild und Ton bei der Agentur Hinke & Partner in Weimar habe ich seit zwei Jahren Kontakte zu Kunden und freien Mitarbeitern. Neben der kreativen Gestaltung von Medienproduktionen arbeite ich im Public Campaigning Team mit unseren Beratern zusammen. Ich verfüge über eine entwickelte Expertise in allen Bereichen klassischer Werbung und durch meine Ausbildung als Kaufmann für Marketingkommunikation bringe ich zusätzliche Kompetenzen mit.

Mich reizt an der von Ihnen ausgeschriebenen Stelle die Aussicht auf einen Wechsel vom Bereich der Mediengestaltung zu einer stärker beratenden und konzeptionellen Tätigkeit. Hierin erkenne ich ein attraktives und für mich passendes Aufgabenfeld. Die geforderten Kenntnisse werden von mir alle erfüllt.

Ich würde mich freuen, wenn Sie nach Einsicht in meine Unterlagen an einem Gespräch mit mir Interesse hätten.

Mit freundlichen Grüßen

Martin Torini

Sie lernen
- eine Bewerbung richtig gestalten
- die Dritte Seite einer Bewerbung erarbeiten
- über Motivation, Zielsetzung und Erfolgskriterien im Beruf reflektieren

2 b Lesen Sie das Bewerbungsanschreiben von Martin Torini jetzt genau. Analysieren Sie die Struktur. Die Begriffe im Kasten helfen.

> Angabe der Stelle   Absätze   Motivation & Interesse   Berufserfahrung
>
> Zielsetzung   aktuelle Position   Layout   persönliche Anrede   klar strukturiert

3 Welchen Tipp für das Bewerbungsschreiben halten Sie für besonders wichtig? Was müssen Sie selbst noch üben? Tauschen Sie sich aus.

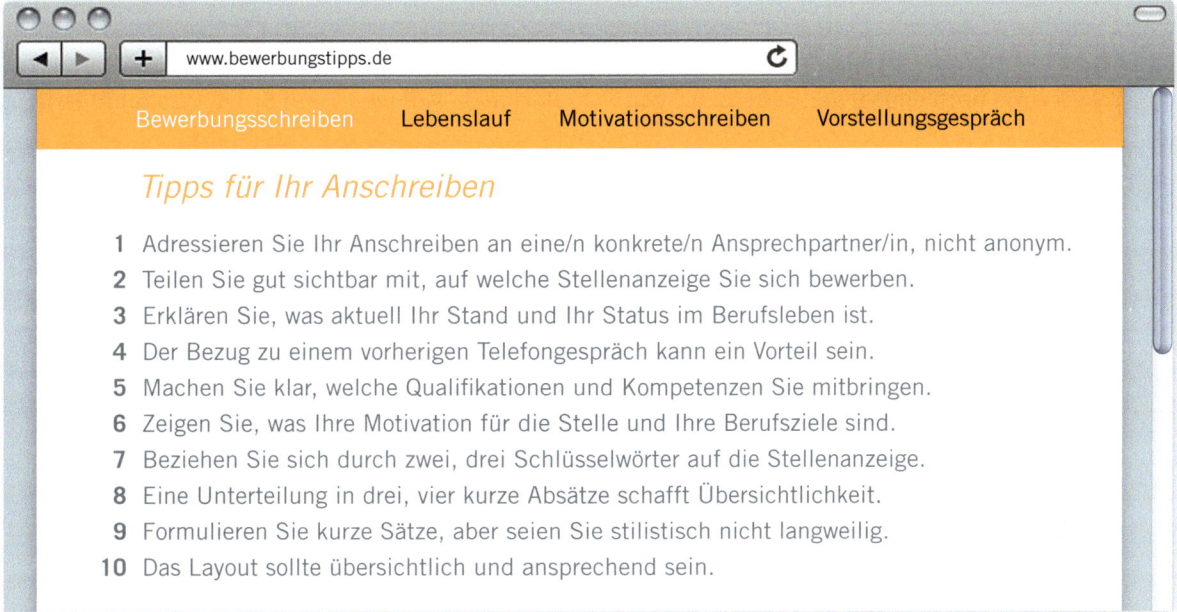

www.bewerbungstipps.de

Bewerbungsschreiben   Lebenslauf   Motivationsschreiben   Vorstellungsgespräch

Tipps für Ihr Anschreiben

1. Adressieren Sie Ihr Anschreiben an eine/n konkrete/n Ansprechpartner/in, nicht anonym.
2. Teilen Sie gut sichtbar mit, auf welche Stellenanzeige Sie sich bewerben.
3. Erklären Sie, was aktuell Ihr Stand und Ihr Status im Berufsleben ist.
4. Der Bezug zu einem vorherigen Telefongespräch kann ein Vorteil sein.
5. Machen Sie klar, welche Qualifikationen und Kompetenzen Sie mitbringen.
6. Zeigen Sie, was Ihre Motivation für die Stelle und Ihre Berufsziele sind.
7. Beziehen Sie sich durch zwei, drei Schlüsselwörter auf die Stellenanzeige.
8. Eine Unterteilung in drei, vier kurze Absätze schafft Übersichtlichkeit.
9. Formulieren Sie kurze Sätze, aber seien Sie stilistisch nicht langweilig.
10. Das Layout sollte übersichtlich und ansprechend sein.

4 a Sehen Sie sich die Bewerbungsfotos an. Welche gefallen Ihnen gut, welche weniger gut? Warum? Diskutieren Sie.

> Der Bewerber auf dem ersten Foto wirkt motiviert und dynamisch. Das gefällt mir.

> Die Bewerberin auf dem zweiten Foto scheint sehr selbstbewusst zu sein. ....

4 b International gibt es in einer Bewerbung meist kein Foto. Was meinen Sie: Foto – ja oder nein? Diskutieren Sie Vor- und Nachteile eines Bewerbungsfotos.

5 Wie gestaltet man eine Bewerbungsmappe und das Anschreiben in Ihrem Land? Sprechen Sie.

B Der Lebenslauf und die Dritte Seite

1 Bewerbungsschreiben mit oder ohne Deckblatt? Sehen Sie sich das Deckblatt von Martin Torini an und lesen Sie den Text. Welchen Aussagen stimmen Sie (nicht) zu?

Das Deckblatt

Viele Bewerber nutzen ein Deckblatt, um ihre Bewerbung abzurunden. Es enthält das Bewerbungsfoto und eventuell persönliche Daten des Bewerbers. Da das Anschreiben vorne in der Mappe liegt, ist das Deckblatt an zweiter Stelle der Unterlagen.

Das Deckblatt gibt durch Layout und Foto der Bewerbung ein „Gesicht". Es ist ein Unterscheidungsmerkmal zu den anderen Bewerbungen. Mit dem Foto und den Daten wirkt es wie eine gut gestaltete Visitenkarte und ist ein schönes Stilelement, das einen bleibenden Eindruck hinterlassen kann.

Ob man ein Deckblatt verwendet oder nicht, ist aber eine sehr persönliche Entscheidung. Es gibt kein „Richtig" oder „Falsch".

2a Lesen Sie noch einmal den Lebenslauf von Frau Bertani in Aufgabe 1 auf S. 14. Was fehlt darin, das beinhaltet sein sollte bzw. sein könnte? Kreuzen Sie an.

- ☐ Abschlussnote Abitur
- ☐ Hobbys & Ehrenamt
- ☐ Abschlussnote Grundschule
- ☐ Auslandsaufenthalte etc.
- ☐ ggf. Weiterbildungen
- ☐ Ort, Datum, Unterschrift
- ☐ Namen, Titel & Berufe der Eltern
- ☐ Sonderkenntnisse, z.B. Fremdsprachen
- ☐ Lieblingsessen
- ☐ ggf. Veröffentlichungen

2b Lesen Sie die Tipps und Hinweise zum Lebenslauf bei Bewerbungen. Welche sind für Sie neu? Welche sind unerwartet? Diskutieren Sie.

www.bewerbungstipps.de

Bewerbungsschreiben   Lebenslauf   Motivationsschreiben   Vorstellungsgespräch

Der Lebenslauf – Inhalt und Struktur

- Der Lebenslauf liegt in der Bewerbungsmappe hinter dem Bewerbungsschreiben. Viele Stellenbewerber fügen allerdings ihrer Bewerbung nach dem Anschreiben noch ein Deckblatt hinzu. Mit einem Deckblatt kann man sich von der Konkurrenz abheben.
- Bei jeder Bewerbung sollte der Lebenslauf an die Stellenanzeige angepasst werden, denn kein Lebenslauf passt auf alle Stellen. Wichtig ist, dass das Anschreiben und der Lebenslauf inhaltlich stimmig sind.
- Wie beim Anschreiben sind Kürze und Übersichtlichkeit relevant; ein bis höchstens drei Seiten Länge sind optimal. Ein tabellarischer Lebenslauf gibt lückenlos Auskunft über Qualifikationen, Erfahrungen und Kenntnisse des Bewerbers / der Bewerberin.
- Trotz des viel diskutierten Themas der anonymen Bewerbung wird das Foto im Lebenslauf oder auf dem Deckblatt in Deutschland nach wie vor in vielen Personalabteilungen gern gesehen. Das perfekte Bewerbungsfoto sollte maximal ein Jahr alt sein. Für das Foto ist es in der Regel auch wichtig, dass die Kleidung passend für den Job ist. Ob das Foto schwarz-weiß oder in Farbe ist, ist allerdings Geschmackssache.
- Layout und Design unterscheiden Sie von anderen Bewerbern, nehmen Sie sich Zeit dafür. Der erste Eindruck von einer Bewerbung kann entscheidend sein.
- Überprüfen Sie alle Absätze auf Korrektheit, richtige Reihenfolge und Vollständigkeit. Lassen Sie den Lebenslauf von Freund/innen und Kolleg/innen kritisch lesen und holen Sie sich ein Feedback.

3 a Lesen Sie den Text aus einem Online-Bewerbungsratgeberportal über die „Dritte Seite". Was ist die Zielsetzung dieses Teils einer Bewerbung? Fassen Sie zusammen.

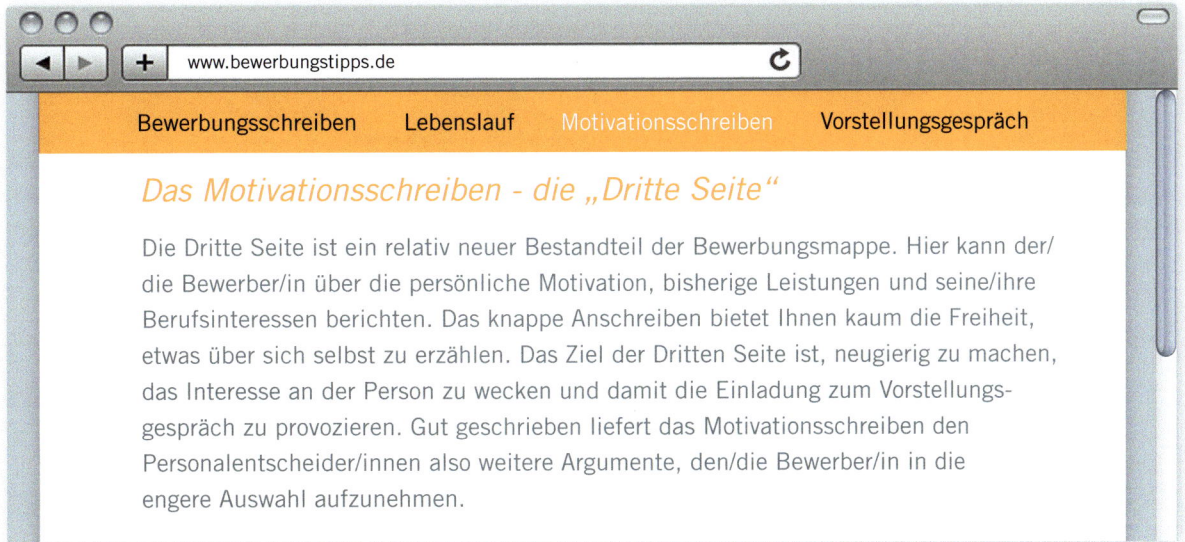

| Bewerbungsschreiben | Lebenslauf | Motivationsschreiben | Vorstellungsgespräch |

Das Motivationsschreiben - die „Dritte Seite"

Die Dritte Seite ist ein relativ neuer Bestandteil der Bewerbungsmappe. Hier kann der/die Bewerber/in über die persönliche Motivation, bisherige Leistungen und seine/ihre Berufsinteressen berichten. Das knappe Anschreiben bietet Ihnen kaum die Freiheit, etwas über sich selbst zu erzählen. Das Ziel der Dritten Seite ist, neugierig zu machen, das Interesse an der Person zu wecken und damit die Einladung zum Vorstellungsgespräch zu provozieren. Gut geschrieben liefert das Motivationsschreiben den Personalentscheider/innen also weitere Argumente, den/die Bewerber/in in die engere Auswahl aufzunehmen.

3 b Lesen Sie die Dritte Seite von Petra Mohnbach. Auf was für eine Stelle bewirbt sie sich? Sammeln Sie Vermutungen.

Zu meiner Motivation

Museen, Ausstellungen, Schlösser sind Zeitzeugen der Geschichte – all das faszinierte mich schon als Kind. Dass auch meine berufliche Orientierung in die Richtung gehen solle, legten mir meine Eltern, Lehrer und Freunde frühzeitig nahe. Ein Studium der Kunstgeschichte und Geschichte erwies sich als die einzig mögliche und auch glückliche Wahl.
Schon während meines Studiums organisierte ich mehrere Exkursionen zu Schlössern und Burgen am Rhein und erwarb bei Praktika im Haus der Geschichte, Bonn, und im Rosgartenmuseum, Konstanz, Erfahrungen in der kuratorischen Arbeit.
Durch diese Assistenzen festigte sich die Einsicht, mit dem Beruf der Kuratorin die zu 100 % richtige Wahl zu treffen. Als freie Mitarbeiterin des Stadtmuseums Bonn bin ich auch nach Abschluss des Studiums an der Konzeption und Planung von Ausstellungen beteiligt. Hier werde ich wegen meiner Zuverlässigkeit, meiner Kreativität und Ausdauer geschätzt.
Meine sportlichen Vorlieben und meine Lehrtätigkeit an der VHS Rhein-Sieg zeigen, dass ich nicht nur in der Vergangenheit lebe, sondern in allem auch die Zukunft im Blick habe.

Bonn, 19. September 2016
Petra Mohnbach

3 c Wie schätzen Sie die Chance ein, dass Frau Mohnbachs Bewerbung mit ihrer Dritten Seite erfolgreicher ist? Sprechen Sie.

> Für mich klingt so etwas komisch, weil…

> Ich finde das super, denn ich glaube…

4 Schreiben Sie selbstständig ein Anschreiben und eine Dritte Seite auf eine Stellenanzeige Ihrer Wahl. Stellen Sie Ihre Ergebnisse im Kurs vor.

6 Fremd und vertraut

A Aufbruch in ein neues Leben

1 Warum wandern Menschen aus? Sammeln Sie Gründe im Kurs.

> Manche Menschen haben Fernweh und sind neugierig auf andere Länder.

2a Auswanderer/innen berichten. Lesen Sie die Texte. Welche Probleme nennen die Personen? Notieren Sie.

„Auswanderer sollten sich klar machen, dass sich ihr Leben auch in der neuen Heimat nicht grundlegend ändert. Erst einmal ist alles aufregend, aber der Alltag kommt rasch. Insofern ist ‚Abwechslung' keine gute Motivation fürs Auswandern."

Kai Blum, *Autor aus Leipzig, wanderte 1994 in die USA aus. Lebt heute in Michigan.*

„Wer aus beruflichen Gründen ins Ausland geht, denkt oft nicht daran, wie hoch die kulturellen Barrieren sind. Auch die Jobsuche ist nicht einfach."

Olaf Axén, *Betreiber einer Online-Beratung für Auswanderer, wanderte 2002 von Schweden nach Italien aus.*

„Meine Eltern haben sehr darauf geachtet, dass ich in Deutschland schnell integriert werde, gleichzeitig aber meine spanischen Wurzeln, die spanische Kultur erhalten bleiben. Neben einer deutschen besuchte ich auch eine spanische Schule. Das hat mir geholfen und war damals in einer Kleinstadt im Sauerland keine Selbstverständlichkeit."

Milagros Caiña-Andree *kam als dreijährige von Spanien nach Deutschland. Heute ist sie die erste Frau im Vorstand von BMW zuständig für Personal und Sozialwesen.*

2b Was würden Sie die Auswanderer/innen fragen? Schreiben Sie zu jedem Text in 2a eine Frage.

Sie lernen
- über Auswandern sprechen
- über Fachkräftemangel und Willkommenskultur sprechen
- über interkulturelle Zusammenarbeit sprechen
- Modalpartikeln
- Nomen und Adjektive mit Präpositionen
- (verkürzte) Relativsätze mit wer, wen, wem

3a Neu in Deutschland – ein Interview. Lesen Sie die Frage. Was könnten Isabella und Shuo darauf antworten? Äußern Sie Vermutungen.

Shuo aus Nanjing in China, seit einem Jahr in Berlin

Ihr seid beide vor nicht allzu langer Zeit nach Deutschland gekommen. Heute arbeitet und lebt ihr hier. Was war für euch besonders, was hat euch beeindruckt?

Isabella aus Málaga in Spanien, seit zwei Jahren in Köln

3b Hören Sie das Interview. Wer sagt was? Ergänzen Sie I (Isabella) oder S (Shuo).

1 ☐ Die Essenszeiten sind hier in Deutschland völlig anders.
2 ☐ Das erste Mal im Leben allein zu sein, war eine ganz neue Erfahrung für mich.
3 ☐ Die Stadt hat mir sofort gefallen, weil sie so grün ist.
4 ☐ Ich finde es interessant, wie die Menschen hier mit ihren Familien leben.
5 ☐ Für mich war es am wichtigsten, Freunde zu finden.
6 ☐ Ich wundere mich, dass so viele Deutsche allein wohnen.

4a Modalpartikeln. Lesen Sie die Sätze und hören Sie die Satzpaare. Welche der Aussagen (a–c) über Modalpartikeln sind richtig? Kreuzen Sie an.

1 Zu Hause war ich ja immer mit meiner Familie und meinen Freunden zusammen.
2 Ich liebe es einfach, mit der Straßenbahn zu fahren.
3 Den Deutschen ist der Sonntag wohl wichtiger als uns.
4 Die meisten Deutschen mögen das auch gern, nur halt nicht zum Frühstück.
5 Das Kulturangebot ist hier in Köln schon sehr gut.

a ☐ Modalpartikeln kommen in der mündlichen Kommunikation oft vor.
b ☐ Modalpartikeln drücken subjektive Einstellungen und Bewertungen des Sprechers aus.
c ☐ Modalpartikeln können auf Position 1 stehen.

4b Hören Sie noch einmal und sprechen Sie nach. Werden die Modalpartikeln betont?

4c Lesen Sie den Lexikoneintrag und überprüfen Sie Ihre Lösungen aus 4a und 4b.

> **Modalpartikel, die -n:** oft kurzes, unbetontes Wort, das sich auf den ganzen Satz bezieht und im Mittelfeld des Satzes steht. Es hat keine eigene Bedeutung, gibt aber die emotionale Einstellung des Sprechers / der Sprecherin wieder. Modalpartikeln können z.B. kommentieren, verstärken, abschwächen oder Überraschung ausdrücken. Man benutzt sie vor allem in der gesprochenen Sprache.
>
> Modalpartikeln: *aber, bloß, denn, doch, eben, eh, eigentlich, einfach, einmal, halt, ja, nun, nur, ruhig, schon, wohl*

5 Welche kulturellen Überraschungen haben Sie in Deutschland bzw. in anderen Ländern erlebt? Berichten Sie.

Ich bin in Brasilien zu einem Termin zu spät gekommen, weil „2. Tag" – so sagt man auf Portugiesisch zu Montag – für mich nach Dienstag klang.

B Im Wettbewerb um Fachkräfte

1a Fachkräftemangel im Vergleich. Sehen Sie die Grafik an und ordnen Sie die Überschriften zu.

A Die Top Ten der Berufe mit dem größten Fachkräftemangel
B Anteil der Unternehmen, die Probleme haben, Stellen zu besetzen

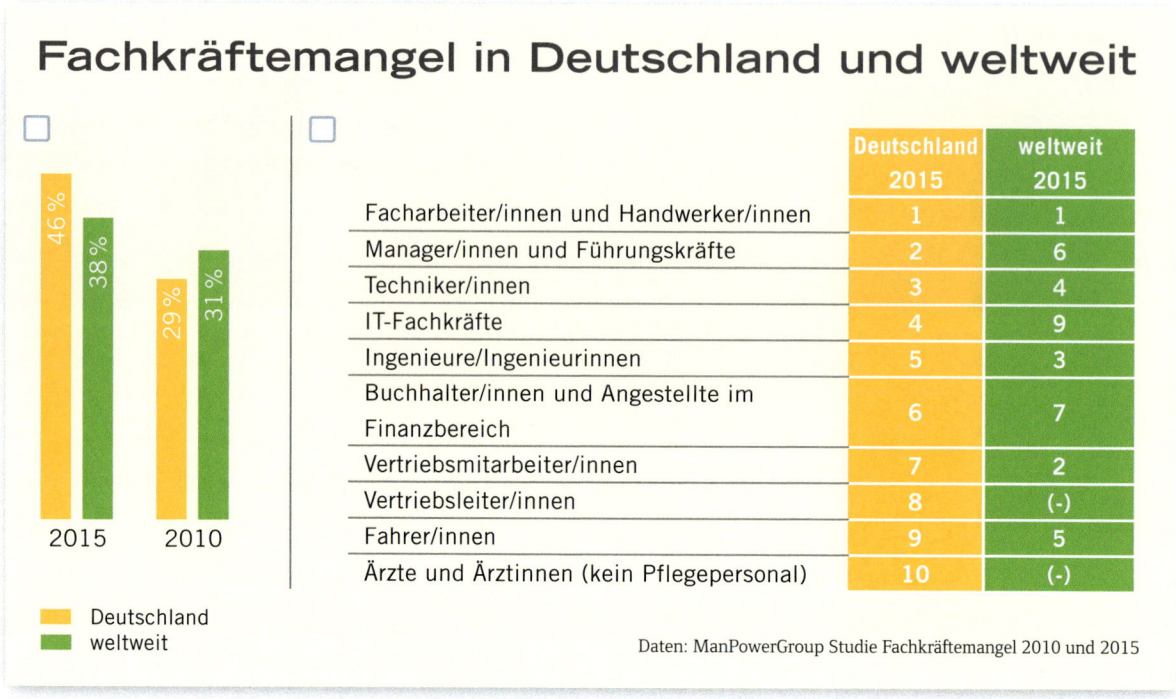

1b Beantworten Sie die Fragen mit Hilfe der Grafik in 1a.

1 Wie hat sich der Fachkräftemangel in Deutschland zwischen 2010 und 2015 entwickelt? Um wie viele Prozentpunkte stieg oder fiel der Anteil der Unternehmen, die Schwierigkeiten hatten, Stellen zu besetzen?

2 Welche Unterschiede gibt es zwischen Deutschland und weltweit in der Entwicklung des Fachkräftemangels? Wo ist der Mangel größer?

3 In welchen Branchen wurden sowohl in Deutschland als auch weltweit die meisten Fachkräfte gesucht?

1c Wo wird die Nachfrage nach Fachkräften wachsen? Was glauben Sie? Wie beurteilen Sie die Situation für sich persönlich? Diskutieren Sie.

> Ich nehme an, dass man auch in Zukunft als IT-Mitarbeiter/in gute Chancen auf dem Arbeitsmarkt hat.

> Ich möchte im Bereich Vertrieb arbeiten, und da glaube ich, dass …

2a Definitionen. Ordnen Sie die Berufe zu.

1 Ingenieur/in   2 Fahrer/in   3 Facharbeiter/in   4 Vertriebsmitarbeiter/in

a ☐ Ein/e … ist eine qualifizierte Fachkraft in einem erlernten Beruf.

b ☐ Ein/e … ist jemand, der berufsmäßig ein (Kraft-)Fahrzeug als Transport- oder Verkehrsmittel fährt.

d ☐ Ein/e … arbeitet im Verkauf oder in der Logistik eines Unternehmens.

c ☐ Ein/e … ist auf einer Hoch- oder Fachschule ausgebildeter Techniker bzw. Technikerin.

2b Beschreiben Sie weitere Berufe aus 1a.

> IT-Mitarbeiter/innen sind Computerspezialisten, die …

3a Lesen Sie den Lexikoneintrag. Was gehört Ihrer Meinung nach zu einer Willkommenskultur? Sammeln Sie Ideen und diskutieren Sie dann im Kurs.

> Der Begriff **Willkommenskultur** bezeichnet die Offenheit einer Gesellschaft und ihrer Institutionen für Migrantinnen und Migranten. Sie soll ihnen signalisieren, dass sie erwünscht sind und dass es für sie Perspektiven gibt.

> Ich finde, zu einer Willkommenskultur gehört auch ein kostenloser Sprachkurs.

> Es geht darum, dass Zuwanderer/innen in Deutschland …

3b Hören Sie das Interview mit Farshid Nazari, Berater für interkulturelles Management. Was sagt er wirklich? Kreuzen Sie an.

		ja	nein
1	Durch den Mangel an Fachkräften wird die wirtschaftliche Entwicklung Deutschlands auch von Zuwanderung abhängig.	☐	☐
2	Eine Willkommenskultur ist oft auf die Anfangszeit beschränkt.	☐	☐
3	Damit Zuwanderer mit ihrer Situation im Gastland zufrieden sind, ist vor allem die Höhe des Gehalts entscheidend.	☐	☐
4	Ein Beispiel für Willkommenskultur sind Fach- und Sprachkurse.	☐	☐
5	In der deutschen Bevölkerung gibt es schon lange keine Zweifel mehr an der Notwendigkeit von Zuwanderung.	☐	☐

4a Nomen und Adjektive mit Präpositionen. Lesen Sie die Sätze in 3b noch einmal und ergänzen Sie die Tabelle.

Nomen mit Präposition	Adjektiv mit Präposition
der Mangel an (+ Dativ)	abhängig von (+ Dativ)

4b Arbeiten Sie mit dem Wörterbuch und legen Sie Karteikarten für Ihre Einträge in 4a an. Was fällt Ihnen auf?

> Nomen: der Mangel an
> Verb: mangeln an

> Adjektiv: abhängig von
> Nomen: die Abhängigkeit von
> Verb: abhängen von

4c Arbeiten Sie zu zweit. Legen Sie die Karten verdeckt auf den Tisch und ziehen Sie jeweils eine Karte. Lesen Sie das Adjektiv oder Nomen vor, Ihr Partner / Ihre Partnerin nennt die Präposition und formuliert einen Beispielsatz.

> abhängig

> abhängig von: Meine Laune ist vom Wetter abhängig.

5 Was brauchen Sie, um sich in einem anderen Land wohlzufühlen? Tauschen Sie sich aus.

C Ein Projekt, viele Kulturen

1 Ein internationales Team hat eine Besprechung. Sehen Sie das Bild an. Wie ist die Stimmung im Team? Warum? Äußern Sie Vermutungen.

Redemittel

Ich glaube, der Mann / die Frau links/rechts / in der Mitte findet das langweilig/amüsant/komisch/…
Er/Sie ist offenbar ziemlich irritiert/verwundert/ratlos/…
Vielleicht gibt es Probleme/Ärger mit …

2 a Lesen Sie die Beiträge aus einem Online-Forum. Markieren Sie die Aussagen über die Arbeitsweise der Deutschen.

Interkulturelle Zusammenarbeit – Ihre Erfahrungen

Mia 12.06. 21:55
Ich habe keine Ahnung, ob ich meine Arbeit gut oder schlecht mache. Weder von meinen Kollegen noch von meinem Chef habe ich bisher ein Feedback bekommen. Die deutschen Kollegen und Kolleginnen sind immer freundlich, haben mich aber noch nie gelobt. Das ist bei uns ganz anders.

Mr. Wu 14.06. 11:33
Im Büro ist alles okay, aber nach der Arbeit und am Wochenende bin ich oft allein. Meine Kollegen trennen Berufliches und Privates, ganz anders als in meiner Heimat. Dort sind wir oft am Abend noch zusammen ausgegangen oder hatten gemeinsame Hobbys. Das vermisse ich sehr.

Sunny4 15.06. 21:55
Bei unseren Projekten wird von mir erwartet, dass ich genau nach Plan arbeite und jeden Schritt möglichst termingenau und in der vorgesehenen Reihenfolge einhalte. Das finde ich nicht immer effektiv; im Gegenteil schaffe ich manches ohne Zeitplanung schneller. Einen Plan muss man doch auch einmal ändern können. Die Deutschen denken oft: einmal so – immer so.

Alexis heute 20:45
In Deutschland spricht man Personen oft mit ihrem akademischen Grad, also mit „Frau Doktor" oder „Herr Doktor", an. In meiner Heimat sagt man nur zum Arzt „Herr Doktor". Manchmal vergesse ich den Titel und weiß dann nicht, ob die angesprochene Person vielleicht beleidigt ist.

2 b Lesen Sie die Forums-Beiträge noch einmal. Sammeln Sie Informationen zu den folgenden Punkten.

die Freizeit   die Projektarbeit   die Rückmeldung   die Anrede

2 c Halten Sie Missverständnisse in internationalen Teams für typisch? Diskutieren Sie.

3a Lesen Sie das Interview mit Frau Dr. Reichert. Welche ihrer Aussagen stimmen mit den Forumsbeiträgen in 2a überein? Welche weiteren Aspekte spricht sie an? Tauschen Sie sich aus.

Frau Dr. Reichert, Sie haben sich auf interkulturelles Management spezialisiert und leiten in einem Großunternehmen mit internationalen Teams die Weiterbildung. Was ist in deutschen Unternehmen von besonderer Bedeutung?

Strukturiertes Arbeiten, Termintreue und Pünktlichkeit gelten als wichtige Aspekte unserer Arbeitskultur und werden weltweit geschätzt. In Teambesprechungen diskutiert man ergebnisorientiert. Die Kommunikation darf dann aber auch manchmal schon sehr direkt und kritisch sein.

Wo kann es aber zu Problemen kommen?

Ein Problem kann sich zum Beispiel daraus ergeben, dass Menschen aus verschiedenen Kulturen unterschiedliche Arbeitsauffassungen haben können. Zum Beispiel, dass ein Termin zwar ein Ziel ist, aber nicht unbedingt genau eingehalten werden muss. In Deutschland ist diese „Termintreue" von größter Wichtigkeit. Wobei es sich durchaus auch als effektiv erweisen kann, von einem fixen Plan einmal abzuweichen. Flexibilität kann unter Umständen eine kreative Problemlösung sein. Für ein internationales Team ist es empfehlenswert, schon im Anfangsstadium kulturelle Missverständnisse aus dem Weg zu räumen. Das betrifft auch Hierarchien. Zum Beispiel wird die Anrede mit dem Vornamen in Deutschland als respektlos empfunden.

Welche Vorgangsweise würden Sie da empfehlen? Was kann man tun, was sollte man eher vermeiden?

Offenheit ist ganz wichtig! Eine andere Auffassung von Arbeitsstil kann durchaus positive Aspekte für das Unternehmen bringen. Darüber sollte diskutiert werden. Wird nur die eigene Arbeitskultur als gut und die der internationalen Mitarbeiterinnen und Mitarbeiter als weniger gut bewertet, kann es Probleme im Team geben. Das führt in der Folge nicht nur zu Konflikten, sondern versperrt auch den Blick für das enorme Potenzial von gemischten Teams. Wer anders arbeitet, hat auch andere Fertigkeiten. Funktionierende Teams profitieren von dieser Mischung aus unterschiedlichem Wissen und Erfahrung. Wem das nicht klar ist, der hat die falsche Grundeinstellung.

Haben Sie konkrete Empfehlungen für die Arbeit in internationalen Gruppen?

In gemischten Teams ist eine klare Aufgabenverteilung besonders wichtig. Die Regeln der Zusammenarbeit sollten schon im Voraus abgesprochen sein. Eine gute Führungskraft erklärt, wie sie arbeitet, und jede Person im Team darf sagen, was ihr wichtig ist. Wen ich verstehe, den sehe ich auch als Partner und stelle mich besser auf ihn ein. Wer internationale Teams leitet, muss wissen: Mentalitäten und Persönlichkeiten sind verschieden. Das ist normal, und man sollte damit sensibel umgehen.

Wirtschaftsblätter 34, 08/2016

3b Lesen Sie noch einmal und beantworten Sie die Fragen.

1. Welche Werte machen nach Meinung von Frau Dr. Reichert die deutsche Arbeitskultur aus?
2. Warum können ihrer Meinung nach in internationalen Teams Missverständnisse auftreten?
3. Welche Empfehlungen gibt Frau Dr. Reichert?

4 Relativsätze mit *wer/wen/wem*. Lesen Sie die Beispiele und die Regel. Markieren Sie dann im Interview die Relativsätze.

1. Jemand, der mit Leuten aus anderen Kulturen arbeitet, sollte sensibel sein.
   Wer mit Menschen aus anderen Kulturen arbeitet, (der) sollte sensibel sein.

2. Jemand, der viel gereist ist, dem fällt die Arbeit im interkulturellen Team sicher leichter.
   Wer viel gereist ist, dem fällt die Arbeit im interkulturellen Team sicher leichter.

Regel

Relativsätze mit *wer*, *wen*, *wem*:
In Relativsätzen mit *wer*, *wen*, *wem* ersetzt das Relativpronomen eine unbestimmte Personenangabe.
Im Hauptsatz kann das Demonstrativpronomen (*der*, *den*, *dem*) entfallen, wenn es im gleichen Kasus wie das Relativpronomen steht.

5 Welche beruflichen Erfahrungen haben Sie im Ausland oder in einem internationalen Team gemacht? Was war positiv, was war schwierig? Schreiben Sie einen kurzen Text.

6 D Bitte Abstand halten

1a Menschen auf engem Raum. Sehen Sie die Fotos an und beschreiben Sie sie.

1b Wie fühlen Sie sich in solchen Situationen? Tauschen Sie sich aus.

> Solche Menschenmengen finde ich ziemlich beklemmend.

> Wirklich? Mich stört so ein Gedränge nicht.

2a Distanzzonen. Lesen Sie den Artikel. Orden Sie die Distanzzonen zu.

1 Öffentliche Distanzzone
2 Soziale Distanzzone
3 Persönliche Distanzzone
4 Intime Distanzzone

Distanzzonen einhalten

Es kann ein bedrängendes, ja sogar bedrohliches Gefühl sein, wenn uns jemand körperlich zu nahe kommt. Wie viel Abstand wir brauchen, hängt von unserer kulturellen Prägung, aber auch von
5 unserer Beziehung zu einer Person ab. Je persönlicher das Verhältnis, desto geringer ist der Abstand, den wir um uns brauchen. Man unterscheidet in Mitteleuropa vier Distanzzonen.

Die ☐ beginnt ca. 50 cm vor oder hinter einer
10 Person. Wer einem Menschen so nahe kommt, braucht die „Erlaubnis" des Anderen.

Von 60 cm bis ca. 1,50 m reicht die ☐. In diesem Bereich führen wir persönliche Gespräche, ohne uns bedrängt zu fühlen.
15 Von ungefähr 1,50 m bis 3 m reicht die ☐. Dies ist der Raum für eher neutrale Kontakte zu Menschen, die man kennt, zu denen das Verhältnis aber eher sachlich als persönlich ist, zum Beispiel zu Kollegen.
20 Bei über 3 m Abstand nehmen wir in der Öffentlichkeit Menschen eher neutral als anwesend wahr. Man kann in der ☐ z. B. die Rolle eines Zuschauers einnehmen.

2b Wie viel Abstand brauchen Sie? Ordnen Sie die folgenden Situationen auf der Skala ein. Vergleichen Sie Ihre Ergebnisse im Kurs.

a Sie führen ein Kundengespräch im Autohaus. • b Sie sprechen mit Ihrer Mutter. •
c Sie werden dem Freund eines guten Freundes vorgestellt. • d Sie sehen Straßenmusikanten zu.

Kurz und bündig

Kommunikation

über Auswandern sprechen

Es gibt viele Gründe, weshalb Menschen auswandern: Neugier/Fernweh/… / Das kann aufregend/ … sein / Angst machen / eine Chance für … sein. / … ist eine/keine gute Motivation fürs Auswandern. Wer ins Ausland geht, denkt oft nicht daran, wie … / Die Wohnungssuche/Sprache/… ist nicht einfach. / Man darf die Schwierigkeiten nicht unterschätzen.
Eigentlich wollte ich mein Land / meine Familie / … nicht verlassen.
Alleine zu sein / … war eine ganz neue Erfahrung für mich. / Ich finde es besonders wichtig, Freunde zu finden / die Familien in ihrem Alltag zu erleben / … / Dass so viele Leute hier ohne ihre Familie leben / so spät/früh essen / …, war komisch/ungewohnt/… für mich.

über Fachkräftemangel und Willkommenskultur sprechen

Durch den Mangel an Fachkräften ist die wirtschaftliche Entwicklung von Zuwanderung abhängig. Der Begriff Willkommenskultur bezeichnet die Offenheit einer Gesellschaft und ihrer Institutionen für Migranten. / Ich nehme an, dass man auch in Zukunft als IT-Mitarbeiter/in / … gute Chancen hat.

über interkulturelle Zusammenarbeit sprechen

Ich habe keine Ahnung, ob ich meine Arbeit gut oder schlecht mache. / Meine Kollegen hier trennen Arbeit und Privates voneinander. / Von mir wird erwartet, dass … / Das ist ganz anders als in meiner Heimat. / Menschen aus anderen Kulturen/Ländern arbeiten zum Teil völlig anders / haben andere Mentalitäten oder Arbeitsweisen. Zum Beispiel sind in … Pünktlichkeit/Flexibilität/… sehr wichtig. / In … ist es (nicht) üblich, dass … / Das kann zu Missverständnissen und Problemen führen. / Das ist normal/ungewöhnlich/schwierig/… / Wer anders arbeitet, hat auch andere Fähigkeiten.

Grammatik

Modalpartikeln

Modalpartikeln drücken subjektive Einstellungen und Bewertungen des Sprechers / der Sprecherin aus.

aber • bloß • denn • doch • eben • eh • eigentlich • einfach • einmal • halt • ja • nun • nur • ruhig • schon • wohl

Ich liebe es einfach, mit der Straßenbahn zu fahren.
Zu Hause war ich ja immer mit meiner Familie zusammen.
Den Deutschen ist der Sonntag wohl wichtiger als uns.
Das Kulturangebot hier in Klagenfurt ist schon sehr gut.
Die meisten Deutschen mögen auch gern chinesisches Essen, nur halt nicht zum Frühstück.

Nomen und Adjektive mit Präpositionen

Nomen oder Adjektive haben oft die gleiche Präposition wie das Verb. Die Präposition bestimmt den Kasus.
abhängen von (+ *Dativ*) / die Abhängigkeit von (+ *Dativ*) / abhängig von (+ *Dativ*)

Es gibt nicht bei allen Wörtern alle drei Wortarten.
Es mangelt an Fachkräften. / Es gibt einen Mangel an Fachkräften.
Die Zufriedenheit mit den Lebensbedingungen ist groß. / Sie sind mit den Lebensbedingungen zufrieden.

Relativsätze mit *wer, wen, wem*

Wer internationale Teams leitet, (der) muss wissen: Mentalitäten und Persönlichkeiten sind verschieden.
Wen ich verstehe, (den) sehe ich auch als Partner/in und stelle mich besser auf ihn/sie ein.
Wem das nicht klar ist, der hat die falsche Grundeinstellung.

6 Übungen

A Aufbruch in ein neues Leben

1 Gründe fürs Auswandern. Sehen Sie die Grafik an und fassen Sie die wichtigsten Informationen in einem Text zusammen. Schreiben Sie auch, was Sie besonders überrascht hat.

2a Lesen Sie den Ratgeber-Text und ordnen Sie die Überschriften zu.

Gemeinsam planen • Im neuen Land angekommen • Warum auswandern?

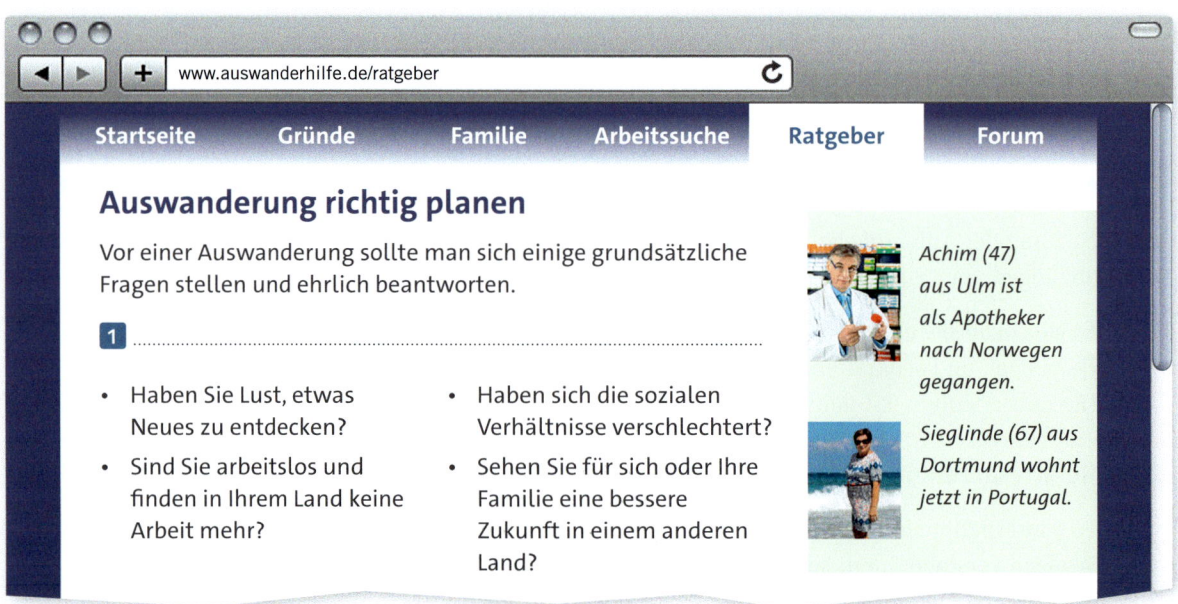

Egal welchen Beweggrund Sie für Ihre Auswanderung haben, bedenken Sie bitte Folgendes:

- Sie sollten sich Gedanken darüber machen, was Sie alles zurücklassen – Familie, Freunde und vor allem Vertrautes. Denn es kann in der Fremde sehr einsam werden und sich schnell Heimweh einstellen.
- Sie sollten bedenken, dass kulturelle Unterschiede, die man im Urlaub noch interessant fand, einen später stören können, wenn man in dem Land lebt.
- Wenn Sie auswandern, müssen Sie am Anfang unter Umständen sehr hart arbeiten.

Wenn Sie sich entschieden haben, geht es darum, sich gut vorzubereiten. Sie wissen natürlich auch, dass Sie die Sprache Ihrer neuen Heimat lernen sollten, um dort später schnell neue Menschen kennenzulernen, sich im Alltag zu verständigen und Arbeit zu finden.

2 ....

Sie haben alle wichtigen Fakten und Zahlen? Sie wissen, wohin Sie wollen und welche Arbeitsmöglichkeiten es dort gibt? Sie wissen, welche Art Visum Sie brauchen? Der ungefähre Zeitplan steht? Was jetzt? Sie sollten sich mit Ihrem Partner / Ihrer Partnerin und den Kindern zusammensetzen und die Pläne für die nächsten Schritte durchsprechen. Ziel: Alle sind sich einig und unterstützen einander beim Auswandern.

3 ....

Sobald der Umzug geschafft ist und Sie gut angekommen sind, sollten Sie sich umgehend bei den zuständigen Behörden anmelden und die nötigen Papiere beantragen.

2 b Lesen Sie den Ratgeber-Text in 2a noch einmal. Entscheiden Sie, welche Aussagen so dort stehen und kreuzen Sie an.

1. ☐ Wenn man auswandern will, sollte man zunächst andere Leute um ihre Meinung fragen.
2. ☐ Als Auswanderer/in vermisst man oft seine Heimat, darüber sollte man sich bewusst sein.
3. ☐ Kulturelle Unterschiede können für die Auswanderer zum Problem werden.
4. ☐ Eine gute Ausbildung ist sehr wichtig.
5. ☐ Nachdem man eine Entscheidung getroffen hat, sollte man seine Familie über die Pläne informieren.

3 Welche Modalpartikel passt? Markieren Sie.

1. Wie geht es dir *denn/schon* in der Fremde?
2. Rufen Sie mich *doch/wohl* an, wenn Sie in der Nähe sind.
3. Hier ist es *aber/denn* richtig kalt. Das hätte ich nicht gedacht.
4. Sie spricht so gut Deutsch. Sie lebt *nur/wohl* schon lange in Deutschland.
5. Die neue Chefin ist *ja/ruhig* ziemlich nett.
6. • Ich bin so müde. • Ja, du arbeitest *halt/denn* viel zu viel.

Memo

Einige Modalpartikeln:
- *denn* kommt nur in Fragen vor
- *doch* oder *einmal* machen einen Imperativ freundlicher
- *halt/eben* bezieht sich auf etwas Offensichtliches
- *aber/ja* kann Überraschung ausdrücken
- *wohl* drückt eine Vermutung aus

4 Schreiben Sie über sich: Auswandern finde ich interessant/ schwierig, weil … Berücksichtigen Sie die folgenden Aspekte.

- persönliche Erfahrungen oder die von Freunden/Verwandten
- Erwartungen an ein neues Land
- mögliche Probleme

6 B Im Wettbewerb um Fachkräfte

1a Komposita rund um den Beruf. Ergänzen Sie die Tabelle.

> **Strategie**
> Zusammengesetzte Wörter zu trennen kann beim Verstehen helfen: *Berufsgruppe* = eine Gruppe ähnlicher Berufe

Artikel / Kompositum	Bestimmungswort	Grundwort
1 *die* Berufsgruppe	*der Beruf*	*die Gruppe*
2 ...... Führungskraft		
3 ...... Hotelmitarbeiter		
4 ...... Vertriebsleiter		
5 ...... Fachkräftemangel		
6 ...... Facharbeiter		
7 ...... Fachschule		
8 ...... Computerspezialist		

1b Arbeiten Sie mit dem Wörterbuch und erklären Sie die Wörter 3–8 in 1a.

> 2 Eine Führungskraft ist eine Arbeitskraft, die andere Mitarbeiter führt, also eine Führungsposition hat.

2 Beruflicher Werdegang. Was gehört zusammen? Verbinden Sie die Satzteile.

1 Sie hat eine Ausbildung
2 Sie hat sich um ein Informatik-Studium
3 Er hat sein BWL-Studium letztes Jahr
4 Das Unternehmen wird in diesem Jahr
5 Sie ist Führungskraft und
6 Er hat 2015 seine letzte Prüfung

a leitet den Vertrieb.
b an der Fachhochschule Köln beworben.
c in Jura erfolgreich abgelegt.
d mehrere Stellen im Bereich IT neu besetzen.
e mit Auszeichnung abgeschlossen.
f zur Buchhalterin absolviert.

3 Fachkräfte für Deutschland. Lesen Sie den Bericht und kreuzen Sie an, welches Wort passt.

Zahlreiche deutsche Betriebe ..**1**.. vor einem Problem. Den Firmen ..**2**.. Fachkräfte. Die Unternehmen ..**3**.. allerdings nicht nur Akademiker/innen wie z. B. Diplomingenieure, sondern vor allem qualifizierte Facharbeiter/innen. In den Ballungsräumen, also den Boom-Regionen, ist der Mangel an Fachkräften. am stärksten zu ..**4**.. . Am häufigsten ..**5**.. Mittelbetriebe darüber, dass sie zu wenige gut ausgebildete Mitarbeiter/innen ..**6**.. .

1 a ☐ stehen
   b ☐ sitzen
   c ☐ entwickeln

2 a ☐ besetzen
   b ☐ fehlen
   c ☐ erwerben

3 a ☐ suchen
   b ☐ finden
   c ☐ organisieren

4 a ☐ absolvieren
   b ☐ erklären
   c ☐ spüren

5 a ☐ meinen
   b ☐ klagen
   c ☐ planen

6 a ☐ haben
   b ☐ bewerben
   c ☐ sind

4 Wie werden sich Ihrer Meinung nach die Berufschancen in Ihrer Branche in den nächsten Jahren entwickeln? Schreiben Sie einen Text.

> **Textbausteine**
> Es ist damit zu rechnen, dass … / Man kann davon ausgehen, dass …
> Ich vermute/nehme an/befürchte/…, dass …
> Die Entwicklung wird voraussichtlich positiv/negativ/ … sein. / Es werden sich bestimmt/vielleicht neue Chancen für … ergeben.

5 Schreiben Sie ein kurzes Stellenangebot wie im Beispiel. Benutzen Sie dabei Berufsbezeichnungen aus 1a und Formulierungen zum beruflichen Werdegang aus Aufgabe 2.

Sie …
» haben erfolgreich eine Ausbildung im Hochbauwesen absolviert bzw. eine Lehre abgeschlossen?
» verfügen über mehrjährige Berufserfahrung?
» sind motiviert und suchen eine neue Herausforderung?
Wir, die **RädlerBAU GmbH**, ein mittelständisches Unternehmen in Heilbronn, suchen Bautechniker/innen und Maurer/innen.

Das bieten wir Ihnen:
» eine abwechslungsreiche Tätigkeit in einem freundlichen Familienunternehmen
» übertarifliche Bezahlung und Wochenendzuschläge
Bewerbungen bitte mit Anschreiben, Lebenslauf und Zeugnissen auf dem Postweg an
Frau Tanja Rädler, Obergasse 17, 74074 Heilbronn

6a Nomen und Adjektive mit Präpositionen. Verbinden Sie.

1 Der Mangel
2 Bei den Mitarbeitern gibt es Zweifel
3 Sie war sehr zufrieden
4 Die Stadt arbeitet an den Voraussetzungen
5 Sie war zunächst misstrauisch
6 Die Abhängigkeit der Unternehmen
7 Er hatte große Angst
8 Die Forderung
9 Die Firma ist sehr abhängig

a für eine neue Willkommenskultur.
b an Aufstiegschancen ist für viele ein Problem.
c von der wirtschaftlichen Lage in China.
d gegenüber ihrer neuen Chefin.
e an der neuen Unternehmensstrategie.
f von qualifizierten Mitarbeitern nimmt zu.
g mit der neuen Stelle.
h nach mehr Gerechtigkeit wurde laut.
i vor der Meisterprüfung.

6b Lesen Sie den Leitfaden und ergänzen Sie.

von • ~~für~~ • für • auf • über • um • für • für

Strategie
Lernen Sie Nomen, Adjektive und Verben mit Präpositionen immer in Kombination. Hier gibt es keine festen Regeln.

Zusammenleben in Deutschland

Gut qualifizierte Mitarbeiter/innen sind entscheidend _für_ ¹ die Wettbewerbsfähigkeit von Unternehmen. Deshalb sollen neue Wege _____ ² die Willkommenskultur beschritten werden. Menschen mit Migrationshintergrund stellen oft durch internationale Erfahrung und Mehrsprachigkeit ein wertvolles Potenzial _____ ³ die deutsche Wirtschaft dar.

Ihr Wissen _____ ⁴ andere Länder und andere Kulturen ist für zahlreiche Firmen _____ ⁵ Interesse. Besonders in Hinblick _____ ⁶ den zukünftigen Fachkräftemangel wird eine Offenheit der Gesellschaft immer wichtiger.

Bereits jetzt hat auf dem internationalen Markt ein Kampf _____ ⁷ die besten Köpfe begonnen.

Die gelungene Integration von Migrantinnen und Migranten ist ein großer Gewinn _____ ⁸ Wirtschaft und Gesellschaft.

C Ein Projekt, viele Kulturen

1 Stellen Sie sich vor, Sie wären Projektleiter/in. Wie sollte die Stimmung in Ihrem Team (nicht) sein? Notieren Sie je zehn Adjektive, die etwas Positives oder Negatives ausdrücken.

aggressiv	freundlich	interessiert	spontan
aktiv	friedlich	irritiert	unaufmerksam
ängstlich	frustriert	konzentriert	unkonzentriert
aufnahmebereit	gelangweilt	offen	verwundert
aufmerksam	gespannt	passiv	wütend
desinteressiert	gestresst	ratlos	zufrieden
engagiert	höflich	sauer	zornig

positiv	negativ
aktiv, ...	frustriert, ...

2 Wortverbindungen. Suchen Sie die Wortverbindungen im Interview in 3a auf S. 99 und verbinden Sie.

1 von einem Plan
2 einen Termin
3 etwas aus dem Weg
4 den Blick für etwas

a versperren
b räumen
c abweichen
d einhalten

3a Ausbildung in Deutschland. Lesen Sie Mariams Blog und fassen Sie den Text mit Hilfe der Fragen schriftlich zusammen.

> Woher kommt Mariam? • Was macht sie in München? •
> Was hat sie studiert? • Wie waren ihre ersten Wochen? • Wo arbeitet sie? •
> Was gehört zu ihren Aufgaben? • Wie gefällt ihr das Leben in München?

www.schokomariam.de/blog

Guten Morgen! Ich bin Mariam und komme aus Tiflis in Georgien. Seit drei Monaten mache ich eine Ausbildung zum Chocolatier (korrekt wäre für eine Frau „Chocolatière", aber das sagt keiner) bei einem Pralinenhersteller in München.
5 Eigentlich habe ich Lebensmitteltechnologie studiert, aber es ist sehr schwer, in diesem Job eine Stelle zu bekommen. Da ich alles liebe, was mit Schokolade und Pralinen zu tun hat, habe ich mich für diese Ausbildung entschieden.

Ich wusste nicht, was mich erwartet ...

Vor drei Monaten hat meine Ausbildung begonnen. Das Geschäft, in dem ich arbeite,
10 ist nicht sehr groß, liefert aber die feinsten Pralinen in die ganze Welt.

Um von meiner Wohnung in die Firma zu kommen, fahre ich meistens mit der U-Bahn, das geht schnell. Was mir hier sofort aufgefallen ist, ist dass viele Münchner mit dem Fahrrad zur Arbeit fahren.
15 In meiner Heimatstadt wäre das undenkbar, das würde man nicht überleben! Wenn das Wetter gut ist, fahre ich jetzt auch manchmal mit dem Fahrrad zur Arbeit.

Die ersten Wochen

20 Gleich am ersten Arbeitstag habe ich fast alle Kollegen kennengelernt. Ich wurde sehr herzlich empfangen. Wen ich allerdings noch nicht kennengelernt habe, ist die Besitzerin. Sie soll aber in der nächsten Woche wieder in München sein.

Ich bin in der Produktion von Pralinen tätig. Unter anderem unterstütze ich die Kollegen dabei, die Rohstoffe, die man für die Produktion braucht – z. B. Kakaobohnen, Sahne, Butter und Gewürze – bereitzustellen und zu prüfen. Dabei kommt mir mein Studium
25 sehr zugute. Was neu für mich ist, ist dass keine künstlichen Zutaten verwendet werden. Das ist eine große Besonderheit in unserer Firma!

Ich finde es großartig, den direkten Kontakt zu anderen Mitarbeitern zu haben, da ich durch die Kollegen einen tiefen Einblick in die Arbeitsabläufe erhalte. Natürlich nehme ich auch an den wöchentlichen Besprechungen teil. Wer eine Idee für neue Pralinen hat,
30 kann sie hier vorbringen.

Mein Traum ist, irgendwann mal an dem Wettbewerb „World Chocolate Masters" teilzunehmen. Wer hier gewinnt, muss sich keine Sorgen mehr machen. Dann eröffne ich einen eigenen Pralinenladen ...

Das Leben in München

Ich hatte große Erwartungen an das Leben in München und wurde nicht enttäuscht.
35 Die Stadt ist wirklich wunderschön und bietet Besuchern sehr viel. Wem diese Stadt nicht gefällt, ist nicht zu helfen! Das Schönste, was ich bis jetzt erlebt habe, war aber ein Ausflug an den Starnberger See. Fantastisch!

Nur das Wetter ist hier leider nicht so toll. Wer schnell friert, hat im Winter sicher ein Problem. Aber ich werde auch das meistern!

3b Markieren Sie im Blog die Relativsätze mit *wer/wen* und *wem* und formulieren Sie sie um.

> Wen ich allerdings noch nicht kennengelernt habe, ist die Besitzerin.
> Jemanden, den ich allerdings noch nicht kennengelernt habe, ist die Besitzerin.

Memo
Das Indefinitpronomen *jemand* ist deklinierbar.
Akkusativ: *jemanden*
Dativ: *jemandem*

4a Sprichwörter. Ergänzen Sie die passenden Relativpronomen (*was, wer, wem*). Achten Sie auf den Kasus. Recherchieren Sie dann die Bedeutung der Sprichwörter.

Tipp
Das Verb im Satz bestimmt den Kasus.
Die Information, welchen Kasus ein Verb braucht, finden Sie meistens im Wörterbuch.
to see sth./so. – etw./jmdn. sehen → Akkusativ
to help so. – jmdm. helfen → Dativ

1 .... die Wahl hat, hat die Qual.

2 .... nicht zu raten ist, ist nicht zu helfen.

3 .... hat, dem wird gegeben.

4 .... nicht hören will, muss fühlen.

5 .... andern eine Grube gräbt, fällt selbst hinein.

6 .... du heute kannst besorgen, das verschiebe nicht auf morgen.

7 .... Gott ein Amt gibt, dem gibt er auch Verstand.

6 D Bitte Abstand halten

1 Berufsverkehr. Hören Sie das Gespräch. Wer sagt was? Ergänzen Sie H (Herr Hosch), D (Herr Dill) oder M (Frau Mock).

1. [H] Entschuldigung, dass ich mich verspätet habe.
2. [ ] Der Zug ist ausgefallen.
3. [ ] Sitzplätze gibt es keine mehr.
4. [ ] Ich konnte meine E-Mails nicht checken.
5. [ ] Es gibt ein großes Gedränge.
6. [ ] Es stinkt.
7. [ ] Man wird gegen andere Fahrgäste gedrückt.
8. [ ] Wenn die Züge sehr voll sind, bekomme ich Angst.
9. [ ] Man ist fix und fertig.

2 Lesen Sie den Ratgeber-Text. Was sollten neue Mitarbeiter/innen tun? Markieren Sie zuerst im Text, schreiben Sie dann drei Empfehlungen.

Emotionale Nähe und Distanz im Job

Wer eine neue Stelle antritt, muss sich auch auf die neuen Kolleginnen und Kollegen einstellen. Er oder sie sollte deshalb in den ersten Tagen im neuen Job genau beobachten, wie
5 diese sich verhalten. Gibt es ungeschriebene Büro-Gesetze im Umgang miteinander und mit den Vorgesetzten? Wer mag was? Wer kann mit wem? Wie sind die Pausenzeiten oder Überstunden geregelt?

10 Die richtige Art der Kommunikation zu finden, ist nicht immer ganz einfach. Die Balance zwischen menschlicher Nähe und professioneller Distanz wird auf keiner Schule gelehrt. Soll man eher mehr Nähe wagen oder doch
15 besser zunächst Distanz wahren? Das bleibt ein Balanceakt und ist von Person zu Person unterschiedlich.

Auch beim Thema „Duzen und Siezen" ist eine entspannte Haltung wichtig. Wenn die neuen
20 Kolleginnen und Kollegen zunächst beim „Sie" bleiben, sollte man das akzeptieren.

3 Synonyme. Was bedeuten die Wörter? Verbinden Sie.

1. öffentlich   a privat
2. sozial   b vertraut, innig, eng
3. persönlich   c allgemein, staatlich, städtisch
4. intim   d die Gemeinschaft/Gesellschaft betreffend, gemeinnützig

4 Wie sind die Distanzzonen in Ihrer Kultur? Welche „Abstandstandsregeln" erleben Sie in Ihrem beruflichen und privaten Alltag? Schreiben Sie einen Text.

Textbausteine

In meinem Beruf als Krankenpfleger/Erzieherin/Steuerberaterin/… ist Körperkontakt normal/selbstverständlich/unvermeidbar/undenkbar.
Bei uns in … ist es unter Freunden/Kollegen / im privaten/beruflichen Umfeld (un)üblich/normal/unangemessen, …

Prüfungstraining

Sprachbausteine, Teil 1

Lesen Sie den folgenden Text und entscheiden Sie, welches Wort (a, b oder c) in die jeweilige Lücke passt.

Liebe Jitka,

es war schön, dass wir uns nach längerer Zeit einmal wieder treffen konnten. Du hast mich in deiner letzten Mail __1__, wie sich der Arbeitsmarkt in Deutschland entwickelt, und __2__ du hier gute Chancen hättest. Du weißt ja, Deutschland zählt momentan zu den Ländern mit der niedrigsten Arbeitslosigkeit in ganz Europa. Die Lage __3__ Fachkräfte ist hier auch deshalb sehr günstig, weil die deutschen Unternehmen besonders wettbewerbsfähig sind und immer mehr gut ausgebildete Mitarbeiter brauchen.

Aber die Situation ist natürlich nicht überall in Deutschland __4__. Trotz der allgemein guten konjunkturellen Lage gibt es Unterschiede __5__ den einzelnen Regionen. Nach meiner Ansicht sind die Jobaussichten besonders in Baden-Württemberg und Bayern gut.

Wie du aber auch weißt, hängen die Jobchancen nicht nur von der regionalen Wirtschaftssituation ab, __6__ auch von der Qualifikation der Bewerber. Akademikerinnen und Akademiker mit einem __7__ von einer Universität oder Fachhochschule __8__ vergleichsweise leicht einen Job. __9__ gute Qualifikationen mitbringt, der findet schneller eine Stelle. Wenn du dich also in Deutschland __10__ eine Stelle bewerben möchtest – jetzt wäre eine gute Zeit dafür.

Ich hoffe, wir können uns bald einmal wieder ganz entspannt für ein Wochenende bei dir in Prag oder bei mir in Nürnberg treffen. Wo immer du willst!

Mit ganz lieben Grüßen

Laura

1. a ☐ mitgeteilt
   b ☐ gesagt
   c ☐ gefragt

2. a ☐ dass
   b ☐ ob
   c ☐ weil

3. a ☐ für
   b ☐ an
   c ☐ von

4. a ☐ verschieden
   b ☐ gleich
   c ☐ dieselben

5. a ☐ gegenüber
   b ☐ zwischen
   c ☐ vor

6. a ☐ allerdings
   b ☐ wahrscheinlich
   c ☐ sondern

7. a ☐ Abschluss
   b ☐ Ausbildung
   c ☐ Berufstitel

8. a ☐ haben
   b ☐ suchen
   c ☐ finden

9. a ☐ Wer
   b ☐ Wen
   c ☐ Wem

10. a ☐ zu
    b ☐ um
    c ☐ nach

Strategie

Was tun, wenn Sie ein Wort oder einen Ausdruck nicht verstehen?
→ Überlegen Sie, ob dieses Wort wirklich wichtig ist, um den Text bzw. den Satz zu verstehen. Möglicherweise können Sie die Lösung für die Lücke trotzdem finden.

Was tun, wenn Sie für eine Lücke keine Lösung gefunden haben?
→ Konzentrieren Sie sich zuerst auf die Lücken, die Sie leichter lösen können, um Zeit zu sparen. Wenn später noch genügend Zeit für die ungelösten Aufgaben übrig bleibt, gehen Sie nach dem Ausschlussprinzip vor. Das bedeutet, Sie überlegen, welche Antworten am unwahrscheinlichsten sind, und wählen am Ende die Lösung, die Ihnen am wahrscheinlichsten erscheint.

Konflikte und Lösungen

A Jetzt reicht es mir!

1a Sehen Sie sich die Fotos an. Worum könnte es gehen? Äußern Sie Vermutungen.

> Ich glaube, auf Foto A streitet eine Mutter mit ihrem Sohn. Vielleicht ist sie verärgert, weil …

> Die Situation auf Foto C kenne ich gut: Sie ist genervt, weil er immer Fußball schaut.

1b Hören Sie vier Dialoge. Zu welchen Fotos passen sie? Notieren Sie.

1c Hören Sie die Dialoge noch einmal. Welche Formulierungen kommen vor? Markieren Sie beim Hören.

Redemittel

Das ist doch ein Blödsinn!	Jetzt will ich dir einmal etwas sagen …
Das ist doch jetzt nicht Ihr Ernst!	Das kann ja echt nicht wahr sein!
Das geht mir wirklich auf die Nerven!	Oh nein, nicht schon wieder!
Du regst mich echt auf, weißt du das?	Jetzt reicht's mir aber! / Mir reicht's!

2 Arbeiten Sie zu zweit und schreiben Sie einen Dialog zu einem der übrigen Fotos in 1a. Spielen Sie Ihren Dialog dann im Kurs vor.

Sie lernen
- Ärger ausdrücken
- über Konflikte und Lösungsstrategien sprechen
- über Konflikte am Arbeitsplatz sprechen
- eine schriftliche Beschwerde verfassen
- Präpositionen mit Genitiv
- Konjunktiv II der Vergangenheit

3 a Richtig streiten. Lesen Sie den Artikel. Wo stehen die Aussagen 1–4 im Text? Markieren Sie.

1 Ratgeber präsentieren gern Regeln für das vernünftige und ruhige Lösen von Konflikten.
2 Der Hamburger Psychologe Philipp Yorck Herzberg hat festgestellt, dass es vier verschiedene Stile gibt, miteinander zu streiten.
3 Um mehr über das Verhalten in Konflikten herauszufinden, mussten Beziehungspartner gemeinsam Aufgaben lösen.
4 Paare mit einem positiven Streitstil sind kompromissbereiter.

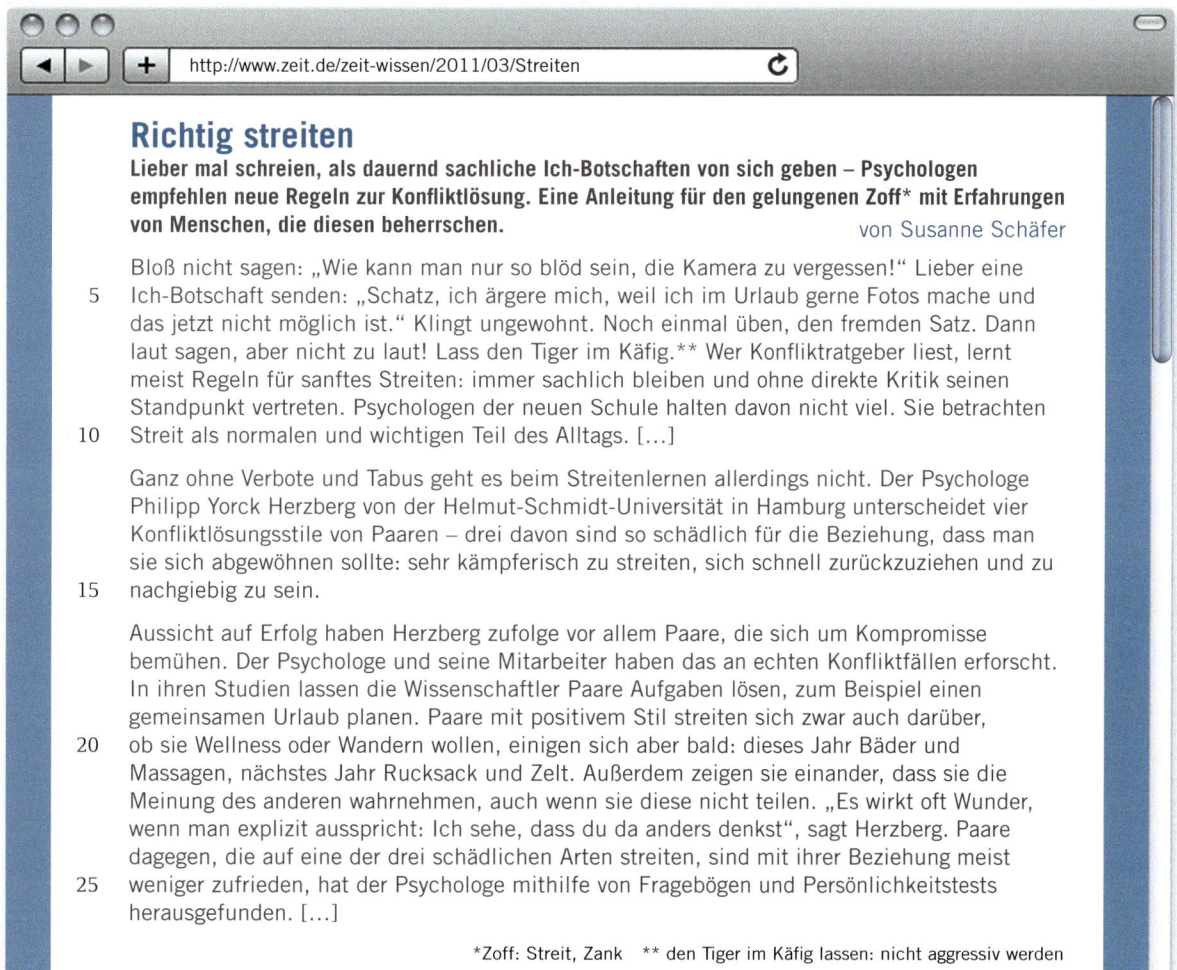

http://www.zeit.de/zeit-wissen/2011/03/Streiten

Richtig streiten

Lieber mal schreien, als dauernd sachliche Ich-Botschaften von sich geben – Psychologen empfehlen neue Regeln zur Konfliktlösung. Eine Anleitung für den gelungenen Zoff* mit Erfahrungen von Menschen, die diesen beherrschen.
von Susanne Schäfer

Bloß nicht sagen: „Wie kann man nur so blöd sein, die Kamera zu vergessen!" Lieber eine
5 Ich-Botschaft senden: „Schatz, ich ärgere mich, weil ich im Urlaub gerne Fotos mache und das jetzt nicht möglich ist." Klingt ungewohnt. Noch einmal üben, den fremden Satz. Dann laut sagen, aber nicht zu laut! Lass den Tiger im Käfig.** Wer Konfliktratgeber liest, lernt meist Regeln für sanftes Streiten: immer sachlich bleiben und ohne direkte Kritik seinen Standpunkt vertreten. Psychologen der neuen Schule halten davon nicht viel. Sie betrachten
10 Streit als normalen und wichtigen Teil des Alltags. […]

Ganz ohne Verbote und Tabus geht es beim Streitenlernen allerdings nicht. Der Psychologe Philipp Yorck Herzberg von der Helmut-Schmidt-Universität in Hamburg unterscheidet vier Konfliktlösungsstile von Paaren – drei davon sind so schädlich für die Beziehung, dass man sie sich abgewöhnen sollte: sehr kämpferisch zu streiten, sich schnell zurückzuziehen und zu
15 nachgiebig zu sein.

Aussicht auf Erfolg haben Herzberg zufolge vor allem Paare, die sich um Kompromisse bemühen. Der Psychologe und seine Mitarbeiter haben das an echten Konfliktfällen erforscht. In ihren Studien lassen die Wissenschaftler Paare Aufgaben lösen, zum Beispiel einen gemeinsamen Urlaub planen. Paare mit positivem Stil streiten sich zwar auch darüber,
20 ob sie Wellness oder Wandern wollen, einigen sich aber bald: dieses Jahr Bäder und Massagen, nächstes Jahr Rucksack und Zelt. Außerdem zeigen sie einander, dass sie die Meinung des anderen wahrnehmen, auch wenn sie diese nicht teilen. „Es wirkt oft Wunder, wenn man explizit ausspricht: Ich sehe, dass du da anders denkst", sagt Herzberg. Paare dagegen, die auf eine der drei schädlichen Arten streiten, sind mit ihrer Beziehung meist
25 weniger zufrieden, hat der Psychologe mithilfe von Fragebögen und Persönlichkeitstests herausgefunden. […]

*Zoff: Streit, Zank   ** den Tiger im Käfig lassen: nicht aggressiv werden

3 b Welchen Aussagen aus dem Artikel stimmen Sie zu? Was sehen Sie anders? Diskutieren Sie im Kurs.

4 In welchen Situationen haben Sie Streit? Mit wem und worüber? Tauschen Sie sich aus.

Redemittel

Ich streite mich oft/manchmal/nie/… mit meinem Partner / meiner Partnerin / unseren Kindern / … über die Unordnung in der Küche / …
Ich bleibe in einem Streit meistens ruhig/sachlich/verständnisvoll/… / Ich rege mich schnell auf und werde wütend, wenn … / Ich habe meistens die Ruhe weg. / Mich macht es wahnsinnig, wenn … / Ich sehe rot, wenn …
Wenn …, würde ich auch laut werden / versuchen, in Ruhe zu diskutieren / …

7 B Ärger im Haus

1 a Probleme im Haus. Sehen Sie die Fotos an und beschreiben Sie die Situationen.

1 b Welche Probleme in Haus oder Wohnung kennen Sie? Berichten Sie.

> Wir hatten einmal einen Wasserschaden wegen einer defekten Klimaanlage.

2 a Frau Ziegler schreibt an die Hausverwaltung. Lesen Sie ihren Brief. Worüber ärgert sie sich? Fassen Sie zusammen.

Sehr geehrte Frau Lerch,

wie telefonisch am 26. Juni besprochen, möchte ich Sie mit diesem Brief auf folgenden Missstand bezüglich meiner Wohnung aufmerksam machen: Am 1. Juni wurde im Parterre das Restaurant „Zur goldenen Ente" eröffnet. Wegen der Küchengerüche wurde eine Anlage zur Entlüftung eingebaut. Doch trotz dieser Anlage
5 besteht weiterhin eine starke Geruchsbelästigung.
Da die Restaurantküche direkt unterhalb meiner Wohnung liegt, ist eine Nutzung meines Balkons nicht mehr möglich. Und während einer Großveranstaltung in der „Goldenen Ente" anlässlich einer Hochzeitsfeier war der Geruch so stark, dass ich auswärts übernachten musste.
Deshalb möchte ich Sie bitten, das Problem zu beheben oder mir vorübergehend eine andere Unterkunft
10 zur Verfügung zu stellen. Andernfalls behalte ich mir vor, aufgrund der eingeschränkten Nutzungsmöglichkeit meiner Wohnung die Miete während der nächsten Wochen entsprechend zu mindern.
Bitte informieren Sie mich innerhalb der nächsten Tage über Ihr weiteres Vorgehen, damit wir eine schnelle Einigung erreichen können. Vielen Dank für Ihr Verständnis.
Mit freundlichen Grüßen

15 Andrea Ziegler

2 b Schriftsprache. Welche Formulierungen aus dem Brief passen zu diesen Äußerungen? Markieren Sie.

1 Sonst zahle ich weniger Miete, weil ich meine Wohnung nicht benutzen kann.
2 Bitte sagen Sie mir Bescheid, was Sie machen werden.
3 Nach unserem Telefonat möchte ich Sie darüber informieren, was in der Wohnung nicht in Ordnung ist.
4 Obwohl eine Entlüftung eingebaut wurde, stinkt es immer noch.

3 a Präpositionen mit Genitiv. Lesen Sie die Regel und markieren Sie die Genitivpräpositionen in 2a. Ergänzen Sie dann die Tabelle.

> **Regel**
>
> **Präpositionen mit Genitiv**
> *anlässlich, aufgrund, außerhalb, bezüglich, hinsichtlich, innerhalb, jenseits, trotz, unterhalb, während, wegen*
>
> Die Genitivpräpositionen werden vor allem in formellen Schreiben verwendet. In der gesprochenen Sprache können manche auch mit Dativ benutzt werden. (*Wegen dem* schlechten Wetter / *Trotz dem* guten Wetter sind wir zu Hause geblieben.)
> Die Präpositionen *innerhalb, außerhalb, unterhalb* und *jenseits* stehen oft mit *von* + Dativ. (*innerhalb von* drei Tagen)

kausal (Grund)	konzessiv (Widerspruch)	lokal (Ort)	temporal (Zeit)
bezüglich			

3b Frau Ziegler berichtet einer Nachbarin von der Situation. Welche Präposition aus 3a passt? Ergänzen Sie die Sätze.

1 Die Restaurantküche befindet sich direkt _unterhalb_ meines Balkons.

2 .... der Abendstunden sitze ich nicht mehr gerne auf dem Balkon.

3 Sogar .... der Öffnungszeiten des Restaurants riecht es nach Essen.

4 .... / .... des unangenehmen Geruchs bekomme ich keinen Besuch mehr.

5 .... meiner Beschwerde hat sich noch nichts geändert.

6 Wenn .... der nächsten zwei Wochen nichts passiert, kürze ich die Miete.

7 .... dieser Situation möchte ich eigentlich nicht ausziehen.

4 Eine erfolgreiche Beschwerde. Warum war Frau Ziegler erfolgreich? Hören Sie ihr Telefonat mit einer Freundin und bringen Sie die Schritte in die richtige Reihenfolge.

a ☐ immer höflich bleiben
b ☐ alles genau aufschreiben: kurz und sachlich
c ☐ den Brief direkt an den Ansprechpartner adressieren
d ☐ erst in Ruhe ein Telefonat führen
e ☐ Ziele und Erwartungen klar formulieren

5 Wählen Sie eine Situation und schreiben Sie mit Hilfe der Textbausteine einen Beschwerdebrief. Beachten Sie auch die Punkte aus Aufgabe 4 und vergessen Sie Anrede und Grußformel nicht.

1
Ruhestörung:
Seit zwei Monaten leiden Sie jede Nacht unter der lauten Musik Ihres neuen Nachbarn, bei dem Sie sich schon mehrfach erfolglos beschwert haben. Ihr Vermieter ist Dr. Kern.

2
Geruchsbelästigung:
Ihre Nachbarn grillen jedes Wochenende im Hof. Der Rauch weht direkt in Ihr Wohnzimmer. Ihre Vermieterin ist Frau Reither.

3
Falsche Rechnung:
Sie haben Ihre Tageszeitung abbestellt und trotzdem eine neue Rechnung erhalten. Ansprechpartner ist Herr Ottern.

Textbausteine	
Einleitung	Vor zwei Wochen habe ich bei Ihnen … / Bezüglich unseres Telefonats vom … / Ich schreibe Ihnen wegen folgenden Problems: …
Problem	Trotz wiederholter Hinweise/Bitten / fristgerechter Kündigung … / Aufgrund des Lärms / Wegen des Geruchs / …
Ziel & Erwartung	Ich möchte Sie daher (erneut/nochmals) bitten, schnellstmöglich … / Es ist sicher/sicherlich in unserem gemeinsamen Interesse …
Verbleib	Bitte informieren Sie mich innerhalb der nächsten Woche / … über Ihre nächsten Schritte / Ihr weiteres Vorgehen. / Ich erwarte Ihre Antwort bis zum …

C Konflikte im Team lösen

1 Eine E-Mail ans Team. Lesen Sie die E-Mail und diskutieren Sie die folgenden Punkte.

- Was möchte Frau Binder ausdrücken, was ist ihr Anliegen?
- Was könnte vorher passiert sein?
- Wie empfinden Sie den Ton ihres Schreibens?

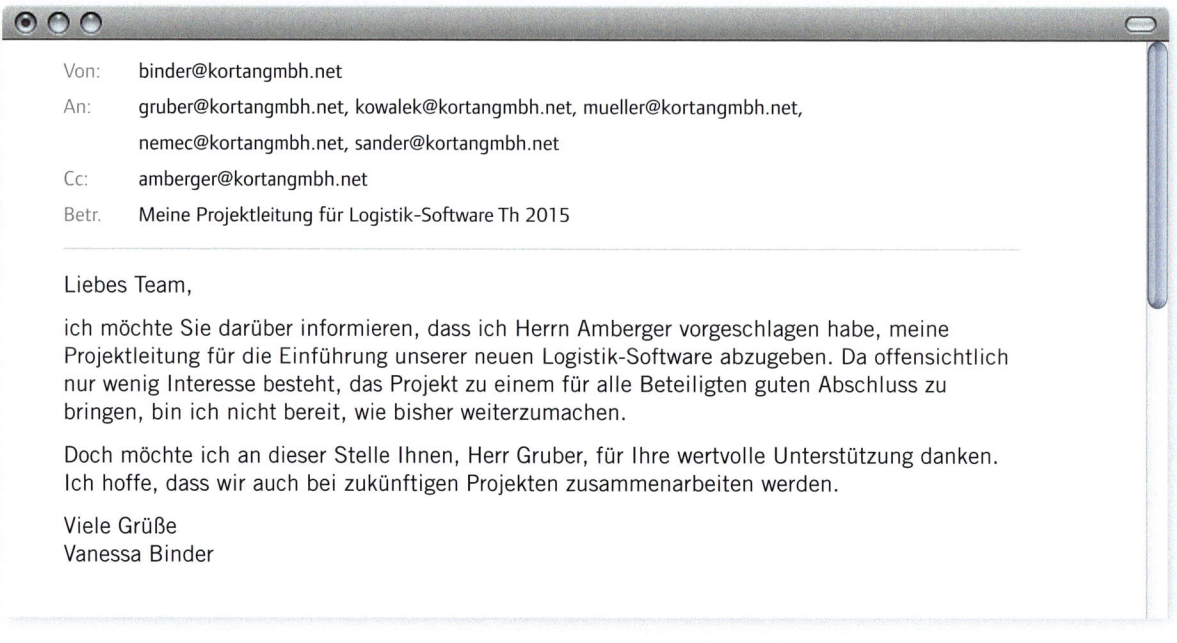

Von:	binder@kortangmbh.net
An:	gruber@kortangmbh.net, kowalek@kortangmbh.net, mueller@kortangmbh.net, nemec@kortangmbh.net, sander@kortangmbh.net
Cc:	amberger@kortangmbh.net
Betr.	Meine Projektleitung für Logistik-Software Th 2015

Liebes Team,

ich möchte Sie darüber informieren, dass ich Herrn Amberger vorgeschlagen habe, meine Projektleitung für die Einführung unserer neuen Logistik-Software abzugeben. Da offensichtlich nur wenig Interesse besteht, das Projekt zu einem für alle Beteiligten guten Abschluss zu bringen, bin ich nicht bereit, wie bisher weiterzumachen.

Doch möchte ich an dieser Stelle Ihnen, Herr Gruber, für Ihre wertvolle Unterstützung danken. Ich hoffe, dass wir auch bei zukünftigen Projekten zusammenarbeiten werden.

Viele Grüße
Vanessa Binder

> Mit ihrer E-Mail möchte Frau Binder wohl ausdrücken, dass es Konflikte im Team gab.

> In meiner Heimat würde man Kritik nicht so direkt äußern.

🔊 **2a** Aufgrund der E-Mail findet ein Teamgespräch statt. Hören Sie den ersten Teil. Wer hat welche Position
27   im Unternehmen und wie ist seine/ihre Haltung? Ordnen Sie zu.

A Vanessa Binder   B Arnold Kowalek   C Peter Amberger

1 ☐ Abteilungsleiter/in   a ☐ fühlt sich ungerecht behandelt.
2 ☐ Projektleiter/in   b ☐ möchte mit dem Projektteam über die Meinungsdifferenzen sprechen.
3 ☐ IT-Entwickler/in   c ☐ hat den Eindruck, dass ein Team-Mitglied nicht kooperiert.

🔊 **2b** Wer sagt was? Ordnen Sie den Aussagen die Personen aus 2a zu. Hören Sie dann noch einmal und überprüfen Sie Ihre Lösung.

1 ☐ So eine E-Mail schreibt man doch nicht. Das ist nicht fair!
2 ☐ Sie haben immer nur gesagt, dass Sie keine Zeit haben, und haben keine Ergebnisse geliefert.
3 ☐ Warum haben Sie mit mir nicht über Ihr Zeitproblem gesprochen?

3a Was könnte Herr Amberger tun, um den Konflikt zu lösen? Diskutieren Sie die Vorschläge.

> das Projektteam auflösen • jmdm. kündigen • jmdn. aus dem Team nehmen • jmdn. unterstützen • Aufgaben neu verteilen • jmdn. zur Kooperation auffordern • jmdn. kritisieren • jmdn. loben • nach Interessen fragen • Teamrollen klären • einen Coach engagieren • ...

3b 🔊 28 Hören Sie den zweiten Teil des Teamgesprächs. Wie löst Herr Amberger das Problem? Vergleichen Sie mit den Vorschlägen aus 3a.

4a Konjunktiv II der Vergangenheit. Was bedeuten die Sätze? Kreuzen Sie an.

1   Wenn ich das früher gewusst hätte, wäre das alles nicht passiert.
   a ☐ Die Situation ist noch veränderbar.   b ☐ Die Situation ist nicht mehr veränderbar.

2   Frau Binder hätte auf meine anderen Aufgaben mehr Rücksicht nehmen müssen.
   a ☐ Sie nimmt keine Rücksicht.   b ☐ Sie hat keine Rücksicht genommen.

4b Lesen Sie noch einmal die Sätze in 4a und ergänzen Sie die Regel.

> Verb im Partizip II • Verb im Infinitiv • *haben/sein* im Konjunktiv II • *haben* im Konjunktiv II

Regel

Der Konjunktiv II der Vergangenheit beschreibt irreale Situationen oder Handlungen, die sich auf die Vergangenheit beziehen und deshalb nicht mehr veränderbar sind.

Man bildet den Konjunktiv II der Vergangenheit mit .... + ...

Den Konjunktiv II der Vergangenheit mit Modalverben bildet man mit .... + ... + Modalverb im Infinitiv.

4c Was wäre gewesen, wenn ... ? Lesen Sie die Regel und schreiben Sie Sätze wie im Beispiel.

1 Frau Binder: früher über das Problem sprechen – man: eine Lösung finden können
2 Frau Binder: die E-Mail nicht schreiben – die Stimmung im Team: bestimmt besser sein
3 Herr Kowalek: besser kooperieren – Frau Binder: sich nicht beschweren müssen
4 Herr Amberger: früher von den Problemen wissen – er: schon früher ein Teamgespräch führen

Regel

Ein Satz mit *wenn* drückt eine Bedingung aus. Im Nebensatz steht das konjugierte Verb am Ende.
Wenn wir früher darüber gesprochen hätten, hätten wir das Problem schon gelöst.
Ein Bedingungssatz kann auch ohne *wenn* stehen, dann steht das konjugierte Verb auf Position 1.
Hätten wir früher darüber gesprochen, hätten wir das Problem schon gelöst.

> *1 Wenn Frau Binder früher über das Problem gesprochen hätte, hätte man eine Lösung finden können. / Hätte Frau Binder früher über das Problem gesprochen, hätte man ...*

5 Frau Binder informiert die anderen Kollegen über das Teamgespräch. Schreiben Sie ihre E-Mail. Beachten Sie die folgenden Punkte:

- Wer hat an dem Gespräch teilgenommen?
- Warum hat es stattgefunden?
- Welche Ergebnisse hat das Gespräch gebracht?

7 D Reklamationen und Beschwerden

1 a Urlaubsbeschwerden. Lesen Sie die Webseite. Markieren Sie den jeweiligen Grund für die Beschwerde.

Meckerei oder Reklamation?

Der Urlaub soll die schönste Zeit des Jahres werden. Aber für einige Touristen ist die Enttäuschung schon kurz nach der Ankunft groß. Worüber so geklagt wird, lesen Sie hier.

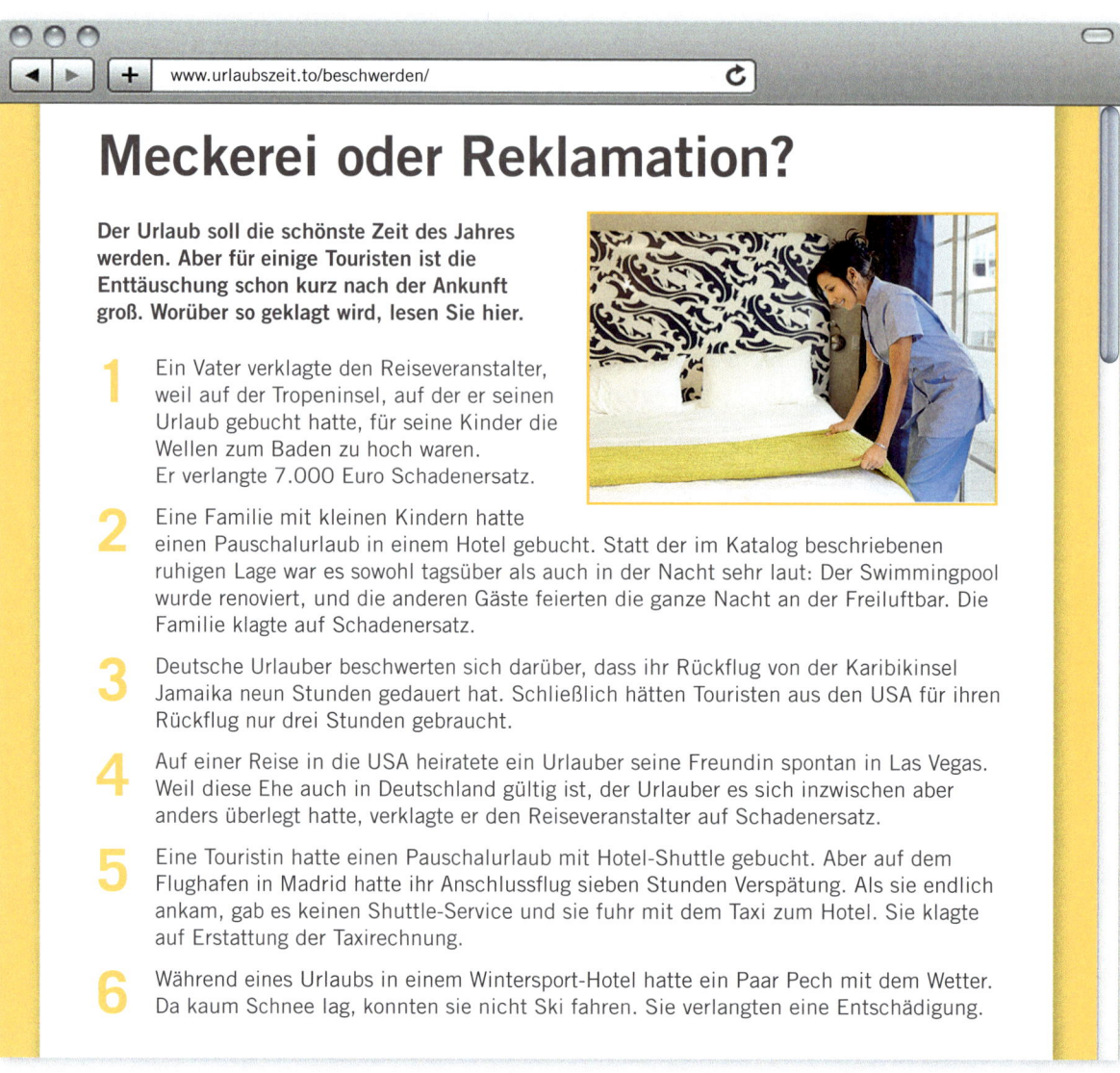

1. Ein Vater verklagte den Reiseveranstalter, weil auf der Tropeninsel, auf der er seinen Urlaub gebucht hatte, für seine Kinder die Wellen zum Baden zu hoch waren. Er verlangte 7.000 Euro Schadenersatz.

2. Eine Familie mit kleinen Kindern hatte einen Pauschalurlaub in einem Hotel gebucht. Statt der im Katalog beschriebenen ruhigen Lage war es sowohl tagsüber als auch in der Nacht sehr laut: Der Swimmingpool wurde renoviert, und die anderen Gäste feierten die ganze Nacht an der Freiluftbar. Die Familie klagte auf Schadenersatz.

3. Deutsche Urlauber beschwerten sich darüber, dass ihr Rückflug von der Karibikinsel Jamaika neun Stunden gedauert hat. Schließlich hätten Touristen aus den USA für ihren Rückflug nur drei Stunden gebraucht.

4. Auf einer Reise in die USA heiratete ein Urlauber seine Freundin spontan in Las Vegas. Weil diese Ehe auch in Deutschland gültig ist, der Urlauber es sich inzwischen aber anders überlegt hatte, verklagte er den Reiseveranstalter auf Schadenersatz.

5. Eine Touristin hatte einen Pauschalurlaub mit Hotel-Shuttle gebucht. Aber auf dem Flughafen in Madrid hatte ihr Anschlussflug sieben Stunden Verspätung. Als sie endlich ankam, gab es keinen Shuttle-Service und sie fuhr mit dem Taxi zum Hotel. Sie klagte auf Erstattung der Taxirechnung.

6. Während eines Urlaubs in einem Wintersport-Hotel hatte ein Paar Pech mit dem Wetter. Da kaum Schnee lag, konnten sie nicht Ski fahren. Sie verlangten eine Entschädigung.

1 b Lesen Sie noch einmal. Welche Beschwerden finden Sie berechtigt und welche übertrieben? Diskutieren Sie.

2 🔊 29 Hören Sie das Interview mit Roland Kerner, Manager eines Reiseunternehmens. Sind die Aussagen richtig oder falsch? Kreuzen Sie an.

		richtig	falsch
1	Roland Kerner ärgert sich über Touristen, die sich generell beschweren, egal worüber.	☐	☐
2	Der Grund für Beschwerden ist immer offensichtlich.	☐	☐
3	Wenn ein Reiseveranstalter seine Versprechen nicht einhält, ist eine Beschwerde berechtigt.	☐	☐
4	Am besten beschwert man sich noch während des Urlaubs beim Veranstalter.	☐	☐
5	Nach Herrn Kerners Erfahrung muss der Reiseveranstalter bei Klagen in jedem Fall Schadenersatz leisten.	☐	☐
6	Manchmal findet Herr Kerner die Beschwerden amüsant.	☐	☐

3 Kennen Sie ähnliche Fälle oder haben Sie sich schon einmal im Urlaub beschwert? Berichten Sie.

> Ich rege mich eigentlich nicht so leicht auf. Aber …

> Oh ja, einmal habe ich als Kellner gearbeitet und da …

Kurz und bündig

Kommunikation

Ärger ausdrücken

Sag einmal, spinnst du jetzt total? / Jetzt pass aber mal auf! / Das ist doch jetzt nicht Ihr Ernst! / Ich habe echt die Nase voll! / Oh nein, nicht schon wieder! / Du regst mich wirklich auf, weißt du das? / Jetzt reicht es mir aber! / Das kann doch wohl nicht wahr sein! / Jetzt will ich dir einmal etwas sagen …

über Konflikte und Lösungsstrategien sprechen

Ich streite mich oft/manchmal/nie/… mit meinem Partner / meiner Partnerin / unseren Kindern / … über die Unordnung in der Küche / … / Wenn mein/e Sohn/Frau/Tochter …, reagiere/bleibe ich meistens ruhig/sachlich/verständnisvoll. / Ich rege mich nur selten richtig auf. / Mich macht es wahnsinnig, wenn … / Wenn mein Nachbar / die Hausverwaltung / …, würde ich nie/auch/wahrscheinlich laut werden / versuchen, in Ruhe zu diskutieren. / Manche Leute sind extrem laut.
In einem Streit sollte man sachlich und ruhig bleiben / nicht zu kämpferisch streiten / sich nicht zurückziehen / nicht zu nachgiebig sein. / Ich bleibe in einem Streit ruhig/sachlich/verständnisvoll/ …

eine schriftliche Beschwerde verfassen

Ich möchte Sie auf folgendes Problem / folgenden Missstand aufmerksam machen: Vor zwei Wochen habe ich bei Ihnen … / Bezüglich unseres Telefonats vom … / des Schadens an … möchte ich …
Trotz wiederholter Hinweise/Bitten / fristgerechter Kündigung … / Ich möchte Sie daher bitten, schnellstmöglich … / Es ist sicher in unserem gemeinsamen Interesse, dass … / Bitte kontaktieren/informieren Sie mich innerhalb der nächsten zwei Wochen. / Ich erwarte Ihre Antwort bis zum …

über Konfliktlösung am Arbeitsplatz sprechen

Ich/Er/Sie hätte/n mit Herrn/Frau … sprechen sollen / früher anfangen müssen / die Teamrollen klären müssen / … / Das hätten Sie schon früher mit mir besprechen sollen. / Man/Er/Sie könnte das Projektteam auflösen / jemandem kündigen / jemanden aus dem Team nehmen / … / An seiner/ihrer/Ihrer Stelle würde ich … / In dieser Situation sollte/könnte man die Mitarbeiter zur Kooperation auffordern / die Aufgaben neu verteilen / einen Coach engagieren / die Rollen im Team klären.

Grammatik

Präpositionen mit Genitiv

Grund (kausal): Wir müssen anlässlich/aufgrund/wegen dieses Problems miteinander reden.
Widerspruch (konzessiv): Trotz der getroffenen Maßnahmen gibt es noch keine Besserung.
Zeit (temporal): Während dieser Zeit / Innerhalb der nächsten Tage müssen wir improvisieren.
Ort (lokal): Das Restaurant liegt innerhalb/außerhalb/unterhalb der Altstadt.

Konjunktiv II der Vergangenheit

Der Konjunktiv II der Vergangenheit beschreibt irreale Situationen oder Handlungen, die sich auf die Vergangenheit beziehen und deshalb nicht mehr veränderbar sind.

Wenn ich das früher gewusst hätte, wäre das alles nicht passiert.
Frau Binder hätte auf meine anderen Aufgaben mehr Rücksicht nehmen müssen.
Hättest du mich früher angerufen, wäre ich sicher mitgekommen.

uneingeleitete Nebensätze

Ein Bedingungssatz kann auch ohne wenn stehen, dann steht das konjugierte Verb auf Position 1.
Wenn wir früher darüber gesprochen hätten, hätten wir das Problem schon gelöst.
Hätten wir früher darüber gesprochen, hätten wir das Problem schon gelöst.

7 Übungen

A Jetzt reicht es mir!

1a Streittypen. Hören Sie das Interview und ordnen Sie dann jedem Foto einen Streittyp zu.

1 der/die Harmoniesüchtige
2 der/die Kämpfer/in
3 der/die Eingeschnappte
4 der/die Diskutierer/in

1b Hören Sie noch einmal. Welcher Typ aus 1a passt zu welcher Aussage? Ordnen Sie zu.

Dieser Typ
a ☐ spricht nicht über Probleme, sondern verschließt sich.
b ☐ empfindet Freude beim Streiten.
c ☐ will auf keinen Fall schlechte Stimmung.
d ☐ möchte jede Kleinigkeit bis ins Detail besprechen.
e ☐ ist besonders schnell gekränkt.
f ☐ möchte alles komplett begreifen.
g ☐ möchte unbedingt alles richtig machen.
h ☐ will eine Auseinandersetzung auf keinen Fall verlieren.

2 Lesen Sie die folgenden Aussagen. Welche Person passt zu welchem Streittyp aus 1a?

☐ **Leon**
Ich habe fast nie Auseinandersetzungen. Ich gehe Konflikten lieber aus dem Weg. Es muss doch nicht immer alles ausgesprochen werden. Das führt oft zu noch mehr Konflikten. Wenn ich dann doch mal streite, fühle ich mich hinterher richtig schlecht.

☐ **Martha**
Streiten ist doch etwas sehr Schönes! Meinem Ärger muss ich einfach Luft machen, sonst platze ich irgendwann vor Wut. Mit meinem Mann bin ich jetzt schon 45 Jahre verheiratet, und er hat immer noch nicht gelernt, dass ich sowieso immer recht habe. Aber wir versöhnen uns auch immer wieder, und das ist nach einem Donnerwetter besonders schön.

☐ **Alexa**
Streiten ist weder nur gut noch nur schlecht. Ich bin davon überzeugt, dass Konflikte auch etwas sehr Positives haben. Wenn ich mich über meine Freundin ärgere, sage ich ihr das und möchte gern darüber reden. Sie ist dann manchmal genervt, weil sie findet, dass ich zu viel rede. Aber über Probleme offen zu sprechen, bietet ja auch die Gelegenheit, sich neu kennenzulernen.

☐ **Horst**
Nach endlosen Diskussionen seinen Kopf durchsetzen? Ich bin da schon weiter. Wenn ich mich von meiner Frau gekränkt fühle, und das passiert ziemlich leicht, ziehe ich mich zurück und rede ein paar Tage nicht mit ihr, antworte höchstens mit Ja oder Nein. Meine Ex-Freundin hat das auf die Palme gebracht, aber mit Brigitte klappt es prima.

3 a Redewendungen. Ordnen Sie die unterstrichenen Redewendungen in Aufgabe 2 den Bildern zu. Erklären Sie dann ihre Bedeutung.

3 b Fertigen Sie selbst eine Skizze für die folgenden Ausdrücke an.

1 vor Wut platzen
2 kein Blatt vor den Mund nehmen

> **Lerntipp**
>
> Versuchen Sie, Redewendungen zu skizzieren. Das hilft Ihnen, sie sich zu merken.

3 c Wie heißen die Redewendungen? Kreuzen Sie an.

1 Wenn mir jemand den Parkplatz wegnimmt, sehe ich …
 a ☐ grün.
 b ☐ rot.
 c ☐ schwarz.

2 Du solltest über deine Probleme reden. … deinem Ärger Luft.
 a ☐ Mach
 b ☐ Gib
 c ☐ Lass

3 Ungerechtigkeit bringt mich immer … Palme.
 a ☐ auf die
 b ☐ zur
 c ☐ in die

4 Problemen/Konflikten aus … zu gehen, ist langfristig keine gute Idee.
 a ☐ der Straße
 b ☐ dem Pfad
 c ☐ dem Weg

5 Lena ist immer sehr dominant und will unbedingt ihren Kopf …
 a ☐ durchsetzen.
 b ☐ durchstoßen.
 c ☐ durchschieben.

6 Ich bin sehr entspannt. Ich habe die Ruhe …
 a ☐ drin.
 b ☐ raus.
 c ☐ weg.

4 Was bedeuten die Redemittel 1–4? Ordnen Sie zu.

1 Das soll wohl ein Scherz sein!
2 Ich habe jetzt wirklich genug!
3 Bist du jetzt vollkommen verrückt?
4 Du nervst mich total!

a Du regst mich echt auf, weißt du das?
b Sag mal, spinnst du jetzt total?
c Das ist doch nicht Ihr Ernst!
d Jetzt reicht es mir aber!

5 Schreiben Sie über sich: Das bringt mich auf die Palme! Schreiben Sie zu folgenden Fragen.

- Was für ein Streittyp sind Sie?
- In welchen Situationen kann man Sie so richtig wütend machen?
- Wie gehen Sie mit Konflikten um?

B Ärger im Haus

1 a Im Ton vergriffen. Lesen Sie Herrn Mensings Entwurf für einen Beschwerdebrief an die Hausverwaltung und fassen Sie den Konflikt in 3–4 Sätzen zusammen.

Hallo Frau Selbold,

so langsam reicht es mir[1]! Vorgestern habe ich mich schon bei Ihnen über meine Nachbarin beschwert und noch immer ist nichts passiert. Ich verlange, dass jemand von Ihnen kommt, und zwar ein bisschen plötzlich[2]. Die alte Frau in der Wohnung über mir, Frau Froh, lädt alle paar Tage Freunde zum Tanzen ein, und die sind schlimmer als ein Haufen Zwanzigjähriger in der Disko! Das nervt total[3]! Sie hat mich auch schon gefragt, ob ich mittanzen möchte. Darauf habe ich erst gar nicht geantwortet. Und das Krasseste[4] ist: Die tanzen nicht nur Walzer, sondern auch Rock 'n' Roll! In einer ohrenbetäubenden Lautstärke! Ich fänd's ja schön, wenn Sie sich endlich mal darum kümmern würden, aber ich habe den Eindruck, bei Ihnen arbeitet sowieso niemand. Wenn Sie bis übermorgen nicht endlich aus Ihrem Dauerschlaf erwachen, kürze ich die Miete um 50 Prozent.

Bis hoffentlich bald
André Mensing

1 b Umgangssprache. Was bedeuten die markierten Formulierungen in 1a? Ordnen Sie zu.

a ☐ Das stört mich sehr.   c ☐ Ich habe keine Geduld mehr.
b ☐ das Schlimmste/Extremste   d ☐ sehr bald/schnell

2 a André Mensings Freundin Lea Mohn gibt ihm einige Tipps für seinen Brief. Auf welche Stellen in seinem Entwurf bezieht sie sich? Unterstreichen Sie in 1a.

Lieber André,

oh je, da hast du dich aber ziemlich im Ton vergriffen! Ich verstehe ja, dass du dich unwohl fühlst, aber es ist nicht besonders schlau, so aggressiv zu schreiben. Bedenke, dass du dich ja erst vor zwei Tagen beschwert hast. Deshalb solltest du der Hausverwaltung noch ein wenig Zeit geben und ruhig und freundlich bleiben.

Hier noch ein paar weitere Tipps für deinen Brief:

1. Wichtig sind eine formelle Anrede und Grußformel. Also „Sehr geehrte Frau Selbold" und „Mit freundlichen Grüßen".
2. Beginn mit etwas Positivem – das stimmt die Sachbearbeiterin freundlich. Zum Beispiel: „Prinzipiell bin ich sehr zufrieden mit meiner Wohnung. Allerdings habe ich momentan ein Problem mit …"
3. Du solltest niemals beleidigend werden. Du könntest Ausdrücke verwenden wie „Ich wäre Ihnen dankbar, wenn Sie meiner Anfrage bald nachkommen könnten."
4. Befiehl nicht, sondern bitte um etwas. Wie wäre es mit: „Ich würde mich freuen, wenn …" , oder „Ich möchte Sie darum bitten, dass …"
5. Biete auch Lösungsvorschläge an. Zum Beispiel: „Ich schlage Ihnen folgenden Kompromiss vor: …"
6. Gib der Hausverwaltung Zeit, auf deine Bitte zu reagieren. Du könntest schreiben: „Bitte informieren Sie mich innerhalb der nächsten sieben Tage über Ihr weiteres Vorgehen."
7. Schließ mit einem Dank ab: „Bereits im Voraus vielen Dank für Ihre Unterstützung."

Und allgemein ist es ratsam, immer zuerst mit der Person zu sprechen, mit der man tatsächlich das Problem hat. Schildere der alten Dame höflich, warum dich ihre Veranstaltungen stören, und mach ein paar Vorschläge, wie ihr euch einigen könnt.

Ich hoffe, ich konnte dir etwas weiterhelfen.

Liebe Grüße
Lea

2b Präpositionen mit Genitiv. Bilden Sie die korrekten Formen.

1. bezüglich (mein Schreiben)
2. anlässlich (mein Geburtstag)
3. unterhalb (das Wohnzimmer)
4. innerhalb (die nächsten drei Wochen)
5. während (die letzten Monate)
6. aufgrund (Ihr Anruf)
7. trotz (die dicken Wände)
8. wegen (mein Beruf)

2c Ein Brief an die Nachbarin. André Mensing befolgt den Rat seiner Freundin und wendet sich erst einmal an Frau Froh. Schreiben Sie seinen Brief.

Liebe Frau Froh,
leider haben wir uns noch nicht persönlich kennengelernt. Mein Name ist André Mensing und ich bin Ihr neuer Nachbar von unten.

freue mich – Sie so aktiv sind – während – Ihre Tanztermine – es wird allerdings öfter etwas laut

wegen – mein Beruf als Busfahrer – morgens oft sehr früh aufstehen müssen

trotz – die dicken Wände – man kann alles hören

mein Schlafzimmer – unterhalb – Ihr Wohnzimmer – leider jeden Schritt hören

Verständnis für Ihre Situation haben – würde Sie bitten – Termine auch – außerhalb – die Wohnung, z. B. bei Freunden – veranstalten

Vielen Dank für Ihr Verständnis.
Ich freue mich auf eine gute Nachbarschaft!
Herzliche Grüße
André Mensing

2d Frau Froh lädt ein. Ergänzen Sie die passenden Präpositionen.

anlässlich • trotz • innerhalb • aufgrund • während • wegen • bezüglich

Liebe Freunde,

_____¹ meines 76. Geburtstags möchte ich euch zu einem ganz besonderen Tanzstündchen einladen. Diesmal aber nicht bei mir zu Hause, denn der junge Mann, mein neuer Nachbar, hat mir in einem Brief mitgeteilt, dass er sich _____² unserer Tanzstunden durch die laute Musik gestört fühlt. Wir hatten daraufhin ein sehr nettes Gespräch. Und es ist ja auch kein Problem. Damit es _____³ des Lärms zu später Stunde keine Probleme gibt, habe ich für meinen Geburtstag einen Saal im Gemeindehaus gemietet. Auf meine Anfrage _____⁴ eines Seniorenrabatts hat man mir gleich eine positive Antwort geschickt. Aber das Beste kommt noch: Die „Rolling Rocks" werden auftreten! _____⁵ des netten Gesprächs habe ich meinen Nachbarn auch gleich eingeladen, und _____⁶ seines anderen Musikgeschmacks hat er zugesagt. Bitte gebt mir doch _____⁷ der nächsten zwei Wochen Bescheid, ob ihr kommen könnt!
Beschwingte Grüße und hoffentlich bis bald
Maria
P. S. Die Adresse des Gemeindehauses ist Fasanenstr. 127. Die Buslinie 18 fährt direkt dorthin.

C Konflikte im Team lösen

1a Teambuilding. Was für eine Veranstaltung hat Nina besucht? Lesen Sie die E-Mail und kreuzen Sie an.

1. ☐ Ein theoretisches Seminar zum Erlernen von Kommunikationstechniken
2. ☐ Ein praxisorientiertes Seminar zur Verbesserung des Betriebsklimas
3. ☐ Ein Seminar zur fachlichen Weiterbildung

Lieber Jan,

ist es bei dir immer noch so stressig im Büro? Du weißt ja, dass es bei uns in der Medizintechnik in letzter Zeit ziemliche Spannungen gab. Wir haben uns nie als echtes Team gefühlt. Jeder hat für sich allein gearbeitet. Außerdem haben wir seit zwei Monaten einen neuen Chef. Er ist erst 32, und besonders
5 die Älteren haben ihn einfach nicht ernst genommen. Außerdem gab es noch ein großes Problem: Unzuverlässigkeit. Man hatte den Eindruck, sich auf niemanden verlassen zu können.

Es musste also etwas passieren. Und die Lösung der Personalabteilung war ein Teambuilding-Workshop am Wochenende! „Kreatives Problemlösen" – ich war äußerst skeptisch. Aber inzwischen bin ich total begeistert. Wir mussten zuerst in kleinen Teams den Weg durch ein Labyrinth in einem Maisfeld finden,
10 dann gemeinsam ein Drei-Gänge-Menü kochen und am Sonntag schließlich ein Floß bauen, um einen Fluss zu überqueren. Es klingt verrückt, aber letztendlich hat das alles echt etwas gebracht. Wir mussten zusammenhalten und waren gezwungen, wirklich miteinander in Kontakt zu treten und Probleme ganz offen, aber freundlich anzusprechen. Alle mussten ihre Aufgaben zuverlässig und in kurzer Zeit erledigen. Es ist ein neuer Zusammenhalt entstanden.

15 Und der Chef – beim Labyrinth hat er gezeigt, dass er schnell gute Lösungen finden und sich, wenn nötig, auch durchsetzen kann. *Er* hat uns zum Ausgang gebracht und sich mit seiner Führungsstärke viel Respekt verschafft. Ich kann euch so einen Workshop sehr empfehlen!

Liebe Grüße und bis bald

Nina

P.S. Im Anhang ein Foto von mir im Maislabyrinth und unser Floß

1b Lesen Sie die E-Mail noch einmal und ergänzen Sie die Tabelle.

Probleme in Ninas Abteilung	Methoden im Workshop	Veränderungen durch den Workshop
Der Chef ...		

1c Wortverbindungen. Lesen Sie die E-Mail noch einmal und verbinden Sie.

1. ein Problem — a. finden
2. jmdn./etw. ernst — b. verschaffen
3. in Kontakt — c. erledigen
4. sich Respekt — d. treten
5. eine Lösung — e. nehmen
6. eine Aufgabe — f. lösen

2 Lesen Sie die SMS an Nina und ergänzen Sie die Verben im Konjunktiv II der Vergangenheit.

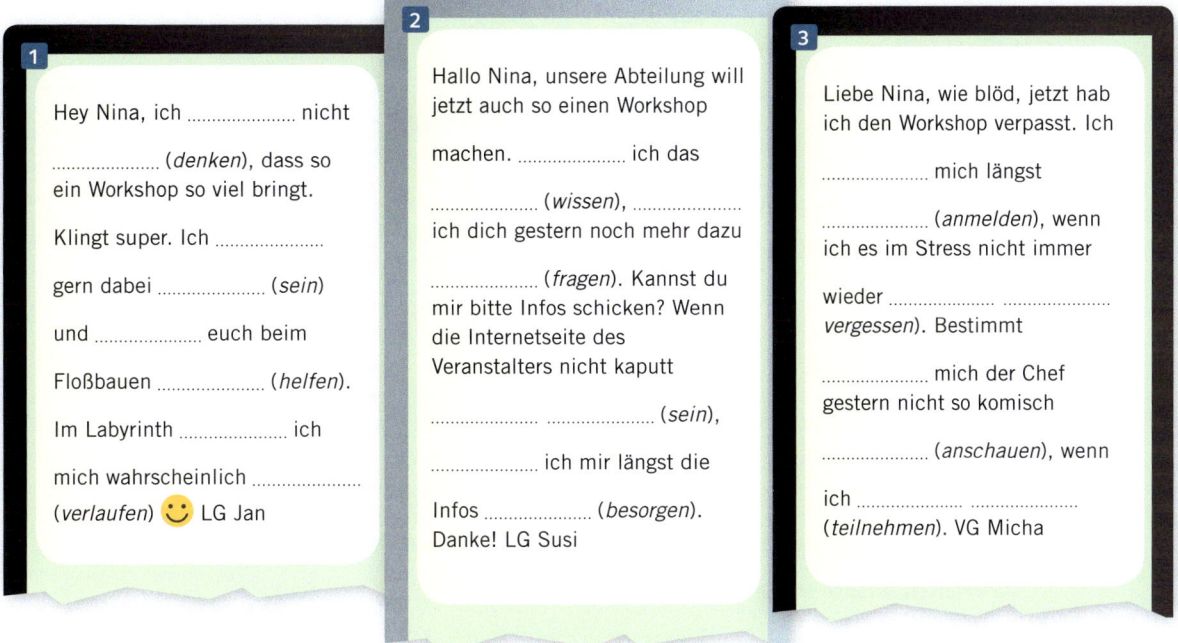

1
Hey Nina, ich .... nicht .... (denken), dass so ein Workshop so viel bringt. Klingt super. Ich .... gern dabei .... (sein) und .... euch beim Floßbauen .... (helfen). Im Labyrinth .... ich mich wahrscheinlich .... (verlaufen) 😊 LG Jan

2
Hallo Nina, unsere Abteilung will jetzt auch so einen Workshop machen. .... ich das .... (wissen), ... ich dich gestern noch mehr dazu .... (fragen). Kannst du mir bitte Infos schicken? Wenn die Internetseite des Veranstalters nicht kaputt .... (sein), ... ich mir längst die Infos .... (besorgen). Danke! LG Susi

3
Liebe Nina, wie blöd, jetzt hab ich den Workshop verpasst. Ich .... mich längst .... (anmelden), wenn ich es im Stress nicht immer wieder .... vergessen). Bestimmt .... mich der Chef gestern nicht so komisch .... (anschauen), wenn ich .... (teilnehmen). VG Micha

3 Konjunktiv II der Vergangenheit. Schreiben Sie Bedingungssätze mit und ohne *wenn* wie im Beispiel.

1 die Kollegen: den Workshop nicht machen – die Stimmung im Team: sich nicht verbessern
2 der Chef: die Mitarbeiter nicht aus dem Labyrinth herausführen – sie: ihn wahrscheinlich nicht als Führungsperson akzeptieren
3 das Team: beim Floßbauen einen Fehler machen – das Floß: bestimmt untergehen
4 die Kollegen: abends nicht zusammen kochen – sie: hungrig schlafen gehen müssen
5 die Kollegen: nicht am Workshop teilnehmen – ein besserer Zusammenhalt: wahrscheinlich nicht entstehen

1 Wenn die Kollegen den Workshop nicht gemacht hätten, hätte sich die Stimmung im Team nicht verbessert. / Hätten die Kollegen den Workshop nicht gemacht, hätte sich die Stimmung im Team nicht verbessert.

4 Verrückte Ausreden. Nora kommt jeden Tag zu spät zur Arbeit. Lesen Sie ihre Ausreden und schreiben Sie die Antworten ihres Chefs. Benutzen Sie den Konjunktiv II der Vergangenheit mit Modalverb.

1 … meine Katze hat mein Monatsticket gefressen.
2 … mein Navi war noch auf Paris eingestellt.
3 … ich dachte heute Morgen, dass Sonntag ist.
4 … der Kaffee war so stark, dass ich bewusstlos wurde.
5 … ich bin auf einer Bananenschale ausgerutscht und habe mich verletzt.

Entschuldigung, ich bin leider zu spät. Denn …

1 Katze füttern
2 Navi umstellen
3 in den Kalender schauen
4 Kräutertee trinken
5 Wohnung aufräumen

Dann hätten Sie …

1 … Ihre Katze füttern müssen!

7 D Reklamationen und Beschwerden

1a Hiltrud Mayer beschwert sich gern. Lesen Sie ihren Brief und ergänzen Sie die passenden Wörter. Achten Sie bei den Verben auf die Konjugation.

> Kostenerstattung • Reiseveranstalter • Mietwagen • sich beschweren • meckern • verklagen • Pauschalurlaub

Sehr geehrter Herr Dr. Rabenau,

wir kommen gerade aus dem Urlaub. Wir möchten ja nicht über alles ....[1], aber was zu viel ist, ist zu viel. Daher haben wir uns entschieden, Sie als unseren Anwalt einzuschalten. Der ....[2] „Traumreisen" hat uns leider sehr enttäuscht, da in der Bro-
5 schüre zu unserem Mallorca-Urlaub alles anders beschrieben war.

Wo soll ich anfangen? Zuerst muss ich .... darüber ....[3], dass wir unsere eigene Badebekleidung zum Pool mitbringen mussten – wir gingen eigentlich davon aus, das wäre im Preis inbegriffen. Also mussten wir uns noch eine Badehose und einen Badeanzug kaufen. Können wir hier auf ....[4] klagen?
10 Außerdem war der Strand im Prospekt viel weißer. In Wirklichkeit war die Farbe eher gelblich! Hätten wir das früher gewusst, hätten wir kein teures Auto gemietet, um die Insel zu erkunden.

Hier bestehen wir darauf, dass uns die Kosten für den ....[5] komplett rückerstattet werden.
Uns hatte auch niemand gesagt, dass sich im Meer an einigen Stellen Fische befinden. Bei einem
15 teuren ....[6] dürfte man doch wohl erwarten, über diese ekelhaften Tiere informiert zu werden! Und das Schlimmste: Am Hotelpool waren so viele hübsche Frauen, dass mein armer Mann ständig abgelenkt war. Einen Erholungsurlaub stelle ich mir anders vor!

Wir möchten den Veranstalter also auf volle Kostenerstattung ....[7].
Können Sie uns da weiterhelfen?
20 Mit freundlichen Grüßen
Hiltrud Mayer

1b Lesen Sie den Text noch einmal und beantworten Sie die Fragen.

1 Warum hatte das Ehepaar keine Badebekleidung dabei?
2 Welches Problem hatte das Ehepaar mit dem Strand? Welche Konsequenzen hatte das?
3 Wie viel Prozent des Reisepreises möchte das Paar erstattet bekommen?

2 Nichts als Meckerei. Klären Sie die Bedeutung der folgenden Wörter mit einem Wörterbuch. Welche Wörter verwendet man eher umgangssprachlich? Kreuzen Sie an.

1 ☐ über etw. maulen
2 ☐ sich über etw./jmdn. empören
3 ☐ über etw./jmdn meckern
4 ☐ an etw./jmdm. Kritik üben
5 ☐ etw./jmdn. kritisieren
6 ☐ motzen
7 ☐ sich über etw./jmdn. beschweren
8 ☐ an etwas herumnörgeln
9 ☐ sich über etw./jmdn. aufregen

Prüfungstraining

Schriftlicher Ausdruck

Wählen Sie zuerst zwischen Aufgabe A oder Aufgabe B. Entscheiden Sie schnell, denn die Zeit ist begrenzt auf 30 Minuten!

Aufgabe A: Bitte um Unterstützung

Sie haben Ärger mit einem Kollegen / einer Kollegin im Projektteam. Sie empfinden die Zusammenarbeit als wenig kooperativ und unzuverlässig.

Schreiben Sie eine E-Mail an Ihre/n Vorgesetzte/n.

Behandeln Sie darin entweder
a) mindestens drei der folgenden Punkte
oder
b) mindestens zwei der folgenden Punkte und einen weiteren Aspekt Ihrer Wahl.

- Erklären Sie, was Sie an der Situation stört.
- Beschreiben Sie, was Sie bereits versucht haben, um die Situation zu verbessern.
- Beschreiben Sie, was Sie jetzt von Ihrem/Ihrer Vorgesetzten erwarten.
- Beschreiben Sie, was Sie tun, wenn sich die Situation nicht deutlich verbessert.

Schreiben Sie mindestens 150 Wörter.

Aufgabe B: Beschwerde

Sie haben zwei Wochen Urlaub in den Alpen gemacht. Leider waren Sie sehr enttäuscht über das Hotel und Sie haben sich oft über den Service geärgert.

Schreiben Sie einen Brief an den Reiseveranstalter.

Behandeln Sie darin entweder
a) mindestens drei der folgenden Punkte
oder
b) mindestens zwei der folgenden Punkte und einen weiteren Aspekt Ihrer Wahl.

- Beschreiben Sie, was Sie erwartet hätten.
- Beschreiben Sie, was Sie im Urlaub erlebt haben.
- Erklären Sie, was Sie nun von Ihrem Reiseveranstalter erwarten.
- Beschreiben Sie, was Sie tun, falls Sie keine Antwort bekommen.

Schreiben Sie mindestens 150 Wörter.

8 Lebenslanges Lernen

offen   ordentlich   natürlich   kreativ   schüchtern
ehrgeizig   aggressiv   herzlich   spontan   tierlieb
sensibel   zuverlässig   tolerant   zielstrebig   kühl
teamfähig   unsicher   naturverbunden   arrogant
selbstsicher   dynamisch   impulsiv   neugierig
hilfsbereit   kommunikativ   diszipliniert   fleißig

A Stärken und Schwächen

1a Sehen Sie die Fotos an. Wie wirken die Leute? Beschreiben Sie mit Hilfe der Adjektive.

> **Redemittel**
>
> Ich glaube, der Mann / die Frau / … auf Foto … ist ziemlich …
> Ich habe den Eindruck, dass die Person auf … ein … Typ ist. Mir kommt/
> kommen der Mann / die Kinder … vor.
> Der Mann / Die Frau wirkt auf mich sehr/ziemlich/ein bisschen …

1b Wählen Sie vier Adjektive aus der Collage. Sind diese Eigenschaften eher Stärken oder Schwächen? Diskutieren Sie.

> Dass jemand ehrgeizig ist, halte ich für eine Stärke.

> Das kommt darauf an. Wenn jemand zu ehrgeizig ist, kann das auch anstrengend sein.

> Ich finde, tolerant zu sein, ist auf jeden Fall eine Stärke.

Sie lernen

- Charaktereigenschaften beschreiben
- über die eigene Entwicklung und Lernerfahrungen berichten
- über Weiterbildung und berufliche Ziele sprechen
- Leistungen darstellen, Ziele äußern, etwas einfordern
- Finalsätze (Wdh.); Finalsätze mit *dazu/dafür*
- Infinitiv mit *zu* (Wdh.); Infintivsätze im Perfekt

2a Berufliche Veränderung. Lesen Sie den Ratgeberartikel und ordnen Sie die Überschriften den Textabschnitten zu.

1 Alles hat zwei Seiten
2 Weniger Geld und trotzdem glücklich
3 Mut zur Veränderung
4 Bewusst trainieren
5 Unterstützung suchen

Ratgeber Beruf / Nr. 6 / 2015

Nur wer sich kennt, kann sich verändern

☐ Martin Zille war schon vor seinem 30. Geburtstag ein erfolgreicher Manager. „Das Wichtigste war damals, immer zu tun, was
5 die Firma von mir erwartete. Aber irgendwann machte mir die Arbeit einfach keinen Spaß mehr." Mit Hilfe einer Personalberaterin begann Herr Zille, über
10 seine Stärken und Schwächen nachzudenken. Er entschied sich, etwas ganz Neues zu beginnen. Heute konzipiert er Seminare für Führungskräfte.

☐ Fünf Jahre war Friederike Maier für einen Mobilfunkbe-
15 treiber im Vertrieb tätig. Dann ließ sie sich von einem Coach beraten. „Schon als Kind habe ich es geliebt, Sport zu treiben. Aber nach dem Studium habe
20 ich mich auf meine finanzielle Sicherheit konzentriert und hatte das völlig vergessen."
Heute ist Frau Maier Trainerin in einem Ruderzentrum in Innsbruck. Sie verdient die Hälfte ihres
25 früheren Gehalts, aber das stört sie nicht.

☐ Aufgrund unserer Stärken und Kompetenzen haben wir in unserem Leben die Chance, private und berufliche Ziele zu erreichen. Zugleich stehen uns unsere Schwächen oft im Weg. Aber was sind
30 meine Stärken? Und was kann und will ich mit ihnen erreichen? Im hektischen Alltag vermeiden es viele, sich diese komplizierten Fragen zu stellen. Oft ist es schwer, die Antworten ganz allein herauszufinden. Deshalb ist es ratsam, sich Unterstüt-
35 zung zu holen.

☐ Dass sich hinter einer sogenannten Schwäche oft eine Stärke versteckt, ist mehr als ein Gerücht. Nur wer seine Schwächen kennt, kann beurteilen, ob sie ihn wirklich behindern. Denn wenn man ge-
40 nauer hinschaut, kann eine Schwäche auch eine Stärke sein. Und ebenso kann das, was man als Stärke ansieht, auch Nachteile haben. Wer eloquent und spontan reden kann, spricht vielleicht manchmal zu viel. Wer für einen Arbeitsschritt zum Beispiel viel
45 Zeit benötigt, ist nicht nur langsam, sondern oft auch gründlich und gewissenhaft.

☐ Es ist eine Illusion, in allem perfekt zu sein. Wenn einen etwas stört und behindert und man seine Schwächen kennt, fällt es viel leichter, diese zu be-
50 kämpfen. Durch gezieltes Training haben schon viele Menschen ihr Lampenfieber, ihre Unsicherheit, ihre Nervosität, Ungeduld, Aggressivität oder Schüchternheit überwunden.

2b Lesen Sie den Text noch einmal und markieren Sie die Infinitivsätze.

3 Was fällt Ihnen leicht? Was fällt Ihnen schwer? Berichten Sie.

> Mir fällt es leicht, vor Publikum zu sprechen.

Memo

Infinitiv mit *zu*
Ein Infinitiv mit *zu* steht nach bestimmten Verben (z. B. *beginnen, vermeiden, versuchen*), Nomen (z. B. *Illusion*) oder Adjektiven – oft in der Kombination *es ist* + Adjektiv (z. B. *es ist ratsam*).
In Infinitivsätzen ist das Subjekt im Haupt- und Nebensatz gleich.
Infinitivsätze entsprechen oft einem Nebensatz mit *dass*.
Er hat Angst, dass er die Prüfung nicht besteht.
Er hat Angst, die Prüfung nicht zu bestehen.

4 Könnten auch Sie sich größere berufliche Veränderungen vorstellen oder kennen Sie solche Fälle? Tauschen Sie sich aus.

B Zum Lernen ist es nie zu spät

1a Was könnten diese Personen tun? Lesen Sie und sammeln Sie Vorschläge.

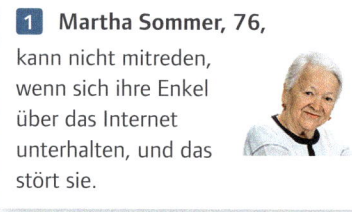

1 Martha Sommer, 76, kann nicht mitreden, wenn sich ihre Enkel über das Internet unterhalten, und das stört sie.

2 Petra Mayring, 33, hat in ihrem Verein ein neues Amt übernommen und muss jetzt häufiger vor Publikum sprechen. Sie ist jedes Mal schrecklich nervös dabei. Nun will sie etwas dagegen tun.

3 Hans Wagner, 56, restauriert alte Motorräder und sucht Gleichgesinnte. Deshalb möchte er sein Hobby auf einer Webseite präsentieren. Leider weiß er nicht, wie man so etwas macht.

> An Frau Sommers Stelle würde ich …

1b Lernen an der Volkshochschule. Lesen Sie die Kursbeschreibungen und finden Sie einen passenden Kurs für jede Person in 1a. Ordnen Sie zu.

www.vhs-neustadt.to/kurse/suche/edv+rhetorik

Home | Programm | Suche | Kontakt

VHS Neustadt

Ihre Suchergebnisse:

A Kurs 17a **Sicher durchs Netz** anmelden →

Müssen wir Angst vor dem Internet haben? In diesem Kurs lernen Sie die Risiken der alltäglichen Internetnutzung für Ihre Privatsphäre kennen und erfahren, wie Sie Ihren PC sichern können. Wir informieren über richtiges Verhalten im Internet und geben Tipps, damit Sie sich sicher im Internet bewegen können, ohne die Kontrolle über Ihre privaten Daten zu verlieren.
Mag. Dieter Benesch; Fr. 11.09.: 18.00–21.00 + Sa. 12.09.: 10.00–16.00; Raum 2.06

B Kurs 17b **Einführung in CMS** anmelden →

Ihnen fehlt das nötige Basiswissen, um Ihr Hobby oder Ihre Geschäftsidee im Internet attraktiv zu präsentieren? In diesem Kurs stellen wir Ihnen mit Content Management Systemen (CMS) Werkzeuge vor, mit denen Sie Ihre eigene Webseite erstellen und aktualisieren können. Dabei unternehmen Sie erste praktische Versuche mit einem gängigen CMS und stellen Ihre Inhalte online.
Mag. Dieter Benesch; 4 Termine ab 03.09.; Do. 18.00–20.30; Raum 2.06

C Kurs 56c **Sicher auftreten, selbstbewusst sprechen** anmelden →

Bei offiziellen Anlässen oder bei öffentlichen Auftritten sicher zu agieren, fällt vielen Menschen sehr schwer. Dieses Wochenendseminar dient dazu, Ihr persönliches Auftreten zu verbessern. Wir zeigen Ihnen Strategien, um Ängste oder Lampenfieber abzubauen und das Vertrauen in die eigenen Fähigkeiten zu stärken.
Dr. Renate Hallschlag; Sa. 19.09.: 10.00–18.00 + So. 20.09.: 11.00–15.00; Raum 4.32

D Kurs 17c **Internet für Junggebliebene** anmelden →

Wie funktionieren Webseiten und E-Mail-Programme? Was ist eigentlich Facebook? Und wozu brauche ich das alles? Um den PC und das Internet aktiv für sich zu nutzen, ist nur wenig Basiswissen nötig. Dieser Kurs richtet sich an Seniorinnen und Senioren ohne Vorkenntnisse, die sich nicht zu alt fühlen, noch etwas Neues zu lernen. Sie lernen die wichtigsten Funktionen moderner Kommunikation kennen, damit Sie immer „up to date" sind.
Dipl.-Ing. Friedrich Kaul; 6 Termine ab 08.09.; Di 11.00–14.00; Raum 2.06

E Kurs 87d **Präsentationstechniken und Rhetorik** anmelden →

Sie möchten bei Vorträgen und Präsentationen authentisch und selbstbewusst auftreten? Kein Problem! Dazu lernen Sie im ersten Modul „Rhetorik" mit Hilfe von Übungen zu Kommunikationsregeln, Körpersprache und Stimme, Ihren eigenen Gedanken und Ansichten wirkungsvoll Ausdruck zu verleihen. Im Modul „Präsentationstechniken" zeigen wir Ihnen den Umgang mit verschiedenen Werkzeugen zur überzeugenden Visualisierung Ihrer Präsentation.
Martina Schringe (Theaterpädagogin und Coach); 5 Termine ab 09.09.; Mi. 17.00–20.00; Raum 0.16

2a Arbeiten Sie zu zweit. Lesen Sie das Kursprogramm noch einmal und markieren Sie die Ziele der Kurse.

2b Wozu besuchen die Personen die Kurse? Schreiben Sie jeweils einen Satz. Entscheiden Sie dabei, was passt: *damit*, *um … zu* oder *zum/zur*?

1 Herr Wagner: Der Erwerb von Grundkenntnissen in Webdesign.
2 Frau Mayring: Ihre Nervosität beim Sprechen vor Publikum soll aufhören.
3 Frau Sommer: Sie will sich mit ihren Enkeln über das Internet unterhalten.

> Herr Wagner besucht den Kurs zum …

3a Lesen Sie die Sätze. Was ist das Ziel, was ist das Mittel? Markieren Sie in verschiedenen Farben.

1 Sie möchten künftig das Internet aktiv nutzen? Dazu erklären wir Ihnen alles Schritt für Schritt.
2 Sie möchten bei Vorträgen selbstbewusst auftreten? Dazu lernen Sie bei uns die Regeln guter Rhetorik.
3 Herr Wagner will sein Hobby in der Öffentlichkeit präsentieren. Dafür braucht er eine Webseite.

3b Lesen Sie die Regel und formulieren Sie Sätze mit *dazu/dafür*.

1 Herr Höhner besucht einen Englischkurs, um seine Sprachkenntnisse zu verbessern.
2 Frau Trögel macht einen Fitnesskurs, um eine bessere Kondition zu bekommen.
3 Herr Schmitz nimmt an einem Rhetorikkurs teil, um seine Unsicherheit zu überwinden.

> **Regel**
>
> ***dazu/dafür***
> Die Finaladverbien *dazu/dafür* beschreiben ein Mittel zu einem bestimmten Ziel oder Zweck. Sie werden synonym verwendet. Sätze mit *dazu/dafür* stehen immer nach dem Satz, der das Ziel beschreibt.

> Herr Höhner möchte seine Sprachkenntnisse verbessern. Dazu …

4a Drei Erfahrungsberichte. Hören Sie und notieren Sie Informationen zu einer der Personen (Wer? Gründe für den Kursbesuch? Lernerfolge?). Stellen Sie die Person dann im Kurs vor.

4b Wer sagt was? Hören Sie noch einmal und notieren Sie: Fr. Sommer, Fr. Mayring, Hr. Wagner.

1 Heute denke ich, zu faul gewesen zu sein. ....
2 Ich bin schon ein bisschen stolz, den Kurs gemacht zu haben. ....
3 Jetzt bin ich froh, entspannter und lockerer zu sein. ....

4c Lesen Sie die Regel und ordnen Sie die Sätze aus 4b zu.

> **Regel**
>
> **Infinitivsätze im Präsens und Perfekt**
> Infinitivsätze gibt es für zwei Zeitstufen. Wenn die Handlungen im Hauptsatz und Infinitivsatz gleichzeitig stattfinden, benutzt man *zu* + Infinitiv (Infinitivsatz im Präsens) (Satz ☐).
> Wenn die Handlung im Infinitivsatz vor der Handlung im Hauptsatz stattgefunden hat, benutzt man Partizip II + *zu* + *haben/sein* (Infinitivsatz im Perfekt) (Satz ☐ und ☐)

4d Was sagt Frau Mayring? Bilden Sie Infinitivsätze im Perfekt.

1 Ich finde es nur schade, dass ich nicht früher auf diese Idee gekommen bin.
2 Ich bin sehr erleichtert, dass ich endlich meine Unsicherheit überwunden habe.
3 Ich denke gar nicht mehr daran, dass ich früher so unsicher war.

5 Haben Sie schon einmal einen Kurs oder eine Weiterbildung besucht? Berichten Sie von Ihren Erfahrungen.

C Beruflich weiterkommen

1a Sehen Sie die Broschüre und das Foto an. Worüber sprechen die Personen? Sammeln Sie Vermutungen.

> Vielleicht besprechen sie den Urlaubsplan.

> Oder der Mann möchte eine Gehaltserhöhung.

1b Hören Sie das Gespräch und machen Sie Notizen zu den Fragen.

1. Welche Berufe haben die Personen?
2. Was möchte Herr Tahiri?

1c Hören Sie das Gespräch noch einmal und lesen Sie mit. Welche Fortbildung möchte Herr Tahiri machen und welche Probleme sieht Frau Dr. Akay? Unterstreichen Sie.

Dr. Akay: So, Herr Tahiri. Kommen Sie mit in mein Büro. Es freut mich, dass wir die Zeit finden, uns einmal über Ihre Zukunftspläne zu unterhalten.

Hr. Tahiri: Danke, dass Sie sich für mich Zeit genommen haben, Frau Dr. Akay.

Dr. Akay: Seit wann sind Sie denn schon Krankenpfleger? Seit mindestens einem Jahr, oder?

Hr. Tahiri: 15 Monate! Und seit sieben Monaten arbeite ich auf der Intensivstation.

Dr. Akay: Ich glaube, ich weiß schon, worauf Sie hinauswollen … Es geht um Ihre Weiterbildung?

Hr. Tahiri: Ja, ich möchte gern die Fortbildung zum Fachkrankenpfleger für Intensivpflege und Anästhesie machen.

Dr. Akay: Sie wissen, dass das eine wirklich anspruchsvolle Ausbildung ist? Verstehen Sie mich bitte nicht falsch, ich weiß Ihre Arbeit sehr zu schätzen. Ihr Ruf auf der Station ist unter uns Ärzten bestens, und die Oberschwester ist mit Ihrer Arbeit ebenfalls sehr zufrieden. Natürlich möchte ich Sie gern in Ihrem Vorhaben unterstützen, Herr Tahiri! Aber es gibt da Bestimmungen …

Hr. Tahiri: Also, ich habe gehört, dass sechs Monate praktische Arbeit auf der Intensivstation eine Voraussetzung sind, um den Antrag für die Fortbildung zu stellen. Und diese Voraussetzung erfülle ich. Außerdem macht mir die Arbeit dort wirklich Freude, und ich würde gern mehr Verantwortung übernehmen.

Dr. Akay: Ich finde es toll, wenn jemand so motiviert ist wie Sie, und ich möchte Sie natürlich gern fördern und unterstütze Ihre Pläne. Aber zuerst muss ich Ihnen noch erklären, wie das in unserem Krankenhaus abläuft. Hier zählen nicht nur die gesetzlichen Bestimmungen. Es gibt nämlich die Regelung – und das ist Ihnen vielleicht noch nicht bekannt –, dass man zwei Jahre Berufserfahrung vorweisen muss, bevor man einen Antrag für eine Fortbildung stellen kann. So sind unsere Richtlinien, und an die muss ich mich halten.

Hr. Tahiri: Oh … Das hatte ich mir irgendwie anders vorgestellt.

Dr. Akay: Bitte lassen Sie sich davon nicht frustrieren. Ich bin sicher, dass wir eine Lösung finden werden. Also, ich mache Ihnen einen Vorschlag …

2a Hören Sie das Ende des Gesprächs. Was ist das Ergebnis? Berichten Sie.

2b Wie beurteilen Sie den Verlauf des Gesprächs? War Herr Tahiri erfolgreich? Diskutieren Sie.

> Herr Tahiri hat erreicht, was er wollte.

> Nein, an seiner Stelle wäre ich jetzt enttäuscht.

3 Wortverbindungen. Suchen Sie die Wortverbindungen im Text in 1c und verbinden Sie.

1 einen Vorschlag
2 einen Antrag
3 Voraussetzungen
4 Verantwortung
5 sich an die Richtlinien
6 Berufserfahrung

a halten
b übernehmen
c machen
d stellen
e vorweisen
f erfüllen

4 Herr Tahiri berichtet einem Freund über das Gespräch. Schreiben Sie seine E-Mail.

```
An:     manuel_funke@b-online.de
Betr.   Mitarbeitergespräch

Lieber Manuel,

heute hatte ich mein erstes Mitarbeitergespräch mit Frau Dr. Akay, meiner Vorgesetzten. Ich habe ihr gesagt, dass …
```

5 Arbeiten Sie zu zweit. Lesen Sie die Rollenkarten und schreiben Sie einen Dialog mit Hilfe der Redemittel. Präsentieren Sie den Dialog dann im Kurs.

A Mitarbeiter/in
Sie arbeiten seit drei Jahren erfolgreich in einem großen Lebensmittelmarkt in der Abteilung für Obst und Gemüse und sind zuständig für den Einkauf auf dem Großmarkt. Sie möchten sich zum Abteilungsleiter weiterbilden. Die Ausbildung dauert ein Jahr und schließt mit einer Prüfung ab. In dieser Zeit würden Sie öfter wegen Schulungstagen fehlen.

B Filialleiter/in
Sie sind Filialleiter/in bei einem großen Lebensmittelmarkt. Sie haben zu wenig Personal und es ist schwer, gute Mitarbeiter zu finden. Nach den Richtlinien der Firma muss man mindestens vier Jahre im Unternehmen arbeiten, um Abteilungsleiter zu werden.

Redemittel	
Leistung darstellen	Ich bin seit … Jahren bei … / arbeite in der Abteilung / in dem Bereich … Ich bin verantwortlich/zuständig für … Ich bin sehr zuverlässig/engagiert/verantwortungsbewusst …
Ziele formulieren	Ich möchte mehr Verantwortung übernehmen. / Es ist mir wichtig, beruflich weiterzukommen / mich weiterzubilden. / Ich möchte an … teilnehmen / um eine Gehaltserhöhung/Beförderung bitten.
Probleme formulieren	Ich verstehe Ihren Wunsch, aber … / Mitarbeiter können nur …, wenn … Ich weiß, dass Sie ein guter Mitarbeiter sind. / Ich schätze Ihre Arbeit sehr, …
einen Vorschlag machen	Was halten Sie davon, wenn … / von folgender Idee: …

D Alte Weisheiten

1 Arbeiten Sie zu zweit. Was könnten diese Sprichwörter bedeuten? Lesen Sie und ordnen Sie zu.

a ☐ Um gut zu werden, muss man immer wieder trainieren oder lernen.
b ☐ Nur wer viel arbeitet, wird auch belohnt.
c ☐ Wer hartnäckig in kleinen Schritten sein Ziel verfolgt, hat am Ende Erfolg.
d ☐ Manchmal ist es besser, nicht zu sprechen, bzw. nicht mit jedem über jedes Thema.
e ☐ Es lohnt sich, früh aufzustehen.
f ☐ Man soll nicht für sein Examen studieren, sondern um später gut zurechtzukommen.
g ☐ Was man als Kind nicht gelernt hat, lernt man auch als Erwachsener nicht.
h ☐ Während der Ausbildung muss man tun, was die Vorgesetzten sagen.
i ☐ Es kommt nicht so sehr darauf an, was man macht, sondern wie man es macht.

2 Gibt es in Ihrer Sprache ähnliche Sprichwörter? Berichten Sie.

3 Welches Sprichwort halten Sie selbst für richtig und welches für falsch? Tauschen Sie sich aus.

> Also für mich persönlich ist das …

> Das Sprichwort … ist doch total altmodisch. Heutzutage …

Kurz und bündig

Kommunikation

Charaktereigenschaften beschreiben

Ich glaube, dass … ein offener/fröhlicher/schüchterner/arroganter/… Typ ist.
Der Mann / die Frau wirkt auf mich ein bisschen/ziemlich/sehr natürlich/teamfähig/…
Dass jemand zuverlässig/neugierig/spontan/… ist, halte ich für eine Stärke/Schwäche.
Wenn jemand zu selbstsicher/ehrgeizig/… ist, kann das auch unangenehm/anstrengend/… sein.

über die eigene Entwicklung und Lernerfahrungen berichten

Durch den Kurs / die Ausbildung / Fortbildung kann ich jetzt besser …
Ich hatte immer Prüfungsangst/Lampenfieber / … / Ich wollte schon immer einmal lernen, … zu …
Dann habe ich … / Das hat sich gelohnt! / Ich hätte das Seminar / den Kurs viel früher machen sollen. /
Ich bin sehr froh/stolz/…, den Kurs / … gemacht zu haben.

über Weiterbildung und Ziele sprechen

In meiner neuen Arbeit muss ich vor Publikum sprechen / … Dafür mache ich eine Weiterbildung.
Ich möchte beruflich vorankommen / etwas Neues lernen / … Deshalb besuche ich den Kurs …
Ich möchte den Kurs / das Seminar / den Workshop … besuchen, damit …

Leistungen darstellen und Ziele formulieren

Ich bin/arbeite jetzt seit … im Unternehmen / in der Firma/Abteilung. / Ich bin verantwortlich/zuständig
für … / Ich möchte/würde gern die Fortbildung zum/zur Fachkrankenpfleger/in / Abteilungsleiter/in / …
machen / mehr Verantwortung übernehmen / um eine Gehaltserhöhung/Beförderung bitten.

Grammatik

Finalsätze und finale Konnektoren

Finale Konnektoren beschreiben einen Zweck oder ein Mittel, um ein Ziel zu erreichen. *Um … zu*, *damit*
und die Nominalisierung mit *zum/zur* beziehen sich auf den Zweck (das Ziel). Die Finaladverbien *dazu/
dafür* beschreiben das Mittel. Sätze mit *dazu/dafür* sind immer nachgestellt.

Infinitivsatz mit *um … zu*:	Sie lernt viel, um das Zertifikat zu bekommen.
Nebensatz mit *damit*:	Die Firma zahlt den Kurs, damit sie das Zertifikat bekommt.
Nominalisierung mit *zum/zur*:	Zum Erstellen meiner Webseite benutze ich ein CMS.
Adverbien *dazu/dafür*:	Ich möchte Chinesisch lernen. Dazu/Dafür besuche ich einen Sprachkurs.

Infinitiv mit *zu*

Ein Infinitiv mit *zu* steht nach bestimmten Verben, Nomen und Adjektiven. Infinitivsätze ersetzen oft einen
Nebensatz mit *dass*. Bei Infinitiv mit *zu* ist das Subjekt in Haupt- und Nebensatz gleich.

Es ist eine gute Entscheidung, dass ich den Kurs besucht habe.
Es ist eine gute Entscheidung, den Kurs besucht zu haben.

Infinitivsätze können sich auf zwei Zeitstufen beziehen.

Infinitiv Präsens:	Die Handlungen im Hauptsatz und Infinitivsatz passieren gleichzeitig:
	→ Es ist gut, diesen Kurs zu belegen. / Es war gut, diesen Kurs zu belegen.
Infinitiv Perfekt:	Die Handlung im Infinitivsatz passiert vor der Handlung im Hauptsatz:
	→ Es ist gut, diesen Kurs belegt zu haben. / Es ärgert mich, so ängstlich gewesen zu sein.

8 Übungen

A Stärken und Schwächen

1a Charaktereigenschaften. Beschreiben Sie die drei Fotos. Welche Adjektive aus 1a auf S. 126 passen? Notieren Sie und ergänzen Sie weitere. Arbeiten Sie mit dem Wörterbuch.

....
....
....
....

1b Berufswünsche. Welche Eigenschaften finden Sie für diese Berufe vorteilhaft, welche eher nicht? Lesen Sie die Statements und schreiben Sie wie im Beispiel. Verwenden Sie dabei jeweils mindestens vier Adjektive (von S. 126 sowie Ihrer Wahl).

1 Alima: Ich glaube, Dolmetscherin wäre ein guter Beruf für mich. Ich liebe fremde Länder und Kulturen und spreche fünf Sprachen.

2 Bastian: Friseur war schon von klein auf mein Traumberuf – vielleicht weil mein Vater einen eigenen Friseursalon hat.

3 Lisa: Ich träume davon, später viel Verantwortung zu tragen, auch in finanzieller Hinsicht. Deswegen könnte ich mir vorstellen, Managerin in einem großen Unternehmen zu werden.

4 Marlene: Ich möchte Tänzerin werden. Als Kind hatte ich viele Jahre Ballettunterricht. Inzwischen mag ich modernen Tanz lieber und übe täglich mehrere Stunden. Irgendwann mal in einem großen Theater zu tanzen ... das wäre ein Traum!

5 Matthias: Mein Plan ist, Medizin zu studieren. Bio ist mein Lieblingsfach, und da ich viel Sport treibe, finde ich Sportmedizin besonders spannend.

Ich glaube, dass man als Dolmetscher/in ein selbstsicherer und kommunikativer Typ sein muss. Unkonzentriert und unsicher zu sein, wäre in diesem Beruf eine Schwäche.

2a Infinitiv mit *zu*. Lesen Sie die Tabelle und ordnen Sie die Wörter den Kategorien zu.

Infinitivsätze mit *zu* stehen nach bestimmten …		
1 Verben	2 Nomen	3 Adjektiven
anfangen, …	eine Entscheidung (treffen), …	interessant …

Memo

Nach Modalverben und den Verben *sehen* und *hören* steht der Infinitiv immer ohne *zu*.
Ich höre ihn lachen.

1 empfehlen
2 (sich) entscheiden
3 schwierig
4 die Chance (haben)
5 stolz (darauf)
6 verantwortlich (dafür)
7 den Plan (haben)
8 wichtig
9 befürchten
10 aufhören
11 praktisch
12 ein Risiko (sein)

2b Ratschläge einer Berufsberaterin. Lesen Sie und ergänzen Sie den Infinitiv mit oder ohne *zu*.

Wenn man mit seinem Beruf unzufrieden ist, ist es schwer, sich für einen neuen Beruf __zu entscheiden__.¹ (*entscheiden*). Ich empfehle Ihnen deshalb, eine Liste mit Ihren Stärken und Schwächen _____² (*erstellen*). Vor einem Berufswechsel sollten Sie sich unbedingt Gedanken über Ihre Gehaltswünsche _____³ (*machen*). Es ist ratsam, die beruflichen Wünsche oder Träume mit einem Personalberater oder Coach _____⁴ (*besprechen*). Außerdem ist es gut, auch Freunde über Ihre Pläne _____⁵ (*informieren*). Ihre Freunde kennen Sie gut und sind sicher gern bereit, Ihnen mit guten Ratschlägen _____⁶ (*helfen*).

Martha Siebert, Berufsberaterin

3a *Dass*-Sätze. Welche der folgenden Sätze können Sie mit Infinitiv mit *zu* ausdrücken? Kreuzen Sie an.

1 ☐ Andrea hofft, dass sie schnell eine neue Stelle findet.
2 ☐ Es ist schade, dass Marie und Lisa nicht kommen können.
3 ☐ Ich freue mich darauf, dass ich Sie morgen sehe.
4 ☐ Ich wünsche mir, dass du mehr Zeit für mich hast.
5 ☐ Meine Kollegen hoffen, dass sie mich nächste Woche vertreten können.
6 ☐ Es ist erfreulich, dass sich so viele Menschen für die Stelle interessieren.
7 ☐ Tim hat kein Interesse daran, dass er beruflich etwas Neues macht.
8 ☐ Es ist schön, dass man aus so vielen Berufen auswählen kann.

Memo

In Infinitivsätzen ist das Subjekt in Haupt- und Nebensatz immer gleich. Wenn das Subjekt im Hauptsatz *es* ist, ist das Subjekt im Nebensatz normalerweise *man*.
Es ist ratsam, sich einen Coach zu nehmen.
Es ist ratsam, dass man sich einen Coach nimmt.

Tipp

Infinitiv-Sätze sind meist eleganter, weil sie kürzer sind.

3b Schreiben Sie die markierten Sätze aus 3a mit Infinitiv mit *zu*.

4 Schreiben Sie über sich: Meine Stärken.

- Was sind Ihre persönlichen Stärken?
- Welche Vorteile haben Ihre Stärken im Alltag?
- Welche beruflichen Möglichkeiten bieten sie Ihnen?

B Zum Lernen ist es nie zu spät

1 Etwas Neues lernen. Lesen Sie die Fragen. Hören Sie Frau Winklers Bericht und beantworten Sie die Fragen.

1. Was hat Frau Winkler neben der Kindererziehung gemacht?
2. Warum hat sie sich für einen Italienischkurs entschieden?
3. Welches sprachliche Missverständnis gab es in Italien?
4. Seit wann lernt sie inzwischen Italienisch?

2a Mehrsprachigkeit. Lesen Sie den Artikel und ordnen Sie die Überschriften den Absätzen zu.

1. Es ist nie zu spät
2. Besser mehrere Dinge gleichzeitig tun
3. Weniger vergesslich im Alter
4. Fremdsprachen machen klüger

Das Erlernen einer Fremdsprache ist nicht nur für Reisen und den Beruf vorteilhaft, sondern auch für die Entwicklung des Gehirns. So sind Mehrsprachige besser im Multitasking* als einsprachige Menschen, da sie zwischen den Regeln und Vokabeln der Mutter- und der Fremdsprache wechseln müssen. Das hat eine Untersuchung gezeigt. In einem Fahrsimulator sollten die Teilnehmer während des Autofahrens Aufgaben lösen. Die mehrsprachigen Teilnehmer machten hierbei deutlich weniger Fehler.

Damit aber nicht genug. Auch die Intelligenz erhöht sich beim Fremdsprachenerwerb. Dazu muss man die neue Sprache allerdings regelmäßig sprechen. Größere Intelligenz bedeutet nicht, dass die Gehirnzellen besser oder schneller arbeiten. Zur Verwendung einer Fremdsprache muss aber oft ein völlig neues linguistisches System benutzt werden. Das trainiert das Gehirn. Einsprachige brauchten in der Studie häufig mehr Zeit zum Lösen von Problemen.

Vor allem im Alter kann sich Mehrsprachigkeit positiv auf das Gehirn auswirken: Bei Einsprachigen zeigte sich durchschnittlich mit Anfang 70 eine beginnende Demenz. Bei Menschen, die mehrsprachig leben, lag das Durchschnittsalter bei Mitte 70. Um nicht frühzeitig dement zu werden, sollte man also Fremdsprachen lernen.

Experten sehen das Gehirn wie einen Muskel, der regelmäßig trainiert werden sollte. Das Lernen, Behalten und Verwenden von Vokabeln und Regeln aktiviert unterschiedliche Gehirnareale, die miteinander verknüpft werden, sodass neue Verbindungen entstehen. Dies verbessert auch die allgemeine Gedächtnisleistung. Menschen, die als Erwachsene begonnen haben, eine Fremdsprache zu lernen, berichten häufig, dass sie sich auch alltägliche Informationen besser merken können. Zum Lernen einer Fremdsprache ist man also nie zu alt!

* das Multitasking = die Fähigkeit, mehrere Dinge gleichzeitig zu tun

2b Richtig oder falsch? Lesen Sie den Artikel in 2a noch einmal und kreuzen Sie an. Korrigieren Sie dann die falschen Aussagen.

		richtig	falsch
1	Mehrsprachige Menschen können besser Auto fahren.	☐	☐
2	Die Intelligenz erhöht sich auch, wenn man eine Fremdsprache nur selten spricht.	☐	☐
3	Mehrsprachige Menschen erkranken im Durchschnitt später an einer Demenz.	☐	☐
4	Menschen, die regelmäßig Fremdsprachen sprechen, können sich im Alltag Dinge besser merken.	☐	☐

3 a Nominalisierung mit *zum*. Formen Sie die Sätze um.

1. Um Fremdsprachen zu lernen, ist man nie zu alt.
2. Um Vokabeln zu behalten, muss man viel üben.
3. Er benutzt sein Smartphone, um Texte in der Fremdsprache zu lesen.
4. Um komplizierte Texte zu übersetzen, hat sie ein Wörterbuch gekauft.

1 Zum Lernen von Fremdsprachen ist man nie zu alt.

Memo
Der Infinitiv als Nomen ist immer neutrum.
lesen – *das* Lesen
Bei der Nominalisierung wird das Akkusativobjekt mit *von* + Dativ angehängt.
Texte lesen – das Lesen *von* Texte*n*

3 b Finalsätze. In welchen Sätzen kann man *damit* durch *um … zu* ersetzen? Unterstreichen Sie die Subjekte wie im Beispiel und schreiben Sie Sätze mit *um … zu*, wenn möglich.

1. <u>Herr Geiger</u> besucht einen Yoga-Kurs, damit <u>er</u> fit bleibt.
2. Ich mache mehr Sport, damit mich meine Freundin attraktiver findet.
3. Damit er seine Chancen auf dem Arbeitsmarkt verbessert, macht Georg eine Weiterbildung.
4. Lara macht einen Spanischkurs, damit ihr mexikanischer Freund sie besser versteht.
5. Damit sie in Deutschland besser zurechtkommt, lernt Frau Rahimi Deutsch.
6. Martin spart Geld, damit er in die Karibik fahren kann.

1 Herr Geiger besucht einen Yoga-Kurs, um fit zu bleiben.

Memo
Wenn das Subjekt im Haupt- und Nebensatz gleich ist, kann man *damit* durch *um … zu* ersetzen.

3 c Finaladverbien. Formulieren Sie die Sätze aus 3b mit Hilfe der Finaladverbien *dazu* und *dafür*.

1 Herr Geiger möchte/will fit bleiben. Dafür besucht er einen Yoga-Kurs.
2 Meine Freundin soll …

4 a Lesen Sie den letzten Teil von Frau Winklers Bericht. Markieren Sie die Infinitivsätze im Perfekt und formulieren Sie Nebensätze mit *dass*.

> Ich finde es super, mich damals zu diesem Italienischkurs entschlossen zu haben. Und ich bin dankbar, einen so guten Unterricht gehabt zu haben.

4 b Was sagt Frau Winkler? Bilden Sie Sätze mit dem Infinitiv Perfekt.

1. Ich bin glücklich, dass ich im Italienischkurs so viel gelernt habe.
2. Ich bin froh darüber, dass ich in meinem Kurs so viele nette Leute kennengelernt habe.
3. Ich bin froh, dass ich dieses Jahr wieder in Italien war.
4. Ich bin stolz darauf, dass ich im letzten Urlaub alles auf Italienisch geregelt habe.
5. Ich freue mich, dass ich letztes Mal tatsächlich kaltes Bier bekommen habe.
6. Für mich war es nützlich, dass ich in Deutschland mit Italienern gesprochen habe.
7. Ich finde es gut, dass ich so viele original italienische Gerichte kennengelernt habe.

1 Ich bin glücklich, im Italienischkurs so viel gelernt zu haben.

C Beruflich weiterkommen

1 Die Weiterbildung. Hören Sie den ersten Teil des Gesprächs zwischen Herrn Tahiri und Frau Dr. Akay noch einmal und kreuzen Sie an.

	richtig	falsch
1 Herr Tahiri hat vor anderthalb Jahren seine Ausbildung abgeschlossen.	☐	☐
2 Frau Dr. Akay sagt, dass die Weiterbildung zum Fachkrankenpfleger nicht leicht ist.	☐	☐
3 Herr Tahiri ist auf der Station für seine gute Arbeit bekannt.	☐	☐
4 Herr Tahiri möchte die Fortbildung machen, obwohl er noch nicht auf der Intensivstation gearbeitet hat.	☐	☐
5 Die Regeln im Krankenhaus und die gesetzlichen Regeln sind gleich.	☐	☐
6 Frau Dr. Akay muss die Richtlinien des Krankenhauses respektieren.	☐	☐

2a Wortverbindungen. Ergänzen Sie die Verben in der richtigen Form.

> halten • machen • stellen • übernehmen • nehmen • erfüllen

1 Ich würde gern mehr für Sie tun, aber ich muss mich hier an die Richtlinien *halten*.
2 Anna hat für das Projekt die gesamte Verantwortung ....
3 Den Antrag haben wir schon letzten Monat .... Wir warten noch auf Antwort.
4 So eine schwierige Entscheidung! Fast alle Bewerber .... die Voraussetzungen.
5 Ich möchte mir mehr Zeit für Weiterbildungen ....
6 Wir .... Ihnen einen Vorschlag: Sie beginnen nächstes Jahr mit der Weiterbildung.

2b Suchen Sie die jeweils passende Wortverbindung aus 2a und ergänzen Sie die Sätze.

1 Können wir das individuell regeln? – Nein, leider muss ich mich da *an die Richtlinien halten*.
2 Hat deine Chefin dir ....? – Ja, sie bezahlt die Fortbildung, wenn ich noch mindestens drei Jahre bleibe.
3 Du siehst gestresst aus! – Ja, ich sollte mir morgens mehr ....
4 Hast du schon ....? – Ja, ich habe die Unterlagen vor einer Woche losgeschickt.
5 Würdest du als Pfleger auf der Intensivstation arbeiten? – Vielleicht. Aber man muss in dem Job extrem viel ....
6 Hast du die neue Stelle bekommen? – Ja. Toll, oder? Und das, obwohl ich nicht alle ....

3 Wählen Sie eine Situation und schreiben Sie mit Hilfe des Schemas und der Redemittel auf S. 131 ein Mitarbeitergespräch.

Gehaltserhöhung *Beförderung* *drei Monate Sonderurlaub*

Sie …
… begrüßen Ihren Chef / Ihre Chefin
… stellen Ihre Leistung dar
… formulieren Ihr Ziel
… nennen ein Pro-Argument
… machen einen Vorschlag zur Einigung
… bedanken und verabschieden sich

Ihr Chef / Ihre Chefin …
… begrüßt Sie
… erklärt, dass er/sie Ihre Arbeit sehr schätzt
… kann Ihnen leider nicht helfen, weil …
… nennt ein Gegenargument
… akzeptiert Ihren Vorschlag (nicht)
… verabschiedet sich

4a Eine Satire. Lesen Sie die Ratschläge und ordnen Sie jedem Thema die passende Regel zu.

a ☐ Weiterbildung
b ☐ tägliche Routine
c ☐ Umgang mit Kollegen und Vorgesetzten
d ☐ berufliche Veränderung
e ☐ Vermischung von Beruflichem und Privatem
f ☐ gemeinsame Unternehmungen

Sechs pechschwarze Regeln für ein depressives Berufsleben

1. Setzen Sie sich bitte auf keinen Fall Ziele! Wozu denn die Mühe? Lassen Sie sich lieber vom Alltag treiben – und wenn Sie Glück haben, haben Sie in 20 Jahren noch exakt die gleichen Arbeitsabläufe wie jetzt. Abwechslung würde hier nur verwirren!

2. Geben Sie Ihren Kollegen und Vorgesetzten in regelmäßigen Abständen Tipps, wie sie ihre Arbeit besser machen können. Nehmen Sie sich hierfür Zeit und gehen Sie auf Ihr Gegenüber ein. Erklären Sie, dass das natürlich keine Kritik sei, sondern eher eine kostenlose Beratung. Alle werden dann sicher noch lieber mit Ihnen zusammenarbeiten.

3. Zeigen Sie niemals Interesse an Fortbildungen. Das bringt doch sowieso nichts! Was vor 20 Jahren geklappt hat, klappt auch heute noch. Schließlich haben Sie das doch schon immer so gemacht!

4. Wechseln Sie selbst in der tiefsten Depression niemals Ihren Arbeitgeber oder Ihre Position, auch wenn die Arbeit Sie noch so unglücklich macht! Denken Sie, woanders wäre es besser? Eben! Und immerhin wissen Sie doch beim alten Arbeitgeber, was Sie erwartet.

5. Nehmen Sie auf keinen Fall an Veranstaltungen wie Betriebsausflügen teil! Diese neue Mode ist vollkommen unnütz! Warum man ein gutes Verhältnis mit seinen Kollegen haben sollte, versteht wirklich kein Mensch.

6. Nehmen Sie sich so viel Arbeit wie möglich mit nach Hause. Trennen sollte man vielleicht Kohlenhydrate und Proteine, aber niemals Berufs- und Privatleben! Machen Sie Ihren Job auch zum Lieblingsthema bei Freunden und Familie. Das kommt immer gut an.

4b Synonyme. Lesen Sie den Text noch einmal und verbinden Sie.

1 sich Ziele setzen
2 sich vom Alltag treiben lassen
3 auf sein Gegenüber eingehen
4 an etw. Interesse zeigen
5 klappen
6 ein gutes Verhältnis zu jmdm. haben
7 Berufs- und Privatleben trennen
8 etw. zum Thema machen

a sich für etw. interessieren
b persönliche und berufliche Dinge auseinanderhalten
c Pläne formulieren und verfolgen
d den Tag nicht planen, sondern spontan reagieren
e über etw. sprechen
f funktionieren
g mit jmdm. gut zurechtkommen
h dem Gesprächspartner gut zuhören und auf seine Aussagen reagieren

4c Schreiben Sie sechs goldene Regeln für ein erfülltes Berufsleben. Berücksichtigen Sie auch Ihre persönlichen Erfahrungen.

Textbausteine

Besonders empfehlenswert/wichtig ist …
Man sollte unbedingt … / auf keinen Fall vergessen, …
Die Erfahrung hat mir gezeigt, dass …

8 D Alte Weisheiten

1a Sprichwörter. Ergänzen Sie. Überprüfen Sie dann Ihre Lösungen mit den Sprichwörtern in Aufgabe 1 auf S. 132.

1. Was .....Hänschen..... nicht lernt, lernt Hans nimmermehr.
2. Ohne Fleiß kein ....
3. Lehrjahre sind keine ....
4. Steter .... höhlt den Stein.
5. Der frühe Vogel fängt den ....
6. Reden ist Silber, Schweigen ist ....
7. Für das Leben, nicht für die .... lernen wir.

1b Welches Sprichwort passt zu welcher Situation? Lesen Sie und ordnen Sie zu.

a ☐ Ich erzähle Lisa seit vier Wochen, dass sie mehr für Ihre Führerscheinprüfung lernen muss, aber sie hat ja angeblich nie Zeit. Heute hat sie angerufen und erzählt, dass sie durchgefallen ist. Das tut mir natürlich leid, aber das ist ja auch kein Wunder, wenn sie nie etwas dafür getan hat.

b ☐ Ich nehme immer schon die erste U-Bahn am Morgen, wenn ich zur Arbeit fahre. Da muss ich zwar sehr früh aufstehen, aber dafür bekomme ich einen Sitzplatz.

c ☐ Ritas neuer Freund hat mit ihr Schluss gemacht. Sie ist einfach zu eifersüchtig. Ich habe ihr das schon gesagt, als wir noch Teenager waren. Aber wenn sie das mit Mitte dreißig immer noch ist, wird sie es nicht wohl nicht mehr ändern können.

d ☐ Mein Mathelehrer hat immer gesagt, dass wir im Unterricht besser aufpassen sollten, weil man mathematisches Wissen auch für den Alltag braucht. Wenn man im Supermarkt Preise vergleicht zum Beispiel. Oder wenn man die Wohnung renovieren möchte, da muss man ja die Menge der Tapete berechnen können. Vermutlich hat er recht, aber ich fand Mathe trotzdem langweilig.

e ☐ Immer und immer wieder habe ich Alissa gefragt, ob sie mal einen Kaffee mit mir trinken gehen möchte, und immer hat sie Nein gesagt. Ich war echt traurig. Aber letzte Woche hat sie dann Ja gesagt! Man muss einfach hartnäckig bleiben.

f ☐ Meine Ausbildung zum Bankkaufmann war wirklich schwierig. Ich habe ewig gelernt und mich angestrengt. Schließlich habe ich die Prüfung erfolgreich abgelegt und kürzlich einen super Job bekommen. Die Mühe hat sich also gelohnt.

g ☐ Meine Kollegin hat viele gute Ideen, ich bin beeindruckt. Aber sie sollte nicht immer allen davon erzählen. Das ist ein bisschen naiv – jemand könnte ihre Ideen klauen. Manchmal sollte man lieber still sein.

2 Und Ihr Lieblingssprichwort? Schreiben Sie einen kurzen Text über ein Sprichwort (egal, aus welchem Land), das Sie besonders gern mögen.

Textbausteine

In … / Bei uns sagt man …
Das bedeutet, dass …
Mir gefällt das, weil …

Prüfungstraining

Hörverstehen, Teil 3

Ü18 Sie hören jetzt fünf kurze Texte. Dazu sollen Sie fünf Aufgaben lösen. Sie hören diese Texte nur einmal. Entscheiden Sie beim Hören, ob die Aussagen 1–5 richtig oder falsch sind.

Markieren Sie PLUS (+) für richtig und MINUS (–) für falsch.

1. ☐ Die Literaturmesse für Kleinverlage findet zum ersten Mal statt.
2. ☐ Bei dem Wettkampf machte Saskia Winzer alles richtig.
3. ☐ Am Samstag ist den ganzen Tag mit Sonne zu rechnen.
4. ☐ Das Theaterstück wird zum ersten Mal am Stadttheater aufgeführt.
5. ☐ Während des Unterhaltungsprogramms gibt es auch Kinderbetreuung.

Strategie

In diesem Prüfungsteil hören Sie fünf kurze Texte. Dies können Ansagen an Bahnhöfen oder Flughäfen, Werbedurchsagen, Veranstaltungshinweise oder Radiomeldungen sein. Wie im echten Leben hören Sie diese Texte nur ein einziges Mal. Versuchen Sie daher nicht, alles Wort für Wort zu verstehen. Wichtiger ist es, sich auf das Auffinden der Informationen zu konzentrieren, die Sie zum Lösen der Aufgaben brauchen.

So können Sie ihr Hörverstehen auch außerhalb des Unterrichts trainieren:

→ Nutzen Sie jede Gelegenheit, Texte auf Deutsch zu hören. Auch Durchsagen am Bahnhof, Flughafen oder im Supermarkt trainieren Ihr Hörverstehen.

→ Sehen Sie deutschsprachige Filme. Ihr Hörverstehen wird sich durch das gleichzeitige Sehen und Hören sehr verbessern. Am besten sehen Sie deutschsprachige Filme anfangs mit deutschen Untertiteln. Durch das gleichzeitige Sehen und Mitlesen des Gehörten können Sie auch schwierige Textstellen besser verstehen. Wenn Ihr Gehör etwas geschulter ist, können Sie versuchen, die Untertitel wegzulassen. Noch besser werden Sie der Handlung folgen können, wenn Sie vor dem Sehen des Films eine Zusammenfassung des Inhalts lesen.

→ Hören Sie deutschsprachige Radiosendungen, z. B. über Internetradio. Einige Radiosender (z. B. die *Deutsche Welle*) bieten für Deutschlerner/innen langsam gesprochene Nachrichten und Transkripte zu den Nachrichten an. Lesen Sie die Transkripte bei komplizierteren Hörtexten parallel mit. Auch das trainiert Ihre Hörfertigkeit.

→ Laden Sie sich Podcasts herunter und hören Sie diese beim Spazierengehen, beim Sport etc. Dadurch wird es Ihnen einerseits immer leichter fallen, das gesprochene Wort zu verstehen, und andererseits können Sie so auch neue Wörter zu verschiedenen Themen lernen.

→ Übrigens, die Transkriptionen zu den Hörtexten zu *Fokus Deutsch – Erfolgreich in Alltag und Beruf* finden Sie hier: www.cornelsen.de/webcodes (Code: xiqepa)

9 Rechte und Pflichten

1 die Verschreibungspflicht
2 die Meldepflicht
3 die Hundesteuerpflicht
4 das Wahlrecht
5 die Einkommensteuerpflicht
6 das Recht auf Elternzeit
7 die Schulpflicht

A ☐ Das bedeutet, das beide Elternteile eines Kindes das Recht haben, drei Jahre lang nicht zu arbeiten, um sich um ihr Kind zu kümmern. Nach dieser Zeit können sie an ihren Arbeitsplatz zurückkehren.

B ☐ Darunter versteht man die Pflicht, sich an-, um- bzw. abzumelden, wenn man umgezogen ist.

C ☐ Man ist verpflichtet, auf seine Einkünfte Steuern zu zahlen.

A Was man darf und was man muss

1a Rechte und Pflichten in Deutschland. Sehen Sie die Fotos an und lesen Sie die Definitionen. Welcher Text passt zu welchem Foto? Ordnen Sie zu.

1b Definitionen. Was könnten die übrigen Rechte und Pflichten in 1a bedeuten? Wählen Sie ein Foto und schreiben Sie mit Hilfe der Redemittel Definitionen.

Redemittel

Unter Schulpflicht/Wahlrecht/… versteht man, dass … / Darunter versteht man, dass …
Das Recht auf … bedeutet, dass … / Damit ist gemeint, dass …
Bei der Einkommensteuerpflicht/… handelt es sich um die Pflicht, … zu … / Dabei geht es darum, dass …
Jede/r ist verpflichtet / hat die Pflicht, … zu … Das wird als … verstanden/bezeichnet.
Jeder Bürger / Jede Bürgerin hat das Recht, … zu … Das nennt man …

1c Welche Rechte und Pflichten kennen Sie noch? Sprechen Sie im Kurs.

Sie lernen
- über Rechte und Pflichten sprechen
- Behördensprache und Rechtsfragen am Arbeitsplatz verstehen
- Probleme schildern, um Rat bitten
- etwas erklären bzw. definieren
- *haben + zu + Infinitiv; sein + zu + Infinitiv*
- Partizipialattribute

2a Ein Landeskunde-Quiz. Arbeiten Sie zu zweit. Lösen Sie die Quizfragen der Sprachenschule.

Sprachenschule Weltweit

Sind Sie fit für Deutschland?

1 In Deutschland muss man
a ☐ sich nach einem Umzug innerhalb von 14 Tagen am neuen Wohnort an- bzw. ummelden.
b ☐ immer einen Ausweis dabei haben.

2 In Deutschland besteht Steuerpflicht* ab
a ☐ einem Jahreseinkommen von 8.472 €.
b ☐ einem Monatseinkommen von 1.000 €.

3 Folgende Versicherung muss jeder Erwerbstätige haben:
a ☐ Reiseversicherung
b ☐ Lebensversicherung
c ☐ Krankenversicherung

4 In Deutschland besteht eine Schulpflicht
a ☐ ab dem 6. Lebensjahr.
b ☐ bis zum 10. Schuljahr.

5 Das Recht auf einen Kitaplatz** haben
a ☐ Kinder ab dem 1. Lebensjahr.
b ☐ fünf- bis sechsjährige Kinder.

6 Ausländische Fachkräfte
a ☐ können ohne Arbeitserlaubnis in Deutschland arbeiten, egal woher sie kommen.
b ☐ aus Nicht-EU-Staaten können eine „Blaue Karte" beantragen, um in Deutschland zu arbeiten.

7 Das Recht zu streiken
a ☐ gibt es in Deutschland seit 1945.
b ☐ gibt es in Deutschland nicht.

8 Autofahrer/innen aus der EU
a ☐ dürfen mit ihrem nationalen Führerschein in Deutschland Auto fahren.
b ☐ müssen nochmals eine theoretische und praktische Fahrprüfung ablegen.

9 Auf Autobahnen in Deutschland
a ☐ darf man maximal 130 km/h fahren.
b ☐ gibt es keine zulässige Höchstgeschwindigkeit.

10 Fahrgäste der Deutschen Bahn haben bei Zugverspätungen das Recht auf
a ☐ eine Fahrpreiserstattung.
b ☐ eine kostenlose Taxifahrt zum Zielort.

*Stand 01/2015   **Kindertagesstätte (Krippe, Kindergarten)

2b Hören Sie und überprüfen Sie Ihre Lösungen in 2a.

2c Welche Informationen waren neu für Sie? Was hat Sie überrascht? Tauschen Sie sich aus.

> Ich hätte nie gedacht, dass …

> Ich finde erstaunlich, dass …

3 Welche Rechte und Pflichten betreffen Sie persönlich? Berichten Sie.

B Ämter und Behörden

1 Massimo Medri, Italienischlehrer an der Sprachenschule „Weltweit", trifft seine Kollegin Claudia Sanders. Worüber sprechen die beiden? Hören Sie und kreuzen Sie an.

	richtig	falsch
1 Herr Medri ist ins Stadtzentrum gezogen.	☐	☐
2 Er hat von einem Kollegen ein Auto gekauft.	☐	☐
3 Er muss den Wagen noch anmelden.	☐	☐
4 Für die Kfz-Anmeldung ist das Meldeamt zuständig.	☐	☐

2 Ein Auto anmelden. Welche Unterlagen braucht Herr Medri? Lesen Sie das Informationsblatt und ordnen Sie die Bedeutungen der Dokumente zu.

Diese Unterlagen dokumentieren
1 ☐ die Identität des Fahrzeughalters.
2 ☐ seinen rechtmäßigen Aufenthalt in Deutschland.
3 [a] die wichtigsten technischen Angaben des Wagens.
4 [b] dass der Wagen für den Straßenverkehr zugelassen ist.
5 ☐ wer der Eigentümer des Wagens ist.
6 ☐ dass eine Kfz-Haftpflichtversicherung besteht.
7 ☐ dass der Fahrzeughalter seinen Wagen versteuert.
8 ☐ die amtliche Kennzeichnung von Fahrzeugen.
9 [h] dass der Wagen keine Sicherheitsmängel hat und umweltverträglich ist.

Kfz-Anmeldung/Ummeldung am neuen Wohnort
Benötigte Unterlagen*:
a Fahrzeugschein / Zulassungsbescheinigung I
b ggf. Fahrzeugbrief / Zulassungsbescheinigung II
c ggf. Kennzeichen (Nummernschilder)
d (elektronische) Versicherungsbestätigung
e gültiger Personalausweis
f ggf. Aufenthaltserlaubnis (Visum)
g Bankeinzugsermächtigung für die Kfz-Steuer
h Nachweis über die gültige HU (Hauptuntersuchung)
i ggf. Kaufvertrag

*Hinweis: Alle Dokumente sind im Original vorzulegen.

3 a Auf der Zulassungsstelle. Hören Sie und kreuzen Sie an.

1 ☐ Herr Medri konnte das Auto erfolgreich ummelden.
2 ☐ Herr Medri muss noch einmal wiederkommen, weil er etwas vergessen hat.

3 b Hören Sie noch einmal und ordnen Sie zu.

1 Der Fahrzeugschein
2 Die HU
3 Der Fahrzeugbrief
4 Die Bankeinzugsermächtigung
5 Der Kaufvertrag
6 Das Wunschkennzeichen

a wird in einem separaten Bericht nachgewiesen.
b muss ausgefüllt und unterschrieben werden.
c fehlt.
d hat zu viele Buchstaben.
e liegt auch im Original vor.
f enthält nicht den Vermerk über die HU.

3 c Hören Sie noch einmal den letzten Teil des Gesprächs. Markieren Sie im Redemittelkasten, was Herr Medri sagt.

3 d Welche Funktion haben die Redemittel in diesem Kontext? Ordnen Sie die Überschriften zu.

Höflich um Auskunft bitten •
Diplomatisch Kritik äußern

Redemittel

Ganz schön bürokratisch. / Das ist jetzt aber wirklich ärgerlich. / Aber das dürfte doch kein Problem sein. / Das kann meiner Meinung nach nicht sein. / Das ist ja ungünstig. / Das ist natürlich sehr zeitaufwändig.

Wo steht das bitte? / Können Sie mir da weiterhelfen? / Würden Sie mir freundlicherweise sagen, was das ist? / Das habe ich noch nicht so ganz verstanden

4a Deutsch auf Ämtern und Behörden. Was bedeuten die Sätze? Kreuzen Sie an.

1. Bei der Anmeldung hat man einen gültigen Ausweis vorzulegen.
   Bei der Anmeldung ☐ muss/ ☐ kann man einen Lichtbildausweis vorlegen.

2. Bei gebrauchten Fahrzeugen ist der Kaufvertrag mitzubringen.
   Bei gebrauchten Fahrzeugen ☐ darf/ ☐ muss der Kaufvertrag mitgebracht werden.

4b Lesen Sie die Regel und formulieren Sie die Sätze 1–5 mit *müssen*.

> **Regel**
>
> *haben* + *zu* + Infinitiv hat die Bedeutung von *müssen*:
> Sie haben das Auto anzumelden. – Sie müssen das Auto anmelden.
> Die Bedeutung von *sein* + *zu* + Infinitiv ist, abhängig vom Kontext, *können* oder *müssen* (vgl. Einheit 3).
> Die Aufgabe ist zu lösen. – Die Aufgabe kann/muss gelöst werden.

1. Sie haben einen Meldezettel mitzubringen.
2. Für die elektronische Abfrage im Melderegister ist ein Euro zu bezahlen.
3. Eine Versicherung ist sofort abzuschließen.
4. Sie haben die Autovignette an der Windschutzscheibe anzubringen.
5. Der Kaufvertrag und die Rechnung sind im Original vorzulegen.

5 Herr Medri möchte seine Kfz-Versicherung wechseln und bittet seinen Kollegen um Hilfe. Lesen Sie die E-Mail und ergänzen Sie das Formular.

An: rolfmuenzer@gmx.de
Von: m.medri@libero.it
Betr. Anmeldung zur Kfz-Versicherung

Hallo Rolf,

ich habe inzwischen eine Versicherung gefunden, aber ich bin unsicher, ob ich das Formular (siehe Anhang) richtig ausgefüllt habe. Kannst du bitte mal rüberschauen? Also, ich habe das Auto zum ersten Mal im Juni 2012 angemeldet. Die Versicherung soll am 1. Oktober 2015 beginnen. Ich bin damit einverstanden, dass die Versicherung bei einem Unfall die Werkstatt aussucht. Ich habe jetzt 67.254 km auf dem Tacho und fahre im Jahr ca. 30.000 km. Ich fahre das Auto nur privat, für die Arbeit haben wir ja den Firmenwagen. Natürlich lasse ich keinen anderen ans Steuer! Eine Garage habe ich noch nicht, hast du einen Tipp für mich? …

4Rad – Ihr Kfz-Online-Versicherer

Versicherungsnehmer: Medri, Massimo
Geburtsdatum, Geschlecht: 09.12.1978, männlich
Berufliche Tätigkeit: Vertreter
Fahrzeughalter:
☐ Versicherungsnehmer ☐ andere Person, Name, Anschrift:
....

Stellplatz: [X] vorhanden ☐ nicht vorhanden
Erstzulassung:
Versicherungsbeginn:

Aktueller Kilometerstand:
Jährliche Fahrleistung:z
Nutzung: ☐ privat ☐ beruflich
Fahrer: ☐ Nur Versicherungsnehmer
☐ Versicherungsnehmer und Lebenspartner/in
☐ Personen ab 18 ☐ Nur Personen über 25
Bei einem Unfall wird die Werkstatt
☐ vom Versicherungsnehmer gewählt
[X] von der Versicherung gewählt.

6 Welche Erfahrungen haben Sie mit Behörden oder Versicherungen gemacht? Berichten Sie.

9 C Rechte und Pflichten am Arbeitsplatz

1 Was darf man (nicht) am Arbeitsplatz? Welche Rechte und Pflichten kennen Sie? Sprechen Sie im Kurs.

> Ich denke, als Arbeitnehmer habe ich das Recht auf bezahlten Urlaub.

> Und als Arbeitgeber ist man verpflichtet, Beiträge für die Sozialversicherung zu zahlen.

2 Rechtshilfe im Internet. Lesen Sie die Fragen und ordnen Sie die Antworten der richtigen Frage zu.

1 Frage vom 22.08.

a ☐ Ich arbeite am Computer und habe oft Rückenschmerzen. Ist mein Arbeitgeber verpflichtet, meinen Schreibtisch zu überprüfen und anzupassen?

b ☐ Kann ich bei Rückenschmerzen meine Arbeitszeit reduzieren, wenn meine Gesundheit sonst gefährdet ist und nur diese Maßnahme hilft?

2 Frage vom 03.09.

a ☐ Hat mein Arbeitgeber das Recht, mir den Lohn zu kürzen, weil ich wegen Glatteis nicht pünktlich zur Arbeit kommen konnte?

b ☐ Ich möchte morgens gerne später mit der Arbeit anfangen, als mein Arbeitgeber von mir erwartet. Welche Rechte habe ich?

3 Frage vom 16.09.

a ☐ Ich mache für zwei Monate ein Praktikum in einem Pharmaunternehmen. Kann ich erwarten, dass mein Arbeitgeber mein Praktikum angemessen bezahlt?

b ☐ Ich arbeite seit neun Monaten als Praktikant und mache die normale Arbeit, aber ohne Bezahlung. Welche Rechte habe ich? Gibt es eine offizielle Definition, was ein Praktikant ist?

---

www.auskunft-arbeitsrecht.to

Auskunftsplattform zum Arbeitsrecht

Haben Sie Fragen zum Arbeitsrecht?
Unser Team von Fachanwältinnen und -anwälten berät Sie schnell und kompetent.

1 Frage vom 22.08. Frage lesen ↘

Durch eine falsche Einrichtung des Arbeitsplatzes, z. B. eine nicht passende Einstellung des Bildschirms, kann es zu gesundheitlichen Problemen wie den von Ihnen erwähnten Rückenschmerzen kommen. Deshalb hat der Arbeitgeber die Einstellung von Schreibtischstühlen, Tischen und Monitoren im Zuge einer regelmäßigen Arbeitsplatzevaluierung zu überprüfen und für die Arbeitnehmer optimal zu gestalten.

2 Frage vom 03.09. Frage lesen ↘

Wenn Sie aufgrund der herrschenden Wetterverhältnisse (Schnee, Eis, schlechte Straßenverhältnisse) nicht pünktlich zur Arbeit kommen können, liegt ein sogenannter Dienstverhinderungsgrund vor, der das Zuspätkommen rechtfertigt, aber nur dann, wenn Sie alle Ihnen möglichen Vorkehrungen getroffen haben (früher aufbrechen, Umsteigen auf öffentliche Verkehrsmittel etc.). In diesem Fall haben Sie den vollen Entgeltanspruch.

3 Frage vom 16.09. Frage lesen ↘

Leider werden Praktikanten oft wie normale Mitarbeiter eingesetzt. Dabei stellt man ihnen gern ein bezahltes Arbeitsverhältnis in Aussicht. Das Bundesarbeitsgericht hat genau definiert, was ein Praktikant ist. Prüfen Sie die hier folgenden Punkte: Ein Praktikum ist vor allem dazu da, Erfahrungen zu sammeln und neue Kenntnisse zu erwerben. Es darf höchstens drei Monate dauern; verlängerte Praktika sind ein Zeichen, dass Ihre Arbeitskraft ausgenutzt wird.

3 a Partizipien als Attribute. Lesen Sie noch einmal die Antwort des Fachanwalts und ergänzen Sie die Tabelle mit den unterstrichenen Partizipien.

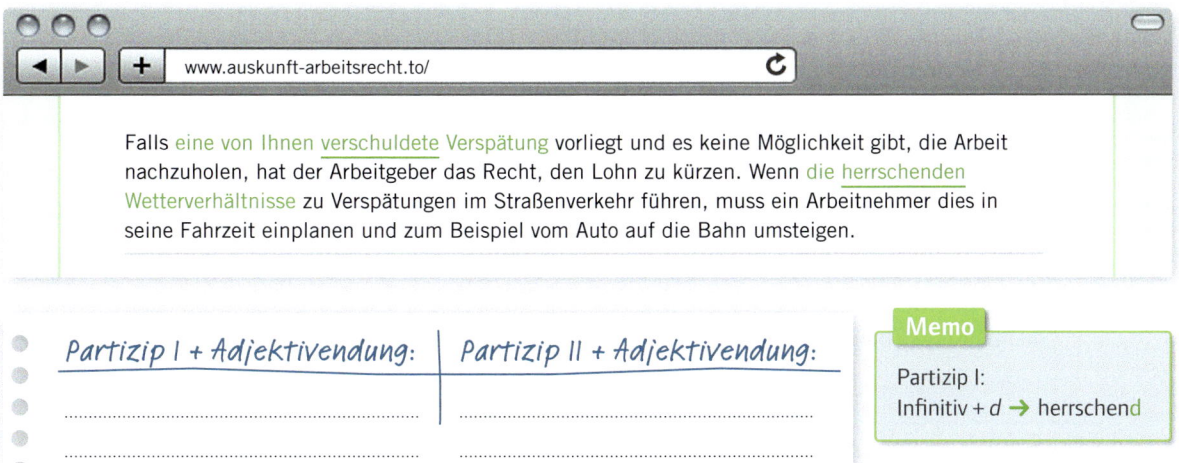

Partizip I + Adjektivendung:	Partizip II + Adjektivendung:
....	....
....	....

Memo
Partizip I:
Infinitiv + d → herrschend

3 b Partizipialattribute. Lesen Sie die Regel. Markieren Sie weitere Beispiele in den Texten in Aufgabe 2. Ergänzen Sie danach die Tabelle in 3a.

Regel
Partizipien können links vom Nomen stehen. Sie haben dann die Funktion eines Attributs und werden wie Adjektive dekliniert. (eine verschuldete Verspätung, die herrschenden Wetterverhältnisse)
Diese sogenannten Partizipialattribute können noch erweitert werden. (eine von Ihnen verschuldete Verspätung)

3 c Umwandlung von Partizipialattributen in Relativsätze. Lesen Sie die Regel und die Sätze 1 und 2 und ordnen Sie zu.

1 die herrschenden Wetterverhältnisse = die Wetterverhältnisse, die herrschen
2 eine von Ihnen verschuldete Verspätung = eine Verspätung, die von Ihnen verschuldet wurde

Regel
Partizipialattribute werden meist in schriftlichen bzw. formalen Texten verwendet. Beim Sprechen benutzt man stattdessen oft einen Relativsatz:
Man verwendet das Partizip I, wenn die Handlungen im Haupt- und im Relativsatz gleichzeitig geschehen. Im Relativsatz steht das Verb im Aktiv. ☐
Man verwendet Partizip II, wenn die Handlung des Relativsatzes bereits abgeschlossen ist. Das Verb des Relativsatzes steht dabei meistens im Passiv. ☐
Erweiterte Partizipialattribute enthalten noch weitere Informationen (z. B. hier, von Ihnen). Diese stehen bei der Umwandlung in einen Relativsatz nach dem Relativpronomen.

3 d Formen Sie die Partizipialattribute in Relativsätze um.

1 Die von Ihnen erwähnten Rückenschmerzen sind ein typisches Problem.
2 Verlängerte Praktika deuten auf Ausnutzung der Arbeitskraft hin.
3 Im Krankenbett verbrachte Urlaubstage kann man beim Arbeitgeber neu beantragen.
4 Um die versäumte Erholung nachzuweisen, muss man ein Attest vorlegen.

4 Kennen Sie Ihre Rechte? Wählen Sie eine Situation und schreiben Sie an die Arbeitsrecht-Plattform. Formulieren Sie Ihr Problem und bitten Sie um Auskunft. Benutzen Sie dabei auch Partizipialattribute.

Kollege raucht am Arbeitsplatz   krank während des Urlaubs   Chef respektiert die Pausenregelung nicht

D Alles, was recht ist

1a Bagatelldelikte? Lesen Sie die Schlagzeilen. Was ist hier passiert? Äußern Sie Vermutungen.

Job weg wegen Pfandflaschen
Eine Putzfrau hatte leere Pfandflaschen, die ihre Arbeitgeber in den Müll geworfen hatten, mitgenommen und im Supermarkt eingelöst

Arbeitsgericht urteilt:
Eine Stunde privates Surfen pro Monat im Büro ist kein Kündigungsgrund

Private Internetnutzung am Arbeitsplatz ist grundsätzlich nicht erlaubt, da dem Arbeitgeber finanzielle Nachteile entstehen können. Aber die Dauer ist entscheidend, wie es im Urteil des Arbeitsgerichts heißt.

> gekündigt/entlassen werden • klagen / vor Gericht gehen • einen Prozess gewinnen/verlieren

> Anscheinend hat die Mitarbeiterin ...

1b Wie ist Ihre Meinung zu den Zeitungsmeldungen? Diskutieren Sie.

> Na ja, als Arbeitnehmer muss man schon auf bestimmte Regeln achten.

> Das ist doch lächerlich!

2 Kleine Vergehen am Arbeitsplatz. Hören Sie die Radiosendung und kreuzen Sie an.

		richtig	falsch
1	Kleine Fehler am Arbeitsplatz nennt man Bagatelldelikte.	☐	☐
2	Eine Kündigung muss mündlich und schriftlich erfolgen.	☐	☐
3	Bei einer Kündigung müssen Fristen eingehalten werden.	☐	☐
4	Eine Entlassung ist die fristlose Beendigung eines Arbeitsverhältnisses.	☐	☐
5	Eine Entlassung kann nur schriftlich erfolgen.	☐	☐
6	Häufiges Zuspätkommen ist ein Entlassungsgrund.	☐	☐
7	Der Arbeitgeber kann die private Internetnutzung am Arbeitsplatz erlauben.	☐	☐
8	Ein Kellner wurde entlassen, weil er während der Arbeitszeit gegessen hatte.	☐	☐

3 „Mit Kanonen auf Spatzen schießen". Warum benutzt die Moderatorin in der Radiosendung diese Redewendung? Kennen Sie andere Situationen, in denen diese Redewendung passt? Tauschen Sie sich aus.

> Ich vermute, die Moderatorin möchte damit sagen, dass ...

> Die Redewendung erinnert mich an eine Situation, als ...

4 Kennen Sie weitere Beispiele für Bagatelldelikte? Berichten Sie.

5 Wie fanden Sie die Radiosendung? Diskutieren Sie.

Redemittel

Das Thema der Sendung war für mich interessant/langweilig/... Ich wußte schon/nicht, dass ... / Mich hat (ziemlich) überrascht, dass ...Das hätte ich nicht gedacht/vermutet/... Ich finde das Arbeitsrecht in Deutschland ...

Kurz und bündig

Kommunikation

etwas erklären bzw. definieren

Für manche Medikamente braucht man ein ärztliches Rezept. Das wird als Verschreibungspflicht bezeichnet. / Unter Wahlrecht versteht man das Recht, wählen zu gehen. / Schulpflicht meint/bedeutet, dass … / Bei der Hundesteuerpflicht/… geht es darum, dass … / Wer umzieht / Geld verdient, muss … Das nennt man …

über Rechte und Pflichten sprechen

In Deutschland ist man verpflichtet, Steuern zu zahlen / … zu … / Arbeitnehmer haben das Recht auf bezahlten Urlaub. / Nach einem Umzug hat man die Pflicht, sich umzumelden.

über Rechtsfragen am Arbeitsplatz sprechen

Mein Arbeitgeber erwartet von mir, dass ich … Welche Rechte habe ich? / Bin ich verpflichtet, … zu …? / Hat mein Arbeitgeber das Recht, mir den Lohn zu kürzen, weil … ?
Private Internetnutzung / … ist/sind ein/kein Kündigungsgrund. / Er/sie ist entlassen/gekündigt worden, weil … / Er/Sie ist vor Gericht gegangen / hat gegen die Entscheidung geklagt / hat den Prozess gegen … gewonnen/verloren.

Grammatik

haben + zu + Infinitiv und sein + zu + Infinitiv

Man hat einen gültigen Ausweis vorzulegen. = Man muss einen gültigen Ausweis vorlegen.

Der Kaufvertrag ist im Original vorzulegen. = Der Kaufvertrag muss im Original vorgelegt werden.

In anderen Kontexten kann *sein* + Infinitiv + *zu* auch die Bedeutung von *können* haben.
Bei Bedarf ist eine Versicherung abzuschließen. = Bei Bedarf kann eine Versicherung abgeschlossen werden.

Partizipialattribute

In formellen Texten werden oft Partizipien als Attribute verwendet. Sie stehen links vom Nomen und fügen dem Nomen weitere Informationen hinzu. Partizipialattribute werden wie Adjektive dekliniert:
Die folgenden Punkte müssen geklärt werden. / In folgendem Punkt muss ich Ihnen widersprechen.

Partizipialattribute können erweitert werden:
Eine vom Arbeitnehmer verschuldete Verspätung kann ein Grund für Lohnkürzungen sein.

In der gesprochenen Sprache verwendet man anstelle von Partizipialattributen eher einen Relativsatz.

Partizipialattribute mit Partizip I: (Partizip I = Infinitiv + *d*: geltend)

Die Handlung in Haupt- und Relativsatz ist gleichzeitig und steht im Aktiv.
Die geltenden Arbeitszeiten müssen verändert werden. – Die Arbeitszeiten, die gelten, müssen verändert werden.

Partizipialattribute mit Partizip II:

Die Handlung im steht meistens im Passiv und ist oft abgeschlossen.
Die gesetzlich vorgeschriebenen Ruhepausen dienen zur Erholung. – Die Ruhepausen, die gesetzlich vorgeschrieben sind/werden/wurden, dienen zur Erholung.

9 Übungen

A Was man darf und was man muss

1 a Rechte und Pflichten. Sehen Sie die Fotos an. Um welche Rechte und Pflichten handelt es sich? Ordnen Sie zu und kreuzen Sie an.

Es handelt sich um …

1 ☐ a ☐ das Recht, auf dem Radweg Motorrad zu fahren.
  b ☐ die Pflicht, beim Motorradfahren einen Helm zu tragen.

2 ☐ a ☐ das Recht auf ein Arbeitszeugnis.
  b ☐ die Pflicht, dem Arbeitgeber seine Zeugnisse zu zeigen.

3 ☐ a ☐ das Recht, an Wahlen teilzunehmen.
  b ☐ die Pflicht, an Wahlen teilzunehmen.

4 ☐ a ☐ das Recht auf ein kostenloses Radio.
  b ☐ die Pflicht, für Radio und TV Gebühren zu bezahlen.

5 ☐ a ☐ das Recht auf einen Grabstein.
  b ☐ die Pflicht, Tote auf dem Friedhof zu bestatten.

6 ☐ a ☐ die Pflicht, nach 24 Uhr zu schlafen.
  b ☐ das Recht auf Nachtruhe.

7 ☐ a ☐ das Recht auf bezahlten Urlaub.
  b ☐ die Pflicht, Urlaub zu machen.

1 b Lesen Sie die Texte und überprüfen Sie Ihre Vermutungen aus 1a.

a Prinzipiell muss zwischen 22:00 Uhr und 6:00 Uhr die sogenannte Nachtruhe eingehalten werden: Radio, Fernseher und die Stereoanlage gehören auf Zimmerlautstärke gestellt, Staubsaugen und andere lärmerregende Haus- oder Gartenarbeiten müssen zu einem anderen Zeitpunkt erledigt werden.

b Seit 1976 besteht in Deutschland die Pflicht, beim Motorrad- und Mopedfahren einen Helm zu tragen. Das gilt sowohl für den Fahrer / die Fahrerin als auch für mögliche Beifahrer. Fahrradfahrern wird empfohlen, einen Helm zu tragen, es besteht aber keine Pflicht.

c Jeder volljährige deutsche Staatsbürger hat das Recht, bei Wahlen seine Stimme abzugeben, z.B. bei Landtags- und Bundestagswahlen. Zusätzlich zu diesem aktiven Wahlrecht hat auch jeder volljährige Bundesbürger das passive Wahlrecht, das heißt das Recht, sich selbst zur Wahl zu stellen.

d Arbeitnehmer haben in Deutschland für jedes Arbeitsjahr das Recht auf bezahlten Urlaub. Der Mindesturlaubsanspruch beträgt vier Wochen (24 Tage inkl. Samstage).

e Alle Beschäftigten haben das Recht auf ein Arbeitszeugnis, in dem nicht nur Art und Dauer der Beschäftigung genannt sein müssen, sondern auch die Leistung des Arbeitnehmers / der Arbeitnehmerin bewertet wird („qualifiziertes Arbeitszeugnis"). Darin dürfen keine für die Person nachteiligen Aussagen gemacht werden.

f Wenn man ein Radio- oder Fernsehgerät besitzt, muss man dafür Gebühren bei der GEZ (= Gebühreneinzugszentrale; seit 2012 „ARD ZDF Deutschlandradio Beitragsservice") bezahlen, das ist die Meldepflicht für Radio und TV.

g Seit 1934 besteht in Deutschland Friedhofszwang, d.h. die Körper toter Menschen – auch ihre Asche – dürfen nur auf dem Friedhof bestattet werden. Eine Ausnahme bildet die Seebestattung, bei der die Asche ins Meer gestreut wird. Hierfür muss meist ein besonderes Verhältnis des Verstorbenen zum Meer nachgewiesen werden.

2 Adjektive mit *recht-* und *-pflichtig*. Lesen Sie und ordnen Sie zu.

rechtschaffen • rechtlos • rechthaberisch • schulpflichtig • unterhaltspflichtig • gebührenpflichtig

1 Das Gegenteil von „kostenlos": ....

2 Menschen, die sich immer anständig verhalten, sind ....

3 Kinder sind ab dem 6. Lebensjahr ....

4 Jemand der glaubt, immer alles besser zu wissen als die anderen, ist ....

5 Geschiedene Väter sind meist ....

6 In Deutschland sind die Arbeitnehmerinnen und Arbeitnehmer nicht ....

3 Gitterrätsel. Lösen Sie das Rätsel. Die Texte in 1b helfen.

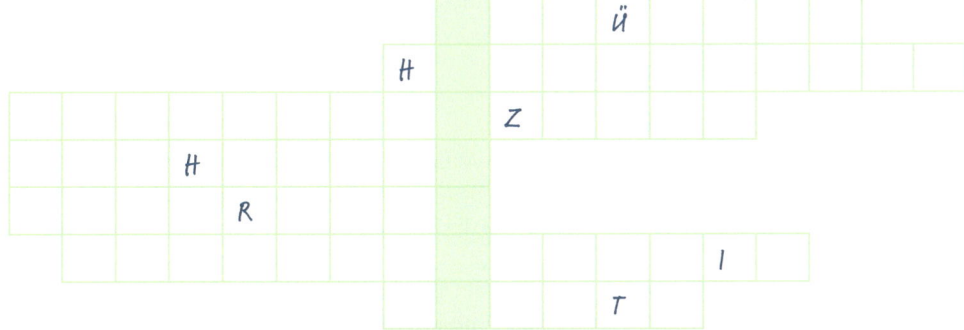

1 Wenn man einen Fernseher hat, muss man ... bezahlen.
2 Wenn man mit dem Motorrad fährt, besteht ... .
3 In Deutschland gibt es seit über 80 Jahren den ...
4 Zwischen 22.00 und 6.00 Uhr muss die ... eingehalten werden.
5 Jeder volljährige deutsche Staatsbürger besitzt das aktive und das passive ... .
6 Jeder Arbeitnehmer hat einen Anspruch auf ein ... .
7 Alle Bürger haben ... und Pflichten.

Lösung: Jedes Jahr beschließt das Parlament neue ....

B Ämter und Behörden

1a Nach dem Umzug. Jane wohnt seit zwei Wochen in einer neuen Wohnung. Hören Sie das Gespräch mit ihrem Freund Rudi und kreuzen Sie an.

	richtig	falsch
1 Jane besitzt ein Radio und einen Fernsehapparat.	☐	☐
2 Der WDR ist ein öffentlich-rechtlicher Sender.	☐	☐
3 Wenn man nur ein Programm empfängt, entfällt die Gebühr.	☐	☐
4 Die GEZ-Mitarbeiter führen vor Ort Kontrollen durch.	☐	☐
5 Man kann sich nur online bei der GEZ anmelden.	☐	☐

1b Die Anmeldung zum Rundfunkbeitrag. Beim Ausfüllen des Formulars sind Jane einige Fehler passiert. Lesen Sie und korrigieren Sie das Formular.

Linktipp
www.rundfunkbeitrag.de

Neuanmeldung einer Wohnung
Nutzen Sie dieses Formular für die Neuanmeldung einer Wohnung. Sind Sie bereits mit einer Wohnung angemeldet oder wollen eine Zweit- oder Nebenwohnung bzw. ausschließlich privat genutzte Ferienwohnung anmelden? Nutzen Sie dafür bitte das Formular »Zumeldung einer weiteren Wohnung«.

1 Allgemeine Angaben zur Person ⊗ Frau ○ Herr

Titel/Nachname: J a n e

Vorname: C u s a c k

Geburtsdatum: 0 5 | 2 2 | 1 0 6
Tag Monat Jahr

2 Anmeldung Anmeldung zum: s o f o r t
Monat Jahr

Tipp zum Ausfüllen: Bitte schreiben Sie immer in BLOCK-BUCHSTABEN und in den Farben Blau oder Schwarz. Umlaute Ä, Ö, Ü und ß bitte so schreiben: HÄBERLE, BÖHME, HÜBNER, GROß

Postanschrift:
ARD ZDF Deutschlandradio *Beitragsservice*
50656 Köln
www.rundfunkbeitrag.de

2 Welches Wort passt nicht? Streichen Sie durch.

1 abschließen: einen Vertrag / eine Versicherung / eine Rechnung
2 vorlegen: die Unterlagen / das Auto / den Lichtbildausweis
3 erteilen: eine Erlaubnis / eine Genehmigung / ein Dokument
4 anmelden: eine Versicherung / ein Auto / eine Wohnung
5 bezahlen: eine Gebühr / ein Gesetz / eine Rechnung

Tipp
Bevor Sie ein Formular ausfüllen, lesen Sie es genau durch! Halten Sie sich an die Angaben, das erspart Ihnen mögliche Probleme!

3 Nummernschilder. Lesen und ergänzen Sie.

Das Kraftfahrzeugkennzeichen (Kfz-Kennzeichen, im Alltagsgebrauch Nummernschild), ist in Deutschland seit 1994 ein Euro-Kennzeichen. Auf der linken Seite stehen in einem blauen Feld das EU-Emblem und der Buchstabe „D" (Ländercode für Deutschland). Es folgt das – je nach Größe der Stadt – aus ein bis drei Buchstaben bestehende Kürzel für den Zulassungsort bzw. den Verwaltungsbezirk, z.B. „S" für Stuttgart oder „HB" für Hansestadt Bremen. Danach folgt ein Siegel mit dem Wappen des jeweiligen Bundeslandes und dem Namen der Stadt; darüber wird die Prüfplakette geklebt. Sie zeigt, wann die nächste Hauptuntersuchung durchgeführt werden muss. Abschließend folgt eine Kombination aus einem oder zwei Buchstaben und bis zu vier Zahlen. Bestimmte Buchstabenfolgen und Zahlen sind ausgeschlossen (z.B. Abkürzungen aus dem Nationalsozialismus). Für Pkw kosten Nummernschilder rund 30 Euro.

1 Der Bär ist *das* .... des Bundeslandes Berlin.

2 Große Städte haben auf dem Nummernschild .... Buchstaben.

3 Auf der Prüfplakette steht, ...

152

4 Behördensprache. Formen Sie die Sätze mit *haben* + *zu* + **Infinitiv bzw.** *sein* + *zu* + **Infinitiv um.**

1 Man muss Großbuchstaben verwenden.

   Man hat Großbuchstaben zu verwenden.

2 Das Formular muss in den Farben Blau oder Schwarz ausgefüllt werden.

   Das Formular ist ...

3 Umlaute muss man wie folgt schreiben: Ä, Ö, Ü.

4 Die korrekten Felder müssen angekreuzt werden.

5 Das Geburtsdatum muss folgendermaßen angegeben werden: Tag/Monat/Jahr.

6 Man muss die Rundfunkgebühren im Voraus bezahlen.

5 Pflichten und Rechte in idiomatischen Wendungen. Arbeiten Sie mit dem Wörterbuch und ordnen Sie die idiomatischen Wendungen 1–3 den Sätzen a–c zu.

A
| 1 Das ist seine/ihre verdammte Pflicht! • 2 Die Pflicht ruft! • 3 jemanden in die Pflicht nehmen |

   a ☐ Tut mir leid, ich muss jetzt gehen. Ich muss um 9:00 im Büro sein.
   b ☐ Ich werde dafür sorgen, dass er seine Aufgaben bis morgen erledigt.
   c ☐ Er hat einen Parkschaden verursacht. Das muss er seiner Versicherung melden.

B
| 1 auf sein Recht pochen • 2 das geschieht ihm/ihr recht • 3 jemandem etwas nie recht machen |

   a ☐ Das ist so ausgemacht. Vertrag ist Vertrag!
   b ☐ Ich bemühe mich wirklich, aber die Chefin ist nie damit zufrieden.
   c ☐ Er ist zu schnell gefahren. Jetzt muss er Strafe zahlen.

Info
Groß- und Kleinschreibung:
recht haben / Das geschieht dir recht!
zu Recht / Recht sprechen / Das ist mein Recht.

6 Nomen und Verben. Ergänzen Sie.

| anmelden • ausfüllen • bezahlen • einhalten • erledigen • ~~kürzen~~ • treffen • verursachen |

1 den Lohn *kürzen*
2 einen Fernseher bei der GEZ
3 Maßnahmen
4 einen Schaden
5 eine Aufgabe
6 eine Gebühr im Voraus
7 ein Formular
8 die Nachtruhe

7 Schreiben Sie über sich: Meine Erfahrungen mit Behörden.

- Welche Erfahrungen haben Sie mit Ämtern und Behörden gemacht?
- Gab es ein besonders lustiges oder ärgerliches Erlebnis?
- Welche Rolle spielt die Bürokratie in Ihrem Heimatland?

C Rechte und Pflichten am Arbeitsplatz

1 Stellenanzeigen. Das „Kur- und Gesundheitshotel am See" sucht neue Mitarbeiter/innen. Lesen Sie die Stellenangebote und ergänzen Sie die Berufe im Organigramm.

Geschäftsführung
Leitende Direktorin: Andrea Schuster

Kurärztliche Leitung
Dr. Laszlo Nagy

a .... b .... c ....

d **Küche**
....
Beiköche

Service
Kellnerinnen
Aushilfe

e **Empfang**
....

Haustechnik
Hausmeister/in
Elektriker/in

1
Gesucht: Diätologe/Diätologin (Diätassistenz)
Sie arbeiten gemeinsam mit dem behandelnden Kurarzt, einem therapeutischen Team und der Küchenleitung. Die von Ihnen erstellten Ernährungspläne sind Grundlage für die Umstellung der Essgewohnheiten unserer Kurgäste. Sie beraten darüber, wie die von Ihnen verordneten Diäten auch nach dem Kuraufenthalt durchgeführt werden können.

2
Gesucht: Hotelassistent/Hotelassistentin (Hotelassistenz)
Die an Sie gestellten Anforderungen umfassen die Unterstützung der Geschäftsführung im Bereich der Verwaltung und Organisation. Sie sind für die Buchungen, die persönliche Begrüßung und Verabschiedung der an- bzw. abreisenden Gäste zuständig. Zu Ihren Aufgaben gehört auch die Kontrolle von Service und Wareneinkauf.

3
Gesucht: Heilmasseur/Heilmasseurin (Therapie und Massagen)
Der Schwerpunkt Ihrer Aufgaben liegt im Bereich der Rehabilitation und Gesundheitsvorsorge der Kurgäste. Sie führen ärztlich angeordnete Massagen und andere Behandlungen durch.

4
Gesucht: Chefkoch/Chefköchin
Sie sind in leitender Funktion für perfekt organisierte Arbeitsabläufe in der Hotelküche verantwortlich. Sie sind für die Erstellung der Speisekarte zuständig, sorgen für den Einkauf, kontrollieren die Qualität der täglich frisch gelieferten Produkte und sorgen für die fachgerechte Lagerung der Lebensmittel. Sie arbeiten im Team mit Berufskolleg/innen und Küchenhelfern.

5
Gesucht: Rezeptionist/Rezeptionistin
Zu Ihren Aufgaben gehören u. a. die Kontrolle der eingehenden Reservierungen, der Empfang bzw. die Verabschiedung der Gäste und die Ausgabe der Zimmerschlüssel. Sie sollten auch über aktuell stattfindende Kulturveranstaltungen (Theater/Konzert) Auskunft geben können.

2a Unterstreichen Sie in den Stellenanzeigen die Partizipialattribute und ergänzen Sie die Tabelle.

		(Artikel +) Partizip (+ Nomen)	Infinitiv
1	der Kurarzt	dem behandelnden Kurarzt	behandeln
2	die Ernährungspläne		
3	die Diäten		
4	die Anforderungen		
5	die Massagen		
6	die Funktion		
7	die Arbeitsabläufe		
8	die Reservierungen		

2b Kommentare der neuen Hotelmitarbeiter/innen. Welche Partizipien passen? Überlegen Sie zunächst, ob Sie Partizip I oder Partizip II brauchen. Bilden Sie dann Partizipien aus den Verben und ergänzen Sie die Sätze. Achten Sie auch auf die richtige Endung.

Memo

Partizip I: *der behandelnde Kurarzt = der Kurarzt behandelt* (Aktiv)
Partizip II: *der behandelte Patient = der Patient wurde/ist behandelt* (Passiv)

anordnen • erstellen • leiten • stattfinden • liefern • abreisen • eingehen

1 Rezeptionistin: „Die .... Direktorin heißt Andrea Schuster."

2 Diätologin: „Die von mir .... Ernährungspläne sind die Grundlage für die Umstellung der Essgewohnheiten der Kurgäste."

3 Hotelassistentin: „Ich verabschiede die .... Gäste."

4 Heilmasseur: „Ich bin für die .... Massagen zuständig."

5 Chefköchin: „Ich bin für die täglich frisch .... Produkte verantwortlich."

6 Rezeptionistin: „Ich kontrolliere die .... Reservierungen und informiere über die aktuell .... Veranstaltungen."

2c Wandeln Sie die Sätze aus 2b in Relativsätze um.

1 Die Direktorin, die das Hotel leitet, heißt Andrea Schuster.

2 Die Ernährungspläne, ..., sind die Grundlage für die Umstellung der Essgewohnheiten der Kurgäste.

3 Ich verabschiede die Gäste, ...

4 Ich bin für die Massagen, ..., zuständig.

5 Ich bin für die Produkte, ..., verantwortlich.

6 Ich kontrolliere die Reservierungen, ..., und informiere über die Veranstaltungen, ...

D Alles, was recht ist

1 a **Allergene. Lesen Sie den Artikel aus dem Online-Journal und beantworten Sie die Fragen.**

www.gastronimchen.de/allergene

EU-Lebensmittelinformationsverordnung

Nr. 1169/2011

Am 13. Dezember 2014 ist eine neue EU-Verordnung in Kraft getreten: Auf Speisekarten von Gastronomiebetrieben, Würstchenbuden, Eisdielen, Kantinen, Schulen, Feinkostläden, Bäckereien usw. sind 14 Allergene anzuzeigen, die für Allergien und Unverträglichkeiten verantwortlich gemacht werden. Die Gastronomen können auch Allergen-Kennzeichnungstafeln im Restaurant aushängen. Ferner besteht die Möglichkeit, die Konsumenten mündlich über die Inhaltsstoffe zu informieren. Dafür muss das Personal aber eine spezielle Schulung machen.

Personen, die zum Beispiel Milch, Eier oder glutenhaltige Getreide wie z. B. Weizen oder Roggen nicht vertragen, haben es also in Zukunft leichter, wenn sie auswärts essen. Für sie ist die Kennzeichnung hilfreich.

A = Gluten	**E** = Erdnuss	**L** = Sellerie	**P** = Lupinen
B = Krebstiere	**F** = Soja	**M** = Senf	**W** = Weichtiere
C = Ei	**G** = Milch	**N** = Sesam	
D = Fisch	**H** = Schalenfrüchte	**O** = Sulfite	

Und so sieht das in der Praxis aus: Ein Wiener Schnitzel vom Kalb wird mit A und C gekennzeichnet, denn zum Panieren werden Weizenmehl und Semmelbrösel (=A) sowie Eier (=C) verwendet. Gibt's vorher noch eine Nudelsuppe, so findet man A und C (für die Nudeln) sowie ein L für den Sellerie, der in der Suppe mitgekocht wurde.

Viele Wirte hatten gewarnt, dass Speisekarten dann das Format von Telefonbüchern annehmen würden. Albert S., Inhaber einer kleinen Gaststätte, ist skeptisch: „Als Wirt eines kleinen Betriebs werde ich mir in Zukunft gut überlegen, wie oft ich meine Speisenangebote wechsle, ich will ja nicht jede Woche eine neue Karte schreiben müssen! Das Ganze mit der Kennzeichnung kommt mir vor wie eine bürokratische Buchstabensuppe."

1 Was sind Allergene und warum sind sie problematisch?
2 Welche Maßnahmen müssen Gastronomiebetriebe nach dieser Verordnung treffen?
3 Wie finden viele Gastwirte die Verordnung und warum?

1 b **Lesen Sie die Kommentare im Forum und verfassen Sie einen eigenen Beitrag.**

www.gastrominchen.de/forum/allergene

MIMI 3.3.2016 I 08:32	Ich verstehe die ganze Aufregung nicht. Die meisten Allergiker werden froh sein, wenn sie gleich sehen, was im Essen drin ist.
Antibürokratos 3.3.2016 I 9:15	Was für ein Blödsinn! Ich denke, dass jeder selbst wissen muss, was er essen darf und was nicht. Das geht die EU nichts an.
KURTIX 3.3.2016 I 10:37	Was muss man denn noch alles kennzeichnen!? Muss ich meiner Katze jetzt ein Schild umhängen, damit Katzenhaar-Allergiker das Tier erkennen können?
VeraM 3.3.2016 I 14:15	Ich bin der Meinung, dass es nicht zu viel verlangt ist, wenn ein Wirt weiß, was er verkauft. Vielen Menschen mit Allergien ist geholfen. Und es ist ja kein riesiger Aufwand, die 14 Allergene bekanntzugeben.

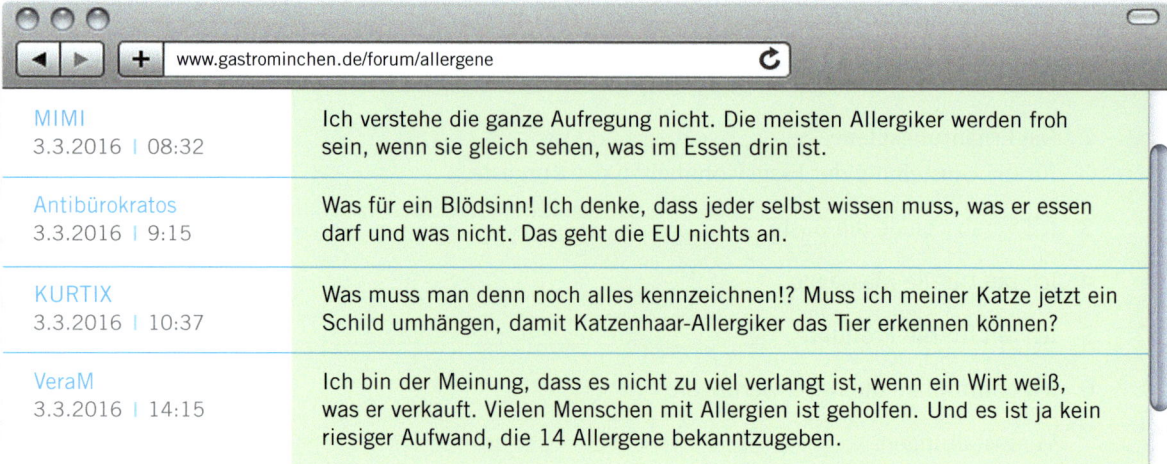

Prüfungstraining

Lesen, Teil 1

Lesen Sie zuerst die zehn Überschriften. Lesen Sie dann die fünf Texte und entscheiden Sie, welche Überschrift (a–j) zu welchem Text (1–5) passt.

a Überqualifiziert im Job? – auch schlecht für die Wirtschaft
b Berufsanerkennung: Kontaktstellen in jedem EU-Mitgliedsstaat
c Ein Plus für die Wirtschaft: Unternehmer mit Migrationshintergrund
d Zusammen an einem Tisch
e Zu viele unterqualifizierte Zuwanderer in Deutschland
f Zuwanderer haben Angst vor eigener Unternehmensgründung
g Sprachkenntnisse und Berufsanerkennung helfen weiter
h Internationale Teams – kein Thema für kleine Firmen
i Neu hier? – Beratungsstellen helfen weiter
j Anerkennungsverfahren: rasch und billig

1 Die Anerkennung einer im Heimatland gemachten Ausbildung ist oft der Schlüssel, um auf dem inländischen Arbeitsmarkt Fuß zu fassen und den erlernten Beruf ausüben zu können. Viele Zuwanderer/innen scheuen sich aber vor den Amtswegen und der Bürokratie. Sie arbeiten in vielen Fällen weit unter ihrer Qualifikation. Oft sind es auch mangelnde Sprachkenntnisse, die den sozialen Aufstieg verhindern. Die Anerkennung von im Ausland erworbenen Zeugnissen und Abschlüssen ist eine Voraussetzung, um einen reglementierten Beruf ausüben zu können. Die Zuständigkeiten für Anerkennungsfragen hängen vom jeweiligen Berufsfeld sowie vom Herkunftsland (EU/EWR/Drittstaat) und der Qualifikation ab.

2 Jede/r fünfte Erwerbstätige in Deutschland hat einen Migrationshintergrund. Wie reagieren Arbeitgeber auf diese Vielfalt? Zahlreiche Großunternehmer gelten als Vorreiter im „Diversity Management", also dem positiven Umgang mit der unterschiedlichen Herkunft und den verschiedenen Lebensweisen ihrer Mitarbeiter/innen. Aber mittlerweile entdecken auch immer mehr kleine und mittlere Unternehmen das Thema für sich. Als Beispiel für ein offenes und harmonisches Betriebsklima gilt der „Diversity Brunch". Unter dem Motto „Essen verbindet" servieren Mitarbeiter ihren Kollegen Speisen aus ihrem Heimatland.

3 Um sich zeitweise oder für immer in einem Land der Europäischen Union niederzulassen und dort den erlernten Beruf auszuüben, ist es notwendig, die Berufsqualifikationen anzugeben oder anerkennen zu lassen. Neben den EU-Rechtsvorschriften gibt es auch nationale Richtlinien, die bestimmte Berufe regeln. In jedem Mitgliedsstaat gibt es Kontaktstellen, die mit Informationen über die Berufsanerkennung und die nationalen Rechtsvorschriften weiterhelfen können. „Am Anfang habe ich gedacht, das schaffe ich nie! Aber dann war ich doch sehr froh, dass ich mich getraut habe, diesen Schritt zu gehen", erzählt Cengiz Can, der jetzt in seinem erlernten Beruf als Mechatroniker offiziell arbeiten kann.

4 Laut einer Statistik ist die Branche, in der zurzeit die meisten Selbstständigen mit Migrationshintergrund tätig sind, die Gastronomie, gefolgt von Handel und Baugewerbe. Ein anderes wichtiges Betätigungsfeld – insbesondere für den großen Kreis hochqualifizierter Selbstständiger mit Migrationshintergrund – stellen die freiberuflichen wissenschaftlichen bzw. technischen Dienstleistungen dar. Die Unternehmer mit Migrationsbezug sind für die Wirtschaft auch deshalb wichtig, weil sie Arbeitsplätze schaffen. Viele von ihnen führen einen Arbeitgeberbetrieb und beschäftigen Mitarbeiter/innen.

5 Das Anerkennungsverfahren ist mit Zeitaufwand und Kosten verbunden. „Dennoch lohnt es sich, diesen Schritt zu gehen", meint Ingrid Sommer, die in einer Beratungsstelle tätig ist. „Zahlreiche Statistiken zeigen, dass ein Großteil der Zuwanderer dequalifiziert, also unter ihrem Qualifikationsniveau, beschäftigt ist, sehr zum eigenen Nachteil, aber auch zum Nachteil der Wirtschaft." Bei der Anerkennung von ausländischen Bildungsabschlüssen gibt es einige Hürden zu nehmen. In den meisten Fällen sind Zeugnisse und Ausbildungsbestätigungen in deutscher Übersetzung von einem gerichtlich beeideten Übersetzer vorzulegen.

> **Strategie**
>
> In der Prüfung haben Sie wenig Zeit. Unterstreichen Sie daher Schlüsselwörter in den Aufgaben und Texten. So finden Sie schneller die richtige Lösung.

10 Das liebe Geld …

Berufe und Gehälter

Wir haben nachgefragt: Wie zufrieden sind die Deutschen mit ihrem Gehalt?

1 *Empfangskraft, 35, geschieden, 2 Kinder*

Als alleinerziehende Mutter komme ich mit meinem Gehalt nicht gut aus. Ich weiß, dass die Gehälter in meinem Beruf nicht so hoch sind. Manchmal denke ich über einen Nebenjob nach, um meinen Kindern mehr bieten zu können. Aber am Ende ist mir die Zeit, die ich mit ihnen verbringen kann, wichtiger als ein paar Euro mehr.

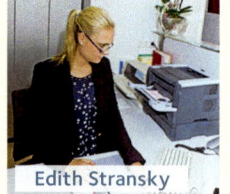
Edith Stransky

2 *Bauingenieurin, 24, ledig*

Leonie Aumann

Ich habe gerade meinen Bachelor gemacht und gleich eine Stelle gefunden. Darüber bin ich sehr froh. Mein Einstiegsgehalt ist nicht schlecht und ich kann in dieser Firma wirklich viel lernen.

3 *Busfahrer, 52, verheiratet, 3 Kinder*

Als Busfahrer verdient man an und für sich nicht schlecht. Aber meine Frau und ich kommen mit dem, was netto übrig bleibt, nicht so gut über die Runden. Sie hat zurzeit nur einen Nebenjob in einer Kneipe. Und wir finanzieren ja unseren Söhnen das Studium. Wir müssen unsere Ausgaben gut einteilen.

Hans Pichler

4 *IT-Berater, 32, ledig*

Für die IT-Branche bekomme ich ein angemessenes Durchschnittsgehalt. Überbezahlt bin ich zwar nicht, aber ich habe keinen Grund zur Klage. Ich kann mir eine größere Reise pro Jahr leisten, und zum Sparen bleibt auch noch was übrig. Schließlich muss ich keine Familie versorgen.

Adam Król

5 *Pfleger, 45, verheiratet, 1 Kind*

Franz Bauer

Mein Beruf ist körperlich und emotional anstrengend, aber gesellschaftlich leider wenig geachtet. Dabei müsste doch jedem klar sein, dass wir alle einmal alt oder krank werden und Hilfe brauchen. Die Entlohnung ist für das, was wir Pflegekräfte leisten, viel zu niedrig. Das ist frustrierend.

6 *Tagesmutter, 58, verheiratet, 2 Kinder*

Mein Einkommen richtet sich danach, wie viele Kinder ich gerade betreue. Zurzeit sind es fünf. Wenn ich alleinstehend wäre, käme ich mit meinem Gehalt keinesfalls aus. Sicher gibt es besser bezahlte Jobs, aber nicht viele, die so große Freude machen.

Sarah Brunner

A Zufrieden mit dem Gehalt?

1 Lesen Sie die Texte: Wer ist mit seinem Gehalt zufrieden, wer unzufrieden? Markieren Sie die Ausdrücke, mit denen die Personen über ihre Einkommenssituation sprechen, und berichten Sie.

> Herr Pichler und seine Frau kommen nicht so gut über die Runden, weil …

2 Vergleichen Sie die Äußerungen mit der Situation in Ihrem Heimatland.

Redemittel

Im Vergleich zu / Verglichen mit Deutschland …
… verdienen bei uns (auch) gut/schlecht / … sind bei uns auch oft (un)zufrieden mit ihrem Gehalt.
In … / Bei uns verdienen die Menschen (eher) mehr/weniger als in … / genauso viel wie in …
Das ist bei uns genauso / (ganz) anders. / Bei uns dagegen …

Sie lernen
- über Berufe und Einkommen sprechen
- über Zahlungsarten sprechen
- Kontoauszüge und Rechnungen verstehen
- über Zahlungsschwierigkeiten und Kredite sprechen
- einen Standpunkt vortragen
- konzessive und konsekutive Verbindungsadverbien

3a Robert und seine britische Lebensgefährtin Adela sind vor fünf Wochen von London nach Düsseldorf umgezogen. Sehen Sie den Kontoauszug an. Worüber könnten die beiden sprechen?

ABC-Bank AG | Heinrich-Heine-Straße 14 | 40213 Düsseldorf

Kontoauszug vom 06.07.2015
Kontonummer: 7875333
Bankleitzahl: 300 700 10
Herr Robert Förster

IBAN: DE731 0080 0007 8753 3300 | BIC: DRESDEFF100

Datum	Buchungstext	Betrag in Euro
30.06.	IT-GmbH	2.289,00 +
30.06.	Online-Auftrag: Wohnblock GmbH	2.224,00 -
30.06.	Lastschrifteinzug Stadt-Energie	137,00 -
01.07.	Kartenzahlung: Einrichtungshaus Fröhlich	1.656,00 -
02.07.	Kartenzahlung: Zulassungsstelle	185,25 -
02.07.	Lastschrifteinzug Rundfunk ARD ZDF DRadio	35,00 -
03.07.	Geldautomat: Auszahlung	200,00 -
05.07.	Geldautomat: Auszahlung	400,00 -

3b Worüber sprechen Adela und Robert? Hören Sie und beantworten Sie die Fragen.

1 Warum ist der Betrag für die Wohnblock GmbH so hoch?
2 Was haben sich Adela und Robert gekauft?
3 Was erklärt Robert über sein Brutto- und sein Nettoeinkommen?

3c Hören Sie noch einmal und ergänzen Sie.

1 Die Kaution beträgt drei ....
2 Beim Beitragsservice zahlt man Gebühren für ....
3 Auf der .... haben Adela und Robert ihr Auto angemeldet.
4 Die Sozialversicherung umfasst die ....

4a Haushaltsausgaben. Lesen Sie die Statistik und ordnen Sie die Begriffe den Kategorien zu.

☐ Brot • ☐ Zugfahrschein • ☐ Medikamente • ☐ Reise • ☐ Sprachkurs • ☐ Zigaretten • ☐ Miete • ☐ Handy • ☐ Tennisclub • ☐ essen gehen • ☐ Zahnpasta • ☐ Kino

Die Ausgaben der Deutschen:
Durchschnitt je Haushalt und Monat im Jahr 2014: 2310 Euro

- **A** Wohnen, Energie, Wohnungsinstandhaltung: **796 €**
- **B** Möbel, Ausrüstung für den Haushalt: **128 €**
- **C** Freizeit, Sport, Hobby, Urlaub: **245 €**
- **D** Lebensmittel, Getränke und Tabakwaren: **321 €**
- **E** Café und Restaurant: **127 €**
- **F** Gesundheit, Körperpflege: **96 €**
- **G** Bekleidung, Schuhe: **106 €**
- **H** Kommunikation und Nachrichtenübermittlung: **57 €**
- **I** Verkehr: **329 €**
- **J** Bildung: **16 €**
- **K** Sonstige Ausgaben: **90 €**

Quelle: Statistisches Bundesamt

4b Was hat Sie überrascht? Tauschen Sie sich aus.

B Bar oder mit Karte?

1a Zahlungsgewohnheiten. Zahlen Sie lieber bar oder mit Karte? Wovon hängt das ab? Berichten Sie.

> Ab fünf Euro zahle ich mit Karte. Ich halte es für gefährlich, viel Bargeld bei mir zu haben.

> Ich kann mir nie meine Geheimzahl merken, deshalb zahle ich lieber bar.

1b Lesen Sie die Überschriften und den Artikel und ordnen Sie die Überschriften den Abschnitten zu.

1. ☐ Wer zahlt wie?
2. ☐ Bargeldloser Einkauf immer beliebter
3. ☐ Bezahlverhalten im Internet
4. ☐ Am liebsten bar
5. ☐ Kreditkarte verführt zum Einkaufen

Das Zahlungsverhalten der Deutschen – Ergebnisse einer Studie der Bundesbank

a Bar zahlen oder mit Karte? Und wenn mit Karte – mit welcher? Kreditkarte oder Girocard? Wenn es um diese Fragen geht, sind die Deutschen noch immer konservativ. Folglich zahlen sie am liebsten bar. Gut die Hälfte aller Einkäufe im Einzelhandel wird mit Banknoten und Münzen getätigt. Die Gründe dafür sind vielfältig: In Deutschland
5 schätzt man Sicherheit, geringe Kosten und eine schnelle Abwicklung. Ein Deutscher hat deshalb eine recht hohe Summe im Portemonnaie, im Schnitt 103 Euro.

b Trotzdem kommt auch das Plastikgeld zum Einsatz, und zwar ungefähr bei einem Drittel der Einkäufe. Bei Einkäufen
10 über 100 Euro überwiegt die Kartenzahlung sogar, und einer Studie der Bundesbank zufolge steigt die Zahl der unbaren Transaktionen stetig. Dabei entfallen auf die EC-Karte 22 %, auf die Kreditkarte nur 5,3 %. Der geringere Einsatz von Kreditkarten könnte damit zusammenhängen, dass die meisten Banken für die Bereitstellung einer Kreditkarte eine jährliche Gebühr von
15 circa 30 bis 40 Euro verlangen. Finanzexperten warnen zudem nicht zu Unrecht vor diesem Zahlungsinstrument. Ihnen zufolge sind Kreditkarten nicht ungefährlich, da man leichter die Kontrolle über seine Ausgaben verlieren kann und für ein überzogenes Konto hohe Zinsen zahlen muss.

c Die Bundesbank ging in einer empirischen Umfrage auch der Frage nach, wer
20 lieber bar bzw. unbar zahlt, und kam zu folgendem Ergebnis: Barzahler sind oft sehr junge oder ältere Menschen und Personen mit niedrigem Einkommen. Plastikgeld wird vor allem von gebildeten, einkommensstarken Personen genutzt.

d Auch in Deutschland kaufen immer mehr Konsumenten im Internet. Daher sollte auch ein Blick auf das Zahlverhalten bei Online-Käufen geworfen werden. Man könnte
25 meinen, dass Verbraucher beim Internetkauf gern zur Kreditkarte greifen. Dennoch wird sie von nur 14 % eingesetzt, während jeder dritte Käufer inzwischen von elektronischen Bezalsystemen Gebrauch macht, also von mobilen oder internetbasierten Zahlungssystemen, bei denen die zur Zahlung nötigen Daten vom Nutzer elektronisch übermittelt werden. Die
30 große Mehrheit will aber lieber erst einmal die Ware, den Service und die Lieferung des Onlineanbieters abwarten. Sie kauft deswegen auf Rechnung.

* Mittelwert

e Bar oder unbar – zum Schluss sei ein Verweis auf die Gehirnforschung erlaubt: Neurologen haben herausgefunden, dass beim Barzahlen, also wenn
35 man sich physisch von seinem Geld trennt, die Schmerzregionen im Hirn aktiv sind. Zahlt man mit der Girocard, tritt der Schmerz erst ein, wenn man den Kontostand prüft. Kreditkarten schließlich gelten als schmerzfrei. Somit hätten die Deutschen doch nicht so Unrecht mit ihrem Hang zum Zahlen mit Geldscheinen und Münzen: Barzahlen ist zwar altmodisch, aber es schützt vor übertriebenen Ausgaben.

> **Memo**
>
> nicht zu Unrecht = zu Recht
> nicht ungefährlich = gefährlich
>
> Die doppelte Verneinung ist eine Bejahung.

1 c Lesen Sie den Artikel noch einmal. Welche der Aussagen stehen im Text? Kreuzen Sie an.

Die Deutschen
a ☐ sind in finanziellen Angelegenheiten keinesfalls progressiv.
b ☐ legen Wert auf Sicherheit.
c ☐ zahlen eher mit EC-Karte als mit Kreditkarte.
d ☐ steigen langsam auf Plastikgeld um.
e ☐ misstrauen den Online-Händlern.
f ☐ kaufen oft auf Raten.

1 d Wortverbindungen. Lesen Sie den Text in 1b noch einmal und ergänzen Sie.

> greifen • kaufen • kommen • tätigen • verlangen • verlieren • werfen • zahlen

1 auf Rechnung ....
2 eine Gebühr ....
3 zum Einsatz ....
4 Einkäufe ....
5 einen Blick auf etwas ....
6 die Kontrolle ....
7 zur Kreditkarte ....
8 Zinsen ....

2 a Verbindungsadverbien. Lesen Sie die Regel und markieren Sie die Verbindungsadverbien im Text. Kreuzen Sie dann an.

> **Regel**
>
> Die konsekutiven Verbindungsadverbien *deshalb, darum, folglich, daher, deswegen* beschreiben eine Folge, die konzessiven Verbindungsadverbien *trotzdem* und *dennoch* eine Einschränkung.
> Verbindungsadverbien verbinden ☐ zwei Hauptsätze / ☐ Haupt- und Nebensätze.
> Das Adverb steht ☐ immer am Satzanfang / ☐ am Satzanfang oder in der Satzmitte.

2 b Verbinden Sie die Sätze mit den passenden Verbindungsadverbien.

a Menschen mit geringem Einkommen erhalten von den Banken keine Kreditkarte. Sie zahlen bar.
b Ich verdiene nicht viel. Ich möchte eine große Wohnung mieten.
c Ich habe oft mein Konto überzogen. Ich benutze meine Kreditkarte nicht mehr.
d Ich fürchte, etwas im Internet zu kaufen ist nicht sicher. Ich kaufe dort regelmäßig.
e Es kann gefährlich sein, viel Bargeld bei sich zu haben. Ich bezahle oft mit meiner Kreditkarte.

> **Regel**
>
> Sätze mit einem konsekutiven Verbindungsadverb können in kausale Nebensätze umgewandelt werden.
> *Die Deutschen sind noch immer konservativ. Folglich zahlen sie am liebsten bar.*
>
> → *Weil die Deutschen konservativ sind, zahlen sie am liebsten bar.*

3 Und Sie? Welches Zahlungsmittel benutzen Sie am liebsten? Warum? In welchen Situationen? Schreiben Sie einen kurzen Text.

C In Zahlungsschwierigkeiten geraten

1 Lesen Sie die Zeitungsmeldung. Was ist passiert? Welche finanziellen Konsequenzen könnten sich für die Hotelbesitzerin ergeben?

Feuer in der *Sonne*
Rheingauer Morgen, 20.05.2016

Im Hotel *Sonne* hat es in der Nacht von Dienstag auf Mittwoch gebrannt. Die örtliche Feuerwehr unter der Leitung von Feuerwehrhauptmann Walter Löscher bekam den Brand schnell unter Kontrolle. Die Brandursache ist ungeklärt. Die Höhe des Schadens ist noch unbekannt. Anwohner waren nicht gefährdet. Niemand wurde verletzt.

2 Martina Koller, Inhaberin des Hotels Sonne, hat eine Rechnung der Installationsfirma Heinze erhalten. Lesen Sie die Rechnung und kreuzen Sie die richtigen Sätze an.

a ☐ Bei dieser Rechnung gibt es kein Skonto.
b ☐ Erhält man eine Mahnung, muss man eine zusätzliche Gebühr bezahlen.
c ☐ Wenn man die Rechnung bezahlt hat, kann man sie vernichten.

Heinze GmbH • Mein Badeinrichter • Kirchstraße 53 • 65375 Oestrich-Winkel • Tel. 06723 21 22

		Einzelpreis	Gesamt in EUR
5	Waschtisch mit Unterschrank	461	2.305,00
5	Anschlusszubehör	45	225,00
10	Monteurstunde	49	490,00
4	Fahrzeugpauschale	10	40,00
	Gesamtsumme **netto**		3.060,00
	+ 19,00 % MwSt. i.H.v. 581,40 EUR		
	Gesamtsumme **brutto**		3.641,40

Bitte bei Zahlung angeben
Rechnungsdatum: 19.06.2016
Kunden-Nr.: 180658
Unsere Steuernummer: 01388132259

Zahlbar bis zum 03.07.2016, ohne Abzüge.
ACHTUNG: Laut Paragraph 286 BGB geraten Sie automatisch nach Überschreitung des Zahlungsziels in Verzug. Mahngebühren betragen ab der ersten Mahnung 5 EUR. Hiermit weise ich auf die Aufbewahrungspflicht hin: Für Privatpersonen: 2 Jahre, für Unternehmer …

3 a Lesen Sie das Schreiben von Frau Koller an Herrn Heinze.

Hotel Sonne • Inh. Martina Koller • Uferstraße 7 • 65375 Oestrich-Winkel • Tel. 06723 28 53 • **Empfänger: Herr Rudolf Heinze**

Ihre Rechnung Nr. 989/5 vom 19.06.2016

Sehr geehrter Herr Heinze,

am 03.07. wird Ihre oben genannte Rechnung über einen Betrag von EUR 3.641,40 fällig. Wie Sie auch der Zeitung entnehmen konnten, hat es aber im Mai in meinem Hotel gebrannt. Dabei wurde unter anderem der Konferenzsaal für meine Tagungsgäste beschädigt. Wegen dieses Schadens musste ich eine Veranstaltung absagen. Aufgrund der nun fehlenden Einnahmen sehe ich mich bedauerlicherweise nicht in der Lage, die Rechnung fristgerecht zu begleichen.
Jedoch erwarte ich im Juli weitere Einnahmen. Das heißt, ich kann Ihnen versichern, dass ich den offenen Betrag bis 24.07.2016 überweisen werde. Ich bitte Sie somit um einen Zahlungsaufschub von drei Wochen.
Ich hoffe, dass Sie mit meinem Vorschlag einverstanden sind und mir in dieser misslichen Situation entgegenkommen können.
Vielen Dank für Ihr Verständnis!

Mit freundlichen Grüßen
Martina Koller

3b Welche Aussagen sind richtig? Kreuzen Sie an.

A ☐ Frau Koller kann die Rechnung nicht fristgerecht begleichen.
B ☐ Sie bittet darum, später zu zahlen.
C ☐ Sie schlägt vor, die Rechnung in Raten zu zahlen.
D ☐ Als Sicherheit für den Zahlungsaufschub nennt sie eine Person, die für sie garantiert.
E ☐ Frau Koller rechnet fest mit zukünftigen Einnahmen.

3c Suchen Sie die passenden Verben aus dem Text in 3a und ergänzen Sie.

1 die Rechnung *begleichen*
2 etwas einer Zeitung
3 eine Veranstaltung
4 um Zahlungsaufschub
5 den Betrag
6 jemandem in einer misslichen Situation

4a Frau Koller geht zu Ihrem Bankberater Herrn Schmitz. Welche Äußerungen passen zusammen? Ordnen Sie zu. Hören Sie dann den Dialog und kontrollieren Sie.

Herr Schmitz
1 Wie hoch ist der Schaden?
2 Warum zahlt die Versicherung nicht?
3 Was stellen Sie sich vor?
4 Das ist zu teuer. Ich empfehle Ihnen einen Kredit für 12 Monate mit 4,39 % Zinsen.
5 Die monatliche Rate liegt bei ca. 1.700 EUR.
6 Welche Garantie können Sie bieten?

Frau Koller
a Die Brandursache muss noch geklärt werden.
b Kann ich meinen Dispokredit erhöhen?
c Gut, das ginge.
d Die Renovierungskosten belaufen sich auf ca. 20.000 EUR.
e Mein Lebensgefährte würde für mich bürgen.
f Wie viel pro Monat muss ich dann zahlen?

4b Hören Sie noch einmal. Welche Synonyme werden verwendet?

1 Garantie:
2 Person, die garantiert:
3 Kredit für zwölf Monate: Kredit mit einer .... von einem Jahr
4 einen Kredit zurückzahlen: einen Kredit
5 Kreditvertrag:

5 Wählen sie eine Situation und spielen Sie mit einem Partner / einer Partnerin den Dialog. Nehmen Sie die Redemittel zu Hilfe.

Bitte um Ratenzahlung für …

Bitte um Kredit für einen Autokauf

Redemittel

Was stellen Sie sich vor? / Ich empfehle Ihnen … / rate Ihnen, … zu … Kann jemand für Sie bürgen? / Welche Sicherheit können Sie bieten?

Die monatliche Rate liegt bei … / Die Zinsen liegen bei …
Ich werde einen Darlehensvertrag ausarbeiten.

Was schlagen Sie vor?
Ich möchte einen Kredit aufnehmen / meinen Dispokredit erhöhen. / um Ratenzahlung für … / um einen Zahlungsaufschub bitten.
Ich habe einen Bürgen.
Wie hoch ist die Monatsrate?
Kann ich den Kredit sofort tilgen / in Raten zurückzahlen?

D Über Geld spricht man nicht

1 Spricht man in Ihrem Land über Geld und Gehälter? Würden Sie sich darüber äußern oder eher nicht? Tauschen Sie sich aus.

2a Lesen Sie den Artikel. Welche Positionen werden hier vertreten? Fassen Sie zusammen.

- schwedische Politik
- Bevölkerung in D/Ö
- Prof. Pircher

Reden wir übers Geld!
von Katharina Nagele-Allahyari

Das eigene Gehalt preiszugeben oder über Vermögen zu sprechen, gilt in Österreich und Deutschland als eher unfein. Verdient man wenig oder hat gar Schulden, neigen viele sogar zu Scham. Über Geld zu reden ist hierzulande unüblich.

Superreiche gegen Öffentlichkeit

5 Das ist nicht überall so. In Schweden kann sich jeder beim Finanzamt erkundigen, was jede beliebige Person verdient. Dieses Öffentlichkeitsprinzip treibt dort auch seltsame Blüten: So macht das schwedische Massenblatt *Aftonbladet* schon auch mal eine Geschichte mit dem Titel „Ehepaare, die am meisten verdienen – in deiner Nachbarschaft!" Aber der Grundgedanke ist ein anderer: Jeder soll überprüfen können, wie die Menschen behandelt werden.

10 Kein Wunder, dass die häufigsten Beschwerden von Superreichen kämen, wie Gunnar Svensson vom Stockholmer Finanzamt dem deutschen Nachrichtenmagazin *Spiegel* erzählt. […]

Die kleinen großen Unterschiede

Der Verschwiegenheit stellt der Wiener Philosoph Wolfgang Pircher eine Aufforderung zur Aufklärung gegenüber: „Über Geld zu sprechen, ist hoch vernünftig. In einer Gesellschaft, in
15 der Geld alles am Laufen hält, ist es sogar überlebenswichtig." So stellt sich mit dem Reden übers Geld automatisch die Frage der Gerechtigkeit ein: Wie kann es sein, dass die Vorstandsvorsitzenden der an der Wiener Börse gehandelten Aktiengesellschaften monatlich im Durchschnitt 100.000 Euro verdienen […]? Das ist 49-mal mehr als der Durchschnittslohn in Österreich. Zum Beispiel verdient ein Koch in einem großen Hotel nach 31 Dienstjahren nur einen
20 Bruchteil des Gehalts eines dieser Manager. […] Wie kann es sein, dass eine Frau im selben Beruf, mit derselben Erfahrung und derselben Arbeitszeit im Durchschnitt 20 Prozent weniger verdient? […]

Frage der Demokratie

[…] Die Auswirkung für die Gesellschaft sei eine weit verbreitete Unwissenheit: […] „Nur
25 diejenigen, die Wirtschaft studieren, kennen sich aus. Und die nutzen ihr Wissen eher zu ihrem privaten Vorteil", sagt Pircher. „Dabei kann Demokratie nur in einer aufgeklärten Gesellschaft funktionieren."

AK FÜR SIE 11/2013, Mitgliederzeitschrift der Arbeiterkammer Wien

2b Sammeln Sie Argumente für oder gegen die Offenlegung von Einkünften.

> Die Offenlegung von Einkünften bringt viel Unruhe und Unfrieden in eine Gesellschaft.

> Es ist Privatsache, was man verdient.

3 Für oder gegen die Offenlegung von Einkünften? Sprechen Sie ca. eine Minute. Tragen Sie Ihren Standpunkt nach folgendem Muster vor.

- Einleitungssatz
- Argumente
- Fazit

Redemittel

Einleitung: Zum Thema … / Zu diesem Thema vertrete ich folgenden Standpunkt: … / Ich bin der Meinung, dass …
Argumente: Ich halte das für besonders wichtig, weil …
Fazit: Deshalb plädiere ich dafür, dass … / dagegen, dass …

Kurz und bündig

Kommunikation

über Berufe und Einkommen sprechen

Ich verdiene ganz gut / nicht schlecht. / Das ist ein angemessenes Durchschnittsgehalt. / Ich habe keinen Grund zur Klage. / Ich kann mir viel/wenig/ kaum etwas leisten. / Ich komme gut/schlecht/kaum über die Runden. / Das Geld reicht einfach nicht. / Mein Beruf ist gesellschaftlich sehr/wenig geachtet.

Kontoauszüge und Rechnungen verstehen

Auf dem Kontoauszug stehen die Kontonummer, die Bankleitzahl, die IBAN und der BIC. / Die IBAN ist die international standardisierte Kontonummer. In Deutschland/… beginnt sie mit dem Ländercode „DE"/… Wir bitten um Überweisung auf unser Konto bei … / Zahlbar innerhalb von … Tagen netto ohne Abzug.

über Zahlungsarten sprechen

Ich zahle am liebsten bar / mit Kreditkarte/EC-Karte/… / Kartenzahlung finde ich praktisch, weil … / Ich kann mir meine Geheimzahl nie merken, deshalb … / Die nächste Bankfiliale ist weit weg, deshalb mache ich Online-Banking.

über Zahlungsschwierigkeiten und Kredite sprechen

Mein Konto ist im Minus. / Ich habe Schulden bei … / zu hohe laufende Kosten.
Ich möchte einen Kredit aufnehmen. / Können Sie den Kreditrahmen erhöhen?
Meine Tante / mein Bruder / … kann für mich bürgen.
Wie wären die Konditionen? / Wie hoch sind die Zinsen?
Ich kann dir leider kein / gern Geld leihen. / Du solltest … / An deiner Stelle würde ich mit einem Bankberater sprechen.

seinen Standpunkt zu einem Thema vortragen

Zum Thema … / Zu diesem Thema vertrete ich folgenden Standpunkt: … /
Ich bin der Meinung/Auffassung, dass … / Ich halte das für besonders wichtig, weil … /
Deshalb plädiere ich dafür, dass … / dagegen, dass …

Grammatik

konzessive und konsekutive Verbindungsadverbien

Die konsekutiven Verbindungsadverbien *deshalb*, *darum*, *folglich*, *daher*, *deswegen* beschreiben eine Folge, die konzessiven Verbindungsadverbien *trotzdem* und *dennoch* eine Einschränkung.
Verbindungsadverbien verbinden zwei Hauptsätze. Das Adverb steht am Anfang oder in der Mitte des zweiten Satzes.

Die Deutschen sind noch immer konservativ. Folglich zahlen sie am liebsten bar.
→ Weil die Deutschen noch immer konservativ sind, zahlen sie am liebsten bar.
Mit EC-Karten kann man überall bargeldlos zahlen. Daher sind sie perfekt für die täglichen Besorgungen.
→ Weil man mit EC-Karten überall bargeldlos zahlen kann, sind sie perfekt für die täglichen Besorgungen.
Kartenzahlung wird zunehmend beliebter. Trotzdem können sich die meisten Deutschen ein Leben ohne Bargeld nicht vorstellen.
→ Obwohl Kartenzahlung zunehmend beliebter wird, können sich die meisten Deutschen ein Leben ohne Bargeld nicht vorstellen.

10 Übungen

A Zufrieden mit dem Gehalt?

1 Gehalt und Beruf. Was bedeuten die Sätze? Kreuzen Sie an. Die Texte auf S. 158 helfen.

1 Lena hat einen geachteten Beruf.
   a ☐ Sie wird gut bezahlt.
   b ☐ Ihr Beruf wird respektiert.

2 Svetlana kommt mit ihrem Gehalt nicht über die Runden.
   a ☐ Sie ist nicht reich.
   b ☐ Ihre Ausgaben sind höher als ihr Gehalt.

3 Mirko kann sich das Geld nicht einteilen.
   a ☐ Er gibt mehr Geld aus, als er hat.
   b ☐ Er verdient zu wenig.

4 Emma kann sich das Kleid nicht leisten.
   a ☐ Sie hat nicht genug Geld für das Kleid.
   b ☐ Sie findet es nicht richtig, das Kleid zu kaufen.

5 Iannis leistet in seinem Job sehr viel.
   a ☐ Er arbeitet sehr hart.
   b ☐ Er verdient sehr viel.

6 Anouar kommt mit seinem Gehalt aus.
   a ☐ Er bekommt sehr viel Geld.
   b ☐ Er bekommt genug Geld.

7 Irina muss mit ihrem Einkommen die gesamte Familie unterhalten.
   a ☐ Sie muss der Familie Geld abgeben.
   b ☐ Sie ernährt die Familie mit ihrem Gehalt.

8 Bei Mia bleibt netto nicht viel übrig.
   a ☐ Ihr Gehalt ist sehr niedrig.
   b ☐ Die Abzüge für Steuern und Versicherung sind ziemlich hoch.

🔊 37 2a Lesen und ergänzen Sie. Hören Sie dann das Gespräch von S. 159 und überprüfen Sie Ihre Lösungen.

> Rentenversicherung • Beitragsservice • Arbeitslosenversicherung • Zulassungsstelle •
> Kontoauszug • Nettogehalt • ~~Kaution~~ • Krankenversicherung • Lohnsteuer

1 Die _Kaution_ zahlt der Mieter vor der Wohnungsübergabe an den Vermieter als Sicherheit, falls er beispielsweise Schäden in der Wohnung verursacht.

2 Um ein Auto fahren zu dürfen, muss man es bei der _____ anmelden.

3 Das _____ ergibt sich nach Abzug der Steuern und Versicherungen.

4 Um beim Arzt oder im Krankenhaus nicht alles selbst zahlen zu müssen, hat man eine
_____ .

5 Für den Fall, dass man seine Arbeit verliert, sichert die _____ das Einkommen während der Arbeitslosigkeit.

6 Möchte man wissen, wie viel Geld man auf seinem Konto hat, kann man am Automaten oder online einen _____ ausdrucken.

7 Für Radio und Fernsehen zahlt man eine Gebühr an den _____ .

8 Um im Alter noch Geld zu bekommen, haben Arbeitnehmer eine _____ .

9 Die _____ zahlt man für Einnahmen aus nichtselbstständiger Arbeit.

166

2b Was passt zusammen? Verbinden Sie.

1. einen Kontoauszug
2. eine Versicherung
3. eine Kaution
4. Gebühren
5. Geld(beträge)

a. abschließen
b. abheben
c. zahlen
d. ausdrucken
e. hinterlegen

2c Schreiben Sie Sätze mit den Wortverbindungen aus 2b.

2d Kontoauszüge verstehen. Lesen Sie noch einmal den Kontoauszug in 3a auf S. 159 und ergänzen Sie.

> die Bankleitzahl • der BIC • die IBAN

1. International ist .... die standardisierte Kontonummer. In Deutschland beginnt sie immer mit dem Ländercode „DE".
2. .... besteht aus acht Ziffern. Damit kann jede Bank in Deutschland identifiziert werden.
3. International ist .... ein standardisierter Schlüssel aus acht oder elf Buchstaben und Zahlen zur Identifizierung von Banken weltweit.

3 Ein Haushaltsbuch. Robert und Adela führen seit Kurzem ein Haushaltsbuch. Wofür geben sie ihr Geld aus? Lesen Sie und notieren Sie die passenden Kategorien aus 4a auf S. 159.

Datum	Ausgabe/Anschaffung	Betrag	
13.07.	Supermarkt	74,55 €	1
13.07.	Vitamintabletten, Kopfschmerztabletten	40,42 €	2
14.07.	Taxi	15,50 €	3
14.07.	Kaffeemaschine	32,95 €	4
15.07.	Konzertkarten: Kammermusik	36,00 €	5
16.07.	Handy-Prepaid-Karte	20,00 €	6
16.07.	Reiseführer „Im Rheinland unterwegs"	12,95 €	7
17.07.	Mittagessen (Pizzeria)	16,00 €	8
18.07.	Überweisung VHS-Kurs	80,00 €	9

4 Schreiben Sie über sich: Das liebe Geld.

- Wofür geben Sie monatlich viel bzw. wenig Geld aus?
- Was ist Ihnen besonders wichtig? Was möchten Sie sich leisten können?
- Worauf könnten/möchten Sie nicht verzichten?

B Bar oder mit Karte?

1 a Mit Kreditkarte bezahlen. Lesen Sie den Text und bringen Sie die Absätze in die richtige Reihenfolge.

Die Nachteile des bargeldlosen Zahlens

☐ Gruppe B hatte den Bezug zur Höhe des Geldes verloren, da die Regionen des Gehirns, die beim traditionellen Bezahlen mit Scheinen und Münzen aktiv sind, inaktiv blieben. Dies ist auf Dauer nicht ungefährlich, denn wenn wir Geld anfassen oder es im Portemonnaie suchen, bekommen wir einen gegenständlichen Bezug zu so etwas Abstraktem wie Geld und gehen folglich bewusster damit um.

☐ Man hat dafür zwei Gruppen von Probanden untersucht, die alle fußballbegeistert waren. Beiden Gruppen wurde gesagt, sie könnten für ein begehrtes Fußballspiel unerwartet noch ziemlich teure Restkarten bekommen. Gruppe A durfte nur bar bezahlen, Gruppe B hingegen bloß per Kreditkarte. Beide kauften die Karten, Gruppe B war jedoch bereit, doppelt so viel zu zahlen wie Gruppe A. Was ist hier passiert?

☐ Wenn solche Bezüge jedoch fehlen, können wir leicht den Überblick verlieren. Unser Tipp: Schreiben Sie Ihre bargeldlosen Einkäufe genau auf. Im Zweifelsfall sollten Sie Ihre Kreditkarte beim Einkaufen oder Bummeln lieber zu Hause lassen bzw. sich gar nicht erst bei Online-Bezahlsystemen anmelden.

☐ Es gibt zahlreiche Vorteile von bargeldlosem Zahlen, allerdings überwiegen für einige Menschen die Nachteile – mit nicht unerheblichen Folgen. Viele überziehen nämlich bei Zahlungen mit Kreditkarte im Internet schnell ihr Konto und machen Schulden. Daher warnen Experten nicht zu Unrecht vor exzessivem Gebrauch von Kreditkarten. Doch was passiert in unseren Köpfen beim bargeldlosen Zahlen? Hierzu wurde eine höchst interessante Studie durchgeführt.

> **Memo**
> Die doppelte Verneinung ist eine Bejahung.
> nicht zu Unrecht = zu Recht
> nicht ungefährlich
> = gefährlich

1 b Lesen Sie den Text noch einmal und beantworten Sie die Fragen.

1. Was war das Ziel der Studie?
2. Wie wurde die Studie durchgeführt?
3. Warum war Gruppe B bereit, doppelt so viel zu zahlen?
4. Was wird im Text zum Umgang mit Kreditkarten empfohlen?

2 a Gründe und Konsequenzen. Suchen Sie die Informationen im Text und ergänzen Sie die Sätze.

1. Beide Gruppen waren bereit, die teuren Tickets zu kaufen, weil …
2. Gruppe B war bereit, mehr zu bezahlen, weil …
3. Wenn man physischen Kontakt zu Geld hat, geht man bewusster damit um, weil …
4. Weil man beim bargeldlosen Zahlen leicht den Überblick verliert, sollte man …

2 b Schreiben Sie die Sätze aus 2a mit einem Verbindungsadverb.

> deshalb • darum • daher • folglich

Die Probanden waren alle fußballbegeistert. Folglich waren …

3a Vorteile des bargeldlosen Zahlens. Unterstreichen Sie die passenden Verbindungsadverbien. Oft gibt es mehrere Möglichkeiten.

1 Ihre Kreditkarte wurde gestohlen? Sie haben *deswegen/trotzdem/folglich* keine finanziellen Verluste, wenn Sie die Karte sofort sperren lassen.
2 Man braucht statt viel Bargeld nur eine kleine Karte mitzunehmen, *darum/dennoch/deswegen* ist das Bezahlen sehr einfach.
3 Manchmal ist das Konto leer und man gibt *trotzdem/daher/dennoch* Geld aus. Das ist nicht sehr schlau.
4 Die nächste Bankfiliale ist sehr weit weg, *daher/trotzdem/deshalb* mache ich Online-Banking.
5 Man kann bei Kartenzahlung kein Falschgeld als Wechselgeld erhalten, *dennoch/trotzdem/folglich* bietet das bargeldlose Zahlen Sicherheit.

3b Schreiben Sie die Sätze aus 3a mit *weil* bzw. *obwohl*.

> 1 Obwohl Ihre Kreditkarte gestohlen wurde, haben Sie keine finanziellen Verluste, wenn Sie die Karte sofort sperren lassen. / 2 Das Bezahlen mit Karte ist sehr einfach, weil ...

4 Die neue Kreditkarte und ihre Folgen. Sehen Sie die Bilder an. Schreiben Sie mit den Satzteilen und den Verbindungsadverbien eine kleine Geschichte.

1 Sabine hat endlich ... Daher ...
2 Sie kauft teure ... Deswegen ...
3 Sie hat schon bald ... Trotzdem ...
4 Folglich ... Er hilft ihr.
5 Ein paar Monate später ... Deshalb ...
6 Sie muss aber dennoch ...

> 1 Sabine hat endlich eine Kreditkarte. Daher kann sie jetzt bargeldlos zahlen.

10 C In Zahlungsschwierigkeiten geraten

1a Zahlungsschwierigkeiten der anderen Art. Lesen Sie den Artikel und ordnen Sie die passenden Überschriften zu.

1 Ein mehr als großes Honorar
2 Der Fehler von Herrn K.
3 Eine böse Überraschung beim Geldabheben
4 Der Fehler des Amts

Skurriles aus der Finanzwelt

Des einen Freud, des anderen Leid

a

In vielen Ländern muss man auf seine Zinsen Steuern zahlen. So auch der 55-jährige Helmut K. aus Thüringen. Als er seine Steuererklärung machte, gab er seine Zinseneinkünfte korrekt mit 5.000 Euro an. Als er dann einige Wochen später Post vom Finanzamt bekam, staunte er: Ihm wurden 50.000 Euro Zinsen berechnet. Er sah auf seiner Steuererklärung nach und erkannte, dass es sein Fehler war, da er eine Null zu viel geschrieben hatte.

b ....

Sofort teilte er dem Finanzamt seinen Fehler mit. Daraufhin wurde seine Steuererklärung geändert. Umso überraschter war der Mann, als er den korrigierten Steuerbescheid bekam. Hier stand, dass er Zinseinkünfte in Höhe von 500.005.000 Euro hatte. Erneut schrieb der Mann an das Finanzamt. Die Sachbearbeiterin entschuldigte sich vielmals für den Fehler und erklärte ihm das Versehen: Sie hatte 50.000 und 5.000 hintereinander geschrieben. Also dachte der Mann, der Fall sei nun geklärt.

c ....

Einige Wochen später wollte er Geld abheben, doch seine Karte wurde vom Geldautomaten eingezogen. Eine Mitarbeiterin der Bank sagte ihm, dass das Finanzamt über zwölf Millionen Euro Schulden bei ihm festgestellt und deshalb sein ganzes Vermögen abgebucht hat.

d ....

Nun war die Geduld des Mannes am Ende, und er schaltete einen Anwalt ein. Der Anwalt schrieb das Finanzamt an, und Herr K. bekam schließlich sein Geld zurück. Der Anwalt hatte außerdem eine gute Idee: Da es nicht der Fehler seines Klienten, sondern der des Finanzamtes war, stellte er dem Amt für seine Arbeit 2,5 Millionen Euro in Rechnung. Das war sein Honorar, das sich am „Streitwert" orientiert, also den 12 Millionen Euro, um die es bei dem Fall ging. Natürlich zahlte das Finanzamt nicht, deshalb ging der schlaue Anwalt vor Gericht – und bekam recht. Nun hat er 2,5 Millionen Euro mehr auf seinem Konto. Den Betrag zahlen die Steuerzahler.

1b Lesen Sie den Text noch einmal und korrigieren Sie die folgenden Sätze.

1 Herr K. hatte auf seiner Steuererklärung eine Null zu wenig geschrieben.
2 Im korrigierten Steuerbescheid wurde seine Kontonummer versehentlich als Einkommen berechnet.
3 Das Finanzamt hat ihm 12 Millionen Euro auf sein Konto überwiesen.
4 Der Anwalt stellte Herrn K. die Kosten für den Gerichtsprozess in Rechnung.
5 Herr K. musste dem Finanzamt 2,5 Millionen Euro zahlen.

2a Die Steuererklärung und der Steuerbescheid. Was ist der Unterschied? Ergänzen Sie die Wörter mit Artikel.

.... bekommt man vom Finanzamt.
Dort steht, wie viel Steuer man zahlen muss.

.... schickt man an das Finanzamt.
Darin sind alle Einnahmen des vergangenen Jahres aufgelistet.

2b Rund ums Geld. Welches Verb passt nicht? Streichen Sie durch.

1 Einkünfte   haben/nehmen/angeben/versteuern
2 Geld   abheben/feststellen/abbuchen/überweisen
3 Schulden   haben/löschen/tilgen/zurückzahlen
4 eine Rechnung   stellen/bekommen/bezahlen/mitteilen

2c Wählen Sie vier Wortverbindungen aus 2b und schreiben Sie jeweils einen Satz.

3a Lesen Sie den Brief an Frau Stadler. Was ist das Problem? Kreuzen Sie an.

1 ☐ Frau Stadler hat das Sofa zu spät bezahlt.
2 ☐ Frau Stadler hat das Sofa noch nicht bezahlt.

MÖBELKAISER
━━━ edles Wohnen

Zahlungserinnerung
Rechnungs-Nr. 989/5
Bestellung Nr. 347 83 (Sofa Royal gold)

Rechnungsdatum: 28.05.2016

Sehr geehrte Frau Stadler,

leider konnten wir bei der oben genannten Rechnung noch keinen Zahlungseingang verzeichnen. Bitte überweisen Sie den Betrag von EUR 4.900 bis spätestens 06.06.2016 auf unser unten genanntes Konto, die Rechnung liegt diesem Schreiben in Kopie bei.

Sollten Sie die Zahlung bereits veranlasst haben, betrachten Sie dieses Schreiben bitte als gegenstandslos.

Mit freundlichen Grüßen

3b Frau Stadler hat finanzielle Probleme und bittet ihren Bankberater um Hilfe. Schreiben Sie ihren Brief. Der Hörtext von S. 163 hilft.

Textbausteine

Ich habe folgendes Problem: … / Ich habe die Firma „Möbelkaiser" um Zahlungsaufschub gebeten. Aber leider …
Ich habe bereits Schulden in Höhe von … Euro / einen Kredit über … Euro.
Ich würde gern einen Kredit aufnehmen / meinen Einkaufsrahmen erhöhen.
Mein Mann / meine Tante / … kann für mich bürgen.
Können Sie mir ein Angebot machen? Wie wären die Konditionen? / Wie hoch sind die Zinsen? / …

D Über Geld spricht man nicht

1 Der neue Kollege. Hören Sie den Dialog und kreuzen Sie an.

1 Urs
   a ☐ spielt mit Maria und Johannes zum ersten Mal Karten.
   b ☐ kennt Maria und Johannes von der Arbeit.
   c ☐ ist in Zürich aufgewachsen.

2 Urs
   a ☐ möchte möglichst bald Kinder haben.
   b ☐ und seine Freundin wohnen in einer gemeinsamen Wohnung.
   c ☐ ist wegen der Arbeit umgezogen.

3 Lisas Mutter wollte wissen,
   a ☐ wie viel Urs verdient.
   b ☐ wo er sich in fünf Jahren sieht.
   c ☐ welche Abschlussnote er hatte.

4 Maria
   a ☐ denkt, dass das ein kulturelles Problem ist.
   b ☐ spricht mit ihrer Familie offen über Geld.
   c ☐ stammt aus der Region.

5 Urs
   a ☐ verdient sehr gut.
   b ☐ hat momentan Schulden.
   c ☐ verdient 500 € brutto.

2a Über Geld sprechen. Lesen Sie die Aussage von Frau Keller und kreuzen Sie an.

> Ich arbeite seit 25 Jahren bei einer großen Textilfirma. Obwohl die Firma in den letzten Jahren immer mehr Umsatz gemacht hat, bekommen wir nur selten eine Gehaltserhöhung. Und wenn, ist sie sehr niedrig. Uns wird dann gesagt, der Gewinn würde in eine bessere Qualität des Materials investiert, was aber niemand nachprüfen kann. Daher fordern wir, dass die Verteilung der Gelder in unserem Unternehmen offengelegt wird. Dann hätten wir vielleicht endlich eine Verhandlungsbasis.

Eun-Mi Keller, 46 Jahre

		richtig	falsch
1	Die Firma hat in den letzten Jahren immer mehr verkauft.	☐	☐
2	Die Gehälter der Mitarbeiter steigen regelmäßig.	☐	☐
3	Die Mitarbeiter werden am Gewinn beteiligt.	☐	☐
4	Die Mitarbeiter fordern, dass das Geld anders verteilt wird.	☐	☐

2b Wortverbindungen. Was passt zusammen? Kreuzen Sie an.

1 Umsatz
   a ☐ werden
   b ☐ nehmen
   c ☐ machen

2 eine Gehaltserhöhung
   a ☐ bekommen
   b ☐ erzielen
   c ☐ schaffen

3 die Gehälter
   a ☐ offenlegen
   b ☐ verstecken
   c ☐ informieren

4 den Gewinn
   a ☐ stärken
   b ☐ investieren
   c ☐ abnehmen

2c Auf der Betriebsversammlung. Frau Keller fordert die Offenlegung aller Gehälter in der Firma. Schreiben Sie mit Hilfe der Redemittel auf S. 164 Frau Kellers Redebeitrag, in dem sie ihren Standpunkt vertritt.

> *Liebe Kolleginnen und Kollegen. Zum Thema der heutigen Betriebsversammlung möchte ich Folgendes sagen. …*

Prüfungstraining

Sprachbausteine, Teil 1

Lesen Sie den Text und entscheiden Sie, welches Wort (a, b oder c) in die jeweilige Lücke passt.

„Schatz, lass uns ein neues Leben anfangen!" Das war der Satz, ...1... der Traum vom Aussteigen für Susanne und Rudolf Zednik begann. Rudolf war ein erfolgreicher Berater für Start-Up-Unternehmen und musste sich nie Sorgen um Geld ...2... Aber die vielen Dienstreisen, oft auch ins Ausland, belasteten ihn immer mehr.

Susanne war Beraterin bei einer großen Bank und ...3... sehr zufrieden mit ihrer Arbeit. Doch der wachsende Leistungsdruck ...4... sie immer häufiger über alternative Berufswünsche nachdenken. Sowohl Susanne als auch Rudolf liebten die Insel Mallorca, und so lag für beide die Idee ...5..., dort einen Neuanfang zu wagen. Sie legten ihr Erspartes zusammen und kauften eine Bar. Als Start-Up-Berater dachte Rudolf, ...6... er die Risiken gut einschätzen könnte.

Den beiden war wie vielen anderen Aussteigern ...7... bewusst, dass es schwierige Zeiten geben könnte, aber auch sie unterschätzten die Probleme vor Ort. Zum Beispiel waren in der Bar die Wasserleitungen kaputt, ...8... Reparatur mehrere tausend Euro kostete. ...9... mussten Susanne und Rudolf einen Kredit aufnehmen. Dann kam ihnen aber die Idee, sich mit den Besitzern einer anderen Bar ...10..., was ihre Rettung war. Vorläufig.

Wie es weitergeht, wird die Zukunft zeigen. Aber einige Träume gingen in Erfüllung: „Das Wetter, die Natur und die freundlichen Menschen entschädigen uns für vieles", so Rudolf und Susanne.

1
- a ☐ damit
- b ☐ dadurch
- c ☐ mit dem

2
- a ☐ machen
- b ☐ klagen
- c ☐ kümmern

3
- a ☐ beginnend
- b ☐ zunächst
- c ☐ dann

4
- a ☐ ließ
- b ☐ machte
- c ☐ hatte

5
- a ☐ in der Nähe
- b ☐ nächstens
- c ☐ nahe

6
- a ☐ dass
- b ☐ weil
- c ☐ denn

7
- a ☐ weder
- b ☐ zwar
- c ☐ nicht nur

8
- a ☐ dessen
- b ☐ denen
- c ☐ deren

9
- a ☐ Weil
- b ☐ Dennoch
- c ☐ Folglich

10
- a ☐ zusammenschließen
- b ☐ zusammenzuschließen
- c ☐ zusammengeschlossen

Station 2 — Das Vorstellungsgespräch

A Vor dem Vorstellungsgespräch

1 Was verbinden Sie mit einem Vorstellungsgespräch? Welche Erfahrungen haben Sie gemacht? Was ist Ihnen leicht bzw. schwer gefallen? Tauschen Sie sich aus.

Personalmitarbeiter/in • Small Talk • Kleidung und Verhalten
Atmosphäre • Konkurrenz • Berufsqualifikation
persönliche Eigenschaften • Vorbereitung • Motivation
frei Sprechen • Stressfragen • Mimik und Gestik

> Ich wurde in einem Vorstellungsgespräch gefragt, was ich an meinem bisherigen Job am wenigsten mochte. Ich wusste nicht, wie ich antworten sollte.

> Bei meinem Vorstellungsgespräch waren die Personalmitarbeiter sehr nett. Und ich war gut vorbereitet und konnte fast alle Fragen sofort beantworten.

> In einem Vorstellungsgespräch wurde ich nach meinem Gehaltswunsch gefragt. Ich glaube, ich habe zu viel verlangt.

2 a Hören Sie ein Telefonat zwischen dem Personalmitarbeiter, Boris Tienemann, und Frau Radtke. Warum verschiebt sie das Telefonat?

2 b Hören Sie noch einmal. Warum ruft Herr Tienemann Frau Radtke an? Kreuzen Sie an.

1. ☐ Er will einen Termin für ein Vorstellungsgespräch vereinbaren.
2. ☐ Er will mit ihr ein Telefoninterview durchführen.
3. ☐ Er möchte erfahren, ob sie sich noch für die Stelle interessiert.
4. ☐ Er will ihr mitteilen, dass ihre Bewerbung abgelehnt wurde.
5. ☐ Er will ihr zusätzliche Informationen zur Stelle geben.

2 c Wie sollte sich Frau Radtke auf das Telefonat vorbereiten? Diskutieren Sie.

> Sie sollte ihr Bewerbungsschreiben noch einmal durchlesen.

> Sie sollte keine laute Musik hören.

Sie lernen
- Regeln und Anforderungen sowie Erfolgsfaktoren für Bewerbungsgespräche kennen
- ein Vorstellungsgespräch trainieren

3a Frau Radtke wurde zum Vorstellungsgespräch eingeladen. Welche Tipps zur Vorbereitung finden Sie sinnvoll? Kreuzen Sie an und diskutieren Sie.

1. ☐ Sammeln Sie aktuelle Informationen über Ihren potentiellen Arbeitgeber.
2. ☐ Überlegen Sie sich drei bis vier Fragen, die Sie dem Arbeitgeber stellen wollen.
3. ☐ Bereiten Sie den Gesprächseinstieg vor: „Erzählen Sie etwas über sich."
4. ☐ Verbessern Sie Ihre freie Rede, indem Sie die Vorstellung Ihrer Person üben.
5. ☐ Finden Sie eine zuverlässige Information zum branchenüblichen Gehalt.
6. ☐ Bereiten Sie sich mit einem Ratgeber auf schwierige, trickreiche Fragen vor.
7. ☐ Finden Sie heraus, wie lange die Fahrt zum Arbeitgeber dauern wird.
8. ☐ Prüfen Sie vor dem Spiegel oder mit Freunden Ihre eigene Körpersprache.

3b Lesen Sie den Text. Was war für Sie neu?

Was das Unternehmen hinterfragt

Sie wurden zum Vorstellungsgespräch eingeladen, weil man sich ein Bild davon machen will, wie gut Sie auf die vakante Stelle und in das Unternehmen passen. Ihr Gesprächspartner geht mit folgenden Zielen in das Gespräch:

› Was ist der Bewerber für ein Mensch? Wie tritt er auf, wie stellt er sich dar? Würde er in unser Team / unser Unternehmen passen?
› Erfüllt der Bewerber die nötigen Anforderungen wie Durchsetzungsvermögen, Stressresistenz, Flexibilität?
› Klärung von Fragen, die sich aus den Bewerbungsunterlagen ergeben, z.B. berufliche Umorientierung, häufiger Stellenwechsel, längere Arbeitslosigkeit.
› Was erwartet der Bewerber von der Stelle? Inwieweit hat er sich bereits über die Stelle Gedanken gemacht? Was ist seine Motivation für die Bewerbung?
› Welche Branchen-/Fachkenntnisse hat der Bewerber?

4a Vorstellungsgespräche laufen in der Regel in Phasen ab. Ordnen Sie die Phasen den Äußerungen zu.

☐ Wie war die Anfahrt? Haben Sie den Weg gut gefunden? ☐ Erzählen Sie etwas über sich. ☐ Darf ich Ihnen eine Tasse Kaffe oder ein Glas Wasser anbieten? ☐ Warum haben Sie sich bei uns beworben? ☐ Wie groß ist das Team? ☐ Haben Sie noch Fragen an uns? ☐ Wo werde ich eingesetzt werden? ☐ Wann darf ich mit einer Antwort Ihrerseits rechnen? ☐ Was sind Ihre Stärken? Und was sind Ihre Schwächen? ☐ Was war das letzte Projekt, an dem Sie gearbeitet haben? ☐ Unsere Firma erzielte im vergangenen Jahr einen Umsatz von ca. 80 Millionen Euro. ☐ Vielen Dank, dass Sie gekommen sind. Wir melden uns innerhalb der nächsten Wochen bei Ihnen. ☐ Schildern Sie doch mal Ihren Werdegang. Warum haben Sie sich für diesen Beruf entschieden? ☐ Warum sind Sie für die Stelle gut geeignet? ☐ Wie sind Ihre Gehaltsvorstellungen? ☐ Wir sind eine kleine Firma mit etwa 120 Beschäftigten. Wir suchen jemanden, der …

1. Phase Begrüßung und Smalltalk
2. Phase Kennenlernen und Selbstvorstellung / Fragen zur Qualifikation und zur Person
3. Phase Das Unternehmen stellt sich und die Stelle vor
4. Phase Der/Die Bewerber/in hat das Wort: Fragen des Bewerbers / der Berwerberin
5. Phase Verabschiedung

B Im Vorstellungsgespräch

1 Sehen Sie die Fotos an und beschreiben Sie die Situation. Was finden Sie eher positiv, was eher negativ? Tauschen Sie sich aus.

> Ich finde, dass die Bewerberin sich für das Vorstellungsgespräch passend gekleidet hat.

> Der Mann wirkt sehr distanziert. Das könnte die Bewerberin verunsichern.

> Die Bewerberin unterstützt das, was sie sagt, durch Gesten. Das finde ich gut.

2a Typische und schwierige Fragen. Arbeiten Sie zu zweit. Notieren Sie zu jeder Frage eine gute Antwort und diskutieren Sie.

1. Aus welchen Motiven haben Sie sich gerade bei uns beworben?
2. Warum haben Sie sich entschlossen, diesen Beruf zu wählen?
3. Weshalb sollten wir uns für Sie entscheiden?
4. Wo sehen Sie sich denn selbst in drei Jahren?
5. Fällt Ihnen ein Grund ein, warum wir genau Sie einstellen sollten?
6. Was kann Sie am ehesten richtig aufregen, vielleicht sogar ärgern?
7. Was tun Sie privat, um sich zu regenerieren und wieder leistungsfähig zu sein?
8. Sie dürfen jetzt gern uns ein paar Fragen stellen. Haben Sie welche?
9. Würden Sie sich selbst als entscheidungsfreudig beschreiben?
10. Was würden Sie tun, wenn Sie diese Stelle nicht bekämen?

2b Was müssen Sie bei der Antwort auf eine schwierige Frage vermeiden? Wählen Sie einen Tipp und erklären Sie, warum Sie ihn richtig finden.

1. Der Bewerber sollte weder unsicher noch arrogant wirken.
2. Die Antwort des Bewerbers darf der Stellenanzeige nicht widersprechen.
3. Man sollte mit jeder Antwort zeigen, dass man für die Stelle der Richtige ist.
4. Man darf sich nicht sofort verunsichern lassen, sondern sollte in Ruhe überlegen. Für schwierige Fragen ist eine gute Vorbereitung aufs Gespräch das Beste.

2c Was hilft Ihnen selbst, um in einer schwierigen Situation sicher zu reagieren? Wählen Sie einen der Begriffe und erläutern Sie Ihre Wahl.

> innere Ruhe • Selbstbewusstsein • Schlagfertigkeit
> Sprachkompetenz • Körperhaltung • gute Vorbereitung

🔊 **3 a** Hören Sie den Auszug aus dem Vorstellungsgespräch von Frau Radtke bei der Unikum
40 Handelsgesellschaft mbH. Was ist das zentrale Thema? Notieren Sie.

🔊 **3 b** Hören Sie noch einmal. Welche Antworten von Frau Radtke gefallen Ihnen gut, welche finden Sie nicht so gelungen? Tauschen Sie sich aus.

- Um als Webdesignerin an Systemlösungen zu arbeiten, benötigt man neben Kreativität in erster Linie Geduld und Ausdauer.
- Ich habe Ihre Stellenanzeige gelesen und wusste sofort, dass es haargenau das ist, was ich machen will.
- Nur mit dem Kopf durch die Wand zu wollen, ist ja eben keine Teamfähigkeit.
- Aber im Team kann man immer auch von den Anderen lernen.
- Hier war es vor allem die Intransparenz, die dazu führte, dass die Situation eskalierte.

🔊 **3 c** Hören Sie das Vorstellungsgespräch ein drittes Mal. Wie finden Sie die Fragetechnik der beiden Personalmitarbeiter? Was bewerten Sie positiv, was negativ? Notieren Sie.

3 d Wird Frau Radtke die Stelle bekommen? Bewerten Sie ihre Chancen auf einer Skala von 0 bis 10 und vergleichen Sie Ihre Ergebnisse im Kurs.

| 0 | 1 | 2 | 3 | 4 | 5 | 6 | 7 | 8 | 9 | 10 |

4 Vorstellungsgespräche trainieren. Arbeiten Sie zu zweit. Bereiten Sie die auf S. 175 in 4a benannten Phasen 1 und 2 eines Vorstellungsgesprächs vor und spielen Sie sie im Kurs. Die anderen beobachten das Gespräch und machen sich Notizen mit Hilfe der Checkliste für die Auswertung: Was hat der Bewerber / die Bewerberin gut gemacht. Was könnte er/sie besser machen?

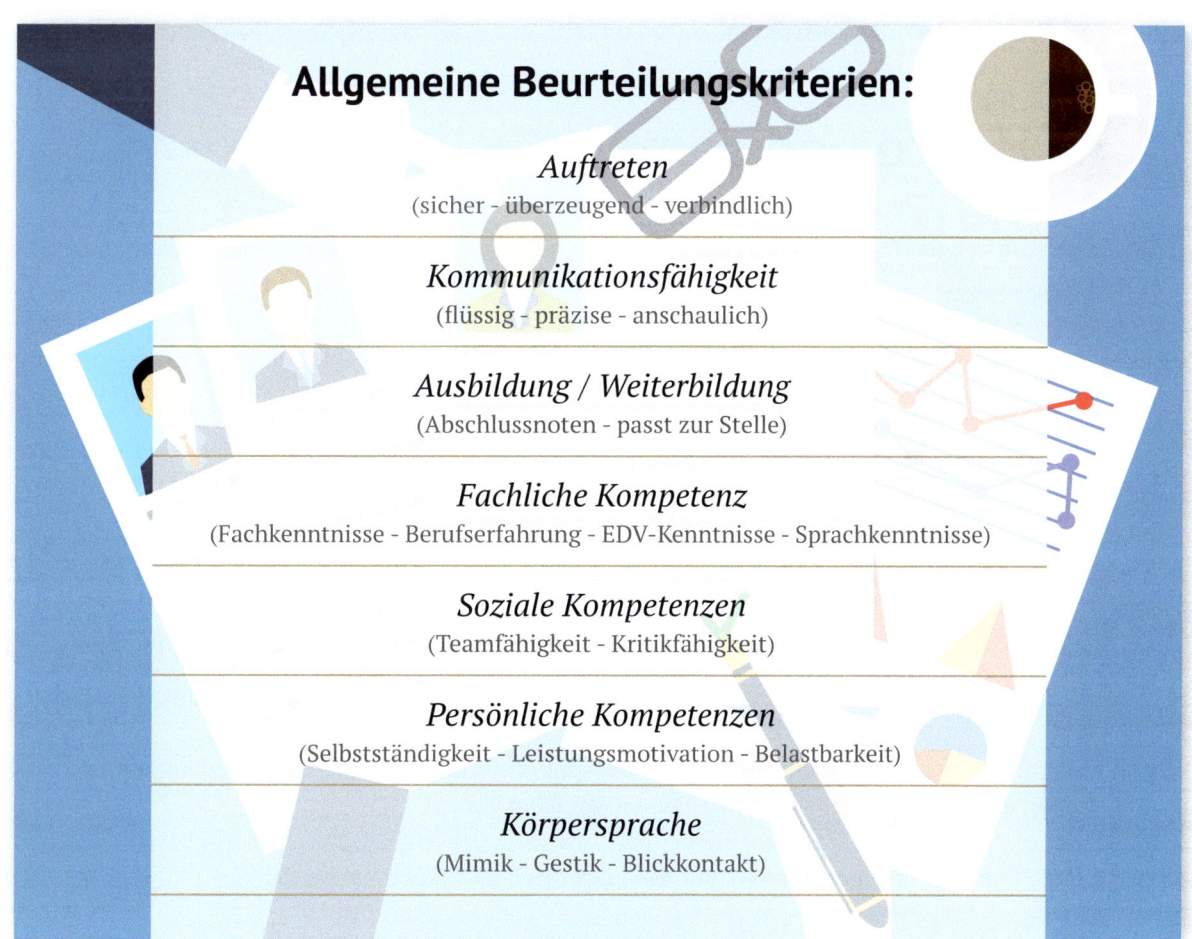

Allgemeine Beurteilungskriterien:

Auftreten
(sicher - überzeugend - verbindlich)

Kommunikationsfähigkeit
(flüssig - präzise - anschaulich)

Ausbildung / Weiterbildung
(Abschlussnoten - passt zur Stelle)

Fachliche Kompetenz
(Fachkenntnisse - Berufserfahrung - EDV-Kenntnisse - Sprachkenntnisse)

Soziale Kompetenzen
(Teamfähigkeit - Kritikfähigkeit)

Persönliche Kompetenzen
(Selbstständigkeit - Leistungsmotivation - Belastbarkeit)

Körpersprache
(Mimik - Gestik - Blickkontakt)

11 Lebens- und Arbeitsformen

A Heute und damals

1a Sehen Sie sich die Fotos an. Was für Leute leben in diesem Haus? Beschreiben Sie sie.

> **Redemittel**
>
> Er/Sie/… ist/sind verheiratet/alleinstehend/kinderlos/alleinerziehend/geschieden/verwitwet.
> Die Frau / Der Mann auf Foto … ist bestimmt/wahrscheinlich/vielleicht… Single/Witwer/Witwe.
> … lebt/leben in einer Kleinfamilie/Großfamilie/Wohngemeinschaft (WG) / festen Partnerschaft.
> Herr/Frau … ist sicher berufstätig / Hausmann/Hausfrau / Rentner/Rentnerin/in Elternzeit.
> Er/Sie arbeitet vielleicht als …
> Ich vermute/glaube/denke / nehme an, dass …
> Ich könnte mir vorstellen, dass die Familie / die Personen auf Foto …

1b Ein Hoffest. Einige Hausbewohner stellen sich vor. Wer sind sie? Hören Sie und ordnen Sie die Fotos zu.
(41)

☐ Vorstellung 1 ☐ Vorstellung 2 ☐ Vorstellung 3

1c Arbeiten Sie zu zweit. Wählen Sie eins der übrigen Fotos und schreiben Sie einen kurzen Text über die Person/en wie in 1b. Stellen Sie Ihre Person/en dann vor.

2 Welche Wohn- und Lebensformen gibt es in Ihrer Heimat? Tauschen Sie sich aus.

Sie lernen

- über Lebens- und Familienformen sprechen
- über frühere Zeiten sprechen
- einen literarischen Text lesen
- eine Grafik beschreiben
- über Selbstständigkeit und Crowdfunding sprechen
- irreale Vergleichssätze mit als, als ob, als wenn

3 Familienleben früher. Wie stellen Sie sich das Zusammenleben vor 100 Jahren vor? Sehen Sie das Foto an und sammeln Sie Ideen.

4 Lesen Sie die Kurzinformation und den Auszug aus Thomas Manns Roman „Buddenbrooks", in dem der Konsul und seine Frau mit ihrer Tochter Tony sprechen. Beantworten Sie dann die Fragen.

> In seinem Roman „Buddenbrooks" schildert Thomas Mann (1875–1955) die Geschichte einer Lübecker Kaufmannsfamilie über mehrere Generationen. 1929 erhielt er für die „Buddenbrooks" den Nobelpreis für Literatur.

„Mein liebes Kind", sagte der Konsul, nachdem er noch einen Augenblick geschwiegen hatte. […] „Um kurz zu sein. Herr Bendix Grünlich, den wir alle als einen braven und liebenswürdigen Mann kennen gelernt haben, schreibt mir, daß er während seines hiesigen Aufenthaltes eine tiefe Neigung zu unserer Tochter gefaßt habe, und bittet in aller Form um ihre Hand. Was denkt unser gutes Kind
5 darüber?" […]

„Was will dieser Mensch von mir–! Was habe ich ihm gethan?!" Worauf sie in Weinen ausbrach. […]

„Liebe Tony", sagte die Konsulin sanft, „wozu dies Echauffement*! Du kannst sicher sein, nicht wahr, daß deine Eltern nur dein Bestes im Auge haben, und daß sie dir nicht raten können, die Lebensstellung auszuschlagen, die man dir anbietet. Siehst du, ich nehme an, daß du noch keine entscheidenden
10 Empfindungen für Herrn Grünlich hegst, aber das kommt noch, ich versichere dich**, das kommt mit der Zeit …" […]

Tonys Thränen versiegten allmählich. […] Sie hatte es ja gewußt, daß sie eines Tages die Frau eines Kaufmannes werden, eine gute und vorteilhafte Ehe eingehen werde, wie es der Würde der Familie und der Firma entsprach … […]
15 „Wie dein Vater dir sagte: du hast Zeit zur Überlegung", fuhr die Konsulin fort. „Aber wir müssen dir zu bedenken geben, daß sich eine solche Gelegenheit, dein Glück zu machen, nicht alle Tage bietet, und daß diese Heirat genau das ist, was Pflicht und Bestimmung dir vorschreiben. Ja, mein Kind, auch das muß ich dir vorhalten. Der Weg, der sich dir heute eröffnet hat, ist der dir vorgeschriebene, das weißt du selbst recht wohl …"
20 „Ja", sagte Tony gedankenvoll. „Gewiß." Sie war sich ihrer Verpflichtung gegen die Familie und Firma wohl bewußt, und sie war stolz auf diese Verpflichtungen.

*Echauffement: Aufregung; **veraltet für „versichere dir"
Der Text ist in der Rechtschreibung der damaligen Zeit (1901) abgedruckt.

1. Was für ein Mensch ist Herr Grünlich und was will er?
2. Was will Tony? Was für Gefühle hat sie für Herrn Grünlich?
3. Was erwarten Tonys Eltern? Wie argumentieren sie?

5 Können Sie sich ein Leben in der damaligen Zeit vorstellen? Tauschen Sie sich aus.

Redemittel

Ich kann mir (nicht) gut vorstellen, … zu … / Ich stelle es mir spannend/schwierig/… vor, … zu …
Damals / In der damaligen Zeit / Im (vor)letzten/neunzehnten/… Jahrhundert / in den sechziger/… Jahren …
Heute/Heutzutage / In unserer Zeit / Für meine Generation ist es dagegen so, dass …

179

B Die Patchworkfamilie

1 Eine neue Familie. Sehen Sie die Bilder an und beachten Sie die Jahreszahlen. Was hat sich verändert? Berichten Sie.

Familie Marx (2012)

Familie Steinlechner (2012)

Familie Marx-Steinlechner (2015)

> heiraten • verheiratet sein • sich scheiden lassen • geschieden sein •
> sich trennen • eine (neue) Familie gründen • zusammen/getrennt leben

2 Lesen sie die Programmankündigung. Was ist eine Patchworkfamilie? Äußern Sie Vermutungen.

3 a Hören Sie den ersten Teil der Reportage und vergleichen Sie mit Ihren Vermutungen.

3 b Hören Sie nun den zweiten Teil. Wie beurteilen die Eltern das Zusammenleben in einer Patchworkfamilie? Machen Sie Notizen.

	positiv	negativ
Jasmin		
Robert	Kinder werden selbstständiger und selbstbewusster	
Franziska		
Anton		

3 c Wie finden die Kinder ihre neue Familie? Hören Sie den letzten Teil und ergänzen Sie Ihre Notizen.

3 d Welche Unterschiede und Gemeinsamkeiten gibt es zwischen den Eltern und Kindern? Berichten Sie.

> Im Gegensatz zu den Eltern sagen die Kinder, dass …

> Alle sind sich einig, dass …

4a Was bedeutet das Zitat? Lesen Sie und kreuzen Sie an.

a ☐ Jasmin ist manchmal eine schlechte Mutter.
b ☐ Jasmin denkt manchmal, dass sie eine schlechte Mutter sei.

> Manchmal komme ich mir vor, als ob ich eine schlechte Mutter wäre.

4b Irreale Vergleiche. Lesen Sie die Sätze und ergänzen Sie dann die Regel.

1 Ich habe oft das Gefühl, als ob er mehr Zeit für mich hätte. (Aber eigentlich hat er nicht so viel Zeit.)
2 Es ist ein bisschen so, als würdest du die Hälfte deiner Familie eintauschen. (Das ist aber nicht so.)
3 Sie sehen aus, als wenn sie sich gestritten hätten. (Aber sie haben sich nicht gestritten.)

Regel

Irreale Vergleichssätze
Sätze mit (so …), als ob, als wenn oder als drücken einen hypothetischen oder irrealen Vergleich aus. Der Sprecher äußert auf diese Weise eine starke Empfindung oder Vermutung. Das Verb im Nebensatz steht deshalb im Konjunktiv II.
Das klingt so, als ob es kompliziert wäre. (In Wirklichkeit ist es aber nicht kompliziert.)

In Sätzen mit als ob und als wenn steht das Verb ☐ am Satzende / ☐ direkt nach dem Konnektor als.
In Sätzen mit als steht das Verb ☐ am Satzende / ☐ direkt nach dem Konnektor als.

4c Schreiben Sie irreale Vergleiche mit als ob und als. Hören Sie dann und überprüfen Sie Ihre Lösung.

1 *Franziska über Anton*: Er tut immer (so), … (*taub sein*).
2 *Anton über Franziska*: Franziska redet so, … (*meine Erzieherin sein*).

5a Beiträge im Hörer-Forum. Was denken die Nutzer? Lesen Sie und fassen Sie zusammen.

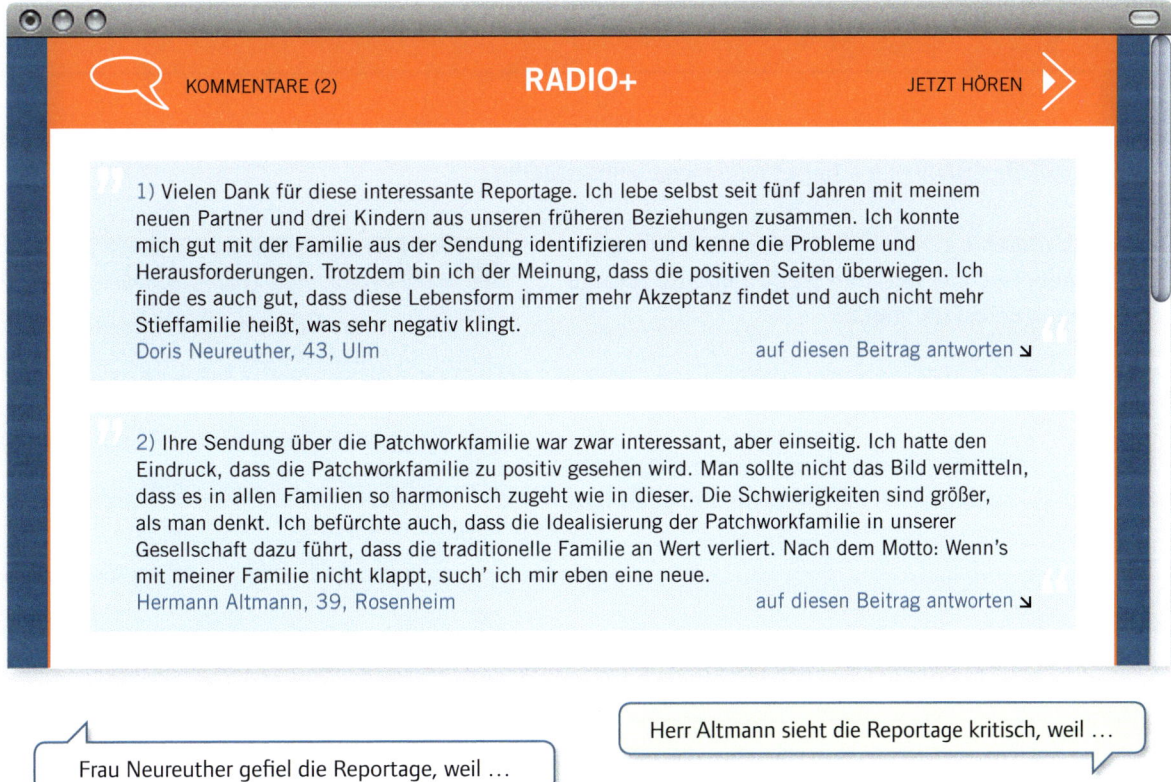

> Frau Neureuther gefiel die Reportage, weil …

> Herr Altmann sieht die Reportage kritisch, weil …

5b Und Sie? Wie ist Ihre Meinung zum Thema der Radiosendung? Schreiben Sie einen Forumsbeitrag.

C Arbeitswelt im Wandel

1 Wer arbeitet wo? Sehen Sie die Grafiken an. Wie haben sich die Beschäftigungsformen zwischen 1991 und 2014 entwickelt? Fassen Sie die Informationen mit Hilfe der Redemittel zusammen.

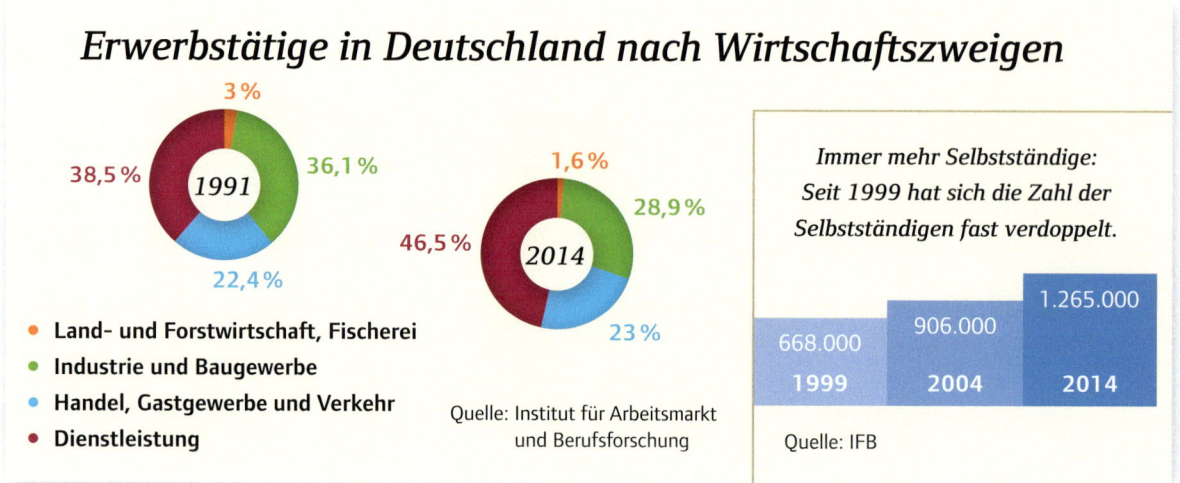

Erwerbstätige in Deutschland nach Wirtschaftszweigen

1991: 3 %, 38,5 %, 36,1 %, 22,4 %
2014: 1,6 %, 46,5 %, 28,9 %, 23 %

- Land- und Forstwirtschaft, Fischerei
- Industrie und Baugewerbe
- Handel, Gastgewerbe und Verkehr
- Dienstleistung

Quelle: Institut für Arbeitsmarkt und Berufsforschung

Immer mehr Selbstständige: Seit 1999 hat sich die Zahl der Selbstständigen fast verdoppelt.

1999: 668.000 | 2004: 906.000 | 2014: 1.265.000

Quelle: IFB

Redemittel

Eine Grafik beschreiben

Einleitung und Quelle	Die Grafik liefert Informationen über … / In den Grafiken wird/werden … dargestellt. Die Informationen der Grafik(en) stammen von/aus …
Inhalt und Entwicklung	Die Zahl / der Anteil der Menschen, die in … arbeiten, ist (im Zeitraum) von … bis … / zwischen … und … um … Prozent/Prozentpunkte gestiegen/gewachsen/gesunken/gefallen. Der Anteil der Erwerbstätigen im Bereich … liegt bei / beträgt … / ist höher/niedriger als … Die Zahl der … ist um … Prozent/Prozentpunkte gewachsen/gefallen. Die Zahl der … ist von … Prozent auf … Prozent gestiegen/gesunken.
Zusammenfassung und Interpretation	Die Grafik lässt die Tendenz erkennen, dass … / Aus den Grafiken wird deutlich/ersichtlich, dass …

2 Wie ist das in Ihrem Heimatland? In welchen Wirtschaftszweigen arbeiten die meisten Menschen? In welchen Branchen arbeitet man meist selbstständig?

3a Arbeiten Sie zu zweit. Lesen Sie die Umfrageergebnisse und notieren Sie Argumente für und gegen Selbstständigkeit.

Selbstständigkeit
pro	contra
– kein Chef	– kein festes Gehalt
– …	– …

Der Schritt in die Selbstständigkeit

Wir haben Selbstständige und freiberuflich Tätige nach den Motiven für ihre Selbstständigkeit gefragt. Hier die Antworten.

1. eigenverantwortliches Arbeiten (83%)
2. Möglichkeit, eigene Ideen umzusetzen (78%)
3. sein eigener Chef sein (76%)
4. freie Arbeitszeiteinteilung (61%)
5. bessere Zukunftsaussichten (51%)
6. bessere Verdienstaussichten (40%)
7. leider keine Alternativen (37%)

Quelle: forsa, 2012

3b Welche Arbeitsform hat Ihrer Meinung nach mehr Vor- bzw. Nachteile? Diskutieren Sie im Kurs.

> Selbstständigkeit ist auch mit einem gewissen Risiko verbunden, zum Beispiel bei Krankheit.

> Ja, das stimmt, aber …

4 Kennen Sie „Schwarmfinanzierung" oder „Crowdfunding"? Was versteht man darunter? Schauen Sie die Fotos an und äußern Sie Vermutungen.

das Projekt / die Idee

der Schwarm

die Finanzierung

5 Crowdfunding. Lesen Sie den Text und beantworten Sie die Fragen.

Was ist Crowdfunding?

Mit Crowdfunding lassen sich Projekte, Produkte, Start-Ups und vieles mehr finanzieren. Das Besondere beim Crowdfunding ist, dass eine Vielzahl an Menschen – die Crowd – ein Projekt finanziell unterstützt und somit mitermöglicht.

Viele Projekte scheitern an mangelnder Finanzierung, obwohl das Ergebnis gesellschaftlich wünschenswert wäre. [...] Staatliche Förderung ist mit bürokratischem Aufwand verbunden. [...] Dem gegenüber wenden sich beim Crowdfunding die Projektinitiatoren via Internetplattform direkt an die Öffentlichkeit, um ihre Projekte vorzustellen und möglichst viele Interessenten für eine gemeinschaftliche Finanzierung zu gewinnen. [...]

Die Unterstützer erhalten dafür üblicherweise eine Gegenleistung, die die vielfältigsten Formen annehmen kann, z. B. eine öffentliche persönliche Danksagung, einen exklusiven Einblick hinter die Kulissen, oder in Fällen, in denen das Projektergebnis kommerziell vermarktet werden sollte, [...] sogar eine finanzielle Beteiligung.

Ein Crowdfunding-Projekt wird erst realisiert, wenn sich genügend Unterstützer gefunden haben, die sich von der Idee begeistern ließen, und die Zielsumme erreicht ist. Dadurch wird der tatsächliche gesellschaftliche Bedarf zielgenauer getroffen, als dies staatliche Subventionen oder klassische Finanzierungsformen könnten. [...]

Beim Crowdfunding geht es um mehr als die klassische Transaktion von Geld gegen erbrachte Leistung. Der Geldgeber wird emotional am Projekt beteiligt. [...]

Wenn es gelingt, die entsprechende „crowd" zusammenzubekommen, können Filme gedreht, Reportagen recherchiert, Medikamente entwickelt, Bücher gedruckt, soziale Projekte gefördert und Unternehmen gegründet werden, die üblicherweise keine Chance zur Realisierung hätten. [...]

Autor: Michel Harms

1. Was ist die „crowd"?
2. Warum können viele Projektideen nicht verwirklicht werden?
3. Wie kann man beim Crowdfunding Interessenten für sein Projekt finden?
4. Was bekommt man, wenn man ein Projekt finanziell unterstützt?
5. Aus welchen Branchen oder Bereichen können Crowdfunding-Projekte kommen?

> 1 Als „crowd" bezeichnet man eine Gruppe von Menschen, die ...

6 Was halten Sie von Crowdfunding? Würden Sie auf diese Weise ein Projekt initiieren oder unterstützen wollen? Tauschen Sie sich aus.

> Crowdfunding ist besser als ein Kredit bei der Bank, weil auch verrückte Ideen eine Chance haben.

7 Projekt. Recherchieren Sie ein interessantes Crowdfunding-Projekt und stellen Sie es im Kurs vor.

D Sprache im Wandel

1a „Denglisch". Was könnte das Wort bedeuten? Äußern Sie Vermutungen.

1b Welche englischen Wörter kennen Sie auch aus dem deutschen Sprachgebrauch? Sammeln Sie.

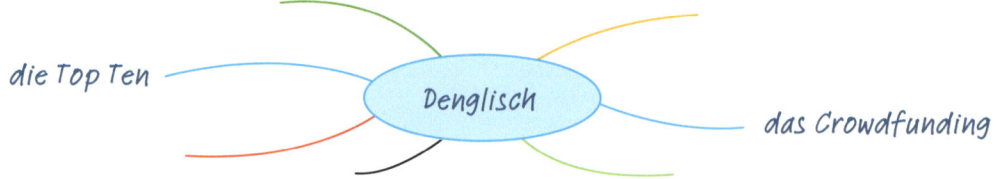

2a Lesen Sie den Text und markieren Sie die englischen Ausdrücke. Überlegen Sie sich deutsche „Übersetzungen".

Deutsch sprechen mit Coolness-Faktor
von Julia S.

Wer anderen imponieren möchte, greift zu englischen Begriffen, das ist nicht nur in der Jugendsprache so. Längst haben Anglizismen nicht nur in unseren Alltag, sondern auch in unser Büro Einzug gehalten. Oder sollte ich Office sagen? Wenn man von Meeting zu Meeting rennt, nebenbei noch den neuen Kollegen brieft und ihn bittet asap (as soon as possible) das Stategy Paper für den nächsten Review zu mailen, bevor man zum Business Lunch geht, ist der Burn-out wohl nicht mehr weit. Zumindest dann nicht, wenn man zwischendurch nicht auch ein bisschen chillt.

Wenn man am Wochenende dann mit den Freunden dancen geht oder sich mit der Schwester zu einer Shopping-Tour trifft, dann gehört man wohl nicht zu denen, die sich gegen jeden Einfluss des Englischen auf die deutsche Sprache wehren. Klar, Englisch vermittelt immer eine gewisse Weltoffenheit und Internationalität. Gerade in der Wirtschaft sind viele englische Begriffe durchaus sinnvoll, weil sie einfach genauer sind und Dinge ausdrücken, die man im Deutschen mit mehreren Wörtern umschreiben muss. Aber im Alltag benutzen wir oft englische Begriffe, die eine falsche Übersetzung sind. Wer einen Englischmuttersprachler um das Handy bittet, wird wohl verwirrte Blicke ernten, aber sicher kein Mobiltelefon bekommen. Wer gar zu einem Public Viewing geht, will vielleicht öffentlich Fußball gucken, wird in den USA aber womöglich auf einer Beerdigung landen.

Grundsätzlich spricht nichts gegen die Verwendung von Anglizismen, aber die Dosis macht ja bekanntlich das Gift: Wenn jemand zum Shoppen in die City fährt, um beim Sale mal wieder richtig nice Sachen zu kaufen, dann fragt man sich schon: Was ist einzuwenden gegen die Begriffe *einkaufen*, *Stadt* und *schön*?

2b Welche Position vertritt die Autorin zu dem Thema? Teilen Sie ihre Meinung? Diskutieren Sie.

> Die Autorin ist der Meinung, dass …

> Ich finde Denglisch manchmal ganz praktisch, weil …

3 Hören Sie das Gespräch im Büro. Wie drückt sich Friedrich aus? Wie reagiert Tobias? Und warum nimmt das Gespräch eine überraschende Wendung? Berichten Sie.

4 Wie ist das in Ihrer Muttersprache? Gibt es auch eine Vermischung mit Englisch oder anderen Sprachen? Schreiben Sie einen kurzen Text.

Kurz und bündig

Kommunikation

über Lebens- und Familienformen sprechen

Ich bin verheiratet/alleinstehend/alleinerziehend/geschieden/verwitwet/…
Wir sind kinderlos / haben … Kinder. / Wir leben seit … Jahren in einer Patchworkfamilie/WG / festen Partnerschaft.
Ich lebe seit … Jahren/Monaten mit meinem Partner / meiner Partnerin und unseren Kindern aus unseren früheren Beziehungen zusammen.
Früher hat man „Stieffamilie" dazu gesagt, aber Patchworkfamilie klingt irgendwie netter. / Mein Sohn / meine Tochter ist am Wochenende / in den Ferien / unter der Woche / … bei seinem/ihrem leiblichen Vater / ihrer leiblichen Mutter.
Ich bin berufstätig / Hausmann/Hausfrau / Rentner/Rentnerin/ in Elternzeit.

über frühere Zeiten sprechen

Ich kann mir ein Leben früher / vor … Jahren sehr gut / nicht gut vorstellen, weil … / Für mich wäre ein Leben in den 60er/… Jahren / im letzten/neunzehnten/… Jahrhundert gut/schwer/kaum vorstellbar.
Damals/Heute/Heutzutage/… war/ist es so, dass …

eine Grafik beschreiben

Einleitung/Quelle:	Die Grafik liefert Informationen über … / In der Grafik wird/werden … dargestellt. / Die Informationen der Grafik stammen von/aus …
Inhalt und Entwicklung:	Die Zahl / der Anteil der … ist (im Zeitraum) von … bis … / zwischen … und … um … Prozent/Prozentpunkte gestiegen/gewachsen/ gesunken/gefallen. Der Anteil der … liegt bei / beträgt …
Zusammenfassung und Interpretation:	Die Grafik lässt die Tendenz erkennen, dass … Aus der Grafik wird ersichtlich/deutlich, dass …

über Selbstständigkeit und Crowdfunding sprechen

Die Zahl / der Anteil der Selbstständigen/Angestellten/… hat in den letzten Jahren / seit … abgenommen/zugenommen. / In Deutschland / meinem Heimatland / … arbeiten die meisten Selbstständigen im Dienstleistungssektor / im Bereich …
Ich würde gern/lieber selbstständig arbeiten, weil ich dann mein eigener Chef wäre / weil ich mir meine Zeit frei einteilen könnte / weil …
Selbstständigkeit hat auch Vorteile/Nachteile: Man arbeitet unabhängig / zeitlich flexibel / … / Man hat kein festes Gehalt / flexible Arbeitszeiten / viel Arbeit.
Crowdfunding ist besser als ein Bankkredit, weil jede gute Projektidee / auch verrückte Projekte so finanziert/verwirklicht werden kann/können.

Grammatik

Irreale Vergleichssätze

Sätze mit (*so …*), *als ob*, *als wenn* oder *als* drücken einen hypothetischen oder irrealen Vergleich aus. Der Sprecher äußert auf diese Weise eine starke Empfindung oder Vermutung. Das Verb im Nebensatz steht deshalb im Konjunktiv II.

Aber es ist trotzdem (so), als wenn er mehr Zeit für mich hätte. (Eigentlich hat er aber nicht mehr Zeit.)
Er tut immer so, als würde er nichts hören, wenn ich ihm was sage. (In Wirklichkeit hört er aber alles.)
Ach, das klingt jetzt (so), als ob es immer schwierig und kompliziert wäre. (Eigentlich ist es aber gar nicht schwierig und kompliziert.)

11 Übungen

A Heute und damals

1 Miteinander leben. Verbinden Sie die Satzteile.

1. Sie haben eine Familie
2. Er hat sich
3. Er hat seinen Lebensgefährten
4. In einer WG wird der Haushalt oft
5. Sie haben letztes Jahr
6. Mein Bruder ist
7. Nach einer Scheidung

a. gemeinsam organisiert.
b. gegründet.
c. kinderlos geblieben.
d. eine Tochter bekommen.
e. im Urlaub kennengelernt.
f. fehlt oft ein Elternteil.
g. gegen die Ehe entschieden.

2a Moderne Männer. Lesen Sie den Artikel und bringen Sie ihn in die richtige Reihenfolge.

Männer – besser als ihr Ruf?

☐ Umfragen, die zur Einstellung von Männern zu Liebe, Partnerschaft und Familie durchgeführt wurden, zeigen, dass diese Vorurteile so nicht stimmen. Wenn Männer sich verlieben und über-
5 zeugt sind, dass sie die große Liebe gefunden haben, dann sind sie schnell bereit, zusammenzuziehen, zu heiraten und Kinder zu bekommen. Mit anderen Worten: Viele Männer wünschen sich eine dauerhafte und stabile Beziehung.

10 ☐ Man kann also feststellen, dass Männer und Frauen doch nicht so unterschiedliche Wünsche in den Bereichen Partnerschaft, Ehe und Familiengründung haben. Beide wünschen sich in einer Beziehung vor allem Treue, Ehrlichkeit und
15 Respekt.

☐ Die Ergebnisse der Umfragen im Detail: Fast drei Viertel der befragten Männer würden mit ihrer großen Liebe sofort zusammenziehen. Auch bei der Zukunfts- und Familienplanung sind
20 Männer nicht zurückhaltend: Nur ein Viertel der Männer hält die Ehe für ein Auslaufmodell. Mehr als die Hälfte der Befragten wollen heiraten, wenn sie die Richtige gefunden haben, und ca. 40 % wollen dann auch Kinder bekommen.

25 ☐ Männer haben heute einen schlechten Ruf. Frauen werfen ihnen oft mangelnde Verbindlichkeit vor und behaupten, dass sie nicht einfühlsam sind, in Beziehungen nicht über Gefühle sprechen und Bindungsangst haben. Aber stimmt das?
30 Sind Männer und Frauen wirklich so unterschiedlich? Ergreifen Männer die Flucht, wenn es in einer Beziehung ernst wird?

☐ Auch die Hausarbeit scheint heute vor allem unter jungen Paaren weniger ungleich verteilt zu
35 sein. Zwei Drittel der Männer haben in den Umfragen gesagt, dass sie Hausarbeit übernehmen. Insgesamt hat auch die Familie für Väter heute eine größere Priorität. Ein Viertel reduziert die Arbeitszeit, um mehr Zeit für die Familie zu haben.

2b Welche Definition passt? Unterstreichen Sie die Wörter 1–5 in 2a und ordnen Sie zu.

1. die Verbindlichkeit (nur Sg.)
2. der Ruf (nur Sg.)
3. die Bindungsangst
4. die Einstellung
5. das Auslaufmodell

a. etwas, was keine Zukunft hat
b. die Furcht vor einer festen Beziehung
c. das Image, das Ansehen
d. die Loyalität, die Zuverlässigkeit
e. die Meinung, die Ansicht

3a Ein Schriftsteller im Porträt. Lesen Sie die Biografie und ergänzen Sie die Verben im Präteritum.

Joseph Roth wurde 1894 als Sohn eines Holz- und Getreidehändlers in Brody bei Lemberg (Lwiw, in der heutigen Ukraine) geboren. Die Stadt _gehörte_ (gehören)[1] damals zur Habsburgermonarchie, auch „österreichische Monarchie" genannt. Die Habsburger _____ (regieren)[2] ab dem 13. Jahrhundert bis zum Ende des 1. Weltkriegs 1918. Österreich _____ (sein)[3] damals ein Vielvölkerstaat und _____ (umfassen)[4] neben dem heutigen Österreich auch Böhmen und Mähren, Ungarn, Teile des Balkans sowie des heutigen Italiens.

Nach seiner Matura _____ (beginnen)[5] Joseph Roth 1913 ein Germanistikstudium an der Universität Lemberg und _____ (gehen)[6] ein Jahr später nach Wien, wo er sein Studium _____ (fortsetzen)[7]. Im Sommer 1916 _____ (melden)[8] er sich zum Militärdienst – der 1. Weltkrieg war im August 1914 ausgebrochen. Sein Germanistikstudium _____ Joseph Roth nach dem Krieg nicht wieder _____ (aufnehmen)[9].

Er _____ (werden)[10] Journalist, zunächst bei der Wiener Zeitung „Der Neue Tag" und 1920 bei verschiedenen Zeitungen in Berlin. Am 5. März 1922 _____ (heiraten)[11] er Friederike Reichler. Als Feuilletonkorrespondent der „Frankfurter Zeitung" _____ (gehen)[12] er 1925 nach Paris. In den folgenden Jahren _____ (sein)[13] Joseph Roth fast ständig als Reisereporter in Europa unterwegs.

Seine Frau _____ (erkranken)[14] 1928 an Schizophrenie und _____ (müssen)[15] in eine Nervenheilanstalt eingewiesen werden. In dieser Zeit _____ (anfangen)[16] Roth _____ zu trinken.

Am 30. Januar 1933, dem Tag von Hitlers Ernennung zum Reichskanzler, _____ (verlassen)[17] Joseph Roth Deutschland und _____ (gehen)[18] ins französische Exil, wo er zum Wortführer der oppositionellen Emigranten _____ (werden)[19]. In Deutschland _____ (verbrennen)[20] die Nazis seine Bücher.

Joseph Roth _____ (sterben)[21] 1939 mit nur 45 Jahren an den Folgen seines Alkoholismus.

Sein berühmtester Roman, „Radetzkymarsch", _____ (erscheinen)[22] 1932 in Berlin.

3b Recherchieren Sie Informationen über eine bekannte Autorin oder einen bekannten Autor und schreiben Sie eine Kurzbiografie.

Textbausteine

… wurde … in … geboren und wuchs in … auf. / Seine/ihre Eltern waren …
Nachdem er/sie die Schule / das Studium / die Ausbildung / … beendet hatte, …
Im Jahr … wurde er/sie mit seinem/ihrem Werk … bekannt / gewann er/sie einen Preis. / Er/Sie ist berühmt/bekannt für …
Sein/Ihr Roman/Drama … wurde … verfilmt / in vielen Theatern aufgeführt.

B Die Patchworkfamilie

1 Familienformen. Lesen Sie den Text und ergänzen Sie.

> Ehen • Kinder • verheiratet • Alleinerziehenden • Stieffamilie • ~~Familie~~ • Partner • Paare • scheiden

Familienformen im Überblick

Wenn man früher von _Familie_ ¹ sprach, meinte man einen Mann und eine Frau, die ....² waren und ein oder mehrere ....³ hatten. Doch die Wirklichkeit sieht heute oft anders aus. Im Durchschnitt halten ....⁴ nämlich nicht mehr so lange wie früher. Viele ....⁵ trennen sich oder lassen sich ....⁶. Deshalb gibt es immer mehr Ein-Eltern-Familien. Neben den ....⁷ gibt es auch Patchworkfamilien. Das sind „zusammengewürfelte" Familien, in die ein oder beide ....⁸ Kinder aus früheren Beziehungen mitbringen. Manchmal kommen noch gemeinsame Kinder hinzu oder Wochenend-Kinder, die unter der Woche beim Ex-Partner leben. Früher nannte man diese Form des Zusammenlebens ....⁹.

2 Familien in Deutschland. Lesen Sie den Text und kreuzen Sie an. Korrigieren Sie die falschen Aussagen.

		richtig	falsch
1	In Deutschland sind knapp eine halbe Million Mütter alleinerziehend.	☐	☐
2	In Deutschland leben immer mehr Paare zusammen, ohne verheiratet zu sein.	☐	☐
3	Ehepaare mit Kindern sind nicht mehr die verbreitetste Familienform.	☐	☐
4	Knapp 50% der gleichgeschlechtlichen Paare in Deutschland leben in einer eingetragenen Lebensgemeinschaft.	☐	☐

Verliebt, verlobt, verheiratet. Das war gestern. Traditionell besteht die Familie aus einem verheirateten Paar mit eigenen Kindern, die gemeinsam in einem Haushalt wohnen. Das Verständnis dessen, was
5 Familie ist, hat sich aber in den letzten Jahrzehnten stark verändert, denn jede vierte Familie passt nicht mehr in dieses traditionelle Schema. Insgesamt ist die Zahl der Familien in Deutschland im letzten Jahrzehnt um knapp eine Million ge-
10 schrumpft. Dabei ist die Zahl der verheirateten Ehepaare um 1,6 Millionen zurückgegangen. Allerdings ist seit den 1990er Jahren die Zahl der Alleinerziehenden um 400.000 (+18%) und die Zahl der Lebensgemeinschaften um 250.000 (+51%) stark
15 gestiegen. 2013 lebten ca. 1,5 Millionen Mütter alleine mit ihren Kindern, bei den Vätern waren es nur rund 167.000. Hinzu kommen noch die Stief- bzw. Patchworkfamilien. Experten gehen davon aus, dass etwa 7–13% der Familien in Deutschland
20 Patchworkfamilien sind. Damit sind die alternativen Familienformen auf ca. 25% aller Familien angestiegen.
In Deutschland gab es im Jahr 2013 zudem etwa 78.000 Paare, die in einer gleichgeschlechtlichen
25 Lebensgemeinschaft lebten. Dies ist gut ein Drittel mehr (34%) als zehn Jahre zuvor. Männer lebten etwas häufiger mit einem Partner des gleichen Geschlechtes zusammen als Frauen. Etwas weniger als die Hälfte aller gleichgeschlechtlichen Paare lebt
30 in einer eingetragenen Lebenspartnerschaft. Seit dem Jahr 2006, als der Familienstand erstmals im Mikrozensus* abgefragt wurde, hat sich die Zahl der eingetragenen Lebenspartnerschaften damit fast verdreifacht.
35 Insgesamt kann man also feststellen, dass die traditionelle Familie noch dominierend ist, aber rückläufig.

* bestimmte Form der statistischen Untersuchung

Zahlen: © Statistisches Bundesamt

3 Konjunktiv II. Ergänzen Sie die Sätze mit den Verben im Konjunktiv II bzw. der *würde*-Form.

1 Angesichts der demografischen Entwicklung .... (*sein*) es besser, wenn mehr Paare Kinder .... (*haben*).

2 Wenn er zum Therapeuten .... (*gehen*), ... (*können*) er vielleicht seine Bindungsangst überwinden.

3 Seine Frau .... (*finden*) es gut ...., wenn er mehr Zeit für die Kinder .... (*haben*).

4 Er .... (*kommen*) nie auf die Idee ...., weniger zu arbeiten.

4a Im Café. Sehen Sie das Bild an und beschreiben Sie die Szenen mit Hilfe der Textbausteine.

Textbausteine

Auf dem Bild sieht man …
Rechts / in der Mitte / links sitzen …
Er/Sie trägt … / Er/Sie/… sieht müde/glücklich/zufrieden/… aus.
Man könnte glauben, dass das Paar rechts / in der Mitte / links …
Ich vermute, dass …

4b Irreale Vergleiche. Schreiben Sie Sätze mit *als ob*, *als wenn* oder *als*.

1 Das Café sieht aus, (*alt sein*)
2 Das Café wirkt, (*lange nicht renoviert worden sein*)
3 Das Ehepaar links sieht aus, (*sich nichts mehr zu sagen haben*)
4 Der Mann tut so, (*alleine sein*)
5 Der Mann, der allein am Tisch sitzt, sieht aus, (*krank werden*)
6 Der Mann wirkt, (*Probleme haben*)
7 Das Pärchen tut so, (*es keine anderen Menschen geben*)
8 Die Gruppe rechts sieht aus, (*der Kuchen gut geschmeckt haben*)

1 Das Café sieht aus, als ob es alt wäre.

4c Schreiben sie weitere Sätze wie in 4b.

Die Kellnerin sieht aus, als ob …

11 C Arbeitswelt im Wandel

1a Eine Grafik beschreiben. Ordnen Sie die Redemittel 1–12 den Kategorien a–d zu.

a das Thema beschreiben
b Auffälligkeiten beschreiben
c einen Vergleich ziehen
d Gründe und Konsequenzen nennen

Textbausteine

1 ☐ Besonders auffällig ist, dass … / 2 ☐ Wenn man … und … vergleicht, … / 3 ☐ Die vorliegende Grafik zeigt / gibt Auskunft über … / 4 ☐ In der vorliegenden Grafik ist … dargestellt. / 5 ☐ Auffallend ist, dass … / 6 ☐ Eine mögliche Ursache hierfür liegt in … / darin, dass … / 7 ☐ Das Schaubild informiert über … / 8 ☐ Dies ist vermutlich auf … zurückzuführen. / 9 ☑ d Anhand der Daten kann man schlussfolgern, dass … / 10 ☐ Im Unterschied zu … / 11 ☐ In … sieht das etwas/völlig anders aus. / 12 ☐ Mich überrascht, dass …

1b Schreiben Sie mit Hilfe der Textbausteine fünf Sätze über die Grafiken in Aufgabe 1 auf S. 182.

2a Ü21 Lückendiktat. Lesen Sie zuerst die Aussagen. Hören Sie dann den ersten Teil des Radiobeitrags und ergänzen Sie beim Hören die Sätze.

1 In Deutschland ist die Zahl der Selbstständigen in den letzten zehn Jahren um .... gestiegen.

2 In vielen anderen europäischen Ländern gibt es .... Selbstständige.

3 In Deutschland arbeiten die meisten Selbstständigen im Bereich .... für Unternehmen.

4 An zweiter Stelle stehen die .... Berufe.

5 Eine selbstständige Tätigkeit wird .... von Frauen als von Männern ausgeübt.

2b Ü22 Hören Sie nun den zweiten Teil des Radiofeatures und ergänzen Sie die Tabelle.

	Studium: Was? Wo?	Beruf und Verdienst	Erfahrungen in der Selbstständigkeit (Vor- und Nachteile)
Herr Yilmaz	Informatik, Fachhochschule Köln		
Frau Grün			

3 Schreiben Sie über sich: Warum würden Sie (nicht) gern selbstständig arbeiten? Berücksichtigen Sie die folgenden Aspekte.

- Verdienst und (mangelnde) Sicherheit
- Freude an der Arbeit
- Arbeitszeiten und die Vereinbarkeit mit dem Privatleben
- Verantwortung und Herausforderungen

4 An Geld kommen. Lesen Sie die Anzeigen und ordnen Sie die Überschriften zu. Markieren Sie zur Hilfe Schlüsselwörter.

1 Neue Finanzierungswege für innovative Geschäftsideen
2 Wege in die Selbstständigkeit – wir helfen
3 Fehlende Sicherheiten? Eine Bürgschaft kann helfen
4 Übernahme von Unternehmen durch das Management oder die Belegschaft
5 Es muss nicht immer ein Kredit sein

A

Sie haben eine zukunftsweisende Geschäftsidee und wollen sich selbstständig machen? Sie wissen aber nicht, wie Sie Ihre Firmengründung finanzieren sollen?

Crowdfunding

könnte eine Lösung für Sie sein. Mit Crowdfunding können Sie über ein Onlineportal von einer Vielzahl von Geldgebern Kapital erhalten. Wir zeigen Ihnen, wie es funktioniert.

B Leasing oder Kredit? **Genau abwägen!**

Beide Finanzierungsmöglichkeiten bieten Vor- und Nachteile, weshalb sich nicht behaupten lässt, dass eine von ihnen grundsätzlich besser wäre als die andere. Fragen Sie uns, was für Sie am passendsten ist.

C

– Existenzgründung –
? *aber wie* ?

Brauchen Sie einen Kredit, um in die Selbstständigkeit zu starten? Im Handwerk, in der Gastronomie, aber auch im Dienstleistungsbereich müssen zu Beginn viele Dinge angeschafft werden. Wir beraten Sie und helfen Ihnen, Gespräche mit Ihrer Bank vorzubereiten.

D

Sie sind Existenzgründer, bekommen aber keinen Kredit von Ihrer Bank, weil Ihnen die von der Bank geforderten Sicherheiten fehlen?

Eine Bürgschaft von Familienangehörigen oder Bekannten kann helfen, damit ein Darlehen nicht an fehlenden Sicherheiten scheitert. Je nach Bürgschaft sind aber besondere Faktoren zu berücksichtigen.

Insbesondere die Konditionen und die Frage, was bei einem Zahlungsausfall passiert, sind wichtige Faktoren.

Fragen Sie uns! Wir beraten Sie gern.

E

Sie leiten ein Unternehmen und wollen es zusammen mit Ihren Mitarbeitern kaufen?

Wir beraten Sie gern bei der Finanzierung der Übernahme.
Wir zeigen Ihnen auch, wie Sie öffentliche Förderprogramme nutzen können.

5 Stellen Sie sich vor, Sie möchten ein Unternehmen gründen. Schreiben Sie einen kurzen Text über Ihr Vorhaben und berücksichtigen Sie die folgenden Aspekte. Schreiben Sie entweder eine E-Mail an einen Freund / eine Freundin oder einen Projektplan für die Bank.

Branche (Gastronomie/Medien/IT/…) Idee / Projekt Form der Finanzierung Erfolgsaussichten / Ziele

D Sprache im Wandel

1 „Eingewanderte Wörter". Ordnen Sie den englischen Wörtern die passenden deutschen zu.

1	der Killer	a	kurze Hose
2	der Account	b	die Feier
3	downloaden	c	der Verlierer/Versager
4	upgraden	d	der Mörder
5	chillen	e	sich entspannen
6	die Party	f	der Spinner
7	der Loser	g	aufwerten
8	die Shorts	h	die Aufführung/Veranstaltung
9	der Freak	i	das Benutzerkonto
10	die Show	j	herunterladen

„downgeloadet" oder „gedownloadet"?
Viele englische Wörter sind inzwischen ein fester Bestandteil der deutschen Sprache, auch wenn es deutsche Entsprechungen gibt. Aber wie geht man grammatikalisch mit den eingewanderten Wörtern um? Meistens pragmatisch: Substantive werden groß geschrieben und englische Verben wie deutsche konjugiert. Feste Regeln gibt es zumeist nicht.

2 Mehrsprachigkeit. Lesen Sie den Text und kreuzen Sie an.

		richtig	falsch
1	Früher nahm man an, dass es die Lernkompetenz mindert, mehrere Sprachen zu lernen.	☐	☐
2	Die meisten bilinguale Betreuungsmöglichkeiten gibt es in Berlin.	☐	☐
3	Es ist wichtig, dass Erzieher und Erzieherinnen konsequent nur eine Sprache sprechen.	☐	☐
4	Menschen, die mehrere Sprachen sprechen, sind geistig leistungsfähiger.	☐	☐
5	Man muss eine Sprache im Kindesalter lernen, um die positiven Effekte der Mehrsprachigkeit nutzen zu können.	☐	☐

Mehrsprachigkeit im Trend

Über 50% der europäischen Bevölkerung sind multilingual – in einer zunehmend globalisierten Welt ist dies ein Vorteil. Mehrere Sprachen zu sprechen beeinflusst aber auch die Struktur des Gehirns – mit mehrheitlich positiven Auswirkungen. Auch wenn man bis in die 60er Jahre annahm, dass Mehrsprachigkeit das Lernen anderer Inhalte erschwert, konnte man dank wissenschaftlicher Studien beweisen, dass sich das Lernen mehrerer Sprachen sogar positiv auf die Intelligenz auswirkt.
Das haben nun auch viele Bildungseinrichtungen verstanden – so hat sich die Zahl der Kitas in Deutschland, die ein mehrsprachiges Konzept verfolgen, zwischen 2004 und 2014 sogar verdreifacht.
In Berlin ist dieses Angebot besonders groß, zwar gibt es im Saarland noch mehr bilinguale Kindergärten, aber vor allem in Berlin findet man eine besondere Sprachenvielfalt. Ob Deutsch und Chinesisch, Englisch, Türkisch, Italienisch, Spanisch, Russisch oder andere Sprachen – fast für jedes Sprachprofil gibt es ein Angebot. In der bilingualen Kita „mundo alegre" in Berlin Zehlendorf sprechen manche Erzieherinnen und Erzieher mit den Kindern nur Spanisch, andere nur Deutsch. „Dabei gilt das Motto: Eine Person, eine Sprache.", sagt die KiTa Leitung Eva Flores. Diese feste Regel ist wichtig für den optimalen Spracherwerb.

„A guadar Müll" sagt der eineinhalbjährige Oscar, wenn er nach dem Basteln aufräumt. Solche Mischungen der Sprachen, wie Oscar sie verwendet, sind bei Kleinkindern am Anfang ganz normal. Auch beginnen sie oft später richtig zu sprechen und verfügen in beiden Sprachen gerade am Anfang über weniger Wortschatz als einsprachige Kinder. Verständlich, denn sie müssen viel mehr Sprachmaterial verarbeiten.
Dennoch überwiegen die Vorteile von Mehrsprachigkeit und das auch im Alter: Mehrere Sprachen fördern so zum Beispiel die Fähigkeit, sehr fokussiert an einer Aufgabe zu arbeiten. Das Gehirn muss durch die erhöhte Anforderung besondere Leistung bringen und besonders effizient arbeiten. Mehrsprachigkeit führt somit unter anderem dazu, dass das Gehirn besonders widerstandsfähig und flexibel wird, ähnlich wie beim Trainieren eines Muskels. Neuere Studien haben zudem herausgefunden, dass Mehrsprachigkeit wahrscheinlich auch vor Demenz im Alter schützen kann.
Dabei ist es nicht so wichtig, wann man eine Sprache lernt, sondern vielmehr, dass man sie richtig lernt, damit die Strukturen im Gehirn angelegt werden können.

3 Schreiben Sie einen Text über Ihre Sprachlernerfahrungen. Berücksichtigen Sie die folgenden Aspekte.

| Welche Sprachen? | Wo und wie lange ? | Warum? | Lernerfolge |

Prüfungstraining

Sprechen, Teil 1: Präsentation

Sie sollen kurz Ihrem Partner oder Ihrer Partnerin eines der folgenden Themen präsentieren (die Stichpunkte in den Klammern können Ihnen dabei helfen). Sie haben dazu ca. zwei Minuten Zeit. Nach Ihrer Präsentation beantworten Sie die Fragen Ihres Partners oder Ihrer Partnerin.

Nachdem Ihr Partner oder Ihre Partnerin ebenfalls sein bzw. ihr Thema präsentiert hat, stellen Sie ihm oder ihr einige Fragen, die Sie interessieren. Während der Präsentation unterbrechen Sie Ihren Partner oder Ihre Partnerin möglichst nicht.

- Eine ungewöhnliche Familie, die Sie privat oder aus einem Film/Buch kennen (Anzahl der Personen, Familienstand, Kinder, Zufriedenheit mit der Situation usw.)

    oder

- Einen Schriftsteller, den Sie mögen (Lebenslauf, Werke, Bedeutung usw.)

    oder

- Einen Beruf, den Sie ausüben / ausüben möchten / ausgeübt haben (Branche, angestellt/selbstständig, Zufriedenheit usw.)

    oder

- Eine interessante Geschäftsidee, die Sie selbst haben oder von der Sie gehört haben (Idee, Thema, Finanzierung, Umsetzung, Erfolg usw.)

    oder

- Sprachen, die Sie sprechen oder lernen (warum, wie, wo, Schwierigkeit, Gefallen usw.)

Strategie

→ Sie haben insgesamt 20 Minuten Vorbereitungszeit für drei mündliche Aufgaben. Nehmen Sie sich für diesen Teil ca. 5 Minuten Zeit. Entscheiden Sie sich für ein Thema und bleiben Sie dann dabei.
→ Wählen Sie ein Thema, mit dem Sie sich vertraut fühlen, das Sie interessiert und über das Sie viel wissen.
→ Machen Sie sich Notizen und gliedern Sie Ihre Präsentation sinnvoll: Fakten zuerst, eine persönliche Einschätzung zum Schluss. Fassen Sie sich kurz: Sie haben für die Präsentation nur ca. 90 Sekunden Zeit!
→ Überlegen Sie beim Notizenmachen bereits, welche Fragen Ihr/e Partner/in Ihnen stellen könnte, und notieren Sie dazu mögliche Antworten.

Redemittel

Präsentation	Ich möchte über … sprechen. / Ich habe das Thema … gewählt, weil … / Ich möchte dazu Folgendes sagen: …
Nachfragen	Entschuldigung, darf ich da noch einmal nachfragen: … / Den letzten Punkt habe ich nicht verstanden: … Mich würde interessieren, warum … / Ich würde gern wissen, warum … / Könnten Sie … bitte noch näher ausführen/erläutern? Das ist ja spannend/interessant/faszinierend! Wie kam es, dass Sie sich mit diesem Thema beschäftigt haben?/ Wie kamen Sie auf die Idee, …?

12 Medienwelten

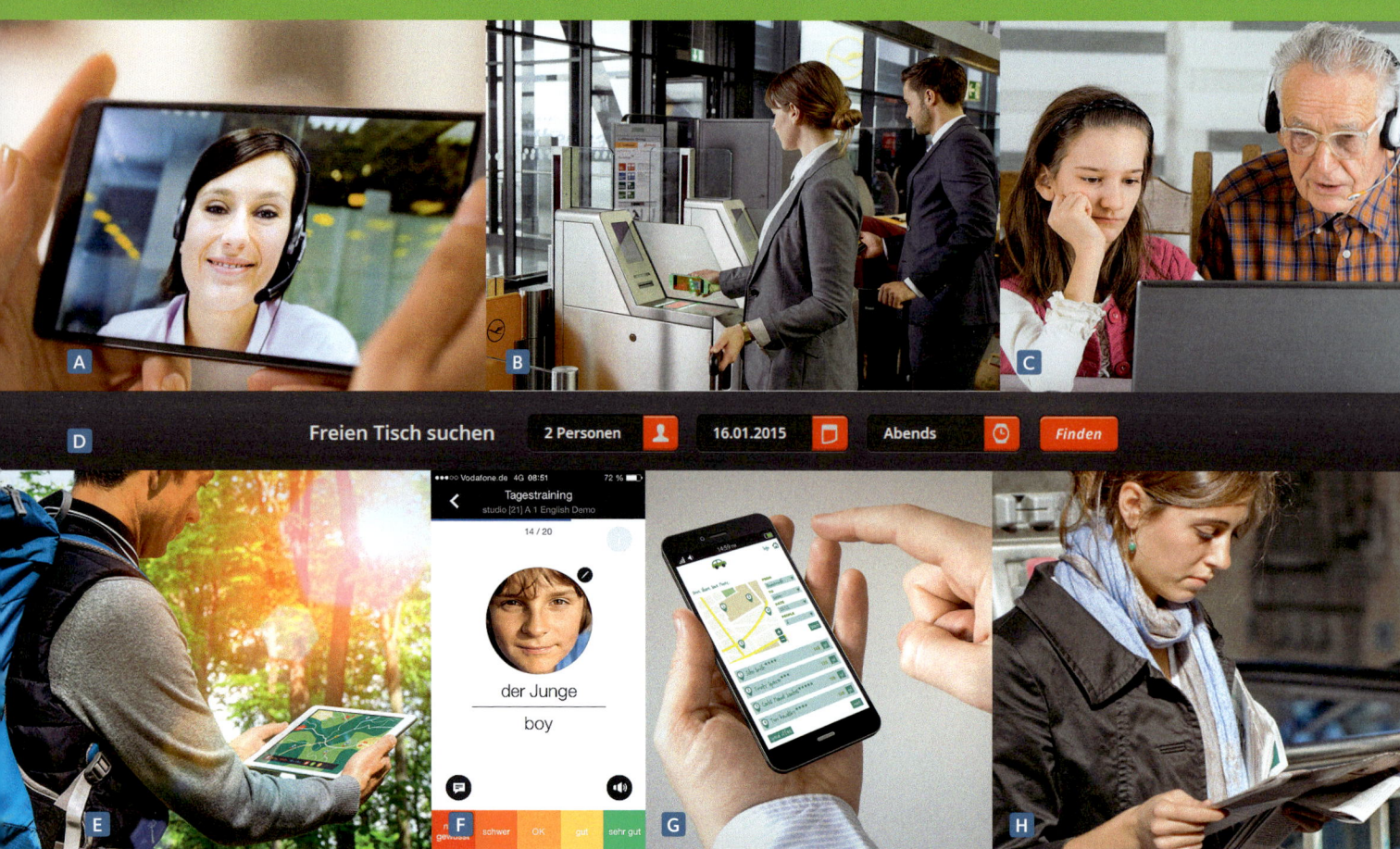

A Online in Alltag und Beruf

1a Sehen Sie die Fotos an und lesen Sie die Kommentare. Was passt? Ordnen Sie zu.

1 ☐ Vor Kurzem hat mir ein Freund eine Internet-Restplatzbörse für Restaurantbuchungen empfohlen – eine tolle Sache!

2 ☐ Ich lebe schon lange nicht mehr in meiner Heimat Finnland, aber ich will natürlich wissen, was dort passiert. Morgens schau ich mir deshalb oft auf der Homepage eines finnischen Fernsehsenders die Abendnachrichten vom Vortag an. Und meine Enkelin schaut mit, damit sie die Sprache nicht verlernt.

3 ☐ Meine neueste Entdeckung ist eine Vokabel-App. Wenn ich U-Bahn fahre, lerne ich zwischendurch einfach ein paar Vokabeln.

4 ☐ Ich bin geschäftlich viel mit dem Flugzeug unterwegs. Inzwischen checke ich nur noch mit dem Smartphone ein, das geht schneller und erspart mir das Ausdrucken von Flugtickets.

5 ☐ Am Wochenende wandern wir im Odenwald. Damit wir uns nicht verlaufen, benutzen wir eine Wander-App.

6 ☐ Auf dem Weg zur Uni lese ich gern Zeitung. Mein Smartphone ist mir dafür zu klein, außerdem mag ich Papier lieber.

7 ☐ Wir haben schon seit Jahren kein eigenes Auto mehr. In München gibt es ja einen gut ausgebauten öffentlichen Nahverkehr, aber wenig Parkplätze. Wenn wir zwischendurch einmal ein Auto brauchen, buchen wir es über das Smartphone. Das ist unkompliziert und praktisch.

8 ☐ Ich arbeite seit einem Jahr hier in Wolfsburg. Nun trennen mich viele Tausend Kilometer von meiner Familie in den USA. Das Skypen hilft mir aber dabei, dass das Heimweh nicht zu groß wird.

1b Welche der in 1a beschriebenen Situationen sind Ihnen vertraut? Was würden Sie gern einmal ausprobieren, was können Sie empfehlen? Tauschen Sie sich aus.

Sie lernen
- über die Nutzung von Medien sprechen
- sich bei technischen Problemen verständigen
- bei der IT-Hotline anrufen, nachfragen und reagieren
- Meinungsäußerungen wiedergeben
- indirekte Rede, Konjunktiv I
- subjektiver Gebrauch von Modalverben: *sollen*

2 a Eine Umfrage. Junge Erwachsene wurden zu ihrem Umgang mit Medien befragt. Lesen Sie die Frage und ordnen Sie die Wörter zu. Ergänzen Sie Artikel.

Smartphone/Handy • stationärer PC • Tablet • Fernseher • Laptop/Notebook • ~~Spielkonsole~~

Mit welchen dieser Geräte gehen Sie mehrmals täglich online?

- 4 % ....
- 11 % ....
- 19 % ....
- 33 % *die Spielkonsole, -n*
- 33 % ....
- 72 % ....

2 b Was hat Sie am Ergebnis der Umfrage in 2a überrascht? Wie sieht die Gerätenutzung in Ihrer Heimat aus?

> Nur 4 % der Befragten gehen mit dem Tablet ins Internet – das ist bei uns vermutlich ähnlich.

2 c Was glauben Sie: Auf welche Online-Angebote könnten 18- bis 24-Jährige am wenigsten verzichten? Arbeiten Sie zu zweit und notieren Sie Ihre Vermutungen über die Zielgruppe. Hören Sie dann das Interview und vergleichen Sie mit Ihren Vermutungen.

Auf welche dieser Angebote könnten Sie am wenigsten verzichten?

- 53 %
- 46 %
- 37 %
- 24 %
- 14 %
- 13 % eBay
- 10 %
- 7 %

Angebote:
YouTube
Wikipedia
Skype
Google
Facebook
WhatsApp
~~eBay~~
Amazon

Basis: 18-24-Jährige, die mindestens eines dieser Online-Angebote nutzen
Quelle: DIVSI (Deutsches Institut für Vertrauen und Sicherheit im Internet), 2014

2 d Was sagt Herr Wallmannsberger über die Folgen der digitalen Mediennutzung? Notieren Sie.

3 Arbeiten Sie in Gruppen. Beantworten Sie die Fragen. Stellen Sie dann Ihre Ergebnisse im Kurs vor.

1. Welche Geräte benutzen Sie normalerweise, um online zu gehen?
2. Auf welches Online-Angebot könnten Sie verzichten, welches ist wichtig für Sie?
3. Welche Medien nutzen Sie eher privat, welche beruflich?

Redemittel

Am liebsten/ehesten nutze ich … / Ich nutze regelmäßig …, um … zu … / zur/zum … / Mit … komme ich am besten zurecht.
Beruflich/Privat ist für mich … unverzichtbar … / Ich kann nicht / am ehesten auf … verzichten. / … ist für mich unerlässlich/(un)entbehrlich.

12 B Unterwegs in sozialen Medien

1a Sozial oder einsam, politisch oder unpolitisch? Wie schätzen Sie die Nutzer sozialer Medien ein? Kreuzen Sie an und begründen Sie.

a ☐ häufiger sozial isoliert   b ☐ kontaktfreudiger   c ☐ eher unpolitisch

1b Lesen Sie den Artikel und überprüfen Sie Ihre Vermutungen aus 1a.

Soziale Medien und Sozialleben

Nutzer sozialer Medien sind weniger von sozialer Isolation bedroht und politisch engagierter als andere Menschen – das ergab eine Studie des US-amerikanischen Meinungsforschungsinstituts *Pew Research Center*.

„Wie sind Sie sozial und politisch aufgestellt?" - mit dieser Frage konfrontierte das renommierte PRC kürzlich 2.000 Erwachsene. Die Ergebnisse dieser Umfrage liegen nun vor und für die Meinungsforscher sind die Ergebnisse eindeutig: 46% der befragten Internetnutzer gaben an, dass man den meisten Menschen vertrauen könne. Bei den Nicht-Onlinern waren nur 27% dieser Meinung. Facebook-Nutzer haben der Umfrage zufolge die meisten Vertrauenspersonen.

Für die Meinungsforscher sind die Ergebnisse eindeutig: Sie sagten, es gebe keine Hinweise darauf, dass sich die starke Nutzung sozialer Medien negativ auf echte Sozialkontakte auswirke. Im Gegenteil: Die Mehrheit der Nutzer bekomme sogar mehr emotionale Unterstützung und Hilfe als andere. Außerdem seien Nutzer sozialer Medien – vor allem Facebook-Nutzer – politisch engagierter als diejenigen, die diese Medien nicht nutzten. Wer einen Facebook-Account habe, gehe eher zur Wahl und nehme öfter an politischen Demonstrationen teil.

Die Autoren der Studie betonten, dass das Ergebnis sie überrascht habe und ältere Studien damit widerlegt seien. Zwar lasse sich eine Begründung für dieses Ergebnis an den Daten nicht ablesen – so die Meinungsforscher – eine mögliche Ursache sei aber, dass der durchschnittliche Facebook-Nutzer mit einer großen Zahl von Menschen aus ganz unterschiedlichen Bereichen Kontakt habe. Bisher hätten Wissenschaftler davor gewarnt, dass eine starke Internetnutzung zu sozialer Isolation führe.

Kommentare →

2a Indirekte Rede. Lesen Sie die Regel.

Regel

1 Die Autoren sagten: „Die Nutzer sozialer Medien sind politisch engagierter." (direkte Rede)
2 Die Autoren sagten, dass die Nutzer sozialer Medien politisch engagierter seien. (indirekte Rede)

Die indirekte Rede gibt wieder, was eine andere Person gesagt hat. Sie kommt vorwiegend in der 3. Person Singular und Plural vor. Dazu benutzt man den Konjunktiv I. Er wird gebildet aus dem Infinitivstamm + *e* (*könne, gebe, habe*).
Die Formen von *sein* sind unregelmäßig: ich *sei*, er/sie/es *sei*, wir *seien*, sie *seien*.
Den Konjunktiv I der Vergangenheit bildet man mit *habe(n)/sei(en)* +Partizip II (*habe überrascht*).
Wird die indirekte Rede mit *zufolge, gemäß* oder *laut* eingeleitet, kann der Indikativ stehen.

2b Markieren Sie in 1b in zwei Farben Verben, die die indirekte Rede einleiten, und Verben im Konjunktiv I. Ergänzen Sie dann die Tabelle.

redeeinleitende Verben	Konjunktiv I
sie gaben an	könne

2c Wandeln Sie die indirekte Rede in den Zeilen 7–18 in direkte Rede um.

„Es *gibt* keine Hinweise auf negative Auswirkungen."

Strategie

Legen Sie eine Sammlung mit Verben an, die die indirekte Rede einleiten (*sagen, betonen, erklären, behaupten, …*).

3 Haben die Ergebnisse der Studie Sie überrascht? Tauschen Sie sich aus.

4 Lesen Sie die Kommentare zu dem Artikel. Welche Meinung haben die Leser? Fassen Sie zusammen.

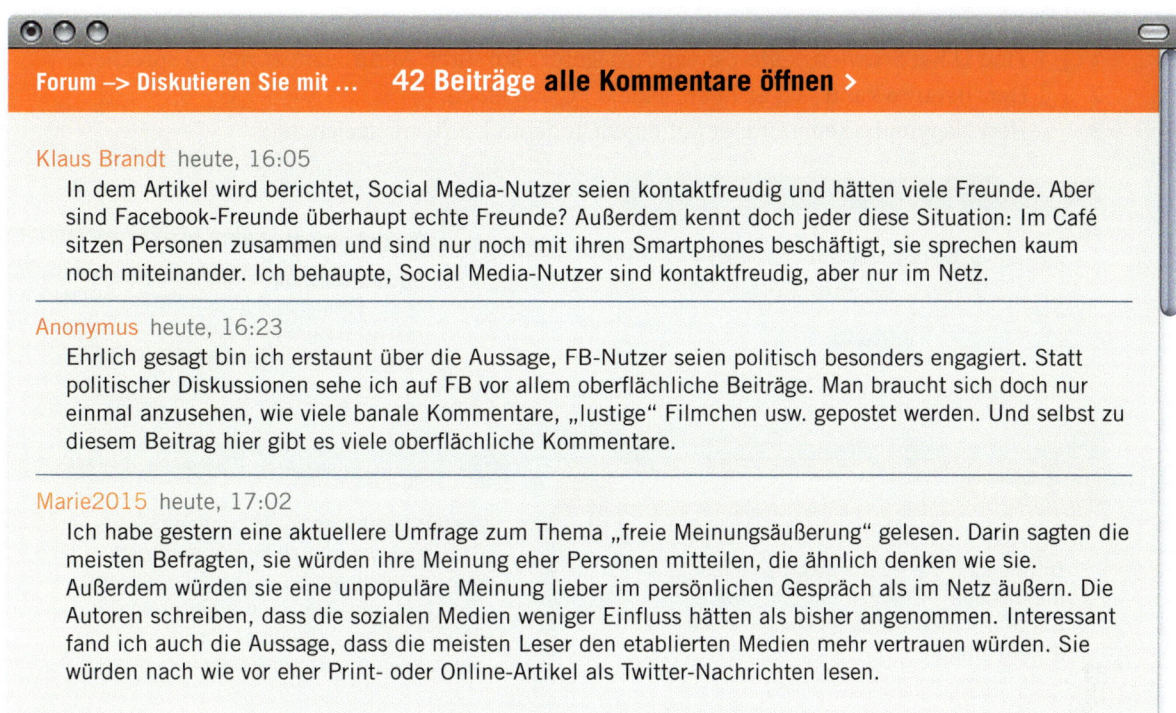

5a Ersatzformen. Lesen Sie die Regel und markieren Sie in 4a alle Konjunktiv-Formen (Konjunktiv I, Konjunktiv II und *würde*-Form).

> **Regel**
>
> In der 3. Person Plural ist der Konjunktiv I identisch mit dem Indikativ. (*sie haben*). Daher verwendet man in der indirekten Rede im Plural normalerweise den Konjunktiv II. (*Es wird berichtet, sie hätten viele Freunde.*)
> Den Konjunktiv II bildet man aus dem Präteritumstamm (+ Umlaut) + Endung (*es gab → es gäbe*).
> Bei regelmäßigen Verben ist der Konjunktiv II mit dem Präteritum identisch. Hier benutzt man in der indirekten Rede die *würde*-Form. (*sie teilten mit → sie würden mitteilen*)
> Auch bei Verben, bei denen der Konjunktiv II selten benutzt wird, kann man auf die *würde*-Form ausweichen. (*sie läsen → sie würden lesen*)

5b Konjunktiv I oder II oder *würde*-Form? Ergänzen Sie die Verben in der indirekten Rede.

1 „Sind Facebook-Freunde echte Freunde?" → Er fragt, ob Facebook-Freunde echte Freunde ....

2 „Hier gibt es oberflächliche Kommentare." → Er sagt, dass es dort ....

3 „Ich habe gestern eine Umfrage gelesen." → Sie schreibt, dass sie am Tag zuvor ....

4 „Wir lesen selten Zeitung." → Die Befragten sagten, sie ....

5 „Hat er ein Facebook-Profil?" → Sie fragt, ob er ....

5c Perspektivenwechsel. Markieren Sie in 5b die Orts- und Zeitangaben und ergänzen Sie die Regel.

> **Regel**
>
> In der indirekten Rede ändern sich neben den Personalpronomen auch Orts- und Zeitangaben.
>
> Ort: .... → dort
>
> Zeit: .... → am Tag zuvor

6 Was ist Ihre Meinung zu sozialen Medien? Schreiben Sie einen Kommentar.

12 C Medien im Arbeitsalltag

1 Lesen Sie die Gebrauchsanleitung und die Meldungen bzw. die Dialogfenster sowie die Situationen 1–3. Ordnen Sie zu.

1 ☐ Frau Li hat Schwierigkeiten, einen Ansagetext auf ihren Anrufbeantworter zu sprechen.
2 ☐ Herr Betanco kann sich nicht an seinem PC anmelden.
3 ☐ Herr Nagy muss seine Ordner auf einem anderen Laufwerk speichern.

A
Zu viele Fehlversuche.
Ihr Passwort wurde gesperrt.
OK

B Telefonsystem Hermes 3000
Einrichtung der Voicebox: Drücken Sie die Taste *Sprachbox*, geben Sie Ihren PIN-Code ein und drücken Sie die Rautetaste (#). Befolgen Sie nun die Anweisungen.

C Passwort:
Bitte geben Sie ein Passwort ein, das mindestens 7 Zeichen hat und sowohl Klein- als auch Großbuchstaben sowie Ziffern enthält.

D E-Mail
Zurzeit kommt es zu Störungen beim Druckerserver, die zu Fehlermeldungen und Einschränkungen beim Drucken führen. Die IT ist informiert und arbeitet an der Behebung des Problems. Wir informieren Sie, sobald die Störung behoben wurde.

E INTRA.NET
Liebe Kolleginnen und Kollegen,
aufgrund der Umstellung unseres Telefonsystems ist derzeit keine Telefonie möglich. Wir arbeiten mit Hochdruck an der Behebung des Fehlers und bitten bis dahin um Ihre Geduld und Ihr Verständnis. Vielen Dank!

F E-Mail
Liebe Kollegen/innen,
für die kommende Woche ist die Umstellung Ihrer PCs auf das neue Betriebssystem vorgesehen. Um Datenverluste zu vermeiden, sichern Sie bitte alle Dateien auf dem Laufwerk p:.

🔊 48 **2a** An der Service-Hotline. Hören Sie das erste Gespräch. Wie wird Frau Lis Problem gelöst? Berichten Sie.

🔊 49 **2b** Hören Sie das zweite Telefongespräch und machen Sie Notizen. Was sagt Herr Betanco und was sagt Frau Sternberg? Geben Sie ihre Äußerungen wieder und benutzen Sie die indirekte Rede.

Mario Betanco:
– Passwort vergessen, dreimal falsch eingegeben

Kollege/Kollegin:
– Problem kenne ich

🔊 50 **2c** Hören Sie das dritte Telefonat und machen Sie Notizen zu folgenden Stichpunkten: Betriebssystem, Abteilungslaufwerk, persönliches Laufwerk, kopieren und einfügen. Fassen Sie dann den Dialog zusammen.

▷ 🖥 Abteilung (T:)
▷ 🖥 Austausch (V:)
▷ 🖥 Projekte (W:)
▷ 🖥 Archiv (P:)

das Laufwerk

📁 Projekte
📁 Projektübersicht
📁 Prüfungen
📁 Alte Projekte

der Ordner

3 Hören Sie die drei Gespräche aus Aufgabe 2 noch einmal. Welche Funktion haben die Redemittel 1–10? Ordnen Sie zu.

> Die Sprecherin / der Sprecher ...   **a** ist unzufrieden   **b** zeigt Verständnis   **c** möchte beruhigen
> **d** ist ratlos (2x)   **e** bittet um etwas   **f** fragt nach   **g** möchte etwas sagen
> **h** hat etwas nicht verstanden   **i** ist erleichtert   **j** ist nun informiert

1. [e] Könnten Sie mir freundlicherweise helfen?
2. [ ] Entschuldigen Sie, wenn ich Sie unterbreche ...
3. [ ] Ich ärgere mich über mich selbst.
4. [ ] Ich kann Ihnen nicht folgen.
5. [ ] Nur keine Sorge, wir gehen das gemeinsam durch.
6. [ ] Sind Sie noch dran?
7. [ ] Dann weiß ich jetzt Bescheid.
8. [ ] Dann bin ich ja beruhigt.
9. [ ] Das kann passieren.
10. [ ] Ich komme einfach nicht weiter.

4a Der subjektive Gebrauch des Modalverbs *sollen*. Lesen Sie den Satz. Was bedeutet er? Kreuzen Sie an.

Die Installation soll bei den anderen Kollegen ganz unkompliziert gewesen sein.
1. [ ] Die Installation war bei den anderen Kollegen ganz unkompliziert.
2. [ ] Ich habe gehört, dass die Installation bei den anderen Kollegen ganz unkompliziert war.

4b Lesen Sie die Regel und die Sätze 1–4. Wo wird *sollen* subjektiv verwendet? Kreuzen Sie an.

> **Regel**
>
> Man verwendet das Modalverb *sollen*, um etwas wiederzugeben, was man gehört oder gelesen hat. Man garantiert nicht für die Richtigkeit des Gesagten oder zweifelt es an.
> Wenn man sich mit seiner Äußerung auf die Vergangenheit bezieht, benutzt man *sollen* + Partizip II + *haben/sein*.
> *Er soll den Drucker schon repariert haben.* (Ich habe gehört, dass der er den Drucker schon repariert hat.)

1. [ ] Ich soll im Telefonie-Handbuch nachlesen.
2. [ ] Es soll doch jetzt ein neues Betriebssystem eingeführt werden.
3. [ ] Deshalb sollen Sie ja alle Ordner auf Ihrem persönlichen Laufwerk abspeichern.
4. [ ] Es soll ja noch ein IT-Mitarbeiter an unsere Arbeitsplätze kommen. Ist das richtig?

5 Das Programm oder der Computer? Was passt? Ordnen Sie zu. Manchmal gibt es mehrere Lösungen.

> **a** das Programm • **b** der Computer / der Laptop / der PC

1. [ ] lässt sich nicht mehr hoch-/herunterfahren.
2. [ ] läuft nicht unter Windows/Mac OS X.
3. [ ] stürzt immer ab.
4. [ ] lässt sich nicht öffnen/schließen.

6 An der IT-Hotline. Arbeiten Sie in Gruppen. Wählen Sie ein Computerproblem und schreiben Sie ein Telefongespräch. Spielen Sie Ihr Gespräch dann im Kurs vor.

Der Drucker druckt nicht.

Ich kann keine E-Mails mehr versenden.

Das Programm ... reagiert nicht mehr.

> **Redemittel**
>
> Sitzt der Stecker richtig? / Gibt es einen Papierstau? / Sind die Tintenpatronen / Ist der Toner leer? / Funktioniert Ihre Internetverbindung?
> Haben Sie viele Programme geöffnet / viele Dateien auf dem Desktop gespeichert? / Löschen/Schließen Sie nicht benötigte Dateien/Programme.
> Gehen Sie auf ... / Klicken Sie ... an. / Öffnen Sie den Ordner ... / Suchen Sie auf Laufwerk ...
> Fahren Sie den Computer herunter. / Starten Sie das Programm neu.

D Last Minute buchen per Smartphone

1 „Delinski" – die Restaurant-Restplatzbörse. Lesen Sie den Text und sehen Sie den Film unter *delinski.at*. Wie funktioniert die Restplatzbörse? Berichten Sie.

So funktioniert's

In den besten Restaurants der Stadt frei gebliebene Tische buchen und bis zu 30% auf die Gesamtrechnung sparen. Ob schwacher Abend oder in letzter Minute geplatzte Reservierung, selbst die besten Restaurants haben manchmal unbesetzte Tische. Und davon können jetzt beide Seiten profitieren: Sie bekommen als Gast einen Platz in einem begehrten Lokal und sparen knapp ein Drittel Ihrer Ausgaben – und das Restaurant kann seine leeren Tische vergeben. Ein schöner Abend für alle ist garantiert!

2a Ein Interview mit dem Gründer von Delinski. Arbeiten Sie mit dem Wörterbuch und ordnen Sie die Begriffe den Erklärungen zu. Hören Sie dann das Interview.

1 ☐ saisonale und temporäre Leerstände
2 ☐ handelsüblich
3 ☐ das Franchise-Modell
4 ☐ die Briefsendung
5 ☐ die Empfehlungsplattform
6 ☐ ein Guthaben aufladen

a in Geschäften erhältlich/gebräuchlich
b eine Webseite, auf der man Tipps bekommt
c ein (Werbe-)Schreiben per Post
d etwas wird eine Zeit lang nicht genutzt
e auf eine Karte oder ein Konto im Voraus Geld einzahlen
f Vertriebsform, bei der ein Unternehmen seine Produkte durch Franchisenehmer in Lizenz verkaufen lässt

2b Lesen Sie die Fragen. Hören Sie das Interview noch einmal und machen Sie Notizen.

1 Wie kommt man auf die Idee, eine Restplatzbörse für Restaurantplätze zu gründen?
2 Gibt es in anderen Ländern ähnliche Konzepte?
3 Was brauche ich, um mit Ihnen in Kontakt zu treten?
4 Haben Sie eine App?
5 Welche Vorteile habe ich als Gast, wenn ich über Delinski buche?
6 Für wie viele Personen kann ich maximal buchen?
7 Kann ich auch telefonisch reservieren?
8 In welchen Städten kann man zurzeit über Delinski reservieren?
9 Welche Schwierigkeiten gab es am Anfang?
10 Wie groß ist Ihr Team zurzeit?
11 Wie kommt man als Gastronom zu Delinski?
12 Wie werde ich im Restaurant als Delinski-Kunde erkannt?
13 Kann man eine Buchung stornieren?
14 Was passiert mit den fünf Euro, die ich bereits an Delinski gezahlt habe?
15 Wie erfolgt die Zahlung?
16 Wer sind Ihre Kunden?

2c Stellen Sie einer anderen Person im Kurs eine beliebige Frage aus 2b. Die Person antwortet mit Hilfe ihrer Notizen und fragt weiter.

2d Was halten Sie von dieser Geschäftsidee? Würden Sie das Angebot nutzen? Tauschen Sie sich aus.

3 Geschäftsideen. Recherchieren Sie ein weiteres Online-Angebot und schreiben Sie einen Text. Beschreiben Sie, wie das Angebot funktioniert und ob Sie es gerne nutzen würden.

airbnb.com (Unterkünfte)   car2go.com (Mietautos)   resthaarboerse.com (Friseur)

Kurz und bündig

Kommunikation

über die Nutzung von Medien sprechen

Am liebsten/ehesten nutze ich … / Ich nutze beruflich/privat …, um … zu … / Ich gehe meistens mit dem Smartphone/Tablet/Laptop/… online. / Beruflich/Privat ist … für mich … unverzichtbar. / Ich kann nicht / am ehesten / problemlos auf … verzichten. / … ist für mich (un)entbehrlich.

Meinungsäußerungen in Texten wiedergeben

Der Umfrage zufolge haben/sind Internet-Nutzer … / Das Ergebnis habe sie überrascht, so die Autoren.
In dem Artikel wird berichtet, dass Social Media-Nutzer kontaktfreudig seien.
Die Mehrheit der Nutzer gab an, dass … / Die Autoren betonen/kommentieren/behaupten, dass …

über technische Probleme sprechen

Der Computer/Laptop/… lässt sich nicht mehr hochfahren/herunterfahren / stürzt immer ab.
Das Programm reagiert nicht mehr / läuft nicht unter …
Gehen Sie auf Laufwerk … / Klicken Sie … an. / Öffnen Sie den Ordner / das Programm / die Datei.
Starten Sie … neu. / Löschen Sie nicht benötigte Dateien/Programme.

telefonisch um Rat bitten, nachfragen und reagieren

Könnten Sie mir freundlicherweise helfen? / Entschuldigen Sie, wenn ich Sie unterbreche … / Ich kann Ihnen nicht folgen. / Sie müssen entschuldigen, aber … / Ich komme nicht weiter.
Ich ärgere mich über mich selbst. / Dann weiß ich jetzt Bescheid. / Dann bin ich beruhigt.
Keine Sorge, wir gehen das mal gemeinsam durch. / Das kann (jedem) passieren. / Sind Sie noch dran?

Grammatik

indirekte Rede

Mit der indirekten Rede im Konjunktiv I gibt ein Sprecher wieder, was jemand anderes gesagt hat.

direkte Rede:	Der Autor sagte: „Die Nutzer sozialer Medien sind politisch engagierter."
	Er betonte: „Das Ergebnis hat mich überrascht. Alte Studien sind damit widerlegt."
indirekte Rede:	Der Autor sagte, dass die Nutzer sozialer Medien politisch engagierter seien.
	Er betonte, das Ergebnis habe ihn überrascht. Alte Studien seien damit widerlegt.

Die 3. Person Singular wird gebildet aus dem Infinitivstamm + e (*könne, gebe, habe*).
Die Formen von *sein* sind unregelmäßig: ich *sei*, er/sie/es *sei*, wir *seien*, sie *seien*.
Den Konjunktiv I der Vergangenheit bildet man mit *habe(n)/sei(en)* + Partizip II (*habe überrascht*).

Wenn der Konjunktiv I mit dem Indikativ identisch ist, verwendet man den Konjunktiv II:
Die Forscher sind der Meinung, die sozialen Medien hätten mehr Einfluss als bisher angenommen.

Wenn der Konjunktiv II mit dem Präteritum des Indikativs identisch ist, benutzt man die *würde*-Form:
Die Befragten sagten, sie würden diese Meinung nicht teilen.

subjektiver Gebrauch des Modalverbs *sollen*

Man verwendet das Modalverb *sollen*, um etwas wiederzugeben, was man gehört oder gelesen hat. Man garantiert nicht für die Richtigkeit des Gesagten oder zweifelt es an.

Die Installation soll ganz einfach sein. (Meine Kollegin hat das gesagt.)
Der Kundendienst soll den Drucker schon repariert haben. (Das habe ich zumindest gehört.)

12 Übungen

A Online in Alltag und Beruf

1 Medienvielfalt. *Der, die, das?* Ergänzen Sie Artikel und, wenn möglich, Pluralform der folgenden Wörter.

1 .... Online-Börse ....
2 .... Homepage ....
3 .... App ....
4 .... Skypen ....
5 .... Smartphone ....
6 .... Handy ....
7 .... Tablet ....
8 .... PC ....
9 .... Laptop ....
10 .... Mailen ....

> **Memo**
> Substantivierte Verben sind immer neutrum.
> *Das Surfen* im Internet.

2a Lesen Sie den Text und ordnen Sie die Überschriften den Absätzen zu.

> Der Vergleich der Geschlechter • Jüngere stärker betroffen • Hat jemand geschrieben?

Nomophobie – die neue Krankheit?

Forschungsergebnisse zeigen, dass 66 % der Handybesitzer sich extrem unwohl fühlen, wenn sie ihr Handy zu Hause vergessen haben. Je jünger die Nutzer sind, desto stärker ist dieses Gefühl.

5 **1** ....

Zuerst wurde dieses Phänomen 2008 wissenschaftlich belegt und als Nomophobie (engl. *nomophobia*) bezeichnet – die Angst, keine Kontakte durch das Mobiltelefon zu haben. Der Begriff
10 ist ein Kunstwort aus dem Englischen und setzt sich zusammen aus „no-mobile-phone-phobia". Die Anzahl der Betroffenen ist in den letzten Jahren stetig gestiegen, wobei der Anteil der Frauen mit 70 % etwas höher liegt als der ihrer männli-
15 chen Zeitgenossen (61 %), wie eine Untersuchung im Jahr 2012 zeigte.

2 ....

Doch auch das Alter macht hier einen Unterschied. Jun-
20 ge nomophobische Erwachsene im Alter zwischen 18 und 24 Jahren liegen mit 77 % am weitesten oben, gefolgt von der Altersgruppe der 25-bis 34-Jährigen
25 mit 68 %. Noch vier Jahre zuvor lag der Durchschnitt der an Nomophobie leidenden Menschen bei 52 %, inzwischen ist er auf 66 % gestiegen.

3 ....

Dass man sein Handy vergessen hat, dürfte einem
30 relativ schnell auffallen, denn im Schnitt prüft ein Handybesitzer sein Gerät 34 Mal am Tag auf neue Nachrichten.

2b Lesen Sie den Text noch einmal. Worauf beziehen sich die Zahlen? Notieren Sie.

66 % — *Anzahl der Handybesitzer, die sich ohne Handy unwohl fühlen.*
70 % — ....
61 % — ....
18–24-Jährige — ....
25–34-Jährige — ....
34 Mal — ....

3 Hören Sie das Interview aus Aufgabe 2c auf S. 195 noch einmal und kreuzen Sie an. Korrigieren Sie dann die falschen Aussagen.

	richtig	falsch
1 38% der Frauen denken, dass ihr Partner sich nicht genug um sie kümmert.	☐	☐
2 18–24-Jährige können sich ein Leben ohne Social-Media-Angebote am besten vorstellen.	☐	☐
3 Jugendlichen fällt es zunehmend schwer, analoge Medien zu benutzen.	☐	☐
4 Eltern sollten ihren Kindern den Umgang mit Smartphones verbieten.	☐	☐
5 Die ständige Erreichbarkeit bedeutet auch Stress.		

4 Eine Umfrage. Beschreiben Sie die Grafik mit Hilfe der Redemittel aus Aufgabe 1, S. 182 (Einheit 11).

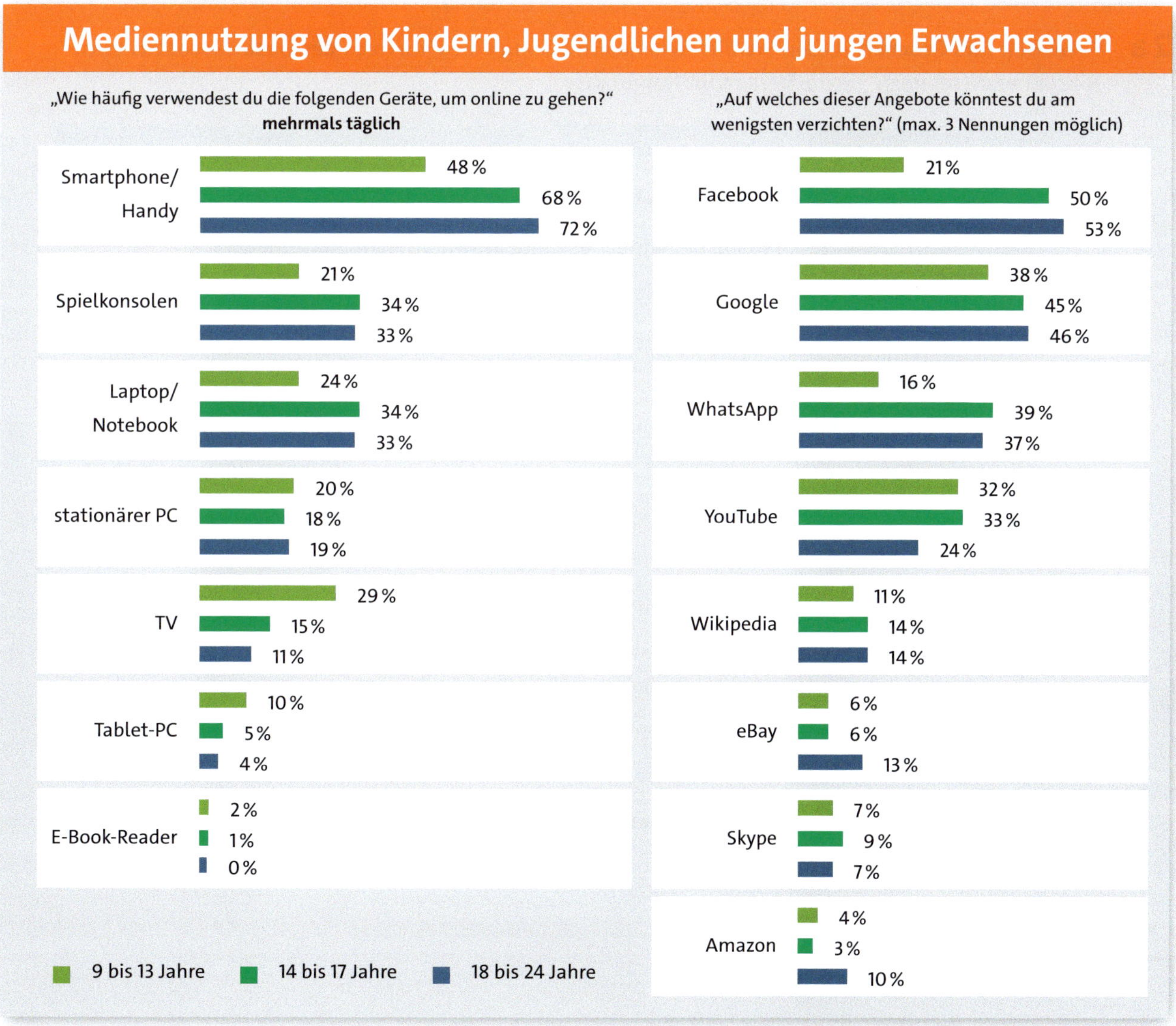

Mediennutzung von Kindern, Jugendlichen und jungen Erwachsenen

„Wie häufig verwendest du die folgenden Geräte, um online zu gehen?" **mehrmals täglich**

Gerät	9 bis 13 Jahre	14 bis 17 Jahre	18 bis 24 Jahre
Smartphone/Handy	48%	68%	72%
Spielkonsolen	21%	34%	33%
Laptop/Notebook	24%	34%	33%
stationärer PC	20%	18%	19%
TV	29%	15%	11%
Tablet-PC	10%	5%	4%
E-Book-Reader	2%	1%	0%

„Auf welches dieser Angebote könntest du am wenigsten verzichten?" (max. 3 Nennungen möglich)

Angebot	9 bis 13 Jahre	14 bis 17 Jahre	18 bis 24 Jahre
Facebook	21%	50%	53%
Google	38%	45%	46%
WhatsApp	16%	39%	37%
YouTube	32%	33%	24%
Wikipedia	11%	14%	14%
eBay	6%	6%	13%
Skype	7%	9%	7%
Amazon	4%	3%	10%

5 Schreiben Sie über sich: Mein Medienverhalten. Berücksichtigen Sie dabei die folgenden Aspekte.

- Wofür nutzen Sie Ihr Smartphone und Ihren Computer normalerweise?
- Wie viel Zeit in der Woche verbringen Sie online?
- Worin sehen Sie persönlich die Vor- und Nachteile der digitalisierten Welt?

B Unterwegs in sozialen Medien

1 Typische/r Facebook-Nutzer/in? Zitieren Sie die Informationen in indirekter Rede.

> *Studien behaupten, dass der typische Facebook-Nutzer männlich sei.*

Der durchschnittliche FB-Nutzer weltweit …

- verbringt 20 Minuten pro Tag auf Facebook
- ist männlich
- hat 342 Facebook-Freunde
- klickt bei 40 Seiten den „Gefällt mir"-Button.
- postet 90-mal im Monat etwas an seiner Pinnwand
- lädt insgesamt 217 Fotos hoch

2 a Facebook fürs Geschäft. Lesen Sie die Zusammenfassung eines Vortrags des Businesscoachs Luca Rizzolli und ergänzen Sie die Verben im Konjunktiv I.

Luca Rizzolli sagte, jedes Unternehmen solle über einen Facebook-Auftritt nachdenken, denn so _____¹ *(bekommen)* der Nutzer gezielte Informationen. Außerdem _____² *(können)* sich die Kundschaft dort untereinander austauschen, was bei guter Qualität der Produkte zu einem Zuwachs an Interessierten _____³ *(führen)*. Für einen Unternehmer _____⁴ *(sein)* es allerdings wichtig, sich genau zu überlegen, was er mit seiner Facebook-Seite erreichen _____⁵ *(wollen)*. Er _____⁶ *(müssen)* entscheiden, ob es sinnvoller _____⁷ *(sein)*, einen Online-Shop zu bewerben, oder ob er _____⁸ *(vorhaben)*, den Facebook-Nutzer auf die eigene Fan-Seite zu bringen, damit er dort den „Gefällt mir"–Button _____⁹ *(drücken)*. Problematisch findet Rizzolli, dass der Nutzer häufig erst die Seiten sehen _____¹⁰ *(dürfen)*, nachdem er sie „geliked", also den „Gefällt mir-Button" gedrückt _____¹¹ *(haben)*. Einen weiteren Nachteil für die Verbraucher sieht der Businesscoach darin, dass auch das Surfverhalten der Facebook-Gemeinde genau untersucht _____¹² *(werden)*, da sich dadurch das Konsumverhalten noch besser analysieren _____¹³ *(lassen)*. Allerdings _____¹⁴ *(gehen)* dies einigen zu weit, denn so _____¹⁵ *(wissen)* man nicht mehr, welche Informationen Facebook tatsächlich über einen _____¹⁶ *(erhalten)*.

2 b Vor- und Nachteile. Beantworten Sie die Fragen.

1 Welche Vorteile von Facebook nennt Herr Rizzolli für Unternehmen?
2 Welche Nachteile sieht er für die Verbraucher?

> *Der Nutzer bekommt gezielte Informationen und …*

3 Perspektivwechsel. Schreiben Sie Sätze in der indirekten Rede. Markieren Sie zuerst Personalpronomen, Zeit- und Ortsangaben und wählen Sie die passenden Ersatzformen aus dem Kasten.

> in der folgenden/vergangenen Woche • am folgenden/vergangenen Tag •
> im folgenden/vergangenen Jahr/Monat • damals • dorthin • dort

1 Der Kinobesitzer sagt: Ich schließe das Kino nächste Woche wegen Umbauarbeiten.
2 Die Politikerin erklärt: Ich habe mich letzten Monat für eine Steuersenkung eingesetzt.
3 Die Touristen sagen: Hier machen wir auch nächstes Jahr gern wieder Urlaub.

4a Die Sprache der Emoticons. Lesen Sie den Beginn des Interviews mit der Linguistin Anna Vollmer. Fassen Sie Frau Vollmers Antworten in indirekter Rede zusammen.

www.radioonline.to/emoticons/lesen

Lesen

Moderator: Liebe Frau Vollmer, können Sie uns sagen, wann und wie Emoticons benutzt werden und wo sie ihren Ursprung haben?
Anna Vollmer: Sehr gerne. Moderne Kommunikation findet meist digital statt. Ob Facebook, E-Mail oder SMS: Wir sind oft und viel mit anderen in Kontakt. Nur geht durch die Schriftlichkeit ein großer Teil der emotionalen Informationen verloren. Um das auszugleichen, verwenden viele nun die sogenannten Emoticons. Die Gesichter haben ihren Ursprung im Jahr 1982. Der Computerwissenschaftler Scott Fahlmann überlegte sich damals eine Lösung für missverständliche Kommunikation im frühen Internet. Er schlug ein umgekehrtes, lächelndes Gesicht vor, das aus einem Doppelpunkt, einem Bindestrich und einer Klammer bestand: :-) Daraus ist das Smiley entstanden.
Moderator: ... das ja mittlerweile wirklich fast überall zu finden ist. Gibt es denn Bereiche, in denen man Smileys eher vermeiden sollte?
Anna Vollmer: Oh, aber unbedingt! Man muss besonders in geschäftlichen E-Mails aufpassen. Bei einem formellen Erstkontakt kann die Verwendung von Smileys unprofessionell wirken. Daher sind sie dort zu vermeiden. Aber auch im späteren Mailverkehr mit einem bekannten Geschäftspartner setzt man sie besser – wenn überhaupt – nur sehr sparsam und bewusst ein. Von Branche zu Branche gibt es hier aber natürlich Unterschiede.

> Frau Vollmer sagt, moderne Kommunikation finde meist digital statt. Wir seien oft und viel ...

4b Hören Sie jetzt den zweiten Teil des Interviews und kreuzen Sie an.

www.radioonline.to/emoticons/hoeren

Lesen　　　　**Hören**

	richtig	falsch
1 Männer verwenden Emoticons seltener als Frauen.	☐	☐
2 Die Übersetzung von „Moby Dick" in Emoticons war ein wissenschaftliches Projekt.	☐	☐
3 Frau Vollmer empfiehlt, mit Smileys auch in privater Korrespondenz sparsam zu sein.	☐	☐
4 Sie selbst benutzt keine Emoticons.	☐	☐

12 C Medien im Arbeitsalltag

1 An der Internet-Hotline. Hören Sie das Gespräch aus 2a auf S. 198 noch einmal und kreuzen Sie an.

	richtig	falsch
1 In Frau Lis Abteilung wurde vor einer Woche eine neue Telefonanlage installiert.	☐	☐
2 Frau Li hat die Kurzanleitung heruntergeladen.	☐	☐
3 Die anderen Kollegen fanden die Installation ebenfalls schwierig.	☐	☐
4 Frau Li hat keine Nachrichten auf ihrer Sprachbox.	☐	☐
5 Nach dem Löschen der Nachrichten kann die Sprachbox besprochen werden.	☐	☐

2 Computerprobleme. Lesen Sie den Dialog und ergänzen Sie die Sätze. Hören Sie dann zur Kontrolle.

> ich komme nicht weiter. • wir gehen das Schritt für Schritt gemeinsam durch. •
> Könnten Sie mir freundlicherweise helfen? • Ich ärgere mich über mich selbst. •
> ich kann Ihnen nicht folgen. • das kann passieren

Hotline: Servicehotline Megaphone, Marina Seifert am Apparat. Was kann ich für Sie tun?

Kunde: Guten Tag. Ich habe gestern das Internet-Paket Ihrer Firma gekauft und wollte es jetzt anschließen. Aber irgendwie funktioniert es nicht. ....¹

Hotline: Natürlich, sehr gerne. Was ist denn genau das Problem?

Kunde: Tja, ich habe alles angeschlossen, aber ich komme nicht ins Internet. Ich habe schon einiges versucht, aber ....²

Hotline: Keine Sorge, ...³ Ich vermute, Sie haben alle Programme auf Ihrem Rechner installiert?

Kunde: Ja, mein Sohn hat mir dabei geholfen. Er hat gesagt, dass jetzt alles funktionieren müsste.

Hotline: Dann schauen Sie doch bitte mal auf Ihren Router und prüfen, ob ein Ethernet-Kabel …

Kunde: Oh je. Entschuldigen Sie, wenn ich Sie unterbreche. Ich fürchte, ...⁴

Hotline: Das ist gar kein Problem. An Ihrer Telefonbuchse hat Ihr Sohn sicher einen kleinen weißen Kasten angeschlossen und die Verbindung zu Ihrem PC hergestellt, und zwar entweder mit einem Kabel oder drahtlos, also über WLAN.

Kunde: Ah ja, ich wollte gern die Drahtlosverbindung, also WLAN.

Hotline: Okay. Können Sie mir sagen, wie viele Lämpchen an diesem weißen Kasten, also dem Router, leuchten?

Kunde: Da leuchten drei.

Hotline: Da haben wir das Problem. Bitte drücken Sie den Knopf an der linken Seite des Routers. Dadurch aktivieren Sie das WLAN.

Kunde: Oh, wie peinlich. ....⁵. Einen Moment … Ja, jetzt klappt es.

Hotline: Keine Sorge, ...⁶ Ich freue mich, dass ich Ihnen helfen konnte.

Kunde: Ja, das konnten Sie wirklich. Vielen Dank noch einmal und auf Wiederhören.

3a Subjektiver Gebrauch von *sollen*. In welchen Sätzen drückt *sollen* eine Vermutung aus? Kreuzen Sie an.

1 ☒ Die Lieferung soll gestern eingetroffen sein.
2 ☐ Ich habe gehört, Lana soll befördert werden.
3 ☐ Frau Müller soll den Chef anrufen.
4 ☐ Herr Weinert soll das Paket gestern abgegeben haben.
5 ☐ Ich soll das Paket morgen zur Post bringen.
6 ☐ Der Reparaturdienst soll schon informiert sein.

3b Gerüchte in der Firma. Schreiben Sie die folgenden Sätze mit *sollen*.

Ich habe gehört, dass …

1 … sie die Firma bereits verkauft haben.
2 … die Gehälter erhöht werden.
3 … die neuen PCs angekommen sind.
4 … die Firma jetzt auch eine Facebook-Seite hat.
5 … niemand bei der Versammlung war.
6 … der Chef gestern in den Urlaub geflogen ist.

> 1 Sie sollen die Firma bereits verkauft haben.

4 Gerüchte in der Nachbarschaft. Merle Jansen hat auf der Ostsee-Insel Usedom ein kleines Geschäft. Lesen Sie den Zettel an ihrer Ladentür und formulieren Sie Vermutungen mit *sollen*.

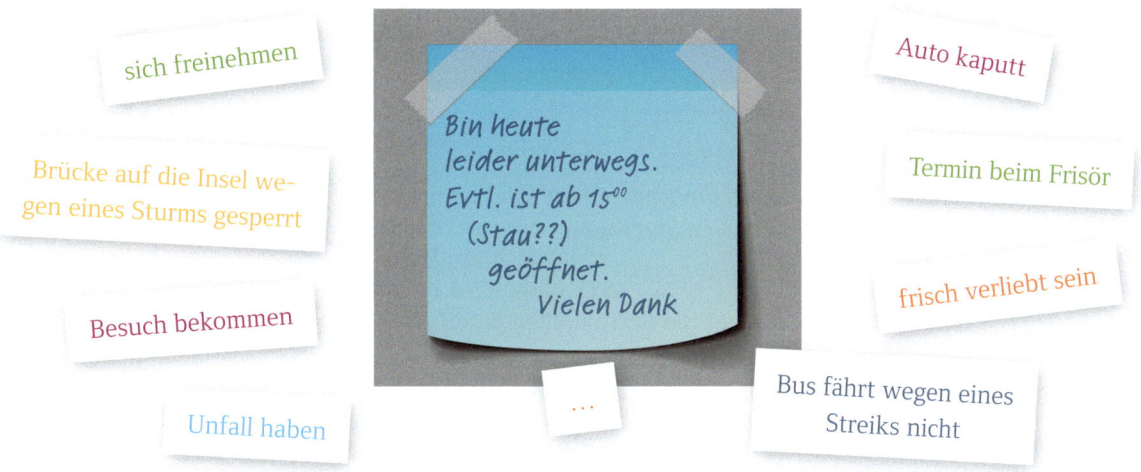

sich freinehmen
Auto kaputt
Brücke auf die Insel wegen eines Sturms gesperrt
Termin beim Frisör
Besuch bekommen
frisch verliebt sein
Unfall haben
Bus fährt wegen eines Streiks nicht

> Merle Jansen soll sich spontan freigenommen haben. Das behauptet zumindest ihr Nachbar.

5a Welche Verben passen zu welchen Nomen? Verbinden Sie.

1 Daten auf einem Laufwerk
2 ein Problem / eine Störung
3 das Passwort / den Benutzernamen
4 Datenverluste
5 einen Ansagetext auf den Anrufbeantworter

a beheben
b vermeiden
c speichern
d sprechen
e eingeben

5b Welches Wort passt nicht in die Reihe? Arbeiten Sie mit dem Wörterbuch und streichen Sie durch.

1 ein Dialogfenster   vergrößern – verkleinern – klicken – anklicken – öffnen – schließen
2 eine Datei   löschen – schneiden – entfernen – kopieren – speichern – ausschneiden
3 einen Text   kopieren – ausschneiden – speichern – löschen – öffnen – einfügen
4 den Computer   hochfahren – herunterfahren – ausmachen – schließen – einschalten – neu starten

5c Ergänzen Sie die Sätze mit einem Wort aus 5b.

1 Damit die Datei nicht verloren geht, sollte man sie ....
2 Wenn man eine Datei nicht mehr braucht, kann man sie ....
3 Wenn man das „x" anklickt, kann man ein Dialogfenster ....
4 Durch „ausschneiden und ...." kann man eine Datei an einen anderen Ort verschieben.

D Last Minute buchen per Smartphone

1 Hören Sie das Interview aus Aufgabe 2a, S. 200, noch einmal und entscheiden Sie, welche Antwort richtig ist. Kreuzen Sie an.

1 Warum gründete Herr Fiebinger dieses Portal?
 a ☐ Es gab ähnliche, aber erfolglose Portale.
 b ☐ Er betrieb vorher eine Plattform in der Reisebranche.
 c ☐ Es gab noch keine vergleichbare Plattform für die Restaurantindustrie.

2 Welche Vorteile hat man, wenn man über Delinski einen Tisch reserviert?
 a ☐ Die Rechnung ist 30 Prozent günstiger.
 b ☐ Man reserviert ohne Gebühren und weiß sofort, ob ein Tisch frei ist.
 c ☐ Die Vermittlungsgebühr wird im Restaurant zurückerstattet.

3 Wie will Delinski expandieren?
 a ☐ Man plant eine Filiale in Graz.
 b ☐ Für Deutschland ist ein Franchise-Modell in Planung.
 c ☐ Es gibt Pläne für München und Athen.

4 Wie werden Gastronomen auf Delinski unter anderem aufmerksam?
 a ☐ Herr Fiebinger informiert die Gastronomen per Mail und Anruf.
 b ☐ Durch Empfehlungsschreiben zufriedener Kunden.
 c ☐ Durch Mund-zu-Mund-Propaganda unter Gastronomen.

5 Wie kann der Gastronom erkennen, dass ein Gast über Delinski reserviert hatte?
 a ☐ Der Gast weist auf seinen Rabatt hin, wenn er die Rechnung verlangt.
 b ☐ Der Gast stellt sich namentlich vor, wenn er das Lokal betritt.
 c ☐ Der Gast muss vorher seine Reservierung rückbestätigen.

6 Unter welchen Bedingungen kann man die Reservierung stornieren?
 a ☐ Stornierungen sind bis zu einer Stunde vor dem Reservierungstermin möglich.
 b ☐ Man muss eine Stornierungsgebühr in Höhe von 5 € bezahlen.
 c ☐ Eine Stornierung ist nicht möglich, weil das Restaurant die Tische dann nicht vergeben kann.

2 Aus dem Geschäftsalltag. Lesen Sie und ergänzen Sie. Achten Sie auf die richtigen Endungen.

> Guthaben • saisonal/temporär • im Voraus • Neuland • erhältlich • handelsüblich • Expansion

1 Dies ist ein ganz .... Smartphone-Modell. Man findet es überall.

2 Dieses Gemüse gibt es leider nicht immer. Wir verkaufen es nur ....

3 Wir haben unsere Produkte bisher noch nicht per App verkauft. Da begeben wir uns auf ....

4 Heute Morgen konnte ich nicht telefonieren. Ich hatte vergessen, mein .... aufzuladen.

5 Gute Smartphones sind heutzutage in allen Fachgeschäften ....

6 Meine Reise konnten wir bequem per App buchen, allerdings mussten wir .... zahlen.

7 Die .... geht voran: Das Unternehmen hat schon 180 Filialen in sieben Ländern.

Prüfungstraining

Schriftlicher Ausdruck

Wählen Sie zuerst zwischen Aufgabe A oder Aufgabe B. Entscheiden Sie schnell, denn die Zeit ist begrenzt auf 30 Minuten!

Aufgabe A: Stellungnahme

Sie haben den Artikel zum Thema „Soziale Medien und Sozialleben" (in 1b, auf S. 196) gelesen.

Schreiben Sie an die Online-Redaktion.

Behandeln Sie darin entweder
a) mindestens drei der folgenden Punkte
oder
b) mindestens zwei der folgenden Punkte und einen weiteren Aspekt Ihrer Wahl.

- Begründen Sie, warum Sie den Ergebnissen der Studie (nicht) zustimmen.
- Stützen Sie Ihre Argumentation mit weiteren Beispielen.
- Beschreiben Sie, welche Rolle die sozialen Medien in Ihrem Leben spielen.
- Erklären Sie, zu welchen Ergebnissen die Studie wahrscheinlich führen würde, wenn man sie in Ihrer Heimat durchführen würde.

Schreiben Sie mindestens 150 Wörter.

Aufgabe B: Bewerbung

Sie haben erfahren, dass die Restaurant-Restplatzbörse „Delinski" (auf S. 200) ein neues Büro in Hamburg eröffnen möchte. Sie möchten sich initiativ als App-Entwickler/in bewerben.

Schreiben Sie an die Firma „Delinski".

Behandeln Sie darin entweder
a) mindestens drei der folgenden Punkte
oder
b) mindestens zwei der folgenden Punkte und einen weiteren Aspekt Ihrer Wahl.

- Beschreiben Sie, woher Sie „Delinski" kennen.
- Erklären Sie, warum Sie bei „Delinski" arbeiten möchten.
- Beschreiben Sie, welche bisherigen beruflichen Erfahrungen Sie besonders für die Tätigkeit qualifizieren.
- Bitten Sie um einen Gesprächstermin.

Schreiben Sie mindestens 150 Wörter.

13 Immer unterwegs

eine Kanutour  — eine Hüttenwanderung  — unterwegs mit dem Wohnmobil

eine Kreuzfahrt  — eine Fahrradtour  — eine Reise mit dem Orient-Express

A Auf Reisen

1a Unterwegs im Urlaub. Sehen Sie die Fotos an. Wie verbringen die Leute ihren Urlaub? Beschreiben Sie.

Wo? im Gebirge – in der Kajüte – in der Natur – im Schlaf-/Speisewagen – auf dem Wasser
Was? die Landschaft genießen – paddeln – am Ufer anlegen – von Berghütte zu Berghütte wandern
Wie? abenteuerlich – abwechslungsreich – komfortabel – kostengünstig – luxuriös – entspannend

1b Welche dieser Reisen wäre etwas für Sie? Wie verbringen Sie Ihren Urlaub? Tauschen Sie sich aus.

2a Mit dem Rad die Donau entlang. Überfliegen Sie den Text auf S. 211 und kreuzen Sie die Textsorte an.

1 ☐ ein Reisetagebuch   2 ☐ ein Reiseführer   3 ☐ ein Angebot eines Reiseveranstalters

2b Eine siebentägige Fahrradtour. Lesen Sie den Text gründlich und notieren Sie Informationen in einer Tabelle im Heft zu den einzelnen Etappen.

	Strecke	km	Sehenswertes/Unternehmungen
Tag 1	Passau – Schlögen	45–55	– Passauer Altstadt + Stephansdom besichtigen – Naturwunder: Schlögener Schlinge + Ausblick
...			
Tag 7	Wien !!!	–	– Stadtrundgang, ...

210

Sie lernen
- über Reisen und Aktivurlaub sprechen
- eine Reise planen und Alternativen diskutieren
- über Saisonarbeit und mobile Berufe sprechen
- in Gesprächen um Aufmerksamkeit bitten
- *es* im Satz (obligatorisch oder fakultativ)
- subjektiver Gebrauch von Modalverben: *können, müssen, dürfen*

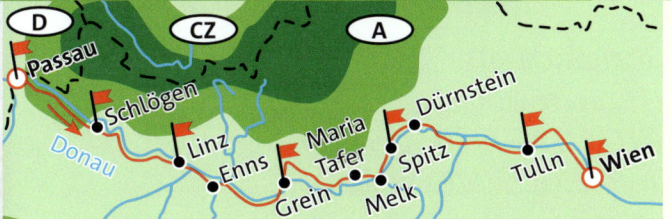

Mit dem Rad die Donau entlang: von Passau nach Wien

Eine Fahrradreise an der Donau entlang gilt als eine der attraktivsten Radtouren Europas. Der Klassiker ist die Strecke Passau – Wien, die man bequem in einer einwöchigen Tour „erradeln" kann. Sie beeindruckt mit landschaftlicher Schönheit und vielen Sehenswürdigkeiten und ist außerdem auch für Anfänger und Familien mit Kindern gut geeignet – eine Kombination, die man anderswo nicht so leicht findet.

Die erste Etappe von Passau quer durch ein Naturschutzgebiet nach Schlögen beträgt 45 bis 55 Kilometer. Vor Ihrer Abreise sollten Sie die Passauer Altstadt mit dem berühmten Dom besuchen. Am Naturwunder „Schlögener Schlinge" erwartet Sie ein beeindruckender Ausblick über den Fluss.

Die zweite Etappe führt über 30 Kilometer nach Linz, die drittgrößte Stadt Österreichs. Es empfiehlt sich, den Tag mit einem Spaziergang an der Donaulände – einem Erholungspark im Stadtzentrum – oder mit einem Ausflug auf den Pöstlingberg (dorthin kommen Sie am besten mit der Bergbahn) abzuschließen. Besonders sehenswert ist auch das Brucknerhaus, benannt nach dem Komponisten Anton Bruckner, das in seiner Form einer Linzer Torte gleicht.

Von Linz geht es nach Enns, der ältesten Stadt Österreichs, mit ihrem historischen Glockenturm. Nach insgesamt 55 Kilometern am Ufer entlang kommen Sie in die Barockstadt Grein. Von dort sind es weitere 60 Kilometer nach Spitz. Die Stadt liegt im Herzen der Wachau, einem Obst- und Weinbaugebiet. Hier bietet sich unbedingt eine Weinprobe an. Empfehlenswert ist auf dieser Route ein Besuch der Wallfahrtskirche „Maria Taferl" und des barocken Stifts Melk mit seiner weltberühmten Bibliothek.

Schlögener Schlinge

Auf der vorletzten Etappe, die Sie nach etwa 55 Kilometern nach Tulln führt, sollten Sie die etwas auswärts gelegene romantische Burgruine Dürnstein besuchen, wo im 12. Jahrhundert der englische König Richard Löwenherz gefangen gehalten wurde. Nebenan laden viele Weinlokale zu einer Rast ein. Nach den letzten 50 Kilometern erreichen Sie Wien über die Donauinsel. 15 Brücken führen auf das beliebte Erholungsgebiet, wo Sie noch eine Bade- oder Grillpause einlegen können. Nach einer Übernachtung in der Donaumetropole, wie die Hauptstadt Österreichs genannt wird, sollten Sie unbedingt noch einen Tag Zeit für einen Stadtrundgang, den Besuch eines der zahlreichen Kaffeehäuser oder für eine Fahrt mit dem Riesenrad im Wiener Prater einplanen.

3 a Tischgespräche. Hören Sie den Anfang des Gesprächs. Wo sind die Leute? Worüber sprechen sie?

Memo

Lokaladverbien
anderswo, auswärts, dort, dorthin, (an der Donau) entlang, hier, hierher, nebenan, quer (durch den Wald)

3 b Wie haben die Leute ihren Urlaub verbracht? Hören Sie das ganze Gespräch und kreuzen Sie an.

		richtig	falsch
1	allein mit dem Kanu auf Flüssen und Seen	☐	☐
2	auf einem Kreuzfahrtschiff im Indischen Ozean	☐	☐
3	mit dem Fahrrad auf dem Donau-Radweg von Passau nach Wien	☐	☐
4	mit dem Orient-Express von London über Wien nach Venedig	☐	☐
5	auf einem Campingplatz im Allgäu	☐	☐
6	mit der ganzen Familie im Wohnmobil quer durch Italien	☐	☐

3 c Um Aufmerksamkeit bitten. Welche Redemittel kommen vor? Hören Sie noch einmal das Gespräch aus 3b und unterstreichen Sie die Redemittel.

Redemittel

Eine kurze Frage … / Übrigens wollte ich noch … / Augenblick! / Einen Moment, bitte … / Da fällt mir ein, dass … /
Entschuldigt, wenn ich euch kurz unterbrechen muss, aber … / Könntest du mir kurz sagen, was … / Ruhe bitte! / Darf ich mich kurz einmischen? … / Sag mal, …

4 Ihr Urlaubstipp. Wie kann man in Ihrem Land Urlaub machen? Berichten Sie.

B Vorbereitung ist alles

1a Eine Fahrradtour. Lesen Sie das Angebot eines Reiseveranstalters und planen Sie Ihre persönliche Wunschreise. Sie haben dafür ein Budget von 500 €. Machen Sie Notizen.

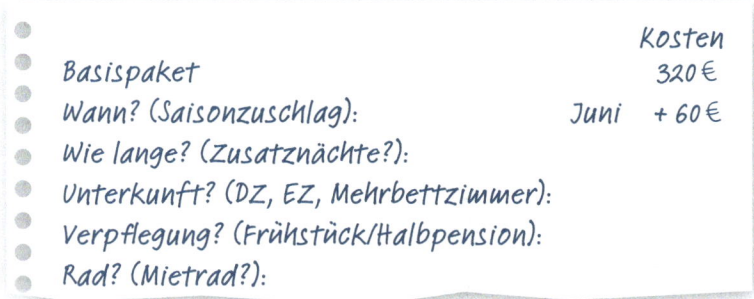

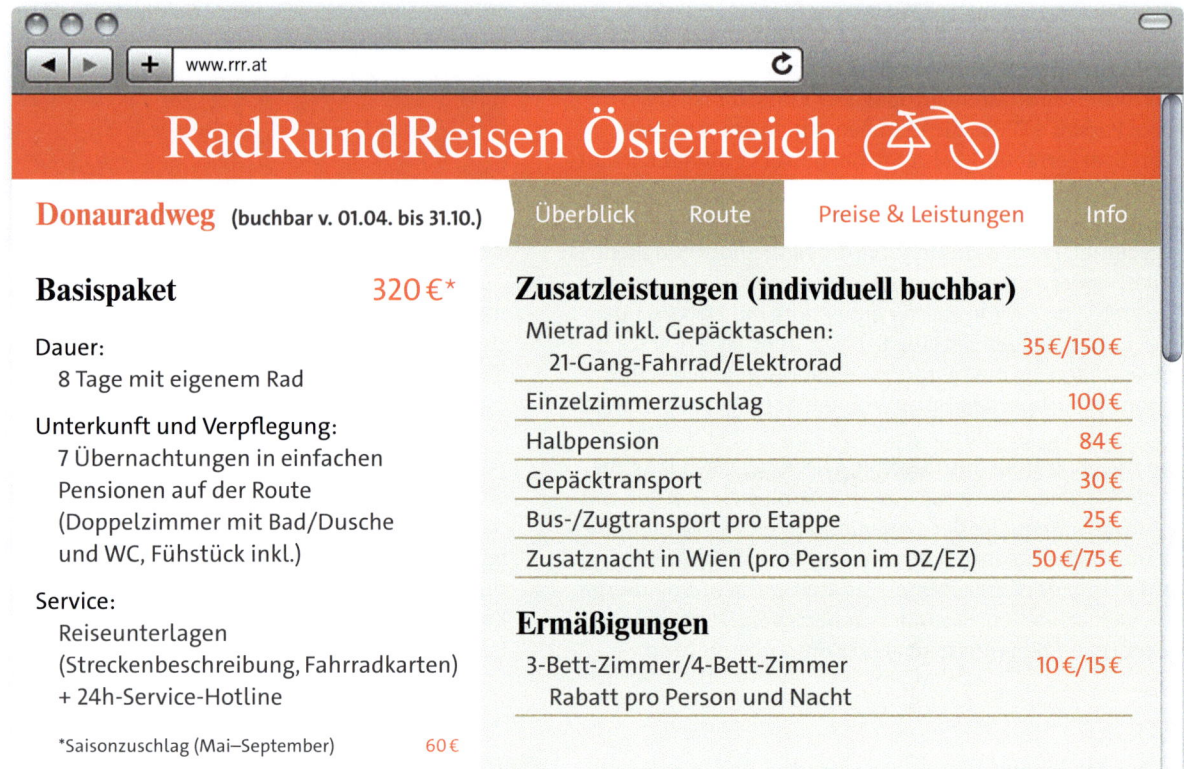

1b Arbeiten Sie in Gruppen. Benutzen Sie Ihre Notizen aus 1a und planen Sie eine gemeinsame Reise auf dem Donauradweg. Machen Sie Vorschläge und einen gemeinsamen Plan.

> Was haltet ihr davon, wenn wir im August fahren?

> Nein, ich würde lieber den Saisonzuschlag sparen und davon ein Mietrad bezahlen.

> Moment mal, wir könnten doch auch …

Redemittel

eine Meinung äußern und erfragen	Meiner Meinung/Ansicht nach sollten wir … / Sag mal, wie findest du …? / Was denkt ihr darüber? / Was haltet ihr davon, wenn …?
zustimmen	Einverstanden! / Ich bin ganz deiner/eurer Meinung. / Das sehe ich genauso.
widersprechen	Entschuldigung, aber da bin ich anderer Meinung: Ich finde, … / Tut mir leid, aber das sehe ich anders. Ich würde lieber …
einschränken	Einerseits ja, aber andererseits … / Das wäre okay, allerdings finde ich auch …
einen Kompromiss vorschlagen	Wie wäre es, wenn …? / Wir könnten doch auch … / Sollten/Könnten wir nicht vielleicht …?
entscheiden/abschließen	Okay, ich fasse jetzt mal zusammen: Wir … / Gut, das heißt also, dass wir …

1c Gestalten Sie ein Plakat und präsentieren Sie Ihre Gruppenreise im Kurs.

2a Reisevorbereitungen. Was brauchen Sie auf der Fahrradtour? Schreiben Sie in der Gruppe eine Liste.

Kleidung	Hygiene	Apotheke	Sonstiges
Badesachen	Zahnbürste	Pflaster	Reiseführer
...	...	...	...

2b Lesen Sie das Infoblatt der Krankenkasse und ergänzen Sie Ihre Liste in 2a.

Die Krankenkasse Medico warnt

Im Sommer müssen Sie sich in Österreich und Süddeutschland vor Zecken schützen. Die Insekten übertragen Krankheiten, z.B. die gefährliche Gehirnhautentzündung FSME (Frühsommer-Meningoenzephalitis).

1 Tragen Sie helle Kleidung, auf der man die Tiere besser sieht. Stecken Sie im Wald und auf der Wiese Ihre Hosenbeine in die Socken.

2 Ein Zeckenspray kann helfen, gibt aber keine Garantie, nicht gestochen zu werden.

3 Suchen Sie nach einem Aufenthalt im Freien Ihren Körper nach Zecken ab. Nehmen Sie in Ihrer Reiseapotheke eine Zeckenpinzette mit.

4 Die Impfung gegen Zeckenstiche hilft, einer Infektion vorzubeugen.

3a Ein Reisetagebuch. Lesen Sie den Tagebucheintrag und erklären Sie folgende Ausdrücke:
geschüttet – *total k.o.* – *alles in allem*

> Tag 6
> Heute bin ich von Spitz nach Tulln gefahren. Leider hat es den ganzen Tag geschüttet. Es war sehr anstrengend, mit nassen Kleidern und Gepäck auf dem Rücken 50km Fahrrad zu fahren. Na ja, jetzt bin ich in der Pension, total k.o., aber es geht mir gut. Nur mein Handy ist auch nass geworden. Ich hoffe, dass es morgen wieder funktioniert, wenn ich es über Nacht trocknen lasse. Aber alles in allem bin ich sehr zufrieden mit dieser Reise. Es macht mir viel Spaß, durch die Natur zu radeln, und es ist ein gutes Gefühl, am Ende des Tages erschöpft, aber glücklich ins Bett zu fallen. Und es ist super, dass man so viele nette Menschen auf dem Weg trifft. Morgen geht es dann weiter nach Wien ...

3b Das Wort *es*. Markieren Sie alle *es* in 3a und bestimmen Sie, welche Funktion das *es* jeweils hat.

Regel

Das Wort *es* kann in Sätzen obligatorisch oder fakultativ stehen:
1. als Pronomen: *Mein Handy* funktioniert nicht. – *Ich hoffe, dass es morgen wieder funktioniert.* (obligatorisch)
2. als Subjekt in festen Wendungen und bei unpersönlichen Verben: *Es schneit. / Wie spät ist es?* (obligatorisch)
3. als Platzhalter für Infinitiv- und dass-Sätze in der Position 1 des übergeordneten Satzes:
   Durch die Natur zu radeln, macht mir Spaß.
   → *Es macht mir Spaß, durch die Natur zu radeln.* (fakultativ)

4 Reisetexte. Wählen Sie eine Karte und schreiben Sie einen Text.

> Reiseführer: Beschreiben Sie ein Reiseziel, das Sie gut kennen.

> Reisetagebuch: Schreiben Sie einen Tagebucheintrag zu einer fiktiven oder erlebten Reise.

C Mobile Berufe

1 Mobil im Beruf. Sehen Sie die Fotos an, ohne den Artikel zu lesen. Welche Berufe werden dargestellt? Warum sind diese Berufe mobil? Äußern Sie Vermutungen.

Für die Arbeit unterwegs

Mobilität in Alltag und Beruf ist heutzutage für viele Menschen normal. Nicht nur die „klassischen" mobilen Berufe, wie zum Beispiel im Transport- und Verkehrswesen oder im Außendienst, erfordern geografische Flexibilität. Auch in Berufen, bei denen man es nicht erwartet, wird man mobiler und flexibler. Wir stellen Ihnen drei Personen vor, die auf unterschiedliche Weise in ihrem beruflichen Alltag mobil sind.

Kerstin Runge, 43

Sebastian Preuss, 36

1 Erst LKW – dann THW

Ich arbeite hauptberuflich als LKW-Fahrerin für eine Münchner Spedition. Aber schon seit über zehn Jahren bin ich auch ehrenamtlich als Katastrophenhelferin beim THW tätig, weil ich anderen helfen will.
5 Das THW (Technisches Hilfswerk) ist eine staatliche Organisation, die für Zivil- und Katastrophenschutz zuständig ist. Als Katastrophenhelferin war ich auch schon im Ausland im Einsatz, zum Beispiel nach einem Erdbeben in Japan oder wie hier auf dem Foto
10 bei einem Trinkwasserprojekt in Uganda. Das THW erstattet dann meinem Arbeitgeber den Ausfall meiner Arbeitszeit. Anders könnte ich mich nicht engagieren, denn ich muss ja weiterhin Geld verdienen. Mein Mann mag es nicht, wenn ich lange fort bin. Aber nur
15 so komme ich ein wenig herum. Das ist zwar anstrengend, bringt aber viel Abwechslung ins Berufsleben.

2 Arbeitsort Bohrinsel

Ich arbeite seit zwei Jahren auf einer Bohrinsel in der Nordsee als Elektriker. Vorher habe ich in einer kleinen Firma gearbeitet, aber die gute Bezahlung hat mich gelockt. Auf großen Bohrinseln arbeiten bis zu
5 1.000 Personen, natürlich vor allem in technischen Berufen wie zum Beispiel Elektrotechniker und Ingenieure, aber auch IT-Fachleute, Köche oder Ärzte. Man kann sich das wie eine kleine Stadt auf dem Meer vorstellen: Es gibt Einkaufsmöglichkeiten, Internet,
10 Fitnessstudios, manchmal sogar ein kleines Kino. Die Arbeit ist sehr anstrengend, man arbeitet meist zwei Wochen am Stück, zwölf Stunden pro Tag. Deshalb sollte man auf jeden Fall belastbar sein. Danach hat man einen Monat bezahlten Urlaub. Dieser Rhythmus
15 ist für das Familienleben nicht schlecht: Meine Frau arbeitet in Teilzeit, und ich kann mich in meinen freien Monaten um unsere Kinder kümmern.

Josip Perovic, 38

3 Arbeiten, wo andere Urlaub machen

Ich komme eigentlich aus Kroatien, aber da lebe ich nur ein paar Monate im Jahr. Von Mai bis September, während der Feriensaison, arbeite ich in einem Hotel auf der Insel Hvar, die an der Adriaküste vor Kroatien liegt. Im Winter, wenn dann alle Touristen weg sind, arbeite ich in einem
5 Schweizer Ski-Hotel in den Alpen. Dort ist es umgekehrt: Die Ski-Hauptsaison dauert von Ende Dezember bis Anfang April. Die restliche Zeit, von Oktober bis Weihnachten, arbeite ich in Wien in einem Restaurant. Hier lebt auch meine Frau. Leider sehen wir uns sehr selten, denn als Saisonarbeiter, also saisonale Arbeitskraft, bin ich ja ständig weg. Obwohl die Saisonarbeit
10 stressig ist, genieße ich es auch, an so verschiedenen Orten mit unterschiedlichen Menschen zu leben.

Berufe heute, 08/15

2 a Arbeiten Sie in drei Gruppen. Lesen Sie gemeinsam eines der Berufsporträts und machen Sie Notizen zu folgenden Punkten.

Person + Tätigkeit   Motivation   Vor- und Nachteile der Tätigkeit

2b
Expertengruppen. Bilden Sie neue Gruppen, sodass in jeder neuen Gruppe mindestens ein Mitglied jeder Gruppe aus 2a ist. Informieren Sie die anderen in Ihrer Gruppe über Ihr Berufsporträt in 2a.

> **Redemittel**
>
> Also, ich habe über … gelesen. / Ich habe mich mit … beschäftigt. Er/Sie/… arbeitet in/als/bei …
> … nennt als Gründe/Motiv für die Tätigkeit als …, dass er/sie … / … sieht als Vorteil/Nachteil, dass … Seiner/Ihrer Meinung nach ist die Arbeit als … anstrengend/schön, weil … / Außerdem findet er/sie positiv/negativ, dass …

3a
Ein Saisonarbeiter berichtet. Lesen Sie die Fragen. Hören Sie dann das Interview und kreuzen Sie an.

1. Wie kam Herr Perovic dazu, an mehreren Orten zu arbeiten?
   - a ☐ Er hat in Kroatien keine Stelle gefunden.
   - b ☐ In Kroatien gibt es während vieler Monate nicht genug Arbeit.
   - c ☐ Seine Frau hat ihn auf die Idee gebracht.

2. Wie beurteilt Herr Perovic die klimatischen Unterschiede zwischen Kroatien und der Schweiz?
   - a ☐ Er empfindet sie noch immer als Herausforderung.
   - b ☐ Er hat sich zwar daran gewöhnt, aber Kälte und Schnee mag er trotzdem nicht.
   - c ☐ Er mag die unterschiedlichen Wetterbedingungen inzwischen.

3. Wie sieht Herr Perovic die Frage nach der Vereinbarkeit von Familie und Beruf?
   - a ☐ Kritisch: Die Partnerschaft ist kein Problem, aber eine Familie zu gründen ist schwierig.
   - b ☐ Optimistisch: Da seine Frau ortsunabhängig ist, gibt es keine Probleme.
   - c ☐ Pessimistisch: Beruf und Familie zu vereinen, ist als Saisonarbeiter fast unmöglich.

3b
Wer sagt was? Hören Sie noch einmal und kreuzen Sie an: Herr Perovic (P) oder die Reporterin (R).

		P	R
1	Das muss doch manchmal auch schwierig sein.	☐	☐
2	Wer die Branche nicht kennt, für den könnte das natürlich ungewöhnlich klingen.	☐	☐
3	Das Wetter müsste zumindest am Anfang doch etwas gewöhnungsbedürftig gewesen sein.	☐	☐
4	So ein Nomaden-Dasein dürfte wahrscheinlich nicht jedermanns Sache sein.	☐	☐

3c
Subjektiver Gebrauch von Modalverben. Markieren Sie die Modalverben in 3b und lesen Sie die Regel.

> **Regel**
>
> Ebenso wie *sollen* (S. 189) können auch die Modalverben *können*, *dürfen* und *müssen* eine subjektive Bedeutung ausdrücken, nämlich eine Vermutung des Sprechers. Die Wahl des Modalverbs zeigt an, wie sicher der Sprecher ist, dass seine Aussage zutrifft. *Können* und *müssen* stehen im Indikativ oder Konjunktiv II. *Dürfen* benutzt man in subjektiver Bedeutung immer im Konjunktiv II.
> Eine Vermutung kann – zusätzlich oder alternativ – durch Modalwörter (*vielleicht*, *bestimmt* etc.) ausgedrückt werden.
> *Herr Perovic kann vielleicht in Kroatien Deutsch gelernt haben.*
>
> | vielleicht/eventuell/möglicherweise | vermutlich/wahrscheinlich | bestimmt/sicher |
> |---|---|---|
> | 0% ——— 50% | | 100% |
> | könnte   kann | dürfte   müsste | muss |

3d
Formulieren Sie die Sätze aus 3b ohne Modalverb.

1 Das muss doch manchmal auch schwierig sein. – Das ist sicher manchmal auch schwierig.

4
Könnten Sie sich einen mobilen Beruf vorstellen? Oder haben Sie bereits in einem mobilen Beruf gearbeitet? Diskutieren Sie Vor- und Nachteile.

D Für Mensch und Tier im Einsatz

1a „Tierärzte ohne Grenzen". Um was für eine Organisation könnte es sich handeln? Äußern Sie Vermutungen.

1b Lesen Sie den Text und beantworten Sie die Fragen.

1. Welche Ziele verfolgt der Verein?
2. Warum ist Tierhaltung die Lebensgrundlage vieler Menschen?
3. Was tun die Mitarbeiter/innen des Vereins, wenn sie in den Ländern vor Ort arbeiten?
4. Wer bezahlt die Projekte des Vereins?
5. Wie ist der Verein entstanden?

Tierärzte ohne Grenzen e.V.*

Die Organisation „Tierärzte ohne Grenzen" unterstützt Menschen, deren Lebensgrundlage von der Tierhaltung abhängt. Die Projekte des Vereins tragen dazu bei, Ernährung
5 und Einkommen dieser Menschen zu sichern. Die Zielsetzung des Vereins ist die humanitäre Hilfe. Diese ist mit der Gesundheit der Nutztiere vor Ort untrennbar verknüpft.

Wenn Tiere Leben bedeuten

Schwerpunkt der Arbeit von „Tierärzte ohne
10 Grenzen" ist Ostafrika. Hier leben über 24 Millionen Menschen von der Tierhaltung. Nutztiere wie Rinder, Ziegen oder Kamele liefern nicht nur Fleisch und Milch, sondern sind auch als Arbeitstiere wichtig. Zudem haben
15 sie oft eine kulturelle Bedeutung. Da es in der Region kaum funktionierende Veterinärsysteme gibt, bildet „Tierärzte ohne Grenzen" Einheimische zu Tiergesundheitshelfern aus und versorgt sie mit den wichtigsten Medikamen-
20 ten und der nötigen Ausrüstung wie Spritzen oder Impfstoffen. So können die Menschen vor Ort sich selbst helfen, denn Impfungen und die Behandlung der häufigsten Krankheiten gewährleisten eine tiermedizinische Grund-
25 versorgung. Darüber hinaus engagiert sich der Verein im Rahmen der Entwicklungszusammenarbeit in den Bereichen Bildung, Friedenssicherung und Forschung. Die Projekte werden durch öffentliche Gelder (z. B. von der Euro-
30 päischen Kommission und verschiedenen UN-Organisationen) sowie durch private Spenden finanziert.

„Tierärzte ohne Grenzen e.V." ist im Jahr 1991 aus einer studentischen Freiwilligeninitiative der Tierärztlichen Hochschule Hannover hervorgegangen. Seitdem hat sich die Organisation sehr
35 dynamisch entwickelt, sodass sie heute mit sieben deutschen und mehr als 140 einheimischen Mitarbeitern in den Ländern Sudan, Kenia, Uganda, Südsudan, Somalia und Äthiopien tätig ist.

* e.V. steht in Deutschland für „eingetragener Verein"

2 Wie finden Sie den vorgestellten Verein? Könnten Sie sich vorstellen, sich selbst in dieser oder einer ähnlichen Organisation zu engagieren? Tauschen Sie sich aus.

> Ich finde die Arbeit des Vereins ziemlich interessant.

> Ich engagiere mich auch in einem Verein. Da geht es aber um …

3 Projekt. Recherchieren Sie Informationen zu einer Organisation, deren Ziele Sie sinnvoll finden. Schreiben Sie ein Kurzporträt über die Organisation.

Kurz und bündig

Kommunikation

über Reisen und Aktivurlaub sprechen

Im Urlaub habe ich eine Kanutour/Hüttenwanderung/Fahrradtour/Kreuzfahrt/… gemacht. / Wir waren mit dem Wohnmobil/Fahrrad/… in … unterwegs. / Der Urlaub / Die Reise / … war entspannend/ abwechslungsreich/abenteuerlich/…

in Gesprächen um Aufmerksamkeit bitten

Entschuldigen Sie, wenn ich (Sie) unterbreche, aber … / Kurze Frage: … / Darf ich mich kurz einmischen? / Entschuldigung, hört mal kurz her: … / Sag mal, … / Einen Moment, bitte … / Da fällt mir ein, dass …

diskutieren und sich einigen

eine Meinung äußern und erfragen:	Meiner Meinung/Ansicht nach sollten wir … / Sag mal, wie findest du …? / Was denkt ihr darüber? / Was haltet ihr davon, wenn …?
zustimmen:	Einverstanden! / Ich bin ganz deiner/eurer Meinung. / Das sehe ich genauso.
widersprechen:	Entschuldigung, aber da bin ich anderer Meinung: Ich finde, … / Tut mir leid, aber das sehe ich anders. Ich würde lieber …
einschränken:	Einerseits ja, aber andererseits … / Das wäre ok, allerdings finde ich auch …
einen Kompromiss vorschlagen:	Wie wäre es, wenn …? / Wir könnten doch auch … / Sollten/Könnten wir nicht vielleicht …?
entscheiden/abschließen:	Ok, ich fasse mal zusammen: Wir … / Gut, das heißt also, dass wir …

über Saisonarbeit und mobile Berufe sprechen

Die Arbeit auf einer Bohrinsel / als … ist sehr anstrengend, deshalb sollte man auf jeden Fall belastbar/ flexibel/… sein. / Seit über zehn Jahren arbeite ich ehrenamtlich als Katastrophenhelferin/… und war auch schon im Ausland im Einsatz. / Als Saisonarbeiter/… arbeite ich ein paar Monate in … und ein paar Monate in … / ein paar Wochen hier und ein paar Wochen woanders. / Das ist interessant/abwechslungsreich/…, aber nicht so ideal für das Familienleben. / Man hat wenig Zeit für …

Grammatik

Subjektiver Gebrauch von Modalverben: *können, müssen, dürfen*

Mit den Modalverben *können, müssen, dürfen* kann man eine Vermutung ausdrücken. Die Wahl des Modalverbs hängt davon ab, wie sicher man sich ist.
Die Vermutungen können sich auf die Gegenwart (Modalverb + Infinitiv - Satz 1 und 2) oder auf die Vergangenheit (Modalverb + Partizip + Infinitiv - Satz 3) beziehen.

1. Sie könnte/kann immer noch im Urlaub sein. — Sie ist eventuell/vermutlich immer noch im Urlaub.
2. Das dürfte/müsste kein Problem sein. — Das ist wahrscheinlich/bestimmt kein Problem.
3. Er muss schon in Köln angekommen sein. — Er ist sicher schon in Köln angekommen.

das Wort *es* im Satz

Das Wort *es* hat verschiedene Funktionen. Je nach Funktion ist das *es* obligatorisch oder fakultativ im Satz.

Pronomen:	Kannst du mir dein Fahrrad leihen? – Das geht nicht. Es ist kaputt.
Subjekt in festen Wendungen:	Es geht mir gut. / Es regnet. / Es handelt sich um …
Platzhalter auf Position 1:	Es macht mir viel Spaß, für Freunde zu kochen.
	Für Freunde zu kochen, macht mir viel Spaß.

13 Übungen

A Auf Reisen

1a Urlaub und Reisen. Was bedeuten die Wörter? Verbinden Sie.

1. das Kanu, -s
2. die Berghütte, -n
3. das Wohnmobil, -e
4. die Kreuzfahrt, -en
5. der Schlafwagen, -
6. das Ufer, -
7. die Kajüte, -n

a. der Wohn- und Schlafraum auf einem Schiff
b. ein Boot, das man mit Paddeln vorwärts bewegt
c. ein Freizeitfahrzeug, in dem man wohnen kann
d. ein Waggon in einem Zug mit schmalen Betten zum Schlafen
e. eine Reise auf einem Luxusschiff
f. das Land, das an einen Fluss, See oder ein Meer angrenzt
g. ein Haus in den Bergen, in dem man schlafen kann

1b Was passt zusammen? Verbinden Sie die Satzteile.

1. Hüttenwanderungen bieten
2. Bewirtschaftete Hütten sind
3. Kreuzfahrten bieten
4. Flusswandern im Kanu ist
5. Bei einem Bahnurlaub kann
6. Fahrradtouren halten

a. man die schönsten Metropolen Europas kennenlernen.
b. tolle Aussichten auf die Berglandschaft.
c. ein Sport für Naturgenießer.
d. an Bord attraktive Sport- und Wellnessangebote.
e. fit und fordern Herz und Kreislauf.
f. ideale Ausgangspunkte für Wanderungen.

2a Urlaubsreif. Lesen Sie den Ratgebertext und entscheiden Sie, welches Wort jeweils in die Lücke passt.

Urlaub für Körper und Seele

Sie sind urlaubsreif? Sie sind erschöpft und benötigen dringend eine Pause? Viele Menschen glauben, sie bräuchten regelmäßig eine Auszeit __1__ ihrem Alltag, um den täglichen Stress __2__ Arbeitsplatz auszuhalten. Arbeitspsychologen meinen aber, um sich richtig zu erholen, müsse man nicht unbedingt mehrere Wochen lang an einem Strand unter Palmen liegen. Es genüge vielmehr, so Daniela Koppen, Professorin am Institut für Arbeitspsychologie, einfach nichts zu tun, __3__ Grünen spazieren zu gehen, Freunde zu treffen oder seinen Hobbys nachzugehen. Aber man sollte auf jeden Fall im Urlaub das Handy ausschalten und keine Arbeits-E-Mails lesen. Prof. Koppen betont, wie wichtig es __4__, dass die Arbeit sich nicht in den Urlaub einschleiche.
Es __5__ also nicht immer eine Fernreise sein, auch ein Urlaub daheim kann die nötige Erholung und Abwechslung bieten. __6__ Urlaub sich positiv auf die Gesundheit auswirkt, ist übrigens auch wissenschaftlich erwiesen. In arbeitsfreien Zeiten sinkt nämlich die Menge an Stresshormonen wie z. B. Adrenalin im Körper. Und das ist gut für das Herz!

	1	2	3	4	5	6
a	von	zum	im	wäre	kann	Dass
b	vor	am	durch	ist	soll	Wenn
c	nach	im	zum	sei	muss	Weil

2b Was sind Ihre Erholungstipps? Schreiben Sie fünf Ratschläge.

3 Welches Verb passt nicht zum Nomen? Streichen Sie durch. Schreiben Sie dann zu jedem Nomen einen Satz.

1. die Strecke — entlanggehen / befahren / zurücklegen / reparieren
2. die Altstadt — sanieren / besuchen / vergessen / fotografieren
3. die Ruine — verwerfen / erkunden / besichtigen / abreißen
4. eine Weinprobe — machen / veranstalten / besuchen / steuern
5. eine Pause — einlegen / machen / einschalten / brauchen

> 1 Ich habe die Strecke in zwei Stunden zurückgelegt.

4 Adjektivdeklination. Lesen Sie den Reiseführertext über Lübeck. Ergänzen Sie die Adjektivendungen und die Tabelle.

Lübeck ist nach Kiel die zweitgrößt........ Stadt von Schleswig-Holstein, Deutschlands nördlichst........ Bundesland. Seit 1987 gehört die mittelalterlich........ Altstadt Lübecks zum Unesco Weltkulturerbe. In der „Stadt der sieben Türme" und des weltberühmt........ Holstentors gibt es neben beeindruckend........ alt........ Kirchen auch eine sehr lebendig........ Kulturszene und das köstlichst........ Marzipan.
Auch wer das Wasser liebt, kommt in Lübeck voll auf seine Kosten: In unmittelbar........ Nähe befindet sich die Ostsee. Lübeck – kommen Sie vorbei!

Adjektiv	Numerus + Genus				Kasus				Artikel		
	Sg.	m	f	n	Pl.	Nom.	Akk.	Dat.	Gen.	bestimmt	unbest.	ohne
zweitgrößte	X		X			X				X		
...												

5 Lokaladverbien. Welches Lokaladverb passt? Lesen Sie und kreuzen Sie an.

1. Ich gehe ☐ entlang / ☐ quer über die Straße.
2. Frau Hansen wohnt da ☐ drüben / ☐ dorthin.
3. Der Weg geht steil ☐ hinauf / ☐ dahinten.
4. Das Wohnzimmer ist ☐ hinunter / ☐ nebenan.
5. Morgen bin ich schon wieder ☐ fort / ☐ hierher.
6. Er fühlte sich ☐ nirgendwohin / ☐ nirgendwo zu Hause.
7. Das Museum? Das ist ☐ dorthin / ☐ dort.
8. Ich bin ins Zimmer ☐ hineingegangen / ☐ hinausgegangen.
9. Die Mannschaft spielt heute ☐ auswärts / ☐ fort.
10. Das Weinlokal ist im Haus ☐ nebenan / ☐ entlang.
11. Frankreich ist schön. Nächstes Jahr fahren wir wieder ☐ dorthin / ☐ dort.
12. Sie wohnen nicht mehr in der Stadt. Sie wohnen jetzt ☐ auswärts / ☐ heimwärts.

Memo

Wo?	Wohin?
drinnen	hinein/rein
draußen	hinaus/raus
drüben	hinüber/rüber
zu Hause	nach Hause
oben	hinauf/rauf
unten	hinunter/runter
weg	weg

13 B Vorbereitung ist alles

1a Tourismus in der Sächsischen Schweiz. Was ist die Hauptaussage des Textes? Kreuzen Sie an.

1 ☐ Die Sächsische Schweiz ist ein ideales Urlaubsziel für Sportler und Naturliebhaber..
2 ☐ Die Sächsische Schweiz profiliert sich als Top-Reiseziel im Radtourismus.

www.bundeslaender.de/sachsen/tourismus

Urlaubsregion Sächsische Schweiz

Charmant, intensiv, sympathisch, sicher und unverfälscht. Diese Attribute assoziieren Urlaubsgäste mit der Sächsischen Schweiz. Die bevorzugten Urlaubsaktivitäten spiegeln sich auch in den Schwerpunktthemen der touristischen Vermarktung wider: Aktiv sein (Wandern, Radfahren, Wassersport, Klettern, Wintersport), Erholung
5 (Gesundheit/Wellness), Genuss, Kulinarik, Kultur und Natur stehen im Vordergrund der Interessen. Eingebettet in die Landschaft des Dresdner Elbtals mit Weinbergen und Schlössern und dem Elbsandsteingebirge ist die Sächsische Schweiz eines
10 der schönsten Urlaubsziele in Deutschland. Der Tourismus stellt in der Sächsischen Schweiz einen wichtigen Wirtschaftsfaktor dar. Mit mehr als 1,5 Millionen Übernachtungen und knapp 400.000 Besuchern im Jahr 2014 zog der Tourismusverband
15 eine positive Bilanz, sieht aber noch deutliche Wachstumspotenziale. Als neuer Schwerpunkt wurde das Thema „Nachhaltigkeit" benannt. Zu einer zeitgemäßen Tourismusregion gehören auch gute Erreichbarkeit sowie regionale und ökologische
20 Produkte. Die Sächsische Schweiz steht für Ruhe, Entspannung und Entschleunigung in einer unberührten Landschaft.
Die Sächsische Schweiz hat sich zum Ziel gesetzt, auch bei dem Kernthema „Radfahren" an Profil zu gewinnen. Denn Radtouren sind die
25 ideale Methode, die Region zu erkunden.

1b Lesen Sie die Broschüre noch einmal und kreuzen Sie an. Korrigieren Sie dann die falschen Sätze.

		richtig	falsch
1	Die Tourismusbranche ist finanziell wichtig für die Region.	☐	☐
2	2014 haben in der Sächsischen Schweiz 1,5 Millionen Menschen übernachtet.	☐	☐
3	Die Region möchte sich künftig vor allem als Reiseziel für Kunstliebhaber etablieren.	☐	☐
4	Radreisende kommen in der Sächsischen Schweiz voll auf ihre Kosten.	☐	☐

🔊 **2a** Urlaubsplanung. Lesen Sie zuerst die Fragen. Hören Sie dann das Gespräch und notieren Sie die
Ü25 Antworten.

1 Wo wollen die Freunde dieses Jahr ihren Urlaub verbringen? ....

2 Was wollen sie im Urlaub machen? ....

3 In welcher Jahreszeit wollen sie in den Urlaub fahren? ....

4 Mit welchem Verkehrsmittel wollen sie ihr Urlaubziel erreichen? ....

5 Wo haben die Freunde letztes Jahr Urlaub gemacht? ....

2b Hören Sie noch einmal. Welche Redemittel werden im Gespräch benutzt? Kreuzen Sie an.

☐ Sag einmal, wie findest du …   ☐ Das wäre für mich okay.   ☐ Wie wäre es, wenn …
☐ Einverstanden.   ☐ Gut, das heißt also …   ☐ Was denkt ihr darüber?
☐ Ich würde lieber …   ☐ Meiner Meinung nach …   ☐ Könnten wir nicht vielleicht …
☐ Ich bin für …   ☐ Ja, warum nicht.   ☐ Was haltet ihr davon?

3 Verben mit Präpositionen. Ergänzen Sie jeweils die passende Präposition.

1 *unter / an* etwas leiden
2 sich .... etwas impfen (lassen)
3 jmdn. .... etwas warnen
4 sich .... etwas schützen
5 sich .... etwas trennen
6 .... etwas hinweisen

4a *Es* im Satz. Welche Funktion hat *es* hier? Lesen Sie die Regel auf S. 213 noch einmal und ordnen Sie zu.

a *es* als Pronomen   b *es* als Subjekt in festen Wendungen   c *es* als Platzhalter auf Position 1

1 [c] Es ist eine Tatsache, dass Zeckenbisse gefährlich sein können.
2 ☐ In der Broschüre geht es um Urlaubsmöglichkeiten in der Sächsischen Schweiz.
3 ☐ Ich habe ein Fahrrad gekauft, hoffentlich ist es gut.
4 ☐ Es ist schön, in der Sonne zu sitzen.
5 ☐ Es kann nicht sein, dass mein Fahrrad schon wieder kaputt ist.
6 ☐ Es ist fast immer windig in den Alpen.
7 ☐ Hast du das Buch gelesen? – Ja, es hat mir gut gefallen.
8 ☐ Es handelt sich bei dem Buch um eine Reisebeschreibung.
9 ☐ Man sagt, dass es einen Zusammenhang zwischen Tourismus und Beschäftigung gibt.
10 ☐ Es hat mich gefreut, dich kennenzulernen.

4b Schreiben Sie die Sätze aus 4a, in denen *es* ein Platzhalter ist, ohne *es* wie im Beispiel.

1 Dass Zeckenbisse gefährlich sein können, ist eine Tatsache.

5 Etwas beschreiben. Welche Adjektive beziehen sich eher auf Landschaften, welche eher auf Gebäude?

barock • bergig • bedeutend • einsam • historisch • hügelig • idyllisch • malerisch • modern • monoton • pittoresk • prächtig • sanft • trostlos • unberührt • wild

Landschaften	Gebäude
abwechslungsreich	

Blick auf den Bodensee

Hundertwasser-Haus in Darmstadt

C Mobile Berufe

1 Wie heißt das Gegenteil? Ergänzen Sie.

1. privat *beruflich, geschäftlich*
2. der Innendienst ....
3. der Nebenberuf ....
4. der Arbeitnehmer ....
5. die Freizeit ....
6. die Vollzeitstelle ....

2 Im Außendienst unterwegs. Lesen und ergänzen Sie.

> anstrengend • Aufgaben • Außendienst • als • Beratung • Zeiteinteilung • Position • pro • Produkten • Reisebereitschaft • unterwegs • verbringt • zuständig

Johanna Leitner arbeitet seit fünf Jahren _____¹ Gebietsleiterin im _____² für einen großen und weltweit führenden Fahrradhersteller in den Niederlanden. In dieser _____³ ist sie für die Betreuung und _____⁴ der Fachhändler in Norddeutschland _____⁵. Schulungen und die Präsentation von neuen _____⁶ gehören ebenso zu ihren _____⁷ wie selbstständiges Planen. Voraussetzung für diese Tätigkeit ist eine hohe _____⁸, denn Frau Leitner ist fast jeden Tag mit ihrem Firmenwagen _____⁹. Sie _____¹⁰ nur wenig Zeit in ihrem Büro. Es ist eine Arbeit mit freier _____¹¹. Sie muss allerdings oft auch an Wochenenden arbeiten und Kundentermine wahrnehmen. In der Regel arbeitet sie mehr als 40 Stunden _____¹² Woche. Sie findet ihre Arbeit zwar ziemlich _____¹³, aber sie hat auch viel Freude daran.

3 Wandel in der Arbeitswelt. Hören Sie das Interview mit Prof. Mahlke. Was sagt er? Kreuzen Sie an.

Ü26

		ja	nein
1	Durch die Globalisierung werden immer mehr Maschinen eingesetzt.	☐	☐
2	Heute braucht man andere Fachkräfte als früher.	☐	☐
3	Viele Menschen arbeiten gern zu Hause.	☐	☐
4	Telearbeit ist in Deutschland weit verbreitet.	☐	☐
5	Junge Leute sind zunehmend bereit, für den Job umzuziehen.	☐	☐
6	Unternehmen bieten Praktikanten immer öfter Festanstellungen an.	☐	☐
7	In einigen Branchen ist freiberufliches Arbeiten sehr beliebt.	☐	☐
8	Künftig werden schon Kinder Fortbildungen besuchen müssen.	☐	☐

4 Saisonarbeit. Lesen Sie den Informationstext und beantworten Sie die Fragen.

1. Wann werden Saisonniers vor allem gebraucht?
2. Warum braucht man Saisonniers?
3. In welchen Branchen und Berufen werden sie hauptsächlich beschäftigt?

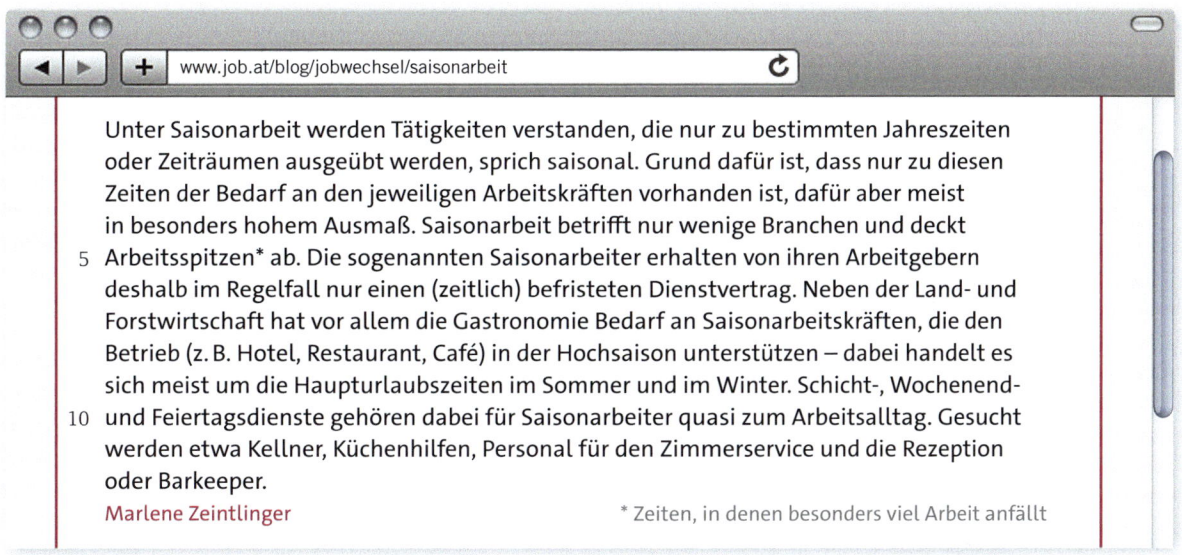

Unter Saisonarbeit werden Tätigkeiten verstanden, die nur zu bestimmten Jahreszeiten oder Zeiträumen ausgeübt werden, sprich saisonal. Grund dafür ist, dass nur zu diesen Zeiten der Bedarf an den jeweiligen Arbeitskräften vorhanden ist, dafür aber meist in besonders hohem Ausmaß. Saisonarbeit betrifft nur wenige Branchen und deckt
5 Arbeitsspitzen* ab. Die sogenannten Saisonarbeiter erhalten von ihren Arbeitgebern deshalb im Regelfall nur einen (zeitlich) befristeten Dienstvertrag. Neben der Land- und Forstwirtschaft hat vor allem die Gastronomie Bedarf an Saisonarbeitskräften, die den Betrieb (z. B. Hotel, Restaurant, Café) in der Hochsaison unterstützen – dabei handelt es sich meist um die Haupturlaubszeiten im Sommer und im Winter. Schicht-, Wochenend-
10 und Feiertagsdienste gehören dabei für Saisonarbeiter quasi zum Arbeitsalltag. Gesucht werden etwa Kellner, Küchenhilfen, Personal für den Zimmerservice und die Rezeption oder Barkeeper.

Marlene Zeintlinger   * Zeiten, in denen besonders viel Arbeit anfällt

5 a Modalverben zur Äußerung von Vermutungen. Wie sicher ist sich der Sprecher? Was will er mit den Modalverben ausdrücken? Lesen Sie noch einmal die Regel in 3c auf S. 215 und verbinden Sie.

1 Es könnte bald ein Gewitter geben.
2 Es dürfte bald ein Gewitter geben.
3 Es müsste bald ein Gewitter geben.
4 Es muss bald ein Gewitter geben.
5 Es kann heute ein Gewitter geben.
6 Es soll heute ein Gewitter geben.

a Ich vermute, dass es ein Gewitter geben wird, bin mir aber nicht sicher.
b Ich denke, dass es ein Gewitter geben wird, weil sie es im Wetterbericht gesagt haben.
c Ich bin ziemlich sicher, dass es ein Gewitter geben wird.
d Ich denke, dass es möglicherweise ein Gewitter geben wird.
e Vielleicht wird es ein Gewitter geben, ich weiß es nicht.
f Für mich steht fest, dass es ein Gewitter geben wird.

5 b Vermutungen über die Vergangenheit. Schreiben Sie die Sätze mit *könnte* und *muss* um.

1 Die Arbeit in der Hotelküche war sicher hart!
2 Eventuell hat er früher einen besseren Arbeitsvertrag gehabt.
3 Er kam nicht zur Arbeit, vielleicht war er ja krank.
4 Sie hat bestimmt sehr gut verdient.
5 Sie sind möglicherweise schon angekommen.

1 Die Arbeit in der Hotelküche muss hart gewesen sein.

5 c Am Bahnhof. Sehen Sie das Bild an und schreiben Sie fünf Satzpaare mit *könnte / kann*, *dürfte*, *müsste / muss* sowie *vielleicht*, *vermutlich*, ... wie im Beispiel.

Der junge Mann dürfte auf seine Freundin warten.
Der junge Mann wartet wahrscheinlich auf seine Freundin.

D Für Mensch und Tier im Einsatz

1 Tierärztin/-arzt. Ordnen Sie die Tätigkeiten den Bildern zu und schreiben Sie zu jedem Bild einen Satz.

> Fieber messen • in die Ohren schauen • den Blutdruck messen • Röntgenaufnahmen machen • Tabletten verschreiben • Blut abnehmen • das Herz und die Lunge abhören • einen Verband anlegen

2 Ehrenamt. Lesen Sie den Zeitungsartikel und ergänzen Sie die Verben.

Gut ein Drittel arbeitet ehrenamtlich

Eine Studie ergab, dass die Zahl der ehrenamtlich Tätigen in Deutschland in den letzten Jahren kontinuierlich zunahm. 36% der Bevölkerung engagieren sich freiwillig
5 (EU-Durchschnitt: 23%) – sei es in Kultur- oder Sportvereinen, im Umwelt- und Naturschutz oder bei Feuerwehr und Rettungsdiensten.

Gründe, ein Ehrenamt auszuüben, gibt es viele: anderen Menschen helfen zum Beispiel, oder
10 Gleichgesinnte treffen. Und manche erhoffen sich durch das freiwillige Engagement auch bessere Jobchancen. Umfragen haben gezeigt, dass Freiwilligenarbeit für das Berufsleben nützlich ist, da sie ein gutes Licht auf den Mit-
15 arbeiter und dessen soziale Kompetenz wirft.

In der Freiwilligenarbeit sind auch viele Migranten engagiert. „Ich kam 2009 nach Deutschland und habe ein paar Deutschkurse gemacht. So richtig gelernt habe ich die Sprache aber
20 erst durch meine Arbeit beim Rettungsdienst", erzählt der gebürtige Bulgare Dano Balakow. „In meiner Freizeit arbeite ich als Sanitäter im Fußballstadion. Hier kann ich etwas Sinnvolles tun und genieße die kollegiale Atmosphäre."

25 Manche möchten auch Hilfe, die sie selbst erfahren haben, weitergeben, wie z.B. Pari Ghobad, die vor 10 Jahren aus Afghanistan ins Ruhrgebiet kam. Heute hilft sie Flüchtlingen, sich in der neuen Heimat zurechtzufinden,
30 indem sie ihnen bei Behördengängen als Übersetzerin zur Seite steht.

1 Gleichgesinnte .... 4 in der Freiwilligenarbeit .... sein
2 sich bessere Jobchancen .... 5 Hilfe ....
3 ein gutes Licht auf eine Person .... 6 zur Seite ....

3 Schreiben Sie über sich: Warum ich ein/kein Ehrenamt ausübe.

- Was halten Sie von ehrenamtlicher Arbeit?
- Üben Sie eine ehrenamtliche Tätigkeit aus? Wenn ja, welche?
- Wo würden Sie gern mitmachen? Warum?

Prüfungstraining

Sprachbausteine, Teil 1

Lesen Sie den folgenden Text und entscheiden Sie, welches Wort (a, b oder c) in die jeweilige Lücke passt.

Liebe Freundinnen und Freunde!

Der Schnee ist geschmolzen, die Radfahrsaison steht unmittelbar vor der ___1___. Mit dem Anradeln am kommenden Wochenende werden wir sie gemeinsam offiziell ___2___. Wie ihr ja bereits wisst, beginnt unsere Tour in Feldafing am Starnberger See. Wir treffen uns um 9.00 Uhr an der Tankstelle am Ortsausgang. Die Tour führt am Ostufer des Sees ___3___ nach Süden und über Seeshaupt zurück bis nach Starnberg. In Bernried haben wir Gelegenheit, das Buchheim Museum zu besichtigen. ___4___ wir keinen starken Gegenwind haben, ___5___ wir die Tour in ca. 4,5 Stunden schaffen. Zum Abschluss gibt es natürlich ein leckeres Mittagessen!

Denkt bitte daran: ___6___ überprüft ihr eure Räder vor der Tour selbst, ___6___ ihr lasst sie von einem Fachhändler begutachten. Wir wollen ja alle sicher wieder nach Hause kommen! Und vergesst bitte auch nicht, Ersatzkleidung ___7___. Es könnte schnell kühl werden oder regnen.

Wer noch Fragen hat, kann ___8___ gern noch telefonisch melden – am besten abends ___9___ 18.00 und 20.00 Uhr. Ich freue mich ___10___ das Anradeln mit euch.

Also bis zum Samstag in Feldafing!

Euer Ulrich

1	a	☐ Beginn	**5**	a	☐ sollen	**9**	a	☐ von
	b	☐ Tür		b	☐ dürfen		b	☐ zwischen
	c	☐ Anfang		c	☐ müssten		c	☐ nach
2	a	☐ eröffnen	**6**	a	☐ zwar/aber	**10**	a	☐ an
	b	☐ öffnen		b	☐ weder/noch		b	☐ über
	c	☐ betreten		c	☐ entweder/oder		c	☐ auf
3	a	☐ entlang	**7**	a	☐ einpacken			
	b	☐ hinauf		b	☐ einzupacken			
	c	☐ dorthin		c	☐ eingepackt			
4	a	☐ Weil	**8**	a	☐ euch			
	b	☐ Als		b	☐ ihn			
	c	☐ Wenn		c	☐ sich			

Strategie

Bei diesem Aufgabentyp sollen Sie das korrekte Wort finden. Die fehlenden Wörter können aus fast allen Kategorien der Grammatik und Lexik stammen. Zum Beispiel: Pronominaladverbien (*dafür*), Konnektoren (*weil*), feste Verbindungen (*eine Entscheidung treffen*), Präpositionen (*für*), Pronomen (*ihm*).

Lesen Sie immer den ganzen Satz. Oft lassen sich Optionen schon allein deshalb ausschließen, weil sie inhaltlich nicht passen. Wenn Sie nicht sicher sind, welche Antwort richtig ist, berücksichtigen Sie folgende Aspekte:
→ Konnektoren: Auf welcher Position steht das Verb? Handelt es sich um einen Haupt- oder Nebensatz? So können Sie manche Optionen ausschließen.
→ Verben: Welche Zeitform (Präsens, Präteritum etc.) braucht der Satz? Gibt es Wörter, die vielleicht einen Konjunktiv oder einen Infinitiv mit *zu* benötigen? Prüfen Sie auch, welchen Kasus (Dativ oder Akkusativ) das Verb verlangt. Diese Informationen helfen Ihnen sicher weiter.
→ Wortverbindungen: Wenn ein Nomen oder Verb gesucht wird, prüfen Sie, ob es sich um eine Wortverbindung handelt, dann gibt es nur eine feste Kombination.

14 Nachhaltig und innovativ

ELEKTROAUTO

Höchstgeschwindigkeit:	bis zu 250 km/h
Reichweite:	145–500 km
Batterie (Akku):	14,5–85 kWh
Ladezeit (230V/400V):	6-20h/0,5–2h
Leergewicht:	ca. 2.100 kg
Preis:	ca. 21.00–80.000 €

Besonderheiten:
– in Deutschland in den ersten zehn Jahren nach Kauf von der Kfz-Steuer befreit

ELEKTROFAHRRAD

Höchstgeschwindigkeit:	bis zu 25 km/h
Reichweite:	30-85 km
Batterie (Akku):	360-612 Wh
Ladezeit (230V)	2,5h-9h
Gewicht:	14,5-25 kg
Preis:	ca. 750–3.000 €

Besonderheiten:
– abnehmbarer und abschließbarer Akku
– Modelle bis 25km/h ohne Führerschein nutzbar

ELEKTROROLLER

Höchstgeschwindigkeit:	6-25 km/h
Reichweite:	25 km
Batterie (Akku):	150-240 Wh
Ladezeit (230V)	ca. 3h
Gewicht:	ca. 9-13 kg
Preis:	ca. 1.150-1.500 €

Besonderheiten:
– zusammenklappbar und dadurch leicht zu transportieren

Abkürzungen:
h = (die) Stunde
kg = (das) Kilo(gramm)
km = (der) Kilometer
km/h = (der) Stundenkilometer/ (der) Kilometer pro Stunde
(k)Wh = (die) (Kilo)wattstunde

A Mobilität aus der Steckdose

1 Überfliegen Sie die drei Produktbeschreibungen. Was haben alle drei Verkehrsmittel gemeinsam? Welche Unterschiede gibt es?

2 Wählen Sie ein Verkehrsmittel aus und präsentieren Sie es mit Hilfe der Redemittel.

> **Redemittel**
>
> … fährt maximal … / … hat eine Höchstgeschwindigkeit von …
> Mit vollem Akku fährt … bis zu … weit. / Ein … hat eine höhere/niedrigere Reichweite als …
> Der Akku eines … ist stärker/schwächer als der eines … / Der Akku / die Batterie lässt sich innerhalb von …
> Stunden aufladen. Die Ladezeit eines … ist kürzer/länger als die eines … / Ein … lässt sich schneller/langsamer aufladen als ein …
> … wiegt … / Ein … ist wesentlich leichter/schwerer als …
> Die Anschaffungskosten eines … betragen zwischen … und …
> Ein … lässt sich gut transportieren, weil … / Der Akku eines … kann normalerweise … werden / Für ein … braucht man (k)einen Führerschein / (k)eine Versicherung. / Für … zahlt man am Anfang keine Steuern.
> Ein … ist sicher sehr praktisch / gut geeignet für … / Für den Kauf eines … spricht, dass …

Sie lernen
- Produktinformationen verstehen und wiedergeben
- über technische Innovationen sprechen
- über Zufriedenheit am Arbeitsplatz sprechen
- Wörter erschließen
- Futur I und Futur II für Vermutungen
- Futur I, II und Perfekt für Zukunftsbezug

3a Sehen Sie das Foto an und lesen Sie den Titel. Wovon könnte der Artikel handeln? Äußern Sie Vermutungen.

Autofreund   Burgner Zeitung | 16.09.2015

Innovativ und nachhaltig – Die Trends auf der IAA

Morgen beginnt die Internationale Automobil Ausstellung (IAA) in Frankfurt. Mit über 1000 Ausstellern aus 35 Ländern ist sie eine der weltweit wichtigsten Automessen. Neben selbststeuernden Fahrzeugen werden, wie auch schon in den vergangenen Jahren, Innovationen aus dem Bereich der Elektromobilität, also umweltfreundlicher Elektrofahrzeuge im Fokus stehen. Dieses Thema bleibt wichtig, denn noch immer liegt die Luftverschmutzung in Städten häufig über den von der EU erlaubten Grenzwerten.

Sowohl deutsche als auch ausländische Hersteller und Zulieferer werden auf der IAA zeigen, dass die Vision „Elektromobilität" inzwischen längst zur Realität geworden ist: Rund 20 Marken werden bereits in Serie produziert, vom praktischen Klein- bis zum luxuriösen Sportwagen ist alles dabei. Im Alltag setzen sich die Elektromobile allerdings nur langsam durch. Im Jahr 2014 hatten von über drei Millionen neu zugelassenen Fahrzeugen in Deutschland nur 1,2% einen Elektromotor. Der Hauptgrund dürften wohl die vergleichsweise hohen Anschaffungskosten sein. Mit Steuervorteilen versucht die Bundesregierung die Autofahrer zum Umstieg auf umweltfreundlichere Fahrzeuge zu bewegen und so ihr ehrgeiziges Ziel von einer Million Elektroautos auf deutschen Straßen bis zum Jahr 2020 noch zu erreichen.

Seite **26**

3b Lesen Sie den Zeitungsartikel und beantworten Sie die Fragen.

1 Was ist die IAA und wer stellt dort aus?
2 Was sind die zentralen Themen der IAA und warum?
3 Wie erfolgreich sind Elektroautos bisher? Warum?
4 Welche Position vertritt die Politik?

4a Theresa und Volker sprechen über Elektroautos. Hören Sie und kreuzen Sie an.

		richtig	falsch
1	Theresa wird im kommenden Herbst die IAA besuchen.	☐	☐
2	Bisher gab es bei Elektroautos auch Probleme mit der Reichweite.	☐	☐
3	An einer Stromtankstelle kann man die Autobatterie in einer Stunde komplett aufladen.	☐	☐
4	Die Außentemperaturen beeinflussen die Leistung eines Elektroautos.	☐	☐
5	Die Fahrt mit einem Elektroauto kostet nur halb so viel wie mit einem Benzinauto.	☐	☐
6	Volker verspricht, mehr Informationen einzuholen.	☐	☐

4b Welche Vor- und Nachteile von Elektroautos werden im Gespräch genannt? Hören Sie noch einmal und machen Sie Notizen.

Memo
Mit Futur I drückt man Vorhersagen oder Prognosen über die Zukunft aus.
Theresa wird im kommenden Herbst die IAA besuchen.
Futur I kann auch ein Versprechen ausdrücken:
Das werde ich gerne machen.

5 Und Sie? Wie wichtig ist Ihnen umweltfreundlicher Verkehr? Diskutieren Sie.

B Fit und gesund durch intelligente Technik

1 a „Self-Tracking". Sehen Sie das Tablet rechts an. Worum geht es hier? Äußern Sie Vermutungen.

1 b Hören Sie ein Gespräch zwischen Kilian und Monika. Was macht Monika? Warum? Was hält Kilian davon? Sprechen Sie im Kurs.

2 Lesen Sie den Text. Worum geht es? Fassen Sie zusammen.

Fitnessarmbänder, Smartwatches, Sensorhaarreifen:

Zu den neuesten Trends aus dem Bereich der tragbaren Technologien

Gesund zu leben spielt für viele Menschen eine immer größere Rolle. 10.000 Schritte pro Tag – das empfehlen Gesundheitsforscher für ein langes Leben. Wer bislang nur vermuten konnte: „Na, so ca. 7000 Schritte werde ich gestern schon gegangen sein", der bekommt nun Hilfe. Technologieunternehmen überschwemmen den Markt mit Fitness-Apps und sogenannten „Wearables", kleinen tragbaren Computern am Körper, die uns helfen, uns selbst zu vermessen. Sensoren in den Laufschuhen erheben die genaue Schrittzahl; Armbänder oder Uhren messen den Puls und Apps ermitteln und dokumentieren den Kalorienverbrauch. „Self-Tracking" nennt sich dieser Trend, wobei man seine persönlichen Gesundheitsdaten misst und dokumentiert. Die Frage stellt sich, was uns die Selbstvermessung bringt. Wird sie

uns tatsächlich zu mehr sportlicher Aktivität motivieren und damit aktiver und gesünder machen? Die Elektronik- und Computerindustrie wird von dem Trend am meisten profitieren. Während beim Verkauf von PCs, Tablets und Smartphones künftig kein großes Wachstum zu erwarten ist, gehen Experten davon aus, dass der Markt für „Wearables" weiter wachsen wird. 2019 könnten weltweit mehr als 173 Millionen „Wearables" verkauft werden, schätzen Experten.

Schon heute erleichtern die Errungenschaften aus dem Bereich der Gesundheitstechnik das Leben vieler Menschen: Diabetiker können mit Blutzuckermessgeräten ihre Blutzuckerwerte exakt erfassen und mit der passenden App direkt ihrem Arzt schicken. Und mit Hilfe von Kamerakapseln zum Schlucken wird die einst qualvolle Magenspiegelung zu einer erträglichen Untersuchung. Neben dem medizinischen Aspekt spielt bei vielen „Wearables" auch die Verbesserung der Lebensqualität eine wichtige Rolle. So zum Beispiel bei den „Neuro-Headsets", Haarreifen mit Sensoren, die Gedanken und Gefühle in elektronische Signale umwandeln, die von einem Computer in Daten oder Befehle umgesetzt werden. So ein Headset erlaubt beispielsweise einem Querschnittsgelähmten seinen Rollstuhl zu bewegen. Wer auch immer sich einen solchen Rollstuhl leisten kann, wird für den technischen Fortschritt dankbar sein.

Doch werden diese digitalen Innovationen unser Leben wirklich revolutionieren? Man muss abwarten, ob sich die „Wearables" zur Selbstvermessung dauerhaft auf dem Markt behaupten können. Kritik kommt auch von Datenschützern. Da die persönlichen Fitnessdaten häufig in „Clouds" oder Netzwerken zentral gespeichert werden, sind sie auch für Missbrauch anfällig. Einige deutsche Krankenkassen denken bereits darüber nach, die von den „Wearables" erfassten Daten zu nutzen. Auch wenn die Teilnahme für die Versicherten vorerst freiwillig ist, wächst die Gefahr des gläsernen Patienten.

3 a Schwierige Wörter ohne Wörterbuch verstehen. Zerlegen Sie die Komposita und ergänzen Sie.

1 Ein Gesundheitsforscher ist eine Person, die zum Thema *Gesundheit forscht*.
2 Der Kalorienverbrauch ist der *Verbrauch* der aufgenommenen ....
3 Laufschuhe sind ...., die man zum .... benutzt.
4 Ein Blutzuckermessgerät ist ...., mit dem man seine *Blutzuckerwerte* ....

3 b Was bedeuten diese Wörter? Arbeiten Sie zu zweit und analysieren Sie wie in 3a.

1 Schrittzahl   2 Gesundheitsdaten   3 Konzentrationsfähigkeit   4 Datenschützer

3 c Wörter aus dem Kontext verstehen. Erklären Sie die Wörter mit Hilfe des Textes.

1 „Wearables"   3 Blutzuckermessgerät
2 „Self-Tracking" 4 „Neuro-Headset"

> „Wearables" sind kleine elektronische Geräte, die …

4 Wie beurteilt der Autor die folgenden Punkte? Lesen Sie noch einmal den Artikel in Aufgabe 2 und kreuzen Sie an: A) positiv oder B) negativ bzw. skeptisch.

	A	B
1 den Nutzen von „Self-Tracking" für die Gesundheit? (*Zeile 1–16*)	☐	☐
2 die Sicherheit der Gesundheitsdaten beim „Self-Tracking"? (*Zeile 44–55*)	☐	☐
3 den Nutzen von Headsets (*Zeile 35–40*)	☐	☐

5 a Kilian und Monika kommen zu spät zum Abendessen. Was ist vielleicht passiert? Kreuzen Sie an.

Kilians Mutter **wird** schon nervös **sein**.

Kilians Bruder **wird** längst alles gegessen **haben**.

5 b Futur I und II für Vermutungen. Lesen Sie die Regel. Welche Aussagen stimmen? Kreuzen Sie an.

> **Regel**
>
> Das Futur benutzt man auch oft für Vermutungen. Futur I (*werden* + Infinitiv) benutzt man für Vermutungen über die ☐ Zukunft/ ☐ Gegenwart/ ☐ Vergangenheit und Futur II (*werden* + Partizip II + *haben/sein*) für Vermutungen über die ☐ Zukunft/ ☐ Gegenwart/ ☐ Vergangenheit.
> Angaben wie *bestimmt/wahrscheinlich/vermutlich/wohl* können die Aussage als Vermutung verdeutlichen..

5 c Formulieren Sie Vermutungen mit Futur I oder Futur II. Achten Sie auf die richtige Zeitform.

1 Datenschutz ist bestimmt auch in den nächsten Jahren ein wichtiges Thema.
2 Laut Umfragen machen wohl künftig noch mehr Menschen „Self-Tracking".
3 Wahrscheinlich haben sich schon viele Menschen einen Schrittzähler zugelegt.
4 Die Medizintechnik profitiert von den Innovationen vermutlich am meisten.

6 Was halten Sie vom „Self-Tracking"? Wo sehen Sie Vorteile bzw. Nachteile? Kommt „Self-Tracking" für Sie persönlich in Frage?

C Innovative Mitarbeiterführung

1 Was motiviert Sie bei der Arbeit? Sammeln Sie Ideen.

2a Lesen Sie die Statements der Führungskräfte und ordnen Sie die Stichworte zu.

a ☐ Selbstverwirklichung
b ☐ Transparenz und finanzielle Anreize
c ☐ flexibles Zeitmanagement

Motiviert am Arbeitsplatz

Professoren dozieren darüber, Betriebswirte zerbrechen sich den Kopf, Fachbücher gibt es ohne Ende zum Thema – aber was Mitarbeiter wirklich motiviert, wissen Menschen aus der Praxis oft besser. Wir haben drei Führungskräfte aus deutschen und österreichischen Unternehmen um ein Statement gebeten.

Elke Marbach, 51, Geschäftsführerin des Druckmaschinenherstellers Knese GmbH

Unser Betrieb ist ein Familienbetrieb und es war mir von jeher klar, dass unsere Mitarbeiter auch ein Leben nach der Arbeit haben. Daher hatte ich schon immer ein besonderes Augenmerk auf die Arbeitszeit. Wenn man jung und Single ist, will man meist durchstarten, etwas leisten und Geld verdienen. Zehn Jahre später hat
5 man vielleicht Kinder und will die Arbeitszeit verringern. Noch mal zehn Jahre später braucht man vielleicht eine Auszeit, um seine Eltern zu pflegen. Für diese lebenszyklischen Bedingungen haben wir Arbeitszeitkonten eingeführt, auf denen man Arbeitszeit ansparen kann, um später weniger zu arbeiten. Außerdem können unsere Angestellten alle drei Jahre ihre Wochenarbeitszeit neu festlegen.
10 Das zahlt sich aus: Wir haben eine hohe Mitarbeiterzufriedenheit und geringe Fehlzeiten. Und ich schätze meine Mitarbeiter wegen ihrer guten Leistung.

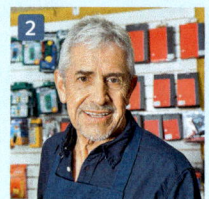

Iosif Papadakis, 69, Gründer der Werkzeugfachhandels-Kette „Könner"

In den vergangen Jahrzehnten ist viel über flache Hierarchien diskutiert worden. Um Mitarbeiter effektiv zu motivieren, gehe ich noch einen Schritt weiter. Ich verstehe mein Unternehmen als einen Ort, wo Menschen sich entfalten können.
15 Man verbringt ja sehr viel Zeit am Arbeitsplatz. Statistisch gesehen wird jeder zu Beginn der Rente circa 35 Jahre seiner Lebenszeit gearbeitet haben. Diese Zeit sollte natürlich jeder für sich nutzen können. Wir bieten zum Beispiel Workshops zur Persönlichkeitsentwicklung an, die gerne angenommen werden. Und uns ist es wichtig, dass unsere Mitarbeiter und Mitarbeiterinnen ihre Arbeit, soweit es
20 geht, selbstständig gestalten können. Bei uns sind alle im Team gefragt, ihre Meinung einzubringen. Nur wenn Mitarbeiter das Gefühl haben, etwas Sinnvolles zu tun, sich ernst genommen fühlen und gefördert werden, bringen sie die Leistung, die sie selbst zufriedenstellt und die das Unternehmen braucht.

Jörg Donner, 38, Gründer des Start-up-Unternehmens Blitz & Donner GmbH.

Jeder Betrieb hat sich die Gewinnmaximierung auf die Fahne geschrieben. Oft
25 stehen sich dabei Arbeitgeber und da Arbeitnehmer wie zwei Fronten misstrauisch gegenüber. Das ist kontraproduktiv. Bei uns ziehen alle an einem Strang. Jeder wird für profitable Vorschläge honoriert, das heißt am Gewinn beteiligt. Denn ein Mitarbeiter, der weiß, dass er bis zum Jahresende einen bestimmten Zuschlag verdient hat, geht die Arbeit motivierter an. Außerdem plädiere ich für eine trans-
30 parente Unternehmenskommunikation, bei der wirklich mit offenen Karten gespielt wird und sich jeder die Geschäftszahlen ansehen kann. So fühlen sich alle stärker verantwortlich. Das steigert den Gewinn und macht einfach Spaß. Denn letztlich ist eine Gewinnbeteiligung auch eine klare Wertschätzung der Arbeit. Und Lob motiviert.

2b Markieren Sie im Text in 2a die folgenden Wörter. Ordnen Sie danach die passende Bedeutung zu.

a durchstarten • b Auszeit • c Fehlzeiten • d Gewinnmaximierung •
e kontraproduktiv • f honorieren • g Zuschlag • h Wertschätzung

1 ☐ mit Elan etwas Neues beginnen
2 ☐ das Ziel, möglichst hohe Gewinne zu machen
3 ☐ negativ/störend, nicht konstruktiv
4 ☐ Tage, an denen Mitarbeiter/innen nicht zur Arbeit kommen
5 ☐ zusätzlicher Verdienst
6 ☐ belohnen
7 ☐ Pause/Unterbrechung
8 ☐ Anerkennung, positive Einschätzung

2c Was bedeuten die Redewendungen? Verbinden Sie. Der Text in 2a hilft.

1 sich den Kopf zerbrechen
2 sich etwas auf die Fahne schreiben
3 an einem Strang ziehen
4 mit offenen Karten spielen

a dasselbe Ziel verfolgen
b transparent handeln und kommunizieren
c etwas zu seinem Ziel machen
d intensiv nachdenken

3a Futur II. Worauf bezieht sich das Futur II in diesem Satz? Lesen Sie und kreuzen Sie an.

Statistisch gesehen wird jeder zu Beginn der Rente circa 35 Jahre seines Lebens gearbeitet haben.

1 ☐ Aussage über etwas Vergangenes   2 ☐ Aussage über etwas in der Zukunft Abgeschlossenes

3b Was bedeutet der folgende Satz? Lesen Sie und beantworten Sie die Fragen gemeinsam im Kurs.

Bis zum Jahresende hat er einen bestimmten Zuschlag verdient.

1 Welche Zeitform hat das Verb?
2 Auf welche Zeit bezieht sich der Satz (Vergangenheit, Gegenwart, Zukunft)?
3 Welche Angabe im Satz macht den Zeitbezug deutlich?

3c Abgeschlossene Zukunft. Lesen Sie die Regel und schreiben Sie die Sätze im Perfekt.

Regel
Das Futur II kann Vorgänge beschreiben, die in der Zukunft als beendet vorgestellt werden.
Statistisch gesehen wird jeder zu Beginn der Rente circa 35 Jahre seines Lebens gearbeitet haben.
Häufiger werden solche Sätze mit dem Perfekt wiedergegeben, wenn der Zukunftsbezug klar ist.
Statistisch gesehen hat man zu Beginn der Rente circa 35 Jahre seines Lebens gearbeitet.

1 Am Ende des Monats wird er 15 Stunden auf dem Arbeitszeitkonto angespart haben.
2 Zum Jahresende werden schon über 200 Mitarbeiter an der Fortbildung teilgenommen haben.
3 Sie wird bis zum Sommer ununterbrochen gearbeitet haben. Sie sollte sich eine Auszeit nehmen.
4 Ich bin optimistisch: Unsere neue Firma wird sicher schon bald erste Gewinne gemacht haben.

4a Was macht Sie am Arbeitsplatz zufrieden? Erstellen Sie eine Rangliste der folgenden Aspekte.

Sicherheit des Arbeitsplatzes • Gehalt • Sozialleistungen • Arbeitsklima • Karrierechancen •
sinnvolle Aufgaben • flexible Arbeitszeiten • Mitbestimmung • Wertschätzung

4b Arbeiten Sie in Gruppen zu dritt und vergleichen und diskutieren Sie Ihre Ranglisten.

5 Welcher Ansatz aus dem Text in 2a überzeugt Sie? Was motiviert Sie? Schreiben Sie einen kurzen Text.

14 D Der Retro-Trend

1 Sehen Sie die Fotos an. Was fällt Ihnen dazu ein? Formulieren Sie Überschriften zu den Fotos.

2a Lesen Sie die Aufgabenstellung und machen Sie zur Vorbereitung auf das Gespräch Notizen.

Für das Titelblatt der Zeitschrift „Retro-Welt" sollen Sie gemeinsam mit einem Gesprächspartner das beste Foto auswählen.

- Schlagen Sie ein Foto vor und begründen Sie Ihren Vorschlag.
- Diskutieren Sie darüber mit Ihrem/Ihrer Partner/in.
- Entscheiden Sie sich am Ende gemeinsam für ein Foto.

Strategie

- Nummerieren Sie die Bilder und geben Sie ihnen Titel. So können Sie sich im Gespräch leichter darauf beziehen.
- Notieren Sie zu jedem Bild: Was halten Sie davon? Warum würden Sie es (nicht) vorschlagen?
- Überlegen Sie auch, welche Vorschläge Ihr/e Partner/in eventuell machen könnte und notieren Sie Ihre Argumente dazu.
- Schreiben Sie keine Sätze. Benutzen Sie Abkürzungen, z.B. „+" oder „-" für „gefällt mir" bzw. „gefällt mir nicht".

2b Lesen Sie die Redemittel und ordnen Sie die passende Funktion zu. Manchmal gibt es auch zwei Lösungen.

A Sie beziehen sich auf Ihren Gesprächspartner.
B Sie äußern sich zur Bildauswahl.

Redemittel

- ☐ Unsere Aufgabe ist (es), …
- ☐ Was hältst du / halten Sie von …?
- ☐ Vielleicht ist das überraschend für dich/Sie, aber ich finde …
- ☐ Mein Favorit ist …
- ☐ Darf ich dich/Sie mal unterbrechen …
- ☐ Unsere Zielgruppe sind …. Und die werden durch Foto … am besten / überhaupt nicht angesprochen.
- ☐ Für mich kommt Foto … überhaupt nicht in Frage, denn …
- ☐ Das Motiv auf Bild … passt besser / (sehr/nicht so) gut, denn …
- ☐ Ich würde gerne wissen, was Deiner/Ihrer Meinung nach passt.
- ☐ Für mich steht fest: Dieses Bild …
- ☐ Foto … spricht mich (überhaupt nicht) an, weil …
- ☐ Ich möchte gern einen Gegenvorschlag machen. Wie wäre es mit Bild … ?

2c Arbeiten Sie zu zweit und führen Sie mit Ihrem Partner das Gespräch. Sie haben circa fünf Minuten Zeit.

> Wir haben die Aufgabe, ein Foto für die Zeitschrift „Retro-Welt" auszuwählen. Hast du schon einen Favoriten?

> Ja, also ich denke, dass …

Kurz und bündig

Kommunikation

Produktinformationen verstehen und wiedergeben

Das… fährt maximal … / … hat eine Höchstgeschwindigkeit von …
Mit vollem Akku fährt ein … bis zu … weit. / Der Akku lässt sich innerhalb von … Stunden aufladen.
Die Anschaffungskosten eines … betragen zwischen … und …
Ein … lässt sich gut transportieren, weil es nur … wiegt / es zusammenklappbar ist.

über technische Innovationen sprechen

„Self-Tracking" bedeutet, sich selbst zu vermessen, also zum Beispiel die Schrittzahl oder den Kalorienverbrauch zu dokumentieren.
„Wearables" und Apps können die Gesundheit und die Lebensqualität erhöhen.
Man kann davon ausgehen, dass der Markt für „Wearables" weiter wachsen wird.
Schon heute erleichtern diese Errungenschaften das Leben vieler Menschen.

über Zufriedenheit am Arbeitsplatz sprechen

Wir haben eine hohe Mitarbeiterzufriedenheit und geringe Fehlzeiten. Und ich schätze meine Mitarbeiter wegen ihrer guten Leistung.
Nur wenn Mitarbeiter das Gefühl haben, etwas Sinnvolles zu tun, sich ernst genommen fühlen und gefördert werden, bringen sie die Leistung, die sie selbst zufriedenstellt und die das Unternehmen braucht.

Redewendungen

Er hat keine Geheimnisse, er spielt immer mit offenen Karten.
Obwohl sie sich stundenlang den Kopf darüber zerbrochen hat, versteht sie es immer noch nicht.
Wir sollten zusammenarbeiten und an einem Strang ziehen.
Wir haben uns „Umweltschutz" auf die Fahne geschrieben. Dieses Ziel verfolgt unsere Firma schon lange.

Grammatik

Futur I und Futur II für Vermutungen

Futur I (*werden* + Infinitiv) benutzt man für Vermutungen über die Gegenwart.
Jeder kranke Mensch wird für den Fortschritt in der Medizintechnik dankbar sein.
(*Jeder kranke Mensch ist vermutlich für den Fortschritt in der Medizintechnik dankbar.*)

Futur II (*werden* + Partizip II + *sein/haben*) benutzt man für Vermutungen über die Vergangenheit.
Tausende Smartphone-Nutzer werden diese APP schon heruntergeladen haben.
(*Tausende Smartphone-Nutzer haben diese APP wahrscheinlich schon heruntergeladen.*)

Futur II und Perfekt mit Zukunftsbezug

Futur II kann auch Vorgänge beschreiben, die in der Zukunft als beendet vorgestellt werden.
Statistisch gesehen wird jeder zu Beginn der Rente circa 35 Jahre seines Lebens gearbeitet haben.
Häufiger werden solche Sätze mit Perfekt wiedergegeben, wenn der Zukunftsbezug klar ist.
Statistisch gesehen hat jeder zu Beginn der Rente circa 35 Jahre seines Lebens gearbeitet.

14 Übungen

A Mobilität aus der Steckdose

1 Wortfeld Elektrizität. Ergänzen Sie.

> ~~elektrisch~~ • Elektrizität • elektrisieren •
> Elektriker • Elektro-… • Elektrisierung

1 Wir kochen _elektrisch_, nicht mit Gas.
2 Ich bin _____ bei der Bahn.
3 Das erste _____auto wurde bereits 1881 vorgestellt.
4 Die Band _____ auch noch nach 20 Jahren ihre Fans.
5 Die _____ der Frankfurter Straßenbahn begann im Jahr 1899.
6 Kraftwerke produzieren Wärme und _____.

2 Welches Verb passt nicht zum Nomen? Streichen Sie durch.

1 die Geschwindigkeit — erhöhen / reduzieren / drosseln / ~~fahren~~
2 die Batterie — bauen / aufladen / anschließen / entsorgen
3 das Gewicht — kontrollieren / reduzieren / abnehmen / verlieren
4 die Kosten — senken / kommen / reduzieren / steigen
5 die Steuer — bezahlen / erhöhen / sitzen / eintreiben
6 das Elektroauto — kaufen / parken / fahren / erfassen

3 Lesen Sie die Produktbeschreibung und ergänzen Sie.

> Batterie • Elektroauto • Höchstgeschwindigkeit • Kfz-Steuer •
> Kosten • Ladezeit • Preis • Reichweite • Stunden

Der neue Z15 ist da!

Das ist der neue Z15. Dieses neue _____ ¹ ermöglicht einen vollelektrischen mobilen Alltag. Die _____ ² bleibt auch bei starker Belastung konstant und liegt bei mehr als 300 km. Für eine Kaufentscheidung spielt die _____ ³ eine entscheidende Rolle. Diese ist dank einer neu entwickelten _____ ⁴ stark verbessert worden und beträgt nur noch ca. fünf _____ ⁵ Mit einer _____ ⁶ von ca. 200 km/h bietet der Z15 pures Fahrvergnügen. Die hohen _____ ⁷ waren bei einer Anschaffung bisher das größte Problem. Doch der _____ ⁸ des neuen Z15 ist im Vergleich zu älteren E-Autos sehr günstig. Und das Beste: Sie zahlen zehn Jahre lang keine _____ ⁹. Überzeugen Sie sich selbst!

4 Welche Wörter aus anderen Wortarten passen? Kontrollieren Sie mit dem Wörterbuch.

Verben	Nomen	Adjektive
x	Innovation	innovativ
x	Nachhaltigkeit	
x		neu
ausstellen		x
x		mobil
x		spannend
verschmutzen		
herstellen		x
	Kosten	x
	Verkauf	x
	Präsentation	x

5 Prognosen zur E-Mobilität 2020–2030. Ergänzen Sie die richtige Form von *werden*.

1 Im Jahr 2020 _werden_ in Deutschland eine Million Elektroautos unterwegs sein.

2 Das Produktionsvolumen von E-Autos _____ jährlich zweistellig steigen.

3 2030 _____ Elektroautos einen Marktanteil von 30% haben.

4 Die Preise für Akkus _____ um 60% sinken.

5 In nur 15 Jahren _____ sich die Welt total verändern.

6 Die Städte _____ viel leiser und sauberer sein als heute.

7 Im Jahre 2030 _____ sich keiner mehr vorstellen können, so verschwenderisch mit fossilen Brennstoffen umzugehen, wie wir es heute tun.

8 Ob diese Prognosen auch wirklich eintreffen _____, das _____ sich noch zeigen.

B Fit und gesund durch intelligente Technik

1 „Tragbare Technologien". Welche Nomen und Verben passen zusammen? Verbinden Sie. Manchmal gibt es mehrere Möglichkeiten.

1	Schritte	a	machen
2	den Puls	b	ermitteln
3	den Kalorienverbrauch	c	erzielen
4	einen großen Umsatz	d	erleichtern
5	das Leben	e	erhöhen
6	den Alltag	f	spielen
7	die Werte	g	weiterleiten
8	die Lebensqualität	h	bewältigen
9	Computerspiele	i	erfassen
10	sich Sorgen	j	zählen
11	den Markt	k	messen
12	Signale	l	überschwemmen

2a Das eigene Leben vermessen. Was kann man messen, zählen und erfassen? Schreiben Sie die passenden Wörter in die Tabelle und ergänzen Sie jeweils den Artikel.

App • Blutdruck • Blutzuckerwert • Fitnessarmband • Größe • Gewicht • Herzfrequenz • Kalorienverbrauch • Körpertemperatur • Puls • Pulsuhr • Sensorhaarreif • Schrittzahl • Stoffwechselwerte • Trainingsdauer • gestiegene Treppen • Vitamine • Zucker

Gesundheit	Sport	Ernährung	intelligente Technik
Blutdruck, der			

2b Benutzen Sie intelligente Technik? Glauben Sie, dass diese Innovationen die Lebensqualität verbessern können? Welche Vor- und Nachteile sehen Sie? Schreiben Sie einen Text.

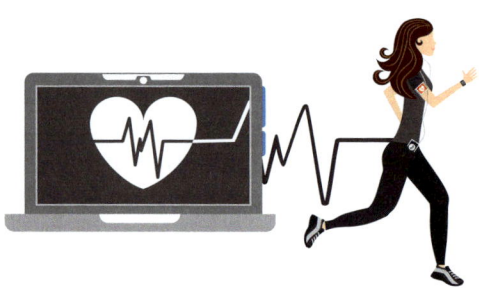

Redemittel

Ein wichtiges Argument ist für mich, dass …
An den Fitness-Apps/Gadgets/… ist positiv/negativ, dass …
Auf der einen Seite … Auf der anderen Seite … / Einerseits …, andererseits …
Es liegt auf der Hand, dass … / Offensichtlich ist, dass …
Ich bin begeistert von … / Ich halte nichts davon, … zu … /
Ich frage mich, warum …
Ich finde es (nicht) wichtig, meine Körperdaten zu messen, damit ich gesünder/fitter/… werde.

3a Schreiben Sie Vermutungen wie im Beispiel und benutzen Sie Futur I oder II.

1 Er läuft am Wochenende einen Marathon. – (hart trainieren) *Er wird wohl hart trainiert haben.*

2 Die Straßen sind nass. – (regnen) ....

3 Sie sieht zufrieden aus. – (glücklich sein) ....

4 Sie fährt jetzt ein größeres Auto. – (befördert werden) ....

5 Er sieht müde aus. – (viel arbeiten) ....

6 Unsere Gäste sind noch nicht gekommen. – (Stau geben) ....

236

3b Futur I und Futur II für Vermutungen. Sehen Sie sich das Bild an und schreiben Sie zehn Sätze über die Läufer – Alter, Beruf, Ausbildung, Familienstand, Sport usw.

Die Frau wird wohl regelmäßig mit dem Mann joggen.
Die beiden werden wohl auch gestern gelaufen sein.
Sie werden sich wahrscheinlich beim Laufen kennengelernt haben.

4a Überfliegen Sie den Text. Was ist das Thema? Kreuzen Sie an.

☐ Datenschutz und Mitarbeiterkontrolle
☐ Mitarbeiterüberwachung – Möglichkeiten und Grenzen

Sind die eigenen Mitarbeiter fleißig?
Arbeiten sie effektiv?
Sind sie ehrlich und sagen die Wahrheit?

Viele Chefs wüssten das gern. Arbeitgebern ist es inzwischen möglich, die Verhaltensweisen ihrer Mitarbeiter am Arbeitsplatz zu überwachen und zu dokumentieren. So können sie beispielsweise

- Telefongespräche zwischen Mitarbeitern und Kunden aufzeichnen, um die Qualität der Gespräche zu messen.
- das Surfen im Internet protokollieren. Laut einer Umfrage überwachen mehr als 60% der Arbeitgeber die Internet-Nutzung ihrer Angestellten und blockieren auch bestimmte Websites.
- die auf den Firmen-PCs gespeicherten Daten überprüfen.
- mit Videokameras das Verhalten der Mitarbeiter beobachten und aufzeichnen.

Arbeitgeber wollen mit solchen Maßnahmen ihre Mitarbeiter nicht nur überwachen, sondern auch fördern und frühzeitig feststellen, ob ein Mitarbeiter mit seiner Aufgabe überfordert ist.

Allerdings ist es in Deutschland Arbeitgebern untersagt, ihre Mitarbeiter ständig zu überwachen. Denn dadurch werden die Persönlichkeitsrechte verletzt. Will ein Arbeitgeber es trotzdem tun, ist das nur in engen Grenzen möglich. Und der Betriebsrat muss seine Zustimmung dazu geben.

4b Lesen Sie den Text noch einmal und sammeln Sie Informationen mit Hilfe von W-Fragen.

C Innovative Mitarbeiterführung

1a Lesen Sie den Text und korrigieren Sie zehn darin enthaltene Fehler (5x Verbformen und 5x Endungen von Adjektiven oder Nomen).

Tipps zur Motivation von Mitarbeitern

Motivierte Mitarbeiter sind ein wichtiger Faktor für den wirtschaftlichen Erfolg eines Unternehmen. Aber viel zu viele Mitarbeiter sind demotiviert und machen nur noch das Nötigste. Sie sind überarbeitet und fühlen sich gestresst. Liegt das zum großen Teil am falschem Führungsstil? Eine Befragung von Führungskräfte zum Thema „Führungsstil" und „Motivation" scheinen diese Vermutung
5 zu bestätigen. Die Befragung kam zu dem Ergebnis, dass knapp die Hälfte der Manager nicht ausreichend für ein positives Arbeitsklima sorgt.

Als Chef haben Sie aber die Möglichkeit, Ihre Mitarbeiter richtig zu motivieren und sie damit auch zu besseren Leistungen anspornen. Man muss allerdings wissen, was Mitarbeiter am stärksten motiviert. Zu den wichtigsten Faktoren gehört: Einbe-
10 ziehen in Entscheidungen, Lob, mehr Verantwortung, Feedback und schließlich auch finanzielle Honorierung. Beachten Sie also folgende Punkte:

› Mitarbeiter brauchen klare Ziele. Beteilige Sie sie an der Entwicklung von Vorgaben und vereinba-
15 ren Sie mit Ihren Mitarbeitern im Jahresgespräch klare und realistische Ziele, die messbar sind.

› Übertragen Sie Verantwortung und geben Sie Ihren Mitarbeitern Entscheidungsspielräume.

› Mitarbeiter brauchen Informationen. Nur informierten Mitarbeiter sind motiviert.
20 Führen Sie also regelmäßig Besprechungen durch. Sagen Sie jedem Einzelnen, warum er was erledigen soll.

› Anerkennung und positive Feedback für geleistete Arbeit sind wichtig. Loben Sie nicht zu viel, aber auch nicht zu wenig.

› Mit Geld allein kann man niemanden anspornen. Allerdings demotiviert eine zu
25 geringe Entlohnung auf Dauer Ihre Mitarbeiter. Den meisten ist ein angemessener Verdienst wichtig. Richten Sie sich danach.

› Jeder Mitarbeiter ist anders. Es war also Ihre Aufgabe als Chef, auf jeden einzeln eingehen und entsprechend zu fördern und zu loben.

○ *Z. 1: eines Unternehmens*

1b Lesen Sie den Text noch einmal und beantworten Sie die folgenden Fragen.

1 Was ist eine bedeutende Ursache für demotivierte Mitarbeiter?

Ein schlechter Führungsstil / Ein schlechtes Arbeitsklima

2 Was brauchen Mitarbeiter vor allem?
3 Wie müssen Ziele sein?
4 Was sollten Chefs ihren Mitarbeitern geben?
5 Welcher Faktor alleine reicht nicht aus, um Mitarbeiter zu motivieren?
6 Wie sollte das Gehalt sein?

1c Redewendungen zum Thema Arbeit und Motivation. Was drücken die Redewendungen aus? Arbeiten Sie mit dem Wörterbuch und ordnen Sie zu. Manche Definitionen passen doppelt.

1. ☐ in die Hände spucken
2. ☐ in Lohn und Brot stehen
3. ☐ nicht wissen, wo einem der Kopf steht
4. ☐ sich am Riemen reißen
5. ☐ die Ärmel hochkrempeln
6. ☐ einen langen Atem haben
7. ☐ sich ein Bein ausreißen
8. ☐ nicht lockerlassen
9. ☐ in Arbeit ersticken
10. ☐ Feuer und Flamme sein
11. ☐ sich hängen lassen

a Man ist demotiviert und hat keine Lust.
b Man hat viel zu viel zu tun.
c Man hat eine Arbeit.
d Man gibt nicht auf, wenn es Probleme gibt.
e Man begeistert sich für ein Thema.
f Man strengt sich sehr an.
g Man packt tüchtig mit an.

2 Über Abgeschlossenes in der Zukunft sprechen. Bilden Sie Sätze im Futur II.

1 wir / morgen Abend / um diese Zeit / zu Hause / ankommen

Morgen Abend um diese Zeit werden wir zu Hause angekommen sein.

2 Antonia / bis zu ihrem Urlaub / eine Pulsuhr / kaufen
3 Der europäische Markt für Wearables / im Jahr 2018 / Umsatz von über 9 Milliarden / erreichen
4 Morgen um 17 Uhr / ich / einen Marathon / laufen
5 Ende der kommenden Woche / Herr Orth / das Projekt / hoffentlich / abschließen
6 ihr / euer Studium / im Sommer / beenden / ?
7 du / bis Weihnachten / deine Eltern / besuchen / ?
8 sie / bestimmt / noch vor ihrem 40. Geburtstag / Geschäftsführerin / befördern

3 Hören Sie die Interviews und ergänzen Sie stichpunktartig die Tabelle.

Wer?	Arbeit: Wo? / Was? / Wie lange?	Was ist positiv an der Arbeitssituation?	Was ist negativ an der Arbeitssituation?
Frau Salieri			
Herr Huber			

4 Schreiben Sie über sich: Das motiviert mich.

- Was bedeutet für Sie Arbeitszufriedenheit?
- Was ist Ihnen bei einer Arbeitsstelle besonders wichtig?
- Welche Auswirkungen hat Motivation auf Ihre Arbeit?

D Der Retro-Trend

1a Lesen Sie den Artikel. Welche Überschrift passt? Kreuzen Sie an.

☐ *Retro-Manie*
☐ *Retro und kein Ende*

Seit den 1970er-Jahren wird der Begriff „Retro" benutzt, um auf eine bewusste Abkehr von der Moderne und von der Jagd nach Neuem in der Design- und Stilentwicklung hinzuweisen. Er bezeichnet eine Moderichtung, die im Look der 1930er bis 1970er-Jahre daherkommt. Er wird also für Designentwürfe verwendet, die bewusst auf bestimmte Stilrichtungen
5 dieser Jahre zurückgreifen. Die Dinge werden auf „alt" gemacht. Retro heißt also erst einmal Besinnung auf frühere Stile und macht, so die Kritiker, die gern von Retro-Manie sprechen, Rückwärtsgewandtheit zum Prinzip. Allerdings ist der Begriff nicht sehr präzise.
Im Produktmarketing spielt Retro-Design in fast allen Branchen eine wichtige Rolle. Mode, Möbel, Kameras, Schmuck oder Autos – es gibt kaum Bereiche, in denen es keine Retro-
10 Produkte gibt. Besonders eindrucksvoll zeigt sich dieser Trend in der Automobilindustrie. So greifen die großen Automobilhersteller bei neuen Modellen immer wieder tief in die Nostalgiekiste und lassen altes Design in neuem Glanz erstrahlen. Dabei sollen die neuen Modelle, ausgestattet mit modernster Technik, authentisch wirken und dem historischen Vorbild möglichst nahe kommen – wie z.B. der VW Beetle, der an die Formensprache des alten
15 VW Käfers erinnert, oder der Mini von BMW, der den alten englischen Mini als Vorbild hat. Diese Produkte können Käufer allerdings nur dann überzeugen, wenn Stilelemente aus der Vergangenheit gekonnt in die Gegenwart transferiert und dabei neu interpretiert werden. Die Schwierigkeit für Designer besteht oft darin, die richtige Balance in der Formensprache zu finden. Designer müssen also stets überraschend neue Lösungen finden. Sie müssen die
20 potenziellen Kunden in irgendeiner Form emotional ansprechen, wenn sie erfolgreich sein wollen.

1b Lesen Sie den Text noch einmal und kreuzen Sie an. Korrigieren Sie dann die falschen Sätze.

		richtig	falsch
1	Retrodesigner greifen auf alle Stilrichtungen vergangener Epochen zurück.	☐	☐
2	Retro-Design zitiert frühere Stile.	☐	☐
3	Retro-Design gibt es vor allem in der Automobilindustrie.	☐	☐
4	Retro-Design übernimmt nur Stilelemente aus der Vergangenheit.	☐	☐
5	Erfolgreiches Retro-Design spricht die Gefühle der Käufer an.	☐	☐

1c Welches Adjektiv passt nicht zu dem Nomen?

1 die Abkehr: bewusst – plötzlich – völlig – interessant
2 das Design: funktional – raffiniert – detailliert – modern
3 die Balance: richtig – abwechslungsreich – prekär – schwierig
4 die Lösung: freundlich – diplomatisch – vernünftig – gut

2 Recherchieren Sie ein Retro-Produkt und beschreiben Sie es. Wer hat es wann entwickelt? Wodurch zeichnet es sich aus? Wen spricht es an?

> **Redemittel**
>
> Bei … handelt es sich um … / Ein besonderes Merkmal von … ist …
> Das Design ist klassisch/funktional/zeitlos/verspielt/innovativ/jenseits aller modischen Trends / …
> … zeichnet sich aus durch … / hat eine klare Formensprache / …
> Kombiniert werden Stilelemente aus …
> Das Produkt erinnert an … / begeistert mit … / spricht vor allem … an / hat klare Linien / …
> Die Farben/Materialien / … sind umweltfreundlich/unaufdringlich/langlebig / …

Prüfungsvorbereitung

Lesen, Teil 2

Lesen Sie zuerst den Artikel und lösen Sie dann die Aufgaben 1–6.

Arbeitsmotivation und Arbeitszufriedenheit

Um dauerhaft den wirtschaftlichen Erfolg zu sichern, brauchen Unternehmen Innovationskraft und die Motivation der Mitarbeiter. Laut neuesten Umfragen sind allerdings nur ca. 12 % der deutschen Arbeitnehmer mit ihrer Arbeit wirklich zufrieden, während mehr als zwei Drittel „Dienst nach Vorschrift" machen. Wenn Mitarbeiter mit ihrer Arbeitssituation unglücklich sind, lässt ihre Motivation nach und sie stumpfen ab. Die Auswirkungen mangelnder Zufriedenheit sind messbar und drücken sich u.a. aus in höheren Fehlzeiten, erhöhtem Krankenstand und geringerer Effizienz. Studien belegen eindeutig, dass Unternehmen mit hoher Arbeitszufriedenheit sich durch höhere Produktivität und Rentabilität auszeichnen.

Zufriedenheit am Arbeitsplatz führt wiederum zu einer Steigerung der Motivation. Die Mitarbeiter identifizieren sich mit dem Unternehmen und erbringen mehr und eine bessere Leistung.

Wenn Mitarbeiter gefragt werden, was sie zu einer Kündigung ihres Arbeitsverhältnisses bewegen könnte, geben 86 % der Befragten ein schlechtes Arbeitsklima und 71 % eine schlechte Führungskraft an. Nur 27 % würden wegen geringer gehaltlicher Entwicklungsmöglichkeiten eine neue Arbeitsstelle suchen. D.h. materielle Anreize sind für die Motivation nicht ausschlaggebend. Leistungsorientierte Mitarbeiter wollen Verantwortung tragen, regelmäßig Feedback bekommen und herausfordernde, aber erreichbare Ziel erhalten. Ein weiterer „Glücksfaktor" stellt das Kollegenumfeld dar.

Untersuchungen zur Arbeitszufriedenheit zeigen aber auch, dass die allgegenwärtigen Phänomene Stress und Zeitdruck sich in Wirklichkeit nicht so stark auswirken, wie oft behauptet wird. Selbst Beschäftigte, die unter Stress leiden und unter hohem Tempo arbeiten müssen, sind zu 85 % mit ihrem Job zufrieden.

Welche Antwort (A, B oder C) passt? Nur eine Lösung ist richtig.

1 Wollen Unternehmen auch morgen noch erfolgreich sein, brauchen sie u. a.
   - A ☐ motivierte Beschäftigte.
   - B ☐ viele Beschäftigte.
   - C ☐ gut bezahlte Beschäftigte.

2 Über 67 % der Beschäftigten
   - A ☐ beachten während der Arbeitszeit die Dienstvorschriften.
   - B ☐ sind unzufrieden mit ihrer Arbeit.
   - C ☐ tun nur das, was von ihnen verlangt wird.

3 Sind Mitarbeiter mit ihrer Arbeit unzufrieden,
   - A ☐ sind sie häufiger krank.
   - B ☐ sind sie auch privat unglücklich.
   - C ☐ kündigen sie ihre Arbeit.

4 Untersuchungen zeigen, dass zufriedene Mitarbeiter
   - A ☐ mehr Entwicklungsmöglichkeiten haben.
   - B ☐ zu einer höheren Wirtschaftlichkeit führen.
   - C ☐ materielle Anreize brauchen.

5 Wenn Mitarbeiter an eine Kündigung denken, liegt das eher nicht
   - A ☐ an der Führungskraft.
   - B ☐ am Arbeitsklima.
   - C ☐ am Verdienst.

6 Für leistungsorientierte Mitarbeiter ist
   - A ☐ Stress am Arbeitsplatz kein Thema.
   - B ☐ Feedback von Führungskräften wichtig.
   - C ☐ Motivation nicht ausschlaggebend.

15 Das tue ich für mich

A gelassen durch Meditation
B Geselligkeit beim Boule-Spiel 
C fit durch Gymnastik 
D gestärkt durch Eisbaden 

A Hinein ins Vergnügen

1a Was möchten die Personen auf den Fotos mit ihren Tätigkeiten erreichen? Wie finden Sie diese Aktivitäten? Beschreiben und kommentieren Sie die Fotos.

> Der Mann auf Foto D möchte anscheinend beim Eisbaden seine Abwehrkräfte stärken.

> Ja, schon, aber das wäre mir zu extrem.

1b Gut für Körper und Seele. Was passt? Ordnen Sie die Redemittel zu.

das Wohlbefinden
die Seele — der Körper
zur Ruhe kommen — sich abhärten

Redemittel

Die Person auf Foto … möchte vermutlich/vielleicht …
zur Ruhe kommen / sich abhärten / die Abwehrkräfte stärken / sich erholen / lachen / Spaß haben / frische Luft tanken / sich bewegen / fit und gelenkig bleiben / Geselligkeit erleben / sich frei fühlen / Stress abbauen / den Rücken kräftigen.
Er/Sie sucht einen Ausgleich / eine Herausforderung.

Sie lernen
- darüber sprechen, was man für seine Gesundheit tut
- über Gesundheitscoaching diskutieren
- über betriebliche Gesundheitsförderung sprechen
- eine Podiumsdiskussion führen
- Präpositionen mit Genitiv: *dank*
- Nebensätze mit *indem*, *dadurch*, *dass* und *sodass / so ... dass*

E Kraft schöpfen im Schlaf
F Sonne tanken im Garten
G ausgeglichen durchs Reiten
H Freude an der Musik

2a Das tut mir gut. Hören Sie vier Radio-Interviews. Welche Tipps geben die Personen? Notieren Sie.
57

2b Lesen Sie die Aussagen und hören Sie noch einmal. Wer sagt was? Ordnen Sie die Interviews 1–4 zu.

a ☐ Entscheidend ist, dass man etwas kontinuierlich, also im gleichen Rhythmus, tut.
b ☐ Meine Tiere haben mir dabei geholfen, auch mal abschalten und entspannen zu können.
c ☐ Mich hat erst ein schweres gesundheitliches Problem dazu gebracht, meine Lebensweise zu ändern.
d ☐ In der Vergangenheit habe ich Sport gemacht, um Stress abzubauen.
e ☐ Ich bin Woche für Woche viele Stunden an der frischen Luft.
f ☐ Ich musste erst einmal herausfinden, was mir selbst guttut.

3a Gibt es ähnliche oder andere Redewendungen in Ihrer Muttersprache? Stellen Sie jeweils eine Redewendung vor und erklären Sie ihre Bedeutung.

die Seele baumeln lassen   Kraft tanken   den Kopf freibekommen   den inneren Schweinehund überwinden

3b Was tut Ihnen gut? Schreiben Sie einen Beitrag zu der Radiosendung in 2a. Nutzen Sie dabei eine der Redewendungen aus 3a. Lesen Sie Ihren Beitrag dann im Kurs vor.

Ich liege gern stundenlang in der Badewanne. Dabei kann ich so richtig gut den Kopf frei bekommen.

B Gesundheitscoaching

1a Ein Coach macht möglich, was Ihnen allein so schwer fällt. Mithilfe verschiedener Techniken und Methoden weist er Ihnen im Prozess einer Veränderung den Weg in eine gesunde Zukunft. Lesen Sie das Informationsblatt. Worum geht es bei Gesundheitscoaching? Fassen Sie zusammen.

Was ist Gesundheitscoaching?	Zu folgenden Themen bieten wir Coachings an:
Ein Coach hilft Ihnen, Ihre Pläne zu verwirklichen. Er bietet professionelle Betreuung, eine individuelle Beratung und ein genau auf Ihre Bedürfnisse zugeschnittenes Übungsprogramm. Ihr Gesundheitscoach motiviert Sie und gibt Ihnen regelmäßig ein Feedback zu Ihren Fortschritten.	• Stressbewältigung • gesunde Ernährung • Fitness • Umgang mit Kopfschmerzen • Nie wieder rauchen! • Rückentraining Informationen: medico.net/Gesundheitscoaching

1b Können Sie sich vorstellen, selbst an einem der Angebote der Krankenkasse teilzunehmen? Begründen Sie Ihre Entscheidung.

Ziele?   Einzel- oder Gruppencoaching?   Aktivitäten

2 Interview mit einem Gesundheitscoach. Lesen Sie die Fragen und das Interview und markieren Sie die Antworten im Text. Beantworten Sie dann die Fragen in Ihren eigenen Worten.

1. Was sind nach Ansicht von Frau Skagen die typischen Gründe für gesundheitliche Probleme?
2. Warum können nach Frau Skagens Meinung die meisten Menschen ihre Probleme nicht allein lösen?
3. Wie hilft der Coach dem Klienten / der Klientin? Was ist seine Rolle?
4. Wie sollte man sich verhalten, um nach dem Ende des Coachings seine erzielten Erfolge nicht zu gefährden?

Neue Trends im Gesundheitssektor
Ein Interview mit Helga Skagen, Gesundheitscoach aus Hamburg

■ *Frau Skagen, Sie waren eine der Ersten, die als Gesundheitscoach Beratung und Seminare angeboten haben. Stört es Sie, dass das heute so viele machen?*

Nein, gar nicht. Dank eines bewussteren Umgangs mit dem Thema „Gesundheit" ist die Nachfrage nach Beratung gestiegen, und das finde ich positiv. Früher gab es noch nicht so ein
5 verbreitetes Gesundheitsbewusstsein. Heute aber wissen viele: Wer länger gut leben möchte, muss einige lieb gewordene Gewohnheiten aufgeben – das Rauchen zum Beispiel oder das tägliche Gläschen Wein.

■ *Das klingt logisch. Aber Gemüse essen, Sport treiben und ausreichend schlafen kann jeder selbst. Muss ich dafür einen Coach aufsuchen?*

10 Wenn Sie es allein schaffen, brauchen Sie natürlich keinen Coach. Die meisten Menschen wissen selbst, was sie für ein gesünderes Leben tun müssen. Es ist aber für viele schwierig, dauerhaft erfolgreich zu sein. Nehmen Sie das Beispiel Zigaretten: Drei Tage nicht zu rauchen, schaffen viele. Aber für immer aufhören? Daran scheitern die meisten.

■ *Warum leben so viele Menschen ungesund, obwohl sie es besser wissen sollten?*

15 Wegen des höheren Aufwandes, den ein gesundheitsbewusstes Leben erfordert, bleibt es oft bei guten Vorsätzen. Gesund lebt man, indem man täglich aktiv etwas tut und auf

> **Regel**
> *dank* + Genitiv (oder Dativ)
> im Plural meist mit Genitiv

244

anderes verzichtet. Aber dadurch, dass unser Alltag beruflich und privat oft hektisch ist, finden viele Leute keine Zeit, um sich nachhaltig um ihre Gesundheit zu sorgen. Viele merken erst,
20 dass sie etwas ändern sollten, wenn der Körper ihnen ein Warnsignal sendet.

■ *Kommen die Leute also erst dann zu Ihnen, wenn sie sich in einer kritischen Situation befinden?*
Ja, das kann man so sagen. Die meistens Menschen haben ja zum Glück von Natur aus erst einmal eine gute Gesundheit. Doch wenn der Druck im Leben steigt und die körperlichen
25 Reserven nachlassen – das passiert so ab Mitte vierzig –, treten die ersten ernsthaften Gesundheitsprobleme auf. Schlimmstenfalls geht das bis zum Herzinfarkt. Viele fühlen sich mit den Anweisungen ihres Arztes überfordert, und dann kommen sie zu mir.

■ *Wie tragen Sie als Coach zu einem langfristigen Erfolg bei?*
Beim Gesundheitscoaching ist man nicht auf sich allein gestellt. Indem der Coach den Prozess
30 steuert, gibt er behutsam die Richtung vor und begleitet die einzelnen Schritte. Man darf sich nämlich nicht unter einen falschen Erwartungsdruck setzen, wenn man seine Lebensgewohnheiten ändern möchte. So etwas klappt nicht innerhalb weniger Wochen. Die meisten Klienten fühlen sich dadurch motiviert, dass es den Coach gibt, der den Neustart initiiert und begleitet und neue Impulse gibt.

35 ■ *Wie hoch ist das Risiko für einen Rückfall, sobald der Coach nicht mehr dabei ist?*
Wer in seiner neuen Lebensphase gut angekommen ist, hat im Grunde kein Bedürfnis zurückzugehen. Rückfälle entstehen meist durch eine falsche Herangehensweise. Zum Beispiel wenn man bei einer kleinen Niederlage sofort zu zweifeln beginnt oder sich gar selbst bestraft. Das schafft nur unnötigen Druck und ist kontraproduktiv. Wichtig ist, dass man sich
40 selbst stets mit Wertschätzung und Achtsamkeit begegnet. Nur dadurch kann man sich das, was man erreicht hat, auch langfristig bewahren.

3 *Dadurch, dass* und *indem*. Lesen Sie die Regel und die Fragen. Finden Sie die Antworten im Text und notieren Sie die Zeilen.

> **Regel**
>
> Sätze mit *indem* und *dadurch, dass / dadurch ... , dass* antworten auf das Fragewort *wie*. Sie geben an, wie (mit welchem Mittel) ein Ziel erreicht wird bzw. wie eine Handlung ausgeführt wird.
> *Ich halte mich fit, indem ich täglich jogge. / Indem ich täglich jogge, halte ich mich fit.*
> *Ich habe meine Probleme gelöst, dadurch dass ich einen Coach aufgesucht habe.*
> *Dadurch dass ich einen Coach aufgesucht habe, habe ich meine Probleme gelöst.*
>
> *Dadurch* steht oft auch im Hauptsatz. In diesem Fall wird das Mittel betont.
> *Ich habe meine Probleme dadurch gelöst, dass ich einen Coach aufgesucht habe.*

1 Wie lebt man gesund? *Zeile 16–18*

2 Wie begleitet der Coach den Klienten im Prozess? ....

3 Wodurch fühlen sich die Klienten motiviert? ....

4 Wie kann man seine Ziele langfristig erreichen? ....

4 Gesundheitscoaching – Modetrend oder nachhaltige Gesundheitsförderung? Diskutieren Sie.

> Gesundheitscoaching – ich finde, das klingt sehr sinnvoll.

> Mit Gesundheitscoaching kann ich wenig anfangen. Da geht es meiner Meinung nach vor allem ums Geld.

15 C Gesund am Arbeitsplatz

1 Betriebliche Gesundheitsförderung. Lesen Sie den Artikel aus einer Firmenzeitschrift. Welche Maßnahmen zur betrieblichen Gesundheitsförderung wurden getroffen? Sammeln Sie die wichtigsten Punkte.

BGF – eine gute Investition!

Für eine betriebliche Gesundheitsförderung (BGF) gibt es zahlreiche Motive. Finanzielle Anreize allein genügen oft nicht, um Mitarbeiter an ein Unternehmen zu binden und sie zu motivieren. Wichtig sind dabei auch ein attraktives Arbeitsumfeld, interessante und abwechslungsrei-
5 che Arbeitsaufgaben und vor allem ein gutes Miteinander im Betrieb. Freude an der Arbeit und eine gute Gesundheit der Mitarbeiter sind die zentralen Voraussetzungen für ein gut funktionierendes Unternehmen.

In unserer Firma war noch vor einigen Jahren die Zahl der Krankenstände überdurchschnittlich hoch. Das habe ich zum Anlass genommen, Maß-
10 nahmen zur betrieblichen Gesundheitsförderung zu ergreifen. Das Programm ist ganz konkret auf unseren Betrieb zugeschnitten und wurde mit den Mitarbeitern im Voraus besprochen. Dazu gehören neben dem Abbau von Arbeitsüberlastungen auch Vorsorgeangebote und Programme zur Verbesserung des Betriebsklimas. Unseren Mitarbeitern werden
15 Bewegungsprogramme, Ernährungsberatung, eine gesunde Betriebsküche und Kurse zur Stressbewältigung angeboten.

In der betrieblichen Gesundheitsförderung ist jeder Cent gut investiert – uns ist es so gelungen, die Zahl der Krankenstände nachhaltig zu senken.

Hans Steiner, Geschäftsführer der Alles Holz GmbH

2a Was sind die Ziele der folgenden Angebote: körperliche Gesundheit (G) oder Zufriedenheit und Wohlbefinden (W) der Mitarbeiter/innen? Ordnen Sie zu.

> ☒G Grippeschutzimpfung • ☐ Kinderbetreuung • ☐ Massagen • ☐ Prämienzahlungen •
> ☐ kostenloses Obst und Getränke • ☐ Einzel-Coaching • ☐ Beratung zur Stressbewältigung •
> ☐ Sportwettkämpfe • ☐ flexible Arbeitszeiten • ☐ Dienstwagen •
> ☐ betriebliche Altersvorsorge („Zusatzrente") • ☐ Home-Office • ☐ Rückengymnastik

2b Was halten Sie von den Gesundheitsmaßnahmen in 2a? Diskutieren Sie.

> **Redemittel**
>
> Das ist ein tolles/sinnloses/… Angebot. / … finde ich gut/sinnvoll/albern. / Über … würde ich mich sehr/nicht freuen. / Kinderbetreuung/… sollte längst Standard sein. / … finde ich gut, weil man damit … vorbeugt / das Zusammengehörigkeitsgefühl stärkt / die Mitarbeiter motiviert.
> Das ist mir zu privat. / Meine Gesundheit geht den Arbeitgeber nichts an. / Da hätte ich Bedenken wegen des Datenschutzes. / Ich hätte keine Lust, mit Kollegen … / … fördert auch das Konkurrenzdenken. / Es ist natürlich im Interesse der Firma / der Mitarbeiter, … zu …

3a
Meinungen zur betrieblichen Gesundheitsförderung. Hören Sie sechs Statements zum Thema. Ordnen Sie dann die Definitionen zu. Benutzen Sie ggf. Ihr Wörterbuch.

1. Mitverantwortung
2. Fürsorgepflicht
3. Zielvereinbarung
4. das psychische Wohlbefinden
5. Aufklärungskampagne
6. Betriebssport

a. Sportangebot in der Firma
b. sich seelisch gut fühlen
c. Pflicht, sich um jemanden zu kümmern
d. Aktion, bei der über etwas informiert wird
e. Verantwortung, die man für andere hat
f. ein Plan über künftige Aufgaben und Leistungen

3b
Lesen Sie die Aussagen und hören Sie noch einmal die Statements 1, 3, 4, 6 aus 3a. Wie bewerten die Sprecher/innen betriebliche Gesundheitsförderung? Positiv (+) oder negativ (-)? Notieren Sie.

1. Bei unseren Mitarbeitern muss die Leistung stimmen, sodass das Unternehmen davon profitiert.
2. Erhol dich am Wochenende so gut, dass du nächste Woche wieder die volle Leistung bringst.
3. Wer körperlich nicht so auf der Höhe ist, dass er zum Beispiel beim Firmenlauf aktiv dabei ist, wird von den Kollegen und der Chefin komisch angesehen.
4. Es gibt hier viele Angebote, sodass sich jeder Mitarbeiter aussuchen kann, was ihm Spaß macht.

3c
Sodass und *so ..., dass*. Lesen Sie noch einmal die Sätze in 3b und ergänzen Sie die Regel.

Regel
Ein .... mit *sodass* gibt die Folge an, die sich aus der Handlung im .... ergibt. Der Nebensatz steht immer nach dem Hauptsatz.
Das Wetter war schlecht, sodass wir zu Hause geblieben sind.
Im Nebensatz kann auch nur *dass* stehen. Dann steht *so* im Hauptsatz vor einem .... und wird beim Sprechen betont. Das *so* hebt den Grad der Ursache im Hauptsatz hervor.
Das Wetter war so schlecht, dass wir zu Hause geblieben sind.

- Nebensatz
- Adjektiv
- Hauptsatz

4
Betriebliche Gesundheitsförderung – in wessen Interesse? Veranstalten Sie eine Podiumsdiskussion. Nutzen Sie auch die Redemittel aus 2b.

Redemittel
Moderator/in: Ich heiße Sie herzlich willkommen zu unserer Podiumsdiskussion. Unser Thema heute ist ... / Ich würde gerne Frau / Herrn ... das Wort geben. / Ich bedanke mich bei meinen Gästen für die Diskussion.
Experten/Expertinnen: Das ist so nicht ganz richtig. / Das sehe ich genauso / entschieden anders. / Da würde ich gerne widersprechen. Erlauben Sie mir folgende Bemerkung: ...
Publikum: Dazu würde ich gerne etwas sagen / noch einmal nachfragen. / Könnten Sie diesen Punkt bitte genauer ausführen?

Ablauf:
Bilden Sie vier Gruppen und bereiten Sie in jeder Gruppe die Argumente für eine Rolle vor. Schicken Sie danach aus jeder Gruppe eine Person auf das Podium, die die Position vertritt. Wählen Sie aus den übrigen Kursteilnehmer/innen eine/n Moderator/in. Alle übrigen Personen bilden das Publikum und stellen Fragen.

Arbeitnehmer/in 1
Sie halten nicht viel von betrieblicher Gesundheitsförderung. Sie finden, Gesundheit ist Privatsache. Sie fühlen sich durch die Angebote unter Druck gesetzt.

Arbeitnehmer/in 2
Sie finden die Gesundheitsangebote des Betriebs sinnvoll und nutzen sie regelmäßig.

Personalchef/in
Sie möchten den Krankenstand reduzieren und die Leistungsfähigkeit der Mitarbeiter/innen steigern.

Gesundheitsbeauftragte/r
Sie möchten, dass die Mitarbeiter/innen motiviert sind. Deshalb wollen Sie nicht nur Angebote für die körperliche Gesundheit schaffen, sondern auch die Mitarbeiterzufriedenheit erhöhen.

D Firmenlauf in Neustadt

1 a Aufruf zum Firmenlauf. Lesen Sie den Aushang und beantworten Sie die Fragen.

Anmeldung zum Firmenlauf 2015 — Sterneck & Blau GmbH

Am Freitag, dem 29. Juni, findet um 18:30 Uhr der Neustädter Firmenlauf statt. Nach dem Erfolg im letzten Jahr wollen wir wieder mit fünf Dreierteams – Frauen und Männer gemischt – dabei sein. Bitte melden Sie sich bis zum 31. März im Intranet an und sprechen Sie Ihre Teilnahme bei Bedarf mit Ihren Teamleitern ab.

Strecke: Johannesallee (Start) via Kopernikusstraße / Schillerplatz bis zum Stadion am Westpark (Ziel), ca. 7,5 Kilometer Länge

Unsere fünf Teams: Verwaltung, Lager, Verkauf, Produktion, Einkauf

Wenn es in Ihrem Team keine Startplätze mehr gibt und Sie trotzdem teilnehmen möchten, melden Sie sich bitte beim Sportbeauftragten **Rainer Metz** unter 3452-37.

1. Um welche Art von Veranstaltung geht es hier?
2. Was müssen die Mitarbeiter/innen bei der Anmeldung beachten?

1 b Stellen Sie sich vor, sie würden bei dieser Firma arbeiten. Warum würden Sie (nicht) gern am Firmenlauf teilnehmen? Tauschen Sie sich aus.

- Ich finde dieses Angebot sehr gut, weil …
- Ich finde Sportangebote von Firmen nicht sinnvoll, weil …

2 Die Lokalpresse berichtet über den Lauf. Lesen Sie den Artikel und fassen Sie den Inhalt in eigenen Worten zusammen. Berücksichtigen Sie die folgenden Aspekte.

wann, was, wo? | Gewinner | Publikum | Herausforderung

Unternehmen in Bewegung – Firmenlauf 2015 *von Karl Niehaus*

Am gestrigen Freitag, dem 29. Juni 2015, war es wieder soweit. Die Läufer zahlreicher Unternehmen in und um Neustadt traten beim großen Firmenlauf gegeneinander an. Auf einer 7,4 Kilo‑
5 meter langen Strecke bis zum Stadion entschied sich, wer die Preise holte. Dieses Jahr gewann Herr Fábio Lima von der *Breuer GmbH* in der Einzelwertung, die *Sterneck & Blau GmbH* – Platz zwei im Vorjahr – konnte in der Teamwertung den ersten Platz für sich verbuchen. Obwohl der Start für 18:30 Uhr festgesetzt war, machte
10 die Hitze allen Läufern zu schaffen. Bei 28 Grad Celsius geriet manch einer ins Schwitzen und so war es ein Glück, dass das Publikum Wasserbecher bereithielt, um die Läufer zu erfrischen. Am besten hatten es die Kinder, die während des Ereignisses an den zahlreichen Ständen Eis oder Pommes frites genießen konnten. Alles in allem war es ein rundum gelungener Tag für die Neustädter.

3 Arbeiten Sie zu zweit. Schreiben Sie einen Beitrag für das Intranet der „Sterneck & Blau GmbH" und berichten Sie über den Firmenlauf und die Ergebnisse.

Kurz und bündig

Kommunikation

darüber sprechen, was man für sein Wohlbefinden und seine Gesundheit tut

Wenn ich reite / wandere/ im Garten arbeite / …, komme ich zur Ruhe / kann ich frische Luft / Sonne/ Kraft tanken. / Da ich viel im Büro arbeite / … , suche ich einen Ausgleich / eine Herausforderung. / Durch Mediation/Eisbaden/Gymnastik/… kann ich Stress abbauen / meine Abwehrkräfte stärken / mich abhärten / meinen Rücken kräftigen / fit und gelenkig bleiben.

über Gesundheitscoaching sprechen

Coachings können helfen, Probleme zu lösen oder Ziele zu erreichen. Es gibt Coachings zu Stressbewältigung / gesunder Ernährung / Umgang mit Kopfschmerzen / …
Ich halte viel/nichts von Gesundheitscoaching, weil … / Ich bin der Meinung, dass das Menschen helfen kann / dass es dabei vor allem ums Geld geht / dass …

über betriebliche Gesundheitsförderung sprechen

Das ist ein tolles/sinnloses/sinnvolles… Angebot. / Kinderbetreuung / flexible Arbeitszeiten / … sollte/ sollten längst Standard sein. / Betriebssport/Grippeschutzimpfungen/… finde ich gut, weil man damit … vorbeugt / das Zusammengehörigkeitsgefühl stärkt / die Mitarbeiter motiviert.
Das ist mir zu privat. / Meine Gesundheit geht den Arbeitgeber nichts an. / Da hätte ich Bedenken hinsichtlich des Datenschutzes. / Ich hätte keine Lust, mit Kollegen …

eine Podiumsdiskussion führen

Moderator/in: Ich heiße Sie herzlich willkommen zu … / Unser Thema heute ist … / Ich würde gern Frau … / Herrn … das Wort geben. / Ich bedanke mich bei unseren Gästen für die Diskussion.
Diskussionsteilnehmer/innen: Das ist so nicht ganz richtig. / Das sehe ich genauso / entschieden anders. / Da würde ich gerne widersprechen. / Erlauben Sie mir folgende Bemerkung: …
Publikum: Dazu würde ich gerne etwas sagen / noch einmal nachfragen. / Könnten Sie diesen Punkt bitte genauer ausführen?

Grammatik

Präposition *dank* mit Genitiv (oder Dativ)

Dank des Coachings / Dank dem Coaching konnte ich mir das Rauchen abgewöhnen.
Dank der neuen Maßnahmen ist der Krankenstand erheblich gesunken.

modale Konnektoren *indem* und *dadurch (…), dass*

Nebensätze mit *dadurch, dass / dadurch …, dass* und *indem* drücken die Art und Weise oder ein Mittel aus.
Ich halte mich fit, indem ich täglich jogge. / Indem ich täglich jogge, halte ich mich fit.
Dadurch, dass ich einen Coach aufgesucht habe, habe ich meine Probleme gelöst.
Ich habe meine Probleme dadurch gelöst, dass ich einen Coach aufgesucht habe.

konsekutive Konnektoren *sodass* und *so … , dass*

Nebensätze mit *sodass* drücken eine Folge oder ein Ergebnis aus.
Das Wetter war schlecht, sodass wir zu Hause geblieben sind.
Wenn das *so* im Hauptsatz vor einem Adjektiv oder Adverb steht, hebt es den Grad der Ursache für die Folge im Nebensatz hervor. Das *so* wird beim Sprechen betont.
Das Wetter war so schlecht, dass wir zu Hause geblieben sind.

15 Übungen

A Hinein ins Vergnügen

1 Gesund und zufrieden. Was passt zusammen? Ordnen Sie die Verben den passenden Nomen zu.

1 einen Ausgleich — a empfinden
2 zur Ruhe — b kommen
3 das Wohlbefinden — c finden / suchen
4 eine neue Herausforderung — d besuchen
5 sich um Tiere — e fördern
6 einen Gymnastikkurs — f finden / suchen
7 Glück — g kümmern

2 Ergänzen Sie die Sätze mit den passenden Formulierungen. Achten Sie auf die richtige Form.

> Abwehrkräfte stärken • ~~Stress abbauen~~ • frische Luft tanken • fit und gelenkig bleiben •
> sich abhärten • eine (neue) Herausforderung suchen • zur Ruhe kommen • Spaß haben

1 Wer nicht lernt, tagsüber _Stress abzubauen_, leidet nachts oft an Schlafstörungen.

2 Ich will beim nächsten Firmenlauf mitmachen, weil ich ……………………………………… . Deshalb jogge ich jetzt jeden Tag.

3 An einem anstrengenden Arbeitstag gehe ich nach der Mittagspause oft spazieren. Nach vielen Stunden in einem kleinen Büro muss ich unbedingt ……………………………………… .

4 Meine Kollegen und ich spielen regelmäßig Boule. Es ist schön, nach der Arbeit miteinander ……………………………………… .

5 Ich war in den letzten Monaten häufiger erkältet. Ich esse jetzt jeden Tag Obst und Gemüse und gehe oft in die Sauna, so kann ich hoffentlich meine ……………………………………… .

6 Während der Arbeitswoche bewege ich mich kaum. Deshalb mache ich einen Gymnastikkurs, um ……………………………………… .

7 Seit drei Monaten gehe ich zu einer Meditationsgruppe. Dort kann ich sehr gut ……………………………………… und mich entspannen.

8 Ich schlafe auch im Winter bei offenem Fenster. So kann man ……………………………………… und bekommt nicht so schnell eine Grippe.

3 Adjektive und Nomen. Ergänzen Sie die Tabelle und kontrollieren Sie dann auf Seite 242/243.

Adjektiv	Nomen	Adjektiv	Nomen
	Gelassenheit		_das Gelenk/-e_
	Ausgeglichenheit	_gesellig_	
	die Fitness (Sg.)	_stressig / gestresst_	

250

4a Ausgleich schaffen. Lesen Sie den Artikel und ergänzen Sie die fehlenden Wörter.

Studien zeigen: Es wird uns immer _wichtiger_ ¹, in der Freizeit etwas _____ ² Körper und Geist zu tun. Nicht nur die Arbeit ist unser Lebensinhalt, wir sollten uns auch ausreichend Zeit für Hobbys, Sport, Familie und Freunde _____ ³. Wellness, Sport und Erholung gehören neben einer ausgewogenen Ernährung zu den wichtigsten Voraussetzungen für Gesundheit und Wohlbefinden. _____ ⁴ steigender Anstrengungen in Alltag und Beruf suchen immer mehr Menschen neue Wege der Entspannung. Eine Umfrage hat gezeigt, dass viele Leute _____ ⁵ lieben, sich Auszeiten von der Hektik des Alltags zu gönnen – Ruhephasen, die sowohl dem körperlichen als _____ ⁶ dem seelischen Wohlbefinden dienen. Unser Körper braucht regelmäßig kleine Pausen, in denen er nichts leisten _____ ⁷. Und genauso sind Zeiten ohne Stress und Leistungsdruck auch für die Seele extrem wichtig; bei Dauerstress treten nämlich Symptome _____ ⁸ Schlafstörungen, Depressionen und Angstzustände auf. Unser Tipp also: Kommen Sie zur Ruhe, suchen _____ ⁹ Ausgleich und Entspannung! Das kann Sport sein, Zeit, die Sie mit Ihrem Haustier verbringen, oder ein Treffen _____ ¹⁰ Freunden zum geselligen Beisammensein – und vieles mehr.

4b Lesen Sie den Artikel noch einmal und kreuzen Sie an, ob die Aussagen so im Text stehen.

	ja	nein
1 Die Arbeit ist den Menschen nicht mehr wichtig.	☐	☐
2 Auch Hobbys sind wichtig für eine gute Gesundheit.	☐	☐
3 Ruhepausen sind gut für die Psyche.	☐	☐
4 Ohne Leistungsdruck werden manche Menschen depressiv.	☐	☐

5 Redewendungen. Ergänzen Sie zuerst die passenden Körperteile. Ordnen Sie dann den Redewendungen die richtige Bedeutung zu.

Finger • Haut • ~~Herz~~ • Kopf • Zahnfleisch • Ohren • Bein

1 Mit ganzem _Herzen_ bei der Sache sein   a ☐ faulenzen / nichts tun
2 keinen _____ krumm machen   b ☐ extrem erschöpft sein
3 viel um die _____ haben   c ☐ untätig sein / sich nicht bemühen
4 auf dem _____ gehen   d ☐ intensiv nachdenken
5 auf der faulen _____ liegen   e ☐ sich nicht besonders anstrengen
6 sich den _____ zerbrechen   f ☐ sehr viel zu tun haben
7 sich kein _____ ausreißen   g ☒ 1 sehr engagiert arbeiten

6 Schreiben Sie über sich: So bleibe ich fit und ausgeglichen.

- Wie kommen Sie am besten zur Ruhe?
- Wie bleiben Sie fit?
- Was tun Sie, um Ihre Abwehrkräfte zu stärken?

B Gesundheitscoaching

1 Wortverbindungen. Welches Verb passt? Kreuzen Sie an. Der Text in Aufgabe 2 auf S. 244/245 hilft.

1. sich um die Gesundheit
   - a ☐ denken
   - b ☐ pflegen
   - c ☐ sorgen

2. ein Seminar
   - a ☐ anbieten
   - b ☐ bewältigen
   - c ☐ benutzen

3. Sport
   - a ☐ pflegen
   - b ☐ treiben
   - c ☐ haben

4. einen Prozess
   - a ☐ steuern
   - b ☐ machen
   - c ☐ führen

5. einen Coach/Arzt
   - a ☐ aufsuchen
   - b ☐ versuchen
   - c ☐ besichtigen

6. Impulse
   - a ☐ nehmen
   - b ☐ geben
   - c ☐ anhalten

7. die Nachfrage
   - a ☐ steigt
   - b ☐ steigert
   - c ☐ hält

8. Lebensgewohnheiten
   - a ☐ machen
   - b ☐ gestalten
   - c ☐ ändern

9. ein Warnsignal
   - a ☐ senden
   - b ☐ verursachen
   - c ☐ beenden

2 *Dank*, *wegen* oder *trotz*? Lesen Sie die Sätze und ergänzen Sie die passende Präposition.

1. .... falscher Ernährung bekommen viele Menschen gesundheitliche Probleme.
2. .... des Coachings bin ich heute viel ausgeglichener.
3. .... des schlechten Wetters bin ich heute nicht joggen gegangen.
4. .... seiner guten Vorsätze isst er weiter zu viel Schokolade.
5. .... ihres regelmäßigen Trainings ist sie fit und gesund.
6. .... ungesunder Lebensgewohnheiten werden die Menschen immer älter.
7. .... des Stresses in der Firma kommt sie nicht zur Ruhe.
8. .... seines neuen Hobbys hat er viele Freunde gefunden.

> **Memo**
>
> *wegen*: neutraler Grund
> *dank*: positiver Grund
> *trotz*: „Gegengrund"

3a Präpositionen im Genitiv. Markieren Sie die jeweils richtige Präposition.

1. *Anlässlich / Bezüglich / Trotz* des Firmenlaufs kaufte sie sich neue Turnschuhe.
2. *Bezüglich / Dank / Trotz* seines Übergewichts aß er jeden Tag fünf Kugeln Eis.
3. *Trotz / Wegen / Dank* seiner ständigen Kopfschmerzen ging er zum Arzt.
4. *Aufgrund / Anlässlich / Bezüglich* der guten Beratung lebt er jetzt gesünder.
5. *Trotz / Wegen / Bezüglich* des schlechten Wetters beschloss er, heute nicht laufen zu gehen.
6. *Innerhalb / Unterhalb / Außerhalb* der Sprechzeiten ist die Ärztin nicht erreichbar.
7. *Dank / Trotz / Wegen* ihrer Müdigkeit ging sie nicht ins Bett.

3b Schreiben Sie Sätze mit der passenden Genitivpräposition.

> anlässlich • aufgrund • ~~bezüglich~~ • dank • innerhalb • trotz • während • wegen

1. das Coaching-Angebot / ich möchte mich genauer informieren
2. die gute Beratung / jetzt lebe ich gesünder
3. ihre Beförderung / sie feiert mit Freunden
4. ihr Husten / sie ist zur Arbeit gekommen
5. seine Rückenprobleme / er geht zum Physiotherapeuten
6. das letzte Jahr / sie hat zu viel gearbeitet
7. ihre Schlafstörungen / sie ist im Büro ziemlich müde
8. wenige Monate / er hat 20 Kilo abgenommen

1 Bezüglich des Coaching-Angebots möchte ich mich genauer informieren.

4a
Gesundheitstipps. Lesen Sie die Tipps und schreiben Sie Sätze mit *indem* und *dadurch* (…), *dass* … wie im Beispiel.

Sie wollen …

… mit dem Rauchen aufhören? **1** Besuchen Sie unser Nichtraucher-Seminar!

… einen Ausgleich zur Büroarbeit finden? **2** Suchen Sie sich ein Hobby an der frischen Luft!

… endlich ein paar Kilos verlieren? **3** Essen Sie Gemüsesticks statt Schokoriegel!

… den Stress der Arbeitswoche abschütteln? **4** Nehmen Sie ein heißes Bad!

> 1 Man kann mit dem Rauchen aufhören, <u>indem</u> man ein Nichtraucher-Seminar besucht. /
> <u>Indem</u> man ein Nichtraucher-Seminar besucht, kann man mit dem Rauchen aufhören.
> <u>Dadurch</u>, <u>dass</u> man ein Nichtraucher-Seminar besucht, kann man mit dem Rauchen
> aufhören. / Man kann <u>dadurch</u> mit dem Rauchen aufhören, <u>dass</u> man ein Nichtraucher-
> Seminar besucht.

4b
Und Ihre Gesundheitstipps? Beantworten Sie die Fragen. Schreiben Sie Sätze mit *indem* und *dadurch* (…), *dass*.

1 Wie kann man nach einer anstrengenden Woche zur Ruhe kommen?
2 Wie kann man seine Abwehrkräfte stärken?
3 Wie kann man wieder fitter werden?
4 Wie kann man sich gesund ernähren?
5 Wie kann man Stress abbauen und gelassener werden?

> Man kann nach einer anstrengenden Woche zur Ruhe kommen, indem man …

5
Erholung früher und heute. Lesen Sie den Text und ergänzen Sie die fehlenden Buchstaben.

In ihrer Frei_ _ _ _ möchten die meisten Deut_ _ _ _ _ spontan tun, wozu sie Lu_ _ haben. Doch die Wirklich_ _ _ _ sieht and_ _ _ aus: Fern_ _ _ _ _ ist und bleibt die
5 Beschäftig_ _ _ Nummer eins. Seit den 1980er Ja_ _ _ _ stehen Fernsehen, Radio hö_ _ _, Telefoni_ _ _ _ und Zeitung le_ _ _ auf den ersten Plätzen der Freizeitaktivitäten. Daran hat auch das Inter_ _ _ nichts geändert.
10 Zu den Freizeitbeschäftigungen, denen die Menschen durchschnitt_ _ _ _ mehr als ein_ _ _ pro Wo_ _ nachgehen, gehören vor al_ _ _ Aktivitäten mit der Fam_ _ _ _ und dem Part_ _ _. Doch viele

15 Dinge kommen zu kurz. Auf die Frage, was sie in ihr_ _ Freizeit gern öfter mac_ _ _ würden, waren die häufigsten Ant_ _ _ _ _ _: lang Ausschl_ _ _ _, mehr Ze_ _ für Freunde, das Hob_ _ oder für Spo_ _.
20 Auch die junge Genera_ _ _ _ trifft sich lie_ _ _ persönlich mit Freunden, statt auf Social Media auszuweichen. Nur 26 Pro_ _ _ _ würden gerne mehr Zeit am Comp_ _ _ _ verbrin_ _ _. Einiges hat sich
25 aber auch geän_ _ _ _: Die Deutschen arbeiten heute seltener im Ga_ _ _ _, gehen seltener Ka_ _ _ _ trinken und mach_ _ auch seltener einen Spazie_ _ _ _ _.

C Gesund am Arbeitsplatz

1 Rund um Gesundheit und Fitness. Lösen Sie das Kreuzworträtsel.

Waagerecht:
2 beim Joggen strengt man seine … an
5 Gehen, Laufen, Tanzen, Schwimmen etc. sind …
6 das Miteinander-Sprechen

Senkrecht:
1 eine … beugt Krankheiten vor
3 die Seele, das seelische Empfinden
4 der Anreiz/Ansporn

2a *Sodass* und *so …, dass*. In welchen Sätzen wird die Qualität bzw. Quantität (der Grad) der Ursache besonders betont? Lesen Sie und kreuzen Sie an.

1 a Ich hatte so großen Hunger, dass ich zwei Steaks gegessen habe. ☐
   b Ich hatte großen Hunger, sodass ich zwei Steaks gegessen habe. ☐

2 a Es hat stark geregnet, sodass ich nicht joggen gehen konnte. ☐
   b Es hat so stark geregnet, dass ich nicht joggen gehen konnte. ☐

3 a Der Fachkräftemangel ist groß, sodass ich gleich eine Stelle bekommen habe. ☐
   b Der Fachkräftemangel ist so groß, dass ich gleich eine Stelle bekommen habe. ☐

2b Schreiben Sie Sätze mit *sodass* und *so …, dass* wie im Beispiel.

1 Sie hat Tag und Nacht viel gearbeitet / sie ist krank geworden
2 Er hat gestern schwere Kisten getragen / der Rücken tut ihm heute weh
3 Er war letztes Jahr oft krank / er lässt sich dieses Jahr impfen
4 Sie hat im letzten Jahr viel zugenommen / sie hat einen Gesundheitscoach engagiert
5 Ich langweile mich bei der Arbeit sehr / ich surfe im Internet
6 Das Betriebsklima ist bei uns gut / ich möchte lange in der Firma bleiben

> *1 Sie hat Tag und Nacht viel gearbeitet, sodass sie krank geworden ist.*
> *Sie hat Tag und Nacht so viel gearbeitet, dass sie krank geworden ist.*

3a Arbeitssicherheit. Sehen Sie die Fotos an und ordnen Sie zu.

1 ☐ Tragen Sie Arbeitsschutzkleidung.
2 ☐ Tragen Sie eine Schutzbrille.
3 ☐ Gefahrgüter müssen gekennzeichnet werden.
4 ☐ Tragen Sie zur Sicherheit einen Schutzhelm.
5 ☐ Schützen Sie Ihre Ohren vor Lärm mit einem Gehörschutz.

3b Ein Gespräch mit dem Sicherheitsbeauftragten Herrn Kurz. Hören Sie und kreuzen Sie an.

		richtig	falsch	keine Info
1	Der Job im Fertighaus-Betrieb ist die erste Arbeitsstelle von Herrn Kurz.	☐	☐	☐
2	Die Mehrheit der Mitarbeiter achtet auf Arbeitssicherheit.	☐	☐	☐
3	Im letzten Jahr gab es sehr viele Arbeitsunfälle im Betrieb.	☐	☐	☐
4	Die Zahl der Unfälle ist in den letzten Jahren gestiegen.	☐	☐	☐
5	Die Arbeiter tragen nie einen Gehörschutz.	☐	☐	☐
6	In den Werkshallen ist es sehr laut.	☐	☐	☐
7	Die Mitarbeiter sollen geschult werden, um richtige Verhaltensweisen zu lernen.	☐	☐	☐
8	Neben der Lärmbelästigung ist der Staub in den Lagerhallen ein Problem.	☐	☐	☐

4 Gesund bei der Arbeit. Lesen Sie das Informationsblatt und beantworten Sie die Fragen.

Gesundheit am Arbeitsplatz erhalten

Natürlich ist nicht jeder begeistert, wenn morgens der Wecker klingelt und es heißt: Auf zur Arbeit! Aber wir sollten die Bedeutung von Arbeit für unser Wohlbefinden nicht unterschätzen. Arbeit bedeutet, sich Ziele zu setzen und stolz zu sein, wenn man sie erreicht hat. Arbeit gibt dem Tag eine Struktur und ist ein wichtiger Ort für Sozialkontakte.

Allerdings leiden viele Menschen heute unter den zunehmenden Belastungen in der Arbeitswelt. Mehr als die Hälfte der Arbeitnehmerinnen und Arbeitnehmer fühlen sich in ihrer Leistungsfähigkeit eingeschränkt. Auslöser können Konflikte mit Kollegen, Angst vor Arbeitsplatzverlust, Schichtarbeit, Leistungsdruck und andauernde Überlastung, aber auch Unterforderung sein. Umso wichtiger ist es, dass Mitarbeiter einen Arbeitsplatz haben, der ihre Gesundheit schont.

Der Mensch braucht Bewegung, für langes Sitzen ist er nicht gemacht. Da immer mehr Menschen ihren Arbeitstag am PC verbringen, werden Rückenschmerzen beinahe zur Normalität. Das stundenlange Sitzen führt zu Verspannungen und Fehlhaltungen. Arbeitsmediziner empfehlen daher, nur 50 % der Zeit am Tag im Sitzen, 25 % im Stehen und 25 % in Bewegung zu verbringen.

Es gibt etliche Tätigkeiten, die man auch im Stehen durchführen kann. So muss man zum Beispiel nicht zum Telefonhörer greifen, um einen Kollegen zu sprechen, sondern kann in dessen Büro vorbeischauen. Auch lassen sich Post und Akten gut im Stehen lesen. Und nach dem Mittagessen eine „Runde um den Block" gehen und Treppen steigen statt mit dem Aufzug fahren – das sollte ohnehin eine Selbstverständlichkeit sein. Der Wechsel zwischen Sitzen und Stehen trainiert die Rücken- und Beinmuskulatur, verbessert die Atmung und stimuliert das Herz-Kreislauf-System.

Zu jedem guten Arbeitsplatz gehört außerdem auch der richtige Schreibtischstuhl, der den Rücken und Nacken optimal entlastet.

1 Warum ist die Arbeit wichtig für uns?
2 Was schränkt viele Menschen in ihrer Leistungsfähigkeit ein?
3 Was wäre nach Meinung von Arbeitsmedizinern wünschenswert?
4 Was kann man tun, um nicht den ganzen Tag zu sitzen?
5 Wie wirkt sich der Wechsel zwischen Sitzen und Stehen auf den Körper aus?

D Firmenlauf in Neustadt

1 Nomen mit Präpositionen. Ergänzen Sie die fehlenden Präpositionen und den Artikel, wo es nötig ist.

> an (2x) • nach • ~~zu~~ • über • für

1 Können Sie mir bitte sagen, wo die Anmeldung *zum* Firmenlauf ist?
2 Die Teilnahme .... Firmenlauf ist natürlich freiwillig.
3 Das Angebot .... Freizeitaktivitäten steigt von Jahr zu Jahr.
4 Die Gründe .... hohe Krankenstandsrate sind weitgehend bekannt.
5 Der Wunsch .... mehr Freizeit ist weit verbreitet.
6 Der Chef hat keinen Überblick .... Anzahl der Arbeitsunfälle.

2 Im Wettkampf. Ordnen Sie den Ausdrücken die richtige Bedeutung zu.

1 ins Schwitzen geraten — a gewinnen
2 den ersten Platz für sich verbuchen — b etw. ist schwer erträglich für jmdn.
3 etw. macht jmdm. zu schaffen — c in einer optimalen Situation sein
4 gegeneinander antreten — d in Konkurrenz zueinander stehen
5 es am besten haben — e einer Person wird zu warm

3 Im Firmenforum. Lesen Sie den Beitrag und die Kommentare. Geben Sie dann mit Hilfe der Textbausteine schriftlich den Inhalt wieder und beziehen Sie zu den Kommentaren Stellung.

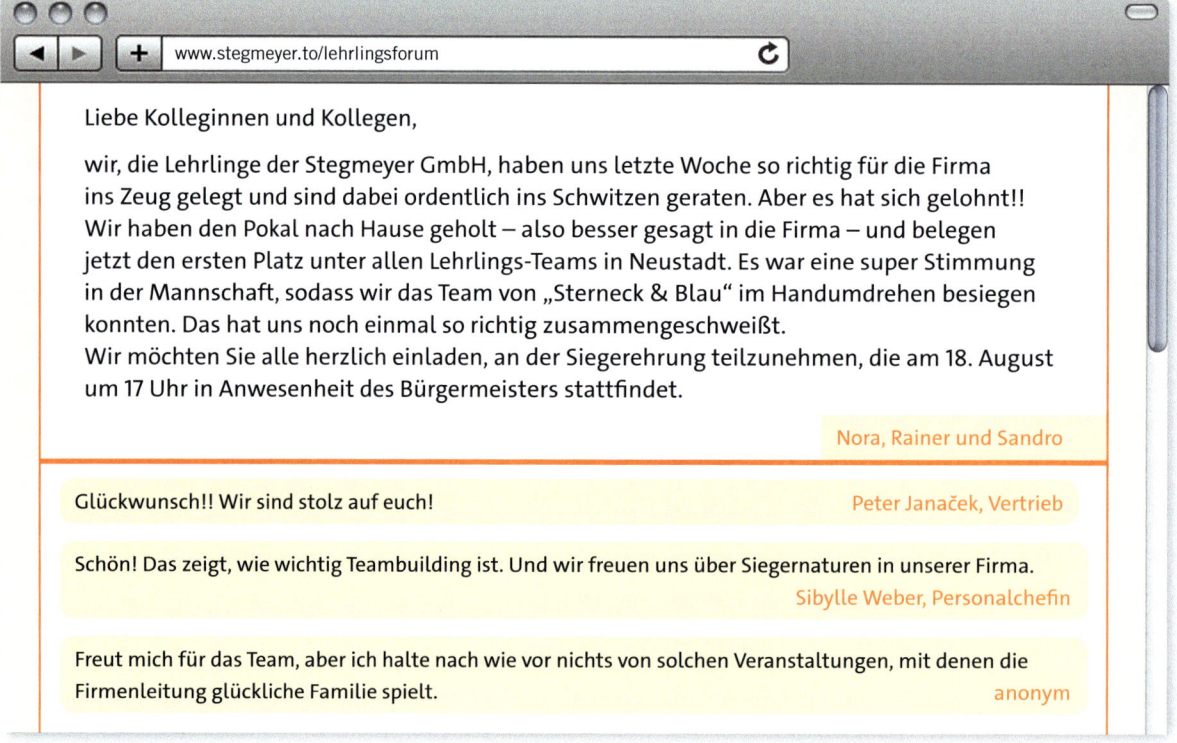

www.stegmeyer.to/lehrlingsforum

Liebe Kolleginnen und Kollegen,

wir, die Lehrlinge der Stegmeyer GmbH, haben uns letzte Woche so richtig für die Firma ins Zeug gelegt und sind dabei ordentlich ins Schwitzen geraten. Aber es hat sich gelohnt!! Wir haben den Pokal nach Hause geholt – also besser gesagt in die Firma – und belegen jetzt den ersten Platz unter allen Lehrlings-Teams in Neustadt. Es war eine super Stimmung in der Mannschaft, sodass wir das Team von „Sterneck & Blau" im Handumdrehen besiegen konnten. Das hat uns noch einmal so richtig zusammengeschweißt.
Wir möchten Sie alle herzlich einladen, an der Siegerehrung teilzunehmen, die am 18. August um 17 Uhr in Anwesenheit des Bürgermeisters stattfindet.

Nora, Rainer und Sandro

Glückwunsch!! Wir sind stolz auf euch!
Peter Janaček, Vertrieb

Schön! Das zeigt, wie wichtig Teambuilding ist. Und wir freuen uns über Siegernaturen in unserer Firma.
Sibylle Weber, Personalchefin

Freut mich für das Team, aber ich halte nach wie vor nichts von solchen Veranstaltungen, mit denen die Firmenleitung glückliche Familie spielt.
anonym

Textbausteine

Der Beitrag informiert über … / handelt von …
Die Verfasser/innen führen aus, dass … / beschreiben/berichten von …
In den Kommentaren wird behauptet/festgestellt/betont/…
Ich denke/glaube / bin davon überzeugt / bezweifle, dass …
Ich bin begeistert von … / halte (gar) nichts / (sehr) viel von …, weil …

Prüfungstraining

Hörverstehen, Teil 2

🔊 Ü29 Sie hören ein Rundfunk-Interview. Dazu sollen Sie zehn Aufgaben lösen. Sie hören dieses Interview nur einmal. Entscheiden Sie beim Hören, ob die Aussagen 1–10 richtig oder falsch sind.

Markieren Sie PLUS (+) für richtig und MINUS (–) für falsch.

1. ☐ Weniger als zehn Prozent der Fehltage am Arbeitsplatz sind auf psychische Erkrankungen zurückzuführen.
2. ☐ Betroffene Arbeitnehmer sprechen relativ offen über ihre psychischen Probleme.
3. ☐ Auch Arbeitslosigkeit ist ein Risikofaktor für psychische Probleme.
4. ☐ Schlechte Stimmung am Arbeitsplatz ist die Hauptursache für psychische Erkrankungen.
5. ☐ Menschen, die zu wenig zu tun haben, versuchen, das nicht zu zeigen.
6. ☐ Menschen, die am Arbeitsplatz wenig zu tun haben, sind besonders zufrieden.
7. ☐ Internet und Smartphone können einen Einfluss auf die Psyche haben.
8. ☐ Wem seine Arbeit Spaß macht, der kann eher mehr leisten.
9. ☐ Bei Managern ist das Risiko für psychische Erkrankungen unter allen Berufsgruppen am höchsten.
10. ☐ Für die psychische Gesundheit ist es besser, arbeitslos zu sein, als eine nur durchschnittlich interessante Arbeit zu haben.

Strategie

In diesem Prüfungsteil hören Sie ein Experten-Interview zu einem gesellschaftlich relevanten Thema. Die Schwierigkeit besteht vor allem darin, dass Sie das Interview nur einmal hören. Sie müssen sich daher genau auf die abgefragten Inhalte konzentrieren.

→ Lesen Sie aufmerksam, aber zügig die Aussagen 1–10. Sie haben nur eine Minute dafür Zeit.

→ Unterstreichen Sie Schlüsselwörter in den Aussagen. Konzentrieren Sie sich dabei wirklich auf das Wesentliche. Zum Beispiel geht es in diesem Prüfungsbeispiel um „psychische Erkrankungen am Arbeitsplatz". Daher sind die Begriffe „Psyche", „psychische Erkrankungen" oder „psychische Probleme" keine relevanten Schlüsselwörter, da im Interview die ganze Zeit darüber gesprochen wird.

→ Versuchen Sie beim Hören auf die Informationen zu achten, die sich auf Ihre Schlüsselwörter beziehen. Denken Sie aber daran, dass im Hörtext die Informationen meistens mit anderen Worten wiedergegeben werden als in den Sätzen 1–10.

→ Eine gute Übung für diesen Prüfungsteil kann auch sein, parallel zum Hören das Transkript des Interviews mitzulesen und im Transkript die Formulierungen zu unterstreichen, die die Aussagen 1–10 bestätigen oder widerlegen. Auf diese Weise schulen Sie Ihre Aufmerksamkeit für die Art und Weise, wie die Informationen aus dem Interview mit den Schlüsselwörtern in den Sätzen korrespondieren. Die Transkripte der Hörtexte zu *Fokus Deutsch – Erfolgreich in Alltag und Beruf* finden Sie im Internet unter www.cornelsen.de/webcodes (Code: xiqepa)

Station 3: Schreibtraining

A Schreiberfahrungen und -strategien

1 Sprechen Sie mit einem/r Lernpartner/in über Ihre Schreiberfahrungen.

- Was schreiben Sie: E-Mails, Geschäftsbriefe, Präsentationen, Berichte, Protokolle, Gesprächsnotizen, etc.?
- An wen schreiben Sie: Kollegen und Kolleginnen, Vorgesetzte, Kunden, Lieferanten, Geschäftspartner, etc.?
- Warum, wie oft und mit welchem Ziel schreiben Sie Texte?
- Wie fühlen Sie sich beim Schreiben im Vergleich zum Sprechen, Hören oder Lesen?
- Was tun Sie, um Ihre Schreibfertigkeit zu verbessern?

2a Lesen Sie die VHS-Kursankündigung. Welche Überschrift passt? Kreuzen Sie an.

☐ Perfektionieren Sie Ihre Lese- und Schreibkompetenz
☐ Erfolgreich in der geschäftlichen Korrespondenz

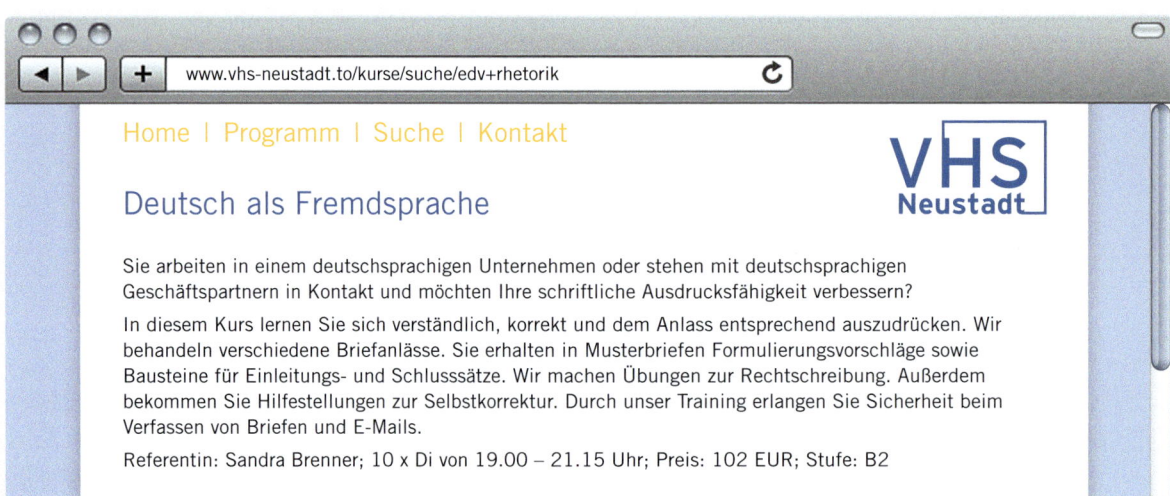

2b Haben Sie schon mal ein Schreibtraining besucht und hat dieser Kurs Ihnen geholfen? Warum (nicht)? Was finden Sie in der Kursankündigung besonders nützlich? Was fehlt Ihnen?

- formelhafte Wendungen für geschäftliche E-Mails
- Sensibilisierung für Registerfragen
- Lernstrategien zum Schreiben entwickeln
- Mail an Personalabteilung schreiben;

Sie lernen

2c Die Schreibkompetenz verbessern. Lesen Sie die Tipps zum Schreiben. Welche waren hilfreich? Sprechen Sie mit einem/r Lernpartner/in.

Während des Schreibens:
- Satzverknüpfungen: Verbinden Sie Sätze und Satzteile miteinander. Benutzen Sie Wörter wie *weil, denn, trotzdem* usw. oder Ausdrücke wie *einerseits - andererseits, nicht nur - sondern auch, entweder - oder*.
- Absatzbildung: Absätze fördern die Orientierung.

Nach dem Schreiben - Text kontrollieren und überarbeiten:
Lesen Sie den Text mehrmals durch. Konzentrieren Sie sich bei jedem Durchgang nur auf ein genau definiertes Problem, wie z. B.:
- Ist die Wortstellung richtig und stimmt die Position des Verbs im Satz (Aussagesätze, W-Fragen, Ja/Nein-Fragen, Nebensätze)?
- Stimmen die Verben (Person und Zeit) und ihre Ergänzungen (z. B.: *antworten* + Dat., *beantworten* + Akk., *schenken* + Akk. + Dat.) bzw. ihre Präpositionen (z. B.: *sich wenden an, fragen nach, rechnen mit*)?
- Stimmen die Endungen der Adjektive und Nomen (Plural, Kasus)?
- Sind die Sätze logisch miteinander verknüpft?
- Stimmen die Rechtschreibung (Groß- und Kleinschreibung) und die Interpunktion?
- Passen Subjekt und Verb bezüglich Singular oder Plural zueinander?

2d Lesen Sie die Mail. Pro Zeile gibt es einen Fehler im Wort oder in der Satzstellung. Schreiben Sie die richtige Form des Wortes oder die richtige Satzstellung an den Rand.

Liebe Nikos, **01** *Lieber*

... Mir geht es wie Dir: Ich kann zwar alles verstanden und **02** *verstehen*

ausdrücken, sogar bei Besprechung komme ich ganz **1** Besprechungen

gut zurecht. Aber wenn ich etwas schreiben soll, ich fühle **2** fühle ich

mich ziemlich unsicher. Und mit meinem Übersetzungssoftware **3** meiner

habe ich schon oft reingefallen. Außerdem weiß ich **4** bin

manchmal nicht, ob dass, was ich schreibe, höflich genug ist. **5** das

Ich habe mich jetzt eine Liste mit Nomen und Verben **6** mir

gemacht, den ich bei der Arbeit oft benutze, um die Artikel **7** die

bzw. die Präpositionen und die Verb-Ergänzungen zu lehren. **8** lernen

Diese nützlichen Tipp habe ich in einem Kurs an der VHS **9** Diesen

bekommen. Besuchst du doch auch mal so einen Kurs. **10** Besuch

Viel Erfolg also und bis bald!

Valerio

2e Vergleichen Sie Valerios Erfahrungen mit Ihren eigenen. Welche Tipps haben Ihnen geholfen? Haben Sie weitere Ratschläge?

B Formelle E-Mails

1a Lesen Sie den Ratgeber-Text und beantworten Sie die Fragen: richtig oder falsch?

Formelle E-Mails schreiben – Tipps und Hinweise

1. Die Betreffzeile: Der Betreff sollte kurz, sachlich und informativ sein. Der Empfänger sollte durch diese Zeile sofort wissen, worum es in der E-Mail geht. Wichtig: Nie E-Mails ohne Betreffzeile schreiben.

2. Die Anrede: Zwar sind E-Mails weniger formell als Briefe, trotzdem sollte man nicht auf die Anrede verzichten. *Sehr geehrte(r) …* ist stets korrekt. Wenn man schon einige E-Mails ausgetauscht hat, darf man auch das informellere *Guten Tag, Frau / Herr …* oder *Hallo, Frau /Herr …* verwenden. Vertraulichere Formen (*Lieber Herr … / Liebe Frau …*) benutzt man nur bei Leuten, die man gut kennt. Die Anrede mit *Hi* ist für die geschäftliche Korrespondenz ungeeignet.

3. Die E-Mail strukturieren: Damit der Empfänger sich schnell in der Mail orientieren kann, sollte man kurze Absätze verwenden.

4. Formal bleiben: Emoticons wie z.B. Smileys und saloppe Formulierungen sollte man vermeiden.

5. Die Grußformel: Jede Mail sollte man mit einer freundlichen Grußformel wie z. B. *Mit freundlichen Grüßen, Freundliche Grüße aus …* oder *Ein schönes Wochenende wünscht Ihnen …* schließen. Persönlichere Schlussformeln wie *Viele Grüße* oder *Bis dahin alles Gute* benutz man, wenn man den Empfänger schon kennt.

6. Korrekturlesen: Geschäfts-E-Mails sollten immer korrekt und höflich verfasst werden. Bevor man eine E-Mail abschickt, sollte man deshalb noch einmal Rechtschreibung, Grammatik, Interpunktion und Groß- und Kleinschreibung überprüfen.

		R	F
1	Die Betreffzeile kann man, muss man aber nicht ausfüllen.	☐	☐
2	„Guten Tag" kann man nur in der mündlichen Kommunikation verwenden.	☐	☐
3	Emoticons gehören nicht in formelle E-Mails.	☐	☐
4	Formale Korrektheit ist in formellen E-Mails nicht so wichtig.	☐	☐

1b Nikos Mercouri schreibt an die Personalabteilung. Lesen Sie die E-Mail und die Tipps in 1a noch einmal. Ist die Mail formal korrekt? Welche Fehler hat er gemacht?

Betreff: VHS Freiburg

Hi, Frau Rieger,

Wie geht's? Ich bin Nikos Mercouri, der neue Mitarbeiter aus Griechenland im Vertrieb. Ich kann nicht so gut auf Deutsch schreiben. Da ich aber intern und extern oft auf Deutsch schriftlich kommunizieren muss, möchte ich gerne an einem Kurs der VHS Freiburg, also einer Veranstaltung außer Haus, teilnehmen.

Von meinem britischen Kollegen, Adam Smith, habe ich erfahren, dass Sie was zu so einem Kurs dazuschießen oder alles zahlen. Daher möchte ich anfragen, ob auch bei diesem Kurs eine Kostenübernahme durch die Personalabteilung möglich wäre. Meine Teamleiterin, Frau Dr. Domschke, findet die Idee cool. Wenn ich von Ihnen ein „geht klar" kriege, bin ich zufrieden ☺. Das Programm vom Kurs hänge ich an meine Mail dran.

Tschüss und bis bald

Nikos

1c Nikos Mercouri trifft in der E-Mail nicht immer den richtigen Ton, d. h. er macht auch Registerfehler. Suchen Sie die Formulierungen, die zu umgangssprachlich sind, und ersetzen Sie sie. Schreiben Sie die Mail neu.

> ~~Guten Tag, Frau Rieger~~ • Meine Schreibkompetenz auf Deutsch ist noch verbesserungswürdig. • den Besuch solcher externer Fortbildungen bezuschussen bzw. die Kosten ganz übernehmen • Mit freundlichen Grüßen • Ich würde mich über eine positive Rückmeldung von Ihnen freuen. • befürwortet den Besuch der Veranstaltung • Beigefügt finden Sie die Kursankündigung.

Guten Tag, Frau Riger,
ich bin Nikos Mercouri, der neue Mitarbeiter im Vertrieb.

2a Ordnen Sie die Teile einer E-Mail den Redemitteln zu.

1 Betreffzeile   4 Bitte   7 Schluss
2 Anrede   5 Anhang   8 Grussformel
3 Einleitung   6 Kontaktperson/Fragen   9 Dank

☐ bei Rückfragen steht Ihnen Frau … unter der Nummer … zur Verfügung ☐ ich beziehe mich auf Ihr Schreiben vom … ☐ In der Hoffnung, Sie recht bald bei uns begrüßen zu dürfen, verbleiben wir … ☐ Guten Tag, Frau/Herr Dr./Prof. … ☐ Ich schreibe Ihnen, weil … ☐ in Erwartung einer baldigen Antwort ☐ ich übersende Ihnen den Vertrag mit der Bitte um Durchsicht. ☐ Falls Sie Fragen haben, wenden Sie sich bitte an … ☐ in der Anlage finden Sie … ☐ vielen Dank für Ihr Schreiben vom 13. Oktober ☐ Wir danken Ihnen im Voraus für Ihre Hilfe. ☐ Sehr geehrte Frau … / Sehr geehrter Herr … ☐ Für die schnelle Zusendung der Dokumente bedanke ich mich herzlich. ☐ Ich lege meinem Schreiben eine Preisliste bei. ☐ Mit freundlichen Grüßen ☐ In Ihrem Schreiben vom … ☐ Wir freuen uns darauf, von Ihnen zu hören. ☐ Wir wären Ihnen dankbar, wenn …

2b Sie sind Mitarbeiter/in der Westwind AG. Schreiben Sie einen Brief an Frau Xiu, Leiterin einer chinesischen Delegation, die Ihr Unternehmen besucht, um über eine künftige Zusammenarbeit zu verhandeln.

Folgende Punkte sollten in Ihrer E-Mail enthalten sein:
- Betreffzeile
- Anrede
- Einleitung / Grund des Schreibens
- Dank für Interesse an künftiger Zusammenarbeit
- Bitte um Mitteilung, aus wie vielen Personen die Delegation besteht
- Programmpunkte: Einführungsveranstaltung, Werkbesichtigung, Besuch eines Windparks
- Rahmenprogramm: Essen in einem Traditionslokal, Besuch eines Mittelaltermarktes
- Flyer vom Lokal und Mittelaltermarkt mitschicken
- Kontaktperson für Rückfragen bezüglich Reiseplanung nennen
- Schlussformel

Memo

Eine Bitte kann man so formulieren:
- *bitten* + Akk. + … + *zu* + Infinitiv: Ich bitte Sie, ein Einzelzimmer zu reservieren.
- *bitten* + Akk. + *um* + Präpositionalergänzung / Akk. + Gen.:   Ich bitte Sie um die Reservierung eines Einzelzimmers.

Grammatik im Überblick

Verb
1. Perfekt
2. Präteritum
3. Plusquamperfekt
4. Futur I und Futur II
5. Konjunktiv II
6. Konjunktiv I - indirekte Rede
7. Infinitiv mit *zu*
8. Vorgangspassiv, Zustandspassiv und Passiversatzformen
9. Subjektiver Gebrauch der Modalverben *sollen, können, müssen, dürfen*
10. haben + *zu* + Infinitiv

Die doppelte Verneinung

Pronomen
1. Pronominaladverbien
2. Pronomen *es*

Adjektive und Attribute
1. Adjektivdeklination
2. Partizipialattribute

Adverbien
1. Verbindungsadverbien
2. Graduierende Adverbien

Präpositionen
1. Präpositionen mit ihrem Kasus - Übersicht
2. Präpositionen mit Genitiv

Wörter im Satz
1. Konnektoren
2. Temporale Konnektoren
3. Finale Konnektoren und Nominalisierung mit *zum/zur*
4. Modale und konsekutive Konnektoren
5. Zweiteilige Konnektoren
6. Relativsätze
7. Relativsätze mit *wer, wen, wem*
8. Relativsätze mit *was*
9. Irreale Vergleichssätze
10. Modalpartikeln

Verb

1 Perfekt

→ Einheit 1

Die Vergangenheitsform Perfekt wird mit den Hilfsverben *haben* oder *sein* und dem Partizip II gebildet. Das Perfekt wird v.a. in der mündlichen Sprache verwendet.

Sie hat neun Jahre lang für ein großes Unternehmen in Salzburg gearbeitet.
Er ist gestern zu einer Besprechung nach Wien gefahren.

Hinweis: Wird ein Modalverb mit einem weiteren Verb kombiniert, stehen beide Verben im Infinitiv.
Sie hat schon gestern mit ihm sprechen wollen.

2 Präteritum

→ Einheit 1

Das Präteritum wird v.a. in schriftlichen Texten verwendet.

Mit 21 Jahren zog er nach Linz und arbeitete in einem Restaurant.
Sarah Wiener erwarb sich einen guten Ruf.

3 Plusquamperfekt

→ Einheit 1

Das Plusquamperfekt – die Vergangenheit in der Vergangenheit – wird mit einer Präteritumsform der Hilfsverben *haben* oder *sein* und dem Partizip II gebildet. Mit dem Plusquamperfekt zeigt man, dass ein Ereignis vor einem anderen Ereignis in der Vergangenheit passiert ist. Das Plusquamperfekt wird v.a. in schriftlichen Texten und in Nebensätzen mit *nachdem* verwendet.

Als 17-Jährige reiste sie durch Europa, nachdem sie die Schule ohne Abschluss verlassen hatte.
Nachdem er angekommen war, fingen die Verhandlungen an.

4 Futur I und Futur II für Vermutungen

→ Einheit 14

Futur I: *werden* + Infinitiv
Futur II: *werden* + *sein* / *haben* + Partizip II
Futur I kann ausdrücken:

1. Eine Vorhersage oder Prognose:
   Morgen wird es regnen.
2. Ein Versprechen:
   Ich werde dich heiraten.
3. Eine Vermutung über die Gegenwart.
   Jeder kranke Mensch wird für den Fortschritt in der Medizintechnik dankbar sein.
   (Jeder kranke Mensch ist vermutlich für den Fortschritt in der Medizintechnik dankbar.

Futur II kann ausdrücken:
1. Eine Vermutung über etwas aus der **Vergangenheit**:
   Sein Schreibtisch sieht heute sehr chaotisch aus. Er wird keine Zeit zum Aufräumen gehabt haben.
2. Einen Vorgang, den man sich als in der Zukunft beendet vorstellt:
   Bis zum Jahresende werde ich die B2-Prüfung bestanden haben.

Häufig werden solche Sätze mit Perfekt wiedergegeben, wenn der Zukunftsbezug klar ist.
Statistisch *gesehen* hat jeder zu Beginn der Rente circa 35 Jahre gearbeitet.

Grammatik im Überblick

5 Konjunktiv II

→ Einheit 2
→ Einheit 7

	sein	haben	können	müssen	sollen	*würde* + Infinitiv
ich	wäre	hätte	könnte	müsste	sollte	würde
du	wärst	hättest	könntest	müsstest	solltest	würdest
er/sie/es	wäre	hätte	könnte	müsste	sollte	würde
wir	wären	hätten	könnten	müssten	sollten	würden
ihr	wärt	hättet	könntet	müsstet	solltet	würdet
sie/Sie	wären	hätten	könnten	müssten	sollten	würden

Der Konjunktiv II der Gegenwart wird meistens mit *würde* + Infinitiv gebildet.
Bei den Verben *sein, haben, werden,* bei den Modalverben und häufig gebrauchten unregelmäßigen Verben wird der Konjunktiv II vom Präteritum abgeleitet.

Der Konjunktiv II der Gegenwart wird verwendet bei

irrealen Bedingungen:	Wenn es nicht so teuer wäre, könnte ich studieren.
Wünschen:	Ich wäre gern Tierarzt. / Ich hätte gern einen neuen Job.
irrealen Vergleichssätzen:	Du siehst aus, als ob du müde wärst.
höflichen Bitten:	Würden Sie mir bitte bei der Bewerbung helfen?
Ratschlägen:	Du solltest dir eine neue Stelle suchen. Ich würde Ihnen raten, immer pünktlich zu sein.

Der Konjunktiv II der Vergangenheit wird mit *hätte* oder *wäre* + Partizip II gebildet. Der Konjunktiv II der Vergangenheit mit Modalverb wird gebildet mit *hätte* + Verb im Infinitiv + Modalverb im Infinitiv.

Bei irrealen Bedingungen werden Nebensätze mit oder ohne *wenn* verwendet.

Wenn Sie etwas mehr Interesse gezeigt hätten, wäre das nicht passiert.
Hätten Sie etwas mehr Interesse gezeigt, wäre das nicht passiert.

Der Konjunktiv II der Vergangenheit wird verwendet
- bei irrealen Bedingungen: Wenn wir uns nicht gestritten hätten / Hätten wir uns nicht gestritten, wären wir mit dem Projekt schneller fertig geworden. (Aber wir haben uns gestritten.)
- bei Wünschen: Ich wäre gern Ingenieur geworden. (Aber ich bin Mechatroniker geworden.)
- bei irrealen Vergleichssätzen: Sie sehen aus, als ob Sie gestern zu lange im Büro gewesen wären. (Aber vielleicht waren Sie nicht so lange im Büro.)
- bei Ratschlägen: Du hättest nicht so lange im Büro arbeiten sollen. (Dann wärst du jetzt nicht so müde.)

6 Konjunktiv I – indirekte Rede

→ Einheit 12

Mit der indirekten Rede im Konjunktiv I gibt ein Sprecher wieder, was eine andere Person gesagt hat. Die indirekte Rede im Konjunktiv I findet sich oft in Zeitungsartikeln und Nachrichtensendungen.

Der Konjunktiv I wird gebildet aus dem Infinitivstamm + Endungen.
Man sagt, in dieser Firma müsse man sehr viel arbeiten.

Die Formen von *sein* sind unregelmäßig.
Der Bundeskanzler teilte mit, dass die Konjunktur im Aufschwung sei.

Wenn der Konjunktiv I mit dem Indikativ identisch ist, verwendet man den Konjunktiv II:
sie haben → *sie hätten*.
Die Forscher sind der Meinung, die sozialen Netzwerke hätten mehr Einfluss als bisher angenommen.

Wenn der Konjunktiv II mit dem Präteritum des Indikativs identisch ist, benutzt man die *würde*-Form:
sie teilten → sie würden teilen.
Die Befragten sagten, sie würden diese Meinung nicht teilen.

	sein	**haben**	**können**	**sollen**	***würde* + Infinitiv**
ich	sei	habe/ hätte	könne	solle	würde arbeiten
du	sei(e)st	habest	könnest	sollest	würdest arbeiten
er/ es/ sie	sei	habe	könne	solle	würde arbeiten
wir	seien	haben/ hätten	können/könnten	sollen/ sollten	würden arbeiten
ihr	sei(e)t	habet	könnet	sollet	würdet arbeiten
sie/ Sie	seien	haben/ hätten	können/könnten	sollen/ sollten	würden arbeiten

Die Formen für *du* und *ihr* werden kaum noch benutzt.

Gebrauch:

direkte Rede: Die Autoren sagten: „Die Nutzer sozialer Medien sind politisch engagierter."
indirekte Rede/Präsens: Die Autoren sagten, dass die Nutzer sozialer Medien politisch engagierter seien.
direkte Rede: Sie betonten: „Das Ergebnis hat uns überrascht."
indirekte Rede/Perfekt: Sie betonten, das Ergebnis habe sie überrascht. Alte Studien seien damit widerlegt.
Hinweis: Von einem redeeinleitenden Verb können mehrere Äußerungen im Konjunktiv I abhängen.
In der indirekten Rede muss man Personal- und Possessivpronomen angleichen sowie Orts- und Zeitangaben anpassen.
„Ich habe hier meine Familie." → Er sagt, er habe dort seine Familie.
„Ich bin heute in Wien." → Er sagte er sei heute/gestern/vor einiger Zeit in Wien gewesen.

7 Infinitiv mit *zu*

→ Einheit 8

Der Infinitiv mit *zu* steht nach bestimmten Verben (z. B. beginnen, entscheiden, (es) vermeiden, (es) lieben, versuchen), nach bestimmten Nomen (z. B. Illusion, Plan, Chance, Risiko) und nach bestimmten Adjektiven + *sein* (z. B. es ist schön, ratsam, interessant, schwierig).

Sie versucht, Chinesisch zu lernen.
Es ist eine Illusion, alles gut machen zu können.
Er liebt es, in den Bergen zu klettern.

Infinitivsätze mit *zu* entsprechen oft einem Nebensatz mit *dass*. Das Subjekt im Haupt- und Nebensatz ist identisch.
Er hat Angst, dass er die Prüfung nicht besteht.
Er hat Angst, die Prüfung nicht zu bestehen.

Infinitivsätze mit *zu* gibt es im Präsens und Perfekt.
Wenn die Handlungen im Haupt- und Infinitivsatz gleichzeitig stattfinden, benutzt man *zu* + Infinitiv Präsens.
Jetzt bin ich froh, entspannt zu sein.
Es war schön, Sie kennenzulernen.

Wenn die Handlungen im Infinitivsatz vor der Handlung im Hauptsatz stattgefunden hat, benutzt man Partizip II + *zu* + *haben/sein*.
Ich bin froh, den Kurs gemacht zu haben.

Grammatik im Überblick

8 Vorgangspassiv, Zustandspassiv und Passiversatzformen

→ Einheit 3

Das Passiv mit *werden* drückt einen Vorgang aus (Vorgangspassiv).
Es wird gebildet mit einer Form von *werden* + Partizip II.

Passiv Präsens	Die Firma wird restrukturiert.
Passiv Präteritum	Die Firma wurde im letzten Jahr restrukturiert.
Passiv Perfekt	Die Firma ist im letzten Jahr restrukturiert worden.
Passiv Plusquamperfekt	Nachdem die Firma restrukturiert worden war, konnte sie den Umsatz steigern.
Passiv Präsens mit Modalverb	Die Firma muss restrukturiert werden.
Passiv Präteritum mit Modalverb	Die Firma musste restruktiert werden.

Das Passiv mit *sein* drückt das Ergebnis einer Handlung aus (Zustandspassiv).
Es wird gebildet mit einer Form von *sein* + Partizip II
Der Vertrag ist schon unterschrieben.
Der Vertrag war schon unterschrieben.

Das Vorgangspassiv wird häufig zur Beschreibung von Vorgängen benutzt, wenn die handelnde Person nicht im Vordergrund steht oder nicht bekannt oder nicht von Interesse ist. Das Zustandspassiv wird selten verwendet.

Passiversatzformen

Das Passiv kann durch andere Formen ersetzt werden, die eine passivische Bedeutung haben.

Passivform	Passiversatzform
Passiv mit *können*	*sein* + Adjektiv auf *-bar*
Fehler in der Produktion können vermieden werden.	Fehler in der Produktion sind vermeidbar.
	sein + *zu* + Infinitiv
	Fehler in der Produktion sind zu vermeiden.
	lassen + *sich* + Infinitiv
	Fehler in der Produktion lassen sich vermeiden.
Passiv mit *müssen*	*sein* + *zu* + Infinitiv
Die Vereinsgründung muss gemeldet werden.	Die Vereinsgründung ist zu melden.

9 Subjektiver Gebrauch der Modalverben *sollen, können, müssen, dürfen*

→ Einheit 12
→ Einheit 13

sollen

Man verwendet das Modalverb *sollen*, um wiederzugeben, was man gehört oder gelesen hat. Man garantiert nicht für die Richtigkeit des Gesagten.
Die Installation soll ganz einfach sein. (Meine Kollegin hat das gesagt.)
Der Kundendienst soll den Drucker schon repariert haben. (Das habe ich zumindest gehört.)

können, müssen, dürfen

Die Modalverben *können, müssen, dürfen* können eine Vermutung des Sprechers ausdrücken. Die Wahl des Modalverbs hängt davon ab, wie sicher der Sprecher ist. Die Vermutungen können sich sowohl auf die Gegenwart als auch auf die Vergangenheit beziehen.

- Wo ist Frau Mock?
- Sie könnte noch im Urlaub sein. = Es ist ungewiss.
- Sie kann noch im Urlaub sein.   = Es ist möglich.
- Sie dürfte noch im Urlaub sein. = Es ist wahrscheinlich.
- Sie müsste noch im Urlaub sein. = Es ist ziemlich wahrscheinlich.
- Sie muss noch im Urlaub sein.   = Es ist ziemlich sicher.

10 haben + *zu* + Infinitiv

→ Einheit 5

Jeder KfZ-Halter hat regelmäßig eine Abgasuntersuchung durchzuführen. = Jeder KfZ-Halter muss eine Abgasuntersuchung durchführen.

Die doppelte Verneinung

→ Einheit 10

Die doppelte Verneinung drückt eine Bejahung aus.
Es ist mit nicht unerheblichen Folgen zu rechnen = Es ist mit erheblichen Folgen zu rechnen.
Er hat nicht zu Unrecht eine Prämie bekommen = Er hat zu Recht eine Prämie bekommen.

Pronomen

1 Pronominaladverbien

→ Einheit 4

Pronominaladverbien werden mit den Adverbien *wo* oder *da* (+ r) + Präposition gebildet.
- Woran hast du dich noch nicht gewöhnt?
- An die kalten Winter in Österreich.
- Daran kann ich mich auch nicht gewöhnen. / Ich kann mich auch nicht daran gewöhnen, dass die Winter in Österreich so kalt sind.

- Womit beschäftigst du dich am liebsten?
- Mit Politik.
- Damit beschäftige ich mich überhaupt nicht gern.

Bei Personen verwendet man in Fragen Präposition + Fragepronomen (*wen/wem*), in der Antwort Präposition + Nomen/Personalpronomen.
Auf wen kannst du dich besonders verlassen?
Auf meine Eltern. / Auf sie.

2 Pronomen *es*

→ Einheit 13

Das Pronomen *es* hat verschiedene Funktionen. Je nach Funktion ist *es* im Satz obligatorisch oder fakultativ.

Pronomen:	Kannst du mir dein Fahrrad leihen. – Nein, es ist kaputt.
Subjekt in festen Wendungen:	Es geht mir gut. / Es regnet. / Es ist zehn Uhr.
Platzhalter auf Position 1: Wenn der Nebensatz vorne steht, entfällt *es*.	Es macht mir viel Spaß, für Freunde zu kochen. Für Freunde zu kochen, macht mir viel Spaß.

Grammatik im Überblick

Adjektive und Attribute

1 Adjektivdeklination und Steigerung von Adjektiven

	Singular			Plural
	maskulin	neutrum	feminin	maskulin, neutrum, feminin
Nom.	der neue Job ein neuer Job kein neuer Job neuer Job	das neue Angebot ein neues Angebot kein neues Angebot neues Angebot	die neue Firma eine neue Firma keine neue Firma neue Firma	die neuen Firmen neue Firmen keine neuen Firmen neue Firmen
Akk.	den neuen Job einen neuen Job keinen neuen Job neuen Job	das neue Angebot ein neues Angebot kein neues Angebot neues Angebot	die neue Firma eine neue Firma keine neue Firma neue Firma	die neuen Firmen neue Firmen keine neuen Firmen neue Firmen
Dat.	dem neuen Job einem neuen Job keinem neuen Job neuem Job	dem neuen Angebot einem neuen Angebot keinem neuen Angebot neuem Angebot	der neuen Firma einer neuen Firma keiner neuen Firma neuer Firma	den neuen Firmen neuen Firmen keinen neuen Firmen neuen Firmen
Gen.	des neuen Jobs eines neuen Jobs keines neuen Jobs neuen Jobs	des neuen Angebots eines neuen Angebots keines neuen Angebots neuen Angebots	der neuen Firma einer neuen Firma keiner neuen Firma neuer Firma	der neuen Firmen neuer Firmen keiner neuen Firmen neuer Firmen

Komparative und Superlative werden wie Adjektive dekliniert.

Wien bietet die beste Lebensqualität weltweit.
Salzburg hat ein attraktiveres Kulturangebot als St. Pölten.

2 Partizipialattribut

→ Einheit 9

In formellen Texten werden oft Partizipien als Attribute verwendet.
Sie stehen links vom Nomen und fügen dem Nomen weitere Informationen hinzu.
Partizipialattribute werden wie Adjektive dekliniert.
Partizip I = Verb im Infinitiv + *d* + Endung
Partizip II + Endung

Die geltenden Arbeitszeiten müssen verändert werden.
Die vorgeschriebenen Ruhepausen dienen der Erholung.

Partizipialattribute kann man meistens mit einem Relativsatz umschreiben.
Die geltenden Arbeitszeiten müssen verändert werden.
→ Die Arbeitszeiten, die gelten, müssen verändert werden.
Die vorgeschriebenen Ruhepausen dienen der Erholung.
→ Die Ruhepausen, die vorgeschrieben wurden, dienen der Erholung.
Partizipialattribute können erweitert werden.
Die vom Arbeitnehmer verschuldete Verspätung wird von der Arbeitszeit abgezogen.
→ Die Verspätung, die vom Arbeitgeber verschuldet wird, wird von der Arbeitszeit abgezogen.
Die neu gestalteten Büros sollen das Arbeitsklima verbessern.
→ Die Büros, die neu gestaltet wurden, sollen das Arbeitsklima verbessern.

Adverbien

Einheit 10

1 Verbindungsadverbien

Verbindungsadverbien verbinden zwei Hauptsätze. Das Adverb steht am Satzanfang oder in der Satzmitte. Die konsekutiven Verbindungsadverbien *daher, darum, deshalb, deswegen, folglich* beschreiben eine Folge. Die konzessiven Verbindungsadverbien *trotzdem* und *dennoch* eine Einschränkung.

Der Einkauf mit der Kreditkarte bietet viele Vorteile. Daher/Darum/Deshalb/Deswegen/Folglich wird sie von immer mehr Deutschen benutzt.

Viele Menschen kaufen mit Kreditkarte ein. Trotzdem/Dennoch können Sie sich ein Leben ohne Bargeld nicht vorstellen.

Sätze mit Verbindungsadverbien können umgewandelt werden.
Die Deutschen sind beim Bezahlen noch immer konservativ. Folglich zahlen sie am liebsten bar.
→ Weil die Deutschen beim Bezahlen noch immer konservativ sind, zahlen sie am liebsten bar.
Kartenzahlung wird immer beliebter. Trotzdem zahlen viele Deutsche bar.
→ Obwohl Kartenzahlung immer beliebter wird, zahlen viele Deutsche bar.

2 Graduierende Adverbien

Graduierende Adverbien können eine Aussage verstärken oder abschwächen: *absolut, außerordentlich, ausgesprochen, echt, einigermaßen, relativ, richtig, sehr, total, ungewöhnlich, ziemlich*. Sie stehen meist vor einem Adjektiv oder einem Adverb. Graduierende Adverbien können betont werden.

Also, das finde ich echt gut.
Seitdem wir am Land wohnen, bin ich ziemlich isoliert.
Die haben mich richtig professionell beraten.
Er sagt, das wäre total unökologisch.
Ja, das finde ich absolut nachvollziehbar.
Wir kennen uns schon sehr lange, wohnen aber alle relativ weit auseinander.

Präpositionen

1 Präpositionen mit ihrem Kasus: Übersicht

Dativ	Akkusativ	Dativ (wo) oder Akkusativ (wohin)	Genitiv
aus, bei, gegenüber, mit, nach, seit, von, zu, laut, gemäß, zufolge	für, durch, gegen, ohne, um, bis	in, an, auf, über, unter, vor, hinter, zwischen, neben	anlässlich, aufgrund, außerhalb, bezüglich, dank, innerhalb, jenseits, oberhalb, trotz, unterhalb, während, wegen

Grammatik im Überblick

2 Präpositionen mit Genitiv

→ Einheit 7

Grund (kausal): Wir müssen anlässlich/aufgrund/wegen dieses Problems miteinander reden.
Widerspruch (konzessiv): Trotz der getroffenen Maßnahmen gibt es noch keine Besserung.
Zeit (temporal): Während dieser Zeit / Innerhalb der nächsten Tage müssen wir improvisieren.
Ort (lokal): Das Restaurant liegt unterhalb des Parks. / außerhalb der Stadt. / Wir ziehen innerhalb der Stadt um.

Die Präposition *dank* + Genitiv wird nur bei einem positiven Grund verwendet.
Dank eines Zufalls wurde der Fehler entdeckt.

Einige Präpositionen werden in der gesprochenen Sprache auch mit dem Dativ verwendet:
aufgrund, dank, trotz, während, wegen.
Wegen dem schlechten Wetter / Trotz dem guten Wetter sind wir zu Hause geblieben.

Die Präpositionen *außerhalb, innerhalb, oberhalb, unterhalb* werden in der gesprochenen Sprache oft mit *von* + Dativ benutzt.
Sie muss den Bericht innerhalb von drei Tagen schreiben.

Wörter im Satz

1 Konnektoren

Konnektoren verbinden Hauptsätze mit Nebensätze (*dass, weil, obwohl, wenn, während, als, bevor, nachdem, seit(dem)* …) oder zwei Hauptsätze (*aber, denn, oder, sondern, und*).
Wenn der Konnektor einen Hauptsatz mit einem Nebensatz verbindet, steht das konjugierte Verb im Nebensatz am Ende.
Er wusste, dass seine Mitarbeiter engagiert waren.
Dass seine Mitarbeiter engagiert waren, wusste er.

Verbindet der Konnektor zwei Hauptsätze, steht das konjugierte Verb jeweils auf Position 2. Der Konnektor steht auf Position 0.
Er führt das Geschäft, aber seine Frau trifft alle wichtigen Entscheidungen.

2 Temporale Konnektoren

→ Einheit 1

Temporale Konnektoren verbinden einen Haupt- und einen Nebensatz.

gleichzeitig: Solange ich noch auf der Schule war, habe ich in den Ferien gejobbt.
vorzeitig: Sobald ich mit der Schule fertig war, habe ich mit einer Ausbildung angefangen.
nachzeitig: Nachdem ich das Studium abgeschlossen hatte, reiste ich durch die Welt.
Bevor ich in die Schule kam, zogen meine Eltern nach Österreich.

3 Finale Konnektoren und Nominalisierung mit *zum/zur*

→ Einheit 8

Finale Konnektoren beschreiben ein Zweck-Mittel-Verhältnis. *Um…zu, damit,* und die Nominalisierung mit *zum/zur* beziehen sich auf den Zweck (das Ziel). Die Finaladverbien *dazu/dafür* beschreiben das Mittel. Sätze mit *dazu/dafür* sind immer nachgestellt.

Sie lernt viel, um die Prüfung zu bestehen.
Die Firma zahlt den Deutschkurs, damit meine Deutschkenntnisse besser werden.
Zur Erstellung von Webseiten benutze ich ein Content Management System.

Ich möchte Chinesisch lernen. Dazu besuche ich einen Sprachkurs.
Wir wollen die Nummer 1 auf dem Markt werden. Dafür arbeiten wir hart.

4 Modale und konsekutive Konnektoren

→ Einheit 15

Die modalen oder instrumentalen Konnektoren *dadurch*, *dass* und *indem* drücken die Art und Weise einer Handlung oder ein Mittel aus.
Sie verbessert ihre Deutschkenntnisse, indem/dadurch dass sie täglich die Zeitung liest.
Viele fühlen sich dadurch motiviert, dass der Coach neu Impulse gibt.

Die konsekutiven Konnektoren *so dass*, *so … dass* drücken eine Folge aus.
Ihre Deutschkenntnisse waren inzwischen so gut, dass sie keinen weiteren Deutschkurs benötigte.
Ihre Deutschkenntnisse waren sehr gut, sodass ein weiterer Deutschkurs nicht nötig war.

5 Zweiteilige Konnektoren

→ Einheit 4

Zweiteilige Konnektoren verbinden Satzteile oder zwei Hauptsätze.

Aufzählung:	Ich kenne nicht nur die Bedürfnisse meiner Kunden, sondern auch ihre persönlichen Eigenheiten.
	Sie können mich sowohl per e-Mail als auch telefonisch erreichen.
Aufzählung negativ:	Früher hatte ich weder Abwechslung noch interessante Gespräche mit Kunden.
Gegensatz:	Einerseits reise ich gern, andererseits möchte ich bei meiner Familie zu Hause sein.
Alternative:	Entweder ich wechsle in den Innendienst oder ich suche mir einen neuen job.
Einschränkung:	Vieles lässt sich zwar über das Telefon regeln, aber Wichtiges muss man persönlich besprechen.
Komparation:	Je länger ich unterwegs bin, desto mehr leidet das Privatleben.

Die Konnektoren *je … desto …* werden mit dem Komparativ gebildet.

6 Relativsätze

→ Einheit 5

Relativpronomen verbinden Haupt- und Nebensätze. Relativsätze geben Zusatzinformationen zu dem Nomen, hinter dem sie stehen.

Die Mitarbeiterin, die befördert wurde, bedankte sich bei ihrem Team für die gute Zusammenarbeit.

Das Relativpronomen richtet sich in Genus und Numerus nach dem Nomen im Hauptsatz. Der Kasus hängt vom Verb im Nebensatz oder von der vorangegangenen Präposition ab.

Das Relativpronomen im Genitiv bezieht sich auf ein Genitivattribut oder auf ein Possessivpronomen.

	maskulin	neutrum	feminin	*Plural*
Nom.	der	das	die	die
Akk.	den	das	die	die
Dat.	dem	dem	der	denen
Gen.	dessen	dessen	deren	deren

Nom.: Ich kaufe nur Käse, der mit dem Siegel gekennzeichnet ist.
Akk.: Die Waschmaschine, die ich erst vor zwei Monaten gekauft habe, ist schon defekt.
Dat.: Das ist ein Trend, dem immer mehr Menschen folgen.
Gen.: Sie haben die Patente, deren Entwicklung teuer war, verkauft.

Der Genitiv des Relativpronomens kann ein Possessivpronomen ersetzen.
Der Mitarbeiter bekommt eine Prämie. Seine Leistungen wurden sehr gut beurteilt.
Der Mitarbeiter, dessen Leistungen sehr gut beurteilt wurden, bekommt eine Prämie.

Grammatik im Überblick

→ Einheit 6

7 Relativsätze mit *wer, wen, wem*

In Relativsätzen mit *wer, wen, wem* ersetzt das Relativpronomen eine unbestimmte Personenangabe. Im Hauptsatz kann das Demonstrativpronomen (*der, den, dem*) entfallen, wenn es im gleichen Kasus wie das Relativpronomen steht.

Wer internationale Teams leitet, (der) muss wissen: Mentalitäten und Persönlichkeiten sind verschieden.
Wen ich schätze, (den) sehe ich auch als Partner.
Wem das nicht klar ist, der hat die falsche Grundeinstellung.

→ Einheit 5

8 Relativsätze mit *was*

Nach Indefinita (*etwas, alles, nichts, …*) und nach *das* + Superlativ steht das Relativpronomen *was*.
In diesem Geschäft gibt es alles, was man braucht.
In der Zeitung stand nichts, was mich interessiert.
Dieser Käse ist das Beste, was ich jemals gegessen habe.

→ Einheit 11

9 Irreale Vergleichssätze

Sätze mit *als ob, als wenn* oder *als* + Konjunktiv II drücken einen irrealen Vergleich aus. Der Sprecher vergleicht mit etwas, was in der Realität nicht stimmt, oder man weiß nicht, ob es stimmt. Er drückt mit dem Vergleich eine starke Empfindung oder einen starken Eindruck aus. Im Hauptsatz kann ein *so* stehen. Im Nebensatz mit *als* steht das Verb im Konjunktiv II direkt nach dem Konnektor *als*.

Sie arbeiteten (so) an dem Projekt, als ob sie noch sehr viel Zeit hätten.
Er tut immer so, als hätte er keine Zeit.
Der Vorschlag wirkte (so) auf mich, als wenn er nicht durchdacht wäre.

10 Modalpartikeln

Modalpartikeln sind oft kurze, unbetonte Wörter, die sich auf den ganzen Satz beziehen und im Mittelfeld des Satzes stehen. Sie haben keine eigene Bedeutung, geben aber die emotionale Einstellung des Sprechers wieder. Modalpartikeln können z.B. kommentieren, verstärken, abschwächen oder Überraschung ausdrücken. Man benutzt sie v.a. in der gesprochenen Sprache.
Die Modalpartikel *denn* kommt häufig in Fragen vor. Die Partikel *doch* verwendet man oft in Imperativsätzen. Dadurch wird die Schärfe der Aufforderung gemildert. Häufig verwendet man *doch* in Kombination mit *mal*.

Modalpartikeln: *aber, bloß, denn, doch, eben, eh, eigentlich, einfach, einmal, halt, ja, nun, nur, ruhig, schon, wohl*

Hier ist es aber richtig kalt.
Sie spricht sehr gut Deutsch. Sie lebt wohl schon lange in Österreich.
Ich habe einfach keine Arbeit gefunden.
Geh doch nach Hause, wenn du müde bist.
Gib mir doch einmal das Buch.
Kommst du denn morgen?

Bildquellen

Cover: Shutterstock / Stephen Coburn
S. 4 *oben* Shuterstock / Alberto Zornetta; *2. von oben* Fotolia / mojolo; *Mitte* Fotolia / Alex666; *2. von unten* Deutsche Bahn AG / Bartlomiej Banaszak; *unten* Fotolia / Erwin Wodicka; **S. 6** *oben* Fotolia / Sergey Furtaev; *2. von oben* Fotolia / goodluz; *Mitte* Fotolia / Barabas Attila; *2. von unten* Fotolia / Christian Schwier; *unten* Clip Dealer / Biehler Michael; **S. 8** *oben* Fotolia / Comugnero Silvana; *2. von oben* Fotolia / ldprod; *Mitte* Fotolia / Fotofreundin; *2. von unten* Fotolia / Matej Kastelic; *unten* Fotolia / Photographee.eu; **S. 10** (A) mauritius images / Mito Images / Robert Niedring; (B) Shuterstock / Alberto Zornetta; (C) Fotolia / contrastwerkstatt; **S. 12** *links* Sarah Wiener GmbH; *2. von links* Sarah Wiener GmbH / Christian Kaufmann; *2. von rechts* / @ Christian Kaufmann; *rechts* Sarah Wiener GmbH; **S. 14** Fotolia / Alberto Zornetta; **S. 16** (A) Fotolia / DURIS Guillaume; (B) Fotolia / Woodapple; (C) Fotolia / Henry Schmitt; (D) Fotolia / pressmaster; *unten links* Fotolia / Manuel Tennert; *unten rechts* Shutterstock / Zigzag Mountain Art; **S. 19** Colourbox / Eric Audras; **S. 20** Sarah Wiener GmbH; **S. 21** action press / Starpix / picturedesk.com; **S. 22** *rechts* Fotolia / by-studio busse/yankushev; *links* Fotolia / Alberto Zornetta; **S. 24** *oben* Shutterstock / Vetapi; *2. von oben* Shtutterstock / Rido; *2. von unten* Shutterstock / Alena Ozerova; *unten* Shutterstock / eurobanks; **S. 26** (1) Fotolia / mojolo; (2) Fotolia / eyetronic; (3) Fotolia / city-pix; (5) Fotolia / eyetronic; (6) Fotolia / Silke Koch; (7) Fotolia / Petrus Bodenstaff; **S. 27** (4) Fotolia / Jörg Hackemann; (8) Fotolia / www.highspeedfotos.de; **S. 28** Fotolia / Lisa Kolbasa; **S. 30** Fotolia / industrieblick; **S. 31** (1) Shutterstock / Kenneth Man; (2) Shutterstock / racornracorn; *unten* Fotolia / Andres Rodriguez; **S. 32** *rechts* Fotolia / Jan Jansen; *links* Shutterstock / Monkey Business Images; **S. 34** *rechts* Fotolia / celeste clochard; *oben* Fotolia / celeste clochard; **S. 36** Fotolia / Lisa Kolbasa; **S. 39** *oben links* Fotolia / Andre Bonn; *oben Mitte* Fotolia / ra2studio; *oben rechts* Fotolia / Kzenon; *unten Mitte* Fotolia / sepy; *unten links* Shutterstock / wavebreakmedia; *unten rechts* Fotolia / JILL CHEN; **S. 42** (A) Fotolia / Alex666; (B) Fotolia / Herbert Esser; (C) Fotolia / lagom; (D) Fotolia / Antonio Gravante; (E) Fotolia / Dusan Kostic; (F) Fotolia / Jacob Lund Photography; **S. 43** (1) Fotolia / creative studio; (2) Fotolia / Alberto Zornetta; (3) Shutterstock / RyFlip; (4) Shutterstock / Sergey Novikov; (5) Fotolia / Horst Tomaszewski 2009; **S. 46** finedesign; **S. 48** Fotolia / Andrey Popov; **S. 50** *oben* Fotolia / grape_vein; *unten* Fotolia / Frank Wagner; **S. 51** Glow Images / BlendRM; **S. 52** *oben links* Fotolia / monropic; *oben rechts* Fotolia / victoria p.; *unten links* Fotolia / jelena jovanovic; *unten 2. von links* Fotolia / efired; *unten 2. von rechts* Fotolia / Frank Heinzelmann; *unten rechts* Fotolia / Kzenon; **S. 53** Fotolia / Bergfee; **S. 54** finedesign / finedesign; **S. 58** *oben links* Fotolia / Westend61 / Michael Reusse; *oben rechts* Fotolia / william87; *Mitte* Deutsche Bahn AG / Bartlomiej Banaszak; *unten links* Fotolia / heinrichsteffen; *unten rechts* Fotolia / Wolfgang Mücke; **S. 60** *links* Shutterstock / Monkey Business Images; *rechts* Fotolia / WavebreakMediaMicro; **S. 62** *rechts* Fotolia / Picture-Factory; *links oben* Fotolia / WavebreakMediaMicro; *links unten* Shutterstock / g-stockstudio; **S. 64** Shutterstock / JingAiping; **S. 66** Colourbox / Maria Sbytova; **S. 67** Fotolia / Lucky Dragon; **S. 68** Colourbox / Colourbox; **S. 70** Fotolia / Picture-Factory; **S. 72** *oben* Fotolia / ArTo; *2. von oben* Shutterstock / Mila Supinskaya; *2. von unten* Fotolia / Dibrova; *unten* Shutterstock / Dubova; **S. 74** *oben links* Fotolia / Erwin Wodicka; *oben 2. von rechts* Fotolia / johny87; *oben rechts* Fotolia / Fotodesign Märzinger, White Hall Studio; *unten links* Fotolia / Picture-Factory J.Hempelmann; **S. 76** TransFair e.V. (Fairtrade Deutschland), Köln; **S. 78** *unten* Colourbox / Colourbox; *oben* Fotolia / Y. L. Photographies; **S. 82** (A) Fotolia / contrastwerkstatt; (B) Fotolia / M.Schuppich; (C) Fotolia / stockWERK; (D) Fotolia / Adam Gregor; *unten* Fotolia / giannip; **S. 84** Fotolia / ilyashapovalov; **S. 86** Shutterstock / Dmitry Kalinovsky; **S. 88** *oben links* Fotolia / jeksonjs; *unten rechts* Fotolia / nikolarakic; **S. 91** (1) Fotolia / Robert Kneschke; (2) Fotolia / Lars Zahner; (3) Fotolia / Janina Dierks; (4) Fotolia / Robert Kneschke; (5) Fotolia / Robert Kneschke; **S. 92** Fotolia / Robert Kneschke; **S. 94** *unten rechts* Shutterstock / wavebreakmedia; *unten links* Fotolia / Sergey Furtaev; *oben* Fotolia / motive56; **S. 95** *rechts* Fotolia / goodluz; *links* Shutterstock / Jess Yu; **S. 98** *oben* Fotolia / vodolej; *2. von oben* Shutterstock / Dean Drobot; *2. von unten* Fotolia / Michaela Rofeld; *unten* Fotolia / Jacques Palut; **S. 100** (A) Fotolia / Elena kouptsova-vas; (B) Shutterstock / Metey Kastelic; (C) Fotolia / Urs Siedentop; (D) Fotolia / Frank Eckgold; **S. 102** *Grafik* Cornelsen Schulverlage / finedesign; *oben* Fotolia / Kzenon; *unten* Fotolia / dubova; **S. 105** *oben* Fotolia / Kzenon; *unten* Shutterstock / Kolett; **S. 106** *unten* Fotolia / Gerd Gropp; *oben* Fotolia / goodluz; **S. 108** Fotolia / Peggy Blume; **S. 110** (A) Fotolia / Markus Bormann; (B) Fotolia / Photographee.eu; (C) Fotolia / Ana Blazic Pavlovic; (D) Fotolia / goodluz; (E) Fotolia / WavebreakmediaMicro; (F) Fotolia / Dan Race; (G) Fotolia / Wrangler; **S. 112** *rechts* Shutterstock / absolutimages; *2. von links* Fotolia / Jan Becke; *links* Fotolia / underdogstudios; *2. von rechts* Fotolia / joerg dirmeitis; **S. 114** *links* Fotolia / Peter Atkins; *Mitte* Fotolia / goodluz; *rechts* Shutterstock / Anna Baburkina; **S. 116** Shutterstock / Monkey Business Images; **S. 118** *oben links* Fotolia / Iakov Filimonov; *oben 2. von links* Fotolia / www.komafoto.de; *oben 2. von rechts* Shutterstock / Iakov Filimonov; *oben rechts* Shutterstock /

Bildquellen

altafulla; *unten*: *Leon* Shutterstock / Luis Santos; *Horst* Fotolia / DoraZett; *Martha* Fotolia / pathdoc; *Alexa* Fotolia / bruno135_406; **S. 121** Fotolia / Ramona Heim; **S. 122** *links* Fotolia / Andy Ilmberger; *rechts* Shutterstock / Steve Ikeguchi; **S. 123** *rechts* Colourbox / Gelpi; *links* Fotolia / Glamy; **S. 124** Fotolia / Gert Hochmuth; **S. 126** (A) Fotolia / Peter Maszlen; (B) Fotolia / contrastwerkstatt; (C) Fotolia / coldwaterman; (D) Fotolia / auremar; (E) Shutterstock / Nejron Photo; (F) Fotolia / Barabas Attila; (G) Colourbox / Kunanon; (H) Fotolia / lev dolgachov; **S. 127** *links* Fotolia / contrastwerkstatt; *rechts* Fotolia / Yuliya Ermakova; **S. 128** *links* Fotolia / vbaleha; *Mitte* Fotolia / asmodian; *rechts* Fotolia / Janina Dierks; **S. 130** *oben* Fotolia / Monkey Business Images; *unten rechts* Fotolia / beerkoff; *unten Mitte* Fotolia / beerkoff; *unten links* Fotolia / emirkoo; **S. 134** *oben*: (1) Shutterstock / Karramba Production; (2) Shutterstock / Edler von Rabenstein; (3) Fotolia / babsi_w; *unten*: (1) Shutterstock / Zurijeta; (2) Shutterstock / Goodluz; (3) Shutterstock / Lucky Business; (4) Shutterstock / Edyta Pawlowska; (5) Shutterstock / sianc; **S. 135** Shutterstock / auremar; **S. 136** *oben* Fotolia / Eleonore Horiot; *Mitte* Shutterstock / Strejman; *unten* Shutterstock / art4all; **S. 137** Fotolia / Eleonore Horiot; **S. 140** Fotolia / Li-Bro; **S. 142** (1) Fotolia / Federico Marsicano; (2) Fotolia / VDR; (3) Fotolia / Rock and Wasp; (4) Fotolia / Christian Schwier; (5) Fotolia / rdnzl; (6) Fotolia / Fotowerk; (7) Fotolia / Martin Pohner; **S. 144** Fotolia / Jürgen Fälchle; **S. 150** (a) Colourbox; (b) Fotolia / Christian Schwier; (d) Fotolia / Africa Studio; (e) Shutterstock / Johan Larson; (f) Fotolia / brat82; (g) Fotolia / PhotographyByMK; **S. 152** Shutterstock / 360b; **S. 154** *links* Fotolia / WavebreakmediaMicro; *Mitte* Fotolia / Jens Brueggemann aka Ikonoklast; *rechts* Shutterstock / Erik Patton; **S. 156** Fotolia / Diana Taliun; **S. 158** (1) Fotolia / Jürgen Fälchle; (2) Fotolia / Francesco83; (3) Colourbox; (4) Fotolia / D. Ott; (5) Fotolia / Lisa F. Young; (6) Fotolia / Irina Schmidt; **S. 160** *unten* Shutterstock / Leah-Anne Thompson; *oben* Fotolia / Robert Kneschke; **S. 163** Fotolia / Jeanette Dietl; **S. 166** ClipDealer / Convisum; **S. 170** ClipDealer / Biehler Michael; **S. 171** Shutterstock / Subbotina Anna; **S. 172** *oben* Shutterstock / iordani; *Mitte* Shutterstock / Xiaojiao Wang; **S. 174** *links* Fotolia / Daniel Ernst; *Mitte* Fotolia / Andreas Franke; *rechts* Fotolia / Ricardo Thaler; **S. 176** *rechts* Fotolia / Zsolt Nyulaszi; *links* Fotolia / Zsolt Nyulaszi; **S. 178** (A) Fotolia / Anja Greiner Adam; (B) Fotolia / WavebreakMediaMicro; (C) Fotolia / Vitalinka; (D) Shutterstock / Goodluz; (E) Fotolia / contrastwerkstatt; (F) Fotolia / Comugnero Silvana; *Mitte* Fotolia / Janis knakis; *Klingelschilder* Fotolia / Andrey Kuzmin; **S. 179** Fotolia / LiliGraphie; **S. 182** Fotolia / ag visuell; **S. 183** *links* Fotolia / S. Kobold; *Mitte* Fotolia / Martin Hablützel; *rechts* Fotolia / Miriam Dörr; **S. 186** Shutterstock / auremar; **S. 188** *rechts* Fotolia / Kitty; *links* Fotolia / ricardoferrando; **S. 190** Fotolia / stockpics; **S. 192** Shutterstock / rodnikovay; **S. 194** (A) Fotolia / ldprod; (B) Lufthansa / Gregor Schlaeger; (C) Fotolia / Budimir Jevtic; (D) Screenshot / Delinski GmbH; (E) Fotolia / Petair; (F) Cornelsen Schulverlage / Screenshot / Studio App; (G) Shutterstock / Georgejm dittle; (H) Fotolia / Horst Tomaszewski 2009; **S. 200** Screenshot / Delinski GmbH; **S. 202** Fotolia / Focus Pocus LTD; **S. 204** *unten* Shutterstock / MPFphotography; *oben* Fotolia / sqadcsplayer; **S. 206** Shutterstock / Goodluz; **S. 207** Shutterstock / La Gorda; **S. 208** Shutterstock / AMA; **S. 210** *oben links* Fotolia / Fotofreundin; *oben Mitte* Fotolia / Fotolia/Andreas P.; *oben rechts* Fotolia / Iuliia Sokolovska; *unten links* Fotolia / Marco2811; *unten Mitte* Fotolia / dbunn; *unten rechts* Shutterstock / Faraways; **S. 211** *links* Cornelsen Schulverlage / Volkhard Binder; *rechts* Fotolia / atrophie; **S. 213** *links* Fotolia / Pixi; *rechts* Fotolia / guukaa; **S. 214** *rechts* Fotolia / think4photop; *links* Bundesanstalt Technisches Hilfswerk (THW); *unten* Fotolia / omicron; **S. 216** Tierärzte ohne Grenzen e.V. **S. 218** Shutterstock / kosmos111; **S. 219** *oben* Fotolia / Kara; *unten* Fotolia / hanseat; **S. 220** *oben* Fotolia / knetschkedesign; *unten* Fotolia / Andy Ilmberger; **S. 221** *links* Fotolia / VRD; *rechts* Shutterstock / toriru; **S. 222** Fotolia / Bernd Leitner; **S. 226** *links* Fotolia / Photomorphic PTE. LTD.; *Mitte* Clipdealer / schenkArt; *rechts* Fotolia / Prill Mediendesign & Fotografie; **S. 227** Fotolia / Matej Kastelic; **S. 228** *Tablet* Fotolia / Marco2811; *oben links* Fotolia / Pixelot; *oben Mitte* Fotolia / fovito; *oben rechts* Fotolia / magraphics.eu; *unten* Fotolia / Tsung-Lin Wu; **S. 230** (1) Fotolia / Inti St Clair, Blend Images; (2) Shutterstock / Tyler Olson; (3) Shutterstock / auremar; **S. 232** *oben* Fotolia / David Rey; *unten* Fotolia / brat82; *rechts* Fotolia / Porechenskaya; **S. 234** *unten* Fotolia / Gunnar Assmy; *oben* Fotolia / DrBest; **S. 236** Fotolia / Gstudio Grou; **S. 237** *oben* Fotolia / BillionPhotos.com; *unten* Fotolia / shockfactor; **S. 238** Fotolia / katie_martynova; **S. 242** (A) Fotolia / shoot4u; (B) Fotolia / Robert Kneschke; (C) Fotolia / Photographee.eu; (D) Fotolia / Dudarev Mikhail; **S. 243** (H) Shutterstock / Alexander Pekour; (E) Fotolia / olly; (F) Shutterstock / Goodluz; (G) Fotolia / Cornelia Pretzsch; **S. 246** Shutterstock; **S. 248** Fotolia / Kara; **S. 250** Fotolia / ArTo; **S. 253** Fotolia / Floydine; **S. 254** *links* Fotolia / Ingo Bartussek; *2. von links* Fotolia / Sebastiano Fancellu; *Mitte* Fotolia / Dmitry Kalinovsky; *2. von rechts* Fotolia / Dan Race; *rechts* Fotolia / T. Michel; **S. 255** Shutterstock / Robert Kneschke; **S. 258** *links* Fotolia / petzshadow; *rechts* Fotolia / stokkete;

Textquellen

S. 28 „Wien bietet die höchste Lebensqualität", Gekürzte und geänderte Fassung von https://www.mercer.de/newsroom/Staedteranking-Lebensqualitaet-2012.html vom 04.12.2012 (abgerufen am 21.02.2017) – **S. 48** © Till Raether und Johannes Waechter: „Wir leben in hektischen Zeiten: 33 Vorschläge, wie Sie Ihr Leben noch schneller machen können. (*Bonus-Tipp: Verschwenden Sie keine Zeit mit Überschriften!)", Gekürzte Fassung aus: SZ Magazin 51, 2011 – **S. 76** © Thomas Götemann: „Alles grün im Blumenstrauß?", Gekürzte Fassung aus: Reformhauskurier, Juli 2013 – **S. 111** © Susanne Schäfer: „Richtig streiten", © ZEIT Wissen 3/2011, www.zeit.de/zeit-wissen/2011/03/Streiten – **S. 164** © Katharina Nagele: „Reden wir übers Geld!", Gekürzte Fassung aus: AK FÜR SIE 11/2013, Mitgliederzeitschrift der Arbeiterkammer Wien – **S. 179** Thomas Mann: „Buddenbrooks", Auszug © S. Fischer Verlag, Berlin 1901. Alle Rechte vorbehalten S. Fischer Verlag GmbH, Frankfurt am Main – **S. 183** © Michel Harms: „The Beauty of Crowdfunding", Gekürzte und veränderte Fassung von http://www.crowdfunding.de/the-beauty-of-crowdfunding/ vom 21.11.2011(abgerufen am 21.02.2017) – **S. 200** „So funktioniert's", © delinski GmbH – **S. 223** © Marlene Zeintlinger: „Saisonarbeit – was man als Saisonnier wissen sollte", Gekürzte und geänderte Fassung aus: https://www.job.at/blog/jobwechsel/saisonarbeit-was-man-als-saisonnier-wissen-sollte/ vom 13.02.2014 (abgerufen am 21.02.2017)

Notizen